广 东 农 村 统 计 年 鉴

AGRICULTURAL STATISTICAL YEARBOOK OF GUANGDONG

2016

广东农村统计年鉴编辑委员会编纂

图书在版编目（C I P）数据

广东农村统计年鉴. 2016 / 广东农村统计年鉴编辑委员会编. -- 北京 : 中国统计出版社, 2016.11
ISBN 978-7-5037-8071-4

Ⅰ. ①广… Ⅱ. ①广… Ⅲ. ①农业统计－统计资料－广东－2016－年鉴 Ⅳ. ①F327.65-66

中国版本图书馆 CIP 数据核字(2016)第 283670 号

广东农村统计年鉴-2016

作　　者/ 广东农村统计年鉴编辑委员会
责任编辑/ 佘竞雄
装帧设计/ 广州市汇杰印务发展有限公司
出版发行/ 中国统计出版社
地　　址/ 北京市丰台区西三环南路甲 6 号　邮政编码/100073
电　　话/ 邮购（010）63376909　书店（010）68783171
网　　址/ http://www.zgtjcbs.com
印　　刷/ 广州市汇杰印务发展有限公司
经　　销/ 新华书店
开　　本/ 890mm×1240mm　1/16
字　　数/ 1580 千字
印　　张/ 32
版　　别/ 2016 年 11 月第 1 版
版　　次/ 2016 年 11 月第 1 次印刷
定　　价/ 350.00 元

如有印装差错，由本社发行部调换。

《广东农村统计年鉴—2016》编委会
和编辑出版人员名单

顾　问：邓海光

主　编：幸晓维　　郑伟仪

副主编：彭启鹏　　顾幸伟

编　委：（以姓氏笔划为序）

王功慧　司徒志谋　伍洪波　刘　敏　刘亚平
吕林汉　陈俊光　陈　新　张锦平　郑　洪
洪伟东　赵建华　黄秀兰　黄斌民

编　辑：（以姓氏笔划为序）

马彦君　王日强　王科欣　叶卫红　申宏星
刘伟璇　刘寿生　刘广荣　刘鸿飞　刘　梅
孙华标　宋　莹　利红兵　吴　定　张作丹
李良胜　陆永松　陈　文　陈培堂　陈瑞光
郑鹭洁　郑祖辉　周泰来　易雅琴　罗青兰
国剑敏　范英敏　莢存宏　黄卓玲　黄春红
黄　楠　黄海燕　黄颜军　程　翀　谢韩涛
彭惜君　蓝品良　翟志宏　谭成略

编 者 说 明

《广东农村统计年鉴》是广东省农业厅、广东省统计局、国家统计局广东调查总队、广东省国土资源厅、广东省水利厅、广东省林业厅、广东省海洋与渔业局、广东省农垦总局联合编辑出版的大型统计资料工具书。其宗旨是力求全面、系统、客观、翔实地向广大读者提供广东农村经济和社会发展的基本统计资料信息。

《广东农村统计年鉴—2016》（简称年鉴），主要收录 **2015** 年全省、各市、县（区）的涉农统计数据和建国以来各个主要时期的主要涉农统计数据。全书共分十七个专题：行政区划与劳动力、国土资源、气候与自然灾害、农业技术装备、水利建设、国民经济概况、农村经济综合、种植业、林业、畜牧业与饲料工业、水产业、农垦系统生产情况、农产品进出口贸易、农村经济收入分配与效益、农村居民收入与消费、农村科技与教育、分区域主要经济指标等。

《年鉴》资料来源于政府统计部门、农业部门和各有关部门的年报表，部分资料采自抽样调查。由于有关业务部门的统计范围、口径不完全相同，资料中少数指标数据不完全一致，使用时请读者注意。

《年鉴》涉及珠江三角洲、东翼、西翼和山区的具体划分为：珠江三角洲指广州、深圳、珠海、佛山、江门、东莞、中山、惠州和肇庆；东翼指汕头、汕尾、潮州和揭阳；西翼指湛江、茂名和阳江；山区指韶关、河源、梅州、清远和云浮。

《年鉴》统计表中的符号说明：“…”表示数据不足本表最小单位数；“#”表示其中主要项；空格表示该项统计指标数据不详或无该项数据。

目　　录

2015 年全省农业农村工作情况……1

一、行政区划与劳动力

1-1　全省行政区划……7
1-2　主要年份农村基本情况……7
1-3　各市农村基本情况……8
1-4　各县（市、区）农村基本情况……9

二、国土资源

国土资源管理……15
2-1　自然资源……17
2-2　各市耕地面积情况……18
2-3　各市当年建设占用耕地情况……19
2-4　各县（市、区）耕地面积情况……20

三、气候与自然灾害

3-1　主要年份各地年平均气温（℃）……27
3-2　主要年份各地年极端最高气温（℃）……27
3-3　主要年份各地年极端最低气温（℃）……28
3-4　主要年份各地年平均地面温度（℃）……28
3-5　主要年份各地年降雨量（毫米）……29
3-6　主要年份各地年降雨日数（日雨量≥0.1 毫米）……29
3-7　主要年份各地年平均相对湿度（%）……30
3-8　主要年份各地年日照时数（小时）……30
3-9　各地平均气温（℃）……31
3-10　各地极端最高气温（℃）……31
3-11　各地极端最低气温（℃）……32
3-12　各地平均地面温度（℃）……32
3-13　各地降雨量（毫米）……33
3-14　各地降雨日数（日雨量≥0.1 毫米）……33
3-15　各地平均相对湿度（%）……34
3-16　各地日照时数（小时）……34
3-17　受灾乡镇数量……35
3-18　救灾工作情况……39

四、农业技术装备

4-1　农机化系统机构及人员……45
4-2　农机化服务组织及人员……49
4-3　农业机械作业情况……51
4-4　农业机械年末拥有量……55
4-5　各市农业机械年末拥有量……56
4-6　主要年份农村用电和农业化学化情况……58
4-7　农村用电和农业化学化情况……58
4-8　各市农村用电和农业化学化情况……59
4-9　各县（市）区农村用电和农业化学化情况……60

五、水利建设

水利建设……65
5-1　各市灌溉面积、节水灌溉面积……67
5-2　各市 2000 亩以上灌区……68
5-3　各市已建堤防长度……70
5-4　各市河道治理及除涝面积……72
5-5　各市水土流失综合治理面积……73
5-6　各市已建水库、水电站数量……74
5-7　各市已建泵站、水闸数量……75
5-8　各市已建农村集中式供水工程、机电井数量……76
5-9　各县（市）区灌溉面积、节水灌溉面积……77
5-10　各县（市）区 2000 亩以上灌区……81
5-11　各县（市）区已建堤防长度……89
5-12　各县（市）区河道治理及除涝面积……97
5-13　各县（市）区水土流失综合治理面积……101

5-14 各县（市）区已建水库、水电站数量……105
5-15 各县（市）区已建泵站、水闸数量……109
5-16 各县（市）区已建农村集中式供水工程、机电井数量……113

六、国民经济概况

6-1 国民经济和社会发展总量与速度指标……119
6-2 地区生产总值……127
6-3 地区生产总值指数……128
6-4 地区生产总值指数……129
6-5 地区生产总值产业构成……130
6-6 三次产业贡献率……131
6-7 三次产业对地区生产总值增长的拉动……132
6-8 地区生产总值项目结构……133
6-9 支出法地区生产总值……134
6-10 资本形成总额及构成……135
6-11 最终消费及构成……136
6-12 三大需求对地区生产总值增长的贡献率和拉动……137
6-13 人均地区生产总值及人均消费水平……138
6-14 人均地区生产总值及人均消费水平指数……139
6-15 各市地区生产总值……140
6-16 各市地区生产总值指数……140
6-17 各市第三产业增加值……141
6-18 各市第三产业增加值指数……142
6-19 各市地区生产总值……143
6-20 各市地区生产总值增长速度……145
6-21 各市地区生产总值产业构成……147
6-22 各市人均地区生产总值……148
6-23 各市人均生产总值指数……149
6-24 各市人均生产总值指数……150
6-25 各县（市）区地区生产总值……151
6-26 各县（市）区地区生产总值增长速度……154
6-27 各县（市）区人均地区生产总值及增长速度……157

七、农村经济综合

7-1 主要年份农林牧渔业总产值指数……163
7-2 农林牧渔业总产值主要指标……164
7-3 各市农林牧渔业总产值及发展速度……165
7-4 各县（市）区现行价农林牧渔业总产值……166
7-5 农林牧渔业生产中间消耗主要指标……169
7-6 农林牧渔业增加值……169
7-7 各市农林牧渔业生产中间消耗……170
7-8 各县（市）区农林牧渔业生产中间消耗……171
7-9 各市农林牧渔业增加值……174
7-10 各县（市）区农林牧渔业增加值……175
7-11 农产品生产者价格指数……178
7-12 农业生产资料价格分类指数……179

八、种植业

种植业……183
8-1 主要年份农作物播种面积及构成……185
8-2 主要年份农作物产量及指数……187
8-3 主要农作物播种面积、单产及总产量……188
8-4 各市粮食作物播种面积和产量……189
8-5 各市农作物播种面积和产量……190
8-6 各县（市）区粮食作物播种面积和产量……192
8-7 各县（市）区农作物播种面积和产量……195
8-8 主要年份茶叶、桑叶、水果面积及产量……198
8-9 水果、桑叶和茶叶生产情况……198
8-10 各市水果、桑叶和茶叶生产情况……199
8-11 各县（市）区水果、桑叶和茶叶生产情况……201
8-12 全省水稻品种种植面积……210
8-13 主要农作物病虫草鼠螺发生、防治面积及挽回损失……210

8-14　各市农作物病虫草鼠螺发生面积、防治面积及挽回损失……211

九、林　业

林业……219
9-1　主要年份林业主要指标……223
9-2　林业主要指标……225
9-3　各市全部林业生产情况……226
9-4　各县（市）区造林更新低产林改造面积……229
9-5　主要经济林产品及花卉生产情况……236
9-6　全部林业产业产值……237
9-7　各市全部林业产业产值……238
9-8　各市商品材产量……239
9-9　各市大径竹生产情况……241
9-10　林产工业主要产品产量……242
9-11　各市林产工业主要产品产量……243
9-12　各县（市）区主要林产品产量……244
9-13　各市生态公益林重点工程建设投资完成情况……249
9-14　林业投资完成与资金来源情况……250
9-15　林业系统从业人员与劳动报酬……251
9-16　各市林业系统从业人员与劳动报酬……252
9-17　林业系统职工伤亡事故情况……252

十、畜牧业与饲料工业

畜牧业与饲料工业……255
10-1　种畜禽场情况……259
10-2　省、市、县畜牧技术机构基本情况……260
10-3　乡镇畜牧兽医机构基本情况……261
10-4　全省生猪饲养规模情况……261
10-5　全省肉鸡饲养规模情况……261
10-6　全省蛋鸡饲养规模情况……262
10-7　全省奶牛饲养规模情况……262
10-8　全省肉牛饲养规模情况……262
10-9　全省养羊饲养规模情况……262
10-10　主要年份畜牧业生产情况……263
10-11　主要年份畜牧业主要产品产量……263
10-12　主要年份畜禽头数及肉类产量……264
10-13　各市畜牧业生产情况……264
10-14　各县（市）区畜牧业生产情况……266
10-15　各市畜牧业主要产品产量……272
10-16　各县（市）区畜牧业主要产品产量……274
10-17　全省饲料加工企业主要年份饲料生产情况……283
10-18　各市主要年份饲料生产总量……284

十一、水产业

渔业……287
11-1　主要年份水产品产量及养殖面积……289
11-2　水产生产概况……290
11-3　各市渔业生产基本情况……292
11-4　各市海洋捕捞产量……294
11-5　各市海水养殖产量……295
11-6　各市海水养殖面积……296
11-7　各市淡水捕捞产量……297
11-8　各市淡水养殖产量……298
11-9　各市淡水养殖面积……299
11-10　各市海淡水养殖苗……300
11-11　各市水产加工……301
11-12　各市渔业船舶拥有量……303
11-13　各市渔业人口与从业人员……310
11-14　渔业灾情……312
11-15　渔业经济总产值和增加值……316
11-16　渔民家庭收支情况调查……322
11-17　渔民收入调查数核定……327

十二、农　垦

农垦……331
12-1　主要年份广东农垦统计指标……337
12-2　广东农垦主要指标完成情况……339
12-3　广东农垦人口构成及自然增长……342
12-4　广东农垦土地资源与利用情况……343
12-5　广东农垦耕地变动情况……344

12-6　广东农垦橡胶生产情况……345
12-7　广东农垦热带作物、南药和蚕桑生产情况……347
12-8　广东农垦茶叶、水果生产情况……348
12-9　广东农垦林业生产情况……350
12-10　广东农垦农作物播种面积和产量……351
12-11　广东农垦畜牧业生产情况……353
12-12　广东农垦水产业生产情况……354
12-13　广东农垦年末机械设备拥有量……355
12-14　广东农垦农业机械、用电、水利、化肥情况……358
12-15　广东农垦农业总价值（现行价）……359
12-16　广东农垦农业商品产值（现行价）……360
12-17　广东农垦农业商品产量……361
12-18　广东农垦工业企业基本情况(合计）……362
12-19　广东农垦工业总产值（现行价）……363
12-20　广东农垦工业产品产量……366
12-21　广东农垦建筑业基本情况……369
12-22　广东农垦交通运输业基本情况……370
12-23　广东农垦批发零售贸易业基本情况……371
12-24　广东农垦住宿和餐饮业基本情况……371
12-25　广东农垦居民服务业和其他服务业基本情况……372
12-26　广东农垦外贸出口商品数量情况……373
12-27　广东农垦外贸出口商品金额情况……374
12-28　广东农垦固定资产投资完成情况……375
12-29　广东农垦国有固定资产投资完成情况……376
12-30　广东农垦国有资产投资基本建设完成情况……377
12-31　广东农垦国有更改措施投资完成情况……378
12-32　广东农垦年末实有及当年建设房屋情况……379
12-33　广东农垦从业人员与收入……380
12-34　广东农垦国有在岗职工按劳动岗位分类……381
12-35　广东农垦科研基本情况……382
12-36　广东农垦卫生事业基本情况……382
12-37　广东农垦各类学校基本情况……382
12-38　广东农垦生产总值完成情况表……383
12-39　广东农垦各管理局生产总值按产业分类……384
12-40　广东农垦主要物资消费……386
12-41　广东农垦房地产开发投资完成情况……387
12-42　广东农垦非国有经济基本情况表……388

十三、农产品进出口贸易

13-1　农副产品出口分类值……391
13-2　农副产品及其加工品海关进出口情况……392
13-3　主要农副产品外贸出口情况……393
13-4　农、林、牧、渔利用外资情况……395
13-5　农、林、牧、渔实际利用外资情况……395
13-6　各市农、林、牧、渔利用外资情况……396

十四、农村经济收入分配与效益

14-1　农村集体经济基本情况……399
14-2　村组集体经济组织资产负债情况……399
14-3　村组集体经济组织收益分配情况……400
14-4　村级集体经济组织资产负债情况……400
14-5　村级集体经济组织收益分配情况……401
14-6　组级集体经济组织资产负债情况……401
14-7　组级集体经济组织收益分配情况……402
14-8　各市农村经济基本情况……403
14-9　各市村级集体经济组织资产负债情况……404
14-10　各市组级集体经济组织资产负债情况……407
14-11　各市村级集体经济组织收益分配情况……410
14-12　各市组级集体经济组织收益分配情况……412
14-13　农村经济主要比例关系和效益指标……414
14-14　农副产品人均拥有量……415

14-15　主要农副产品产量与最高年份比较…… **416**

十五、农村居民收入与消费

农村居民收入与消费…… **419**

15-1　农村常住居民收入与消费(1978-2015)…… **421**

15-2　历年农村常住居民家庭基本情况…… **422**

15-3　农村常住居民家庭平均每百户主要耐用物品年末拥有量…… **423**

15-4　主要年份农村常住居民家庭生活基本情况…… **424**

15-5　农村居民消费价格分类指数…… **425**

15-6　2015 年各市农村常住居民人均可支配收入和生活消费支出…… **427**

15-7　各县（市）区农村常住居民人均可支配收入…… **428**

十六、农村科技与教育

16-1　农业科研和技术开发机构基本情况…… **433**

16-2　各市农村科普活动开展情况…… **435**

十七、分区域主要经济指标

17-1　主要农作物播种面积…… **439**

17-2　主要农作物总产量…… **440**

17-3　茶叶、桑叶、水果面积及产量…… **441**

17-4　畜牧头数及肉类产量…… **441**

17-5　珠江三角洲九市林业主要经济指标…… **442**

17-6　山区五市林业主要经济指标…… **443**

17-7　东西两翼林业主要经济指标…… **444**

17-8　珠江三角洲九市渔业现状概况…… **445**

17-9　山区五市渔业现状概况…… **445**

17-10　东翼地区渔业现状概况…… **446**

17-11　西翼地区渔业现状概况…… **446**

2015 年全省农业农村工作情况

一、农业农村经济稳中有进

2015 年全省农林牧渔业总产值 5520.46 亿元，农林牧渔业增加值 3425.39 亿元，分别比上年增长 3.1%和 3.4%。农村居民人均可支配收入 13360 元，实际增长 7.7%，增幅高出城镇居民 1.3 个百分点，城乡居民收入差距由 2014 年 2.63:1 缩小到 2.6:1。农产品贸易持续增长，全省农产品进出口贸易总额为 264.93 亿美元，增长 4.9%，其中农产品出口 86.45 亿美元，增长 2.5%。全省耕地面积 262.33 万公顷，农作物播种面积 7177 万亩，同比增加 60 万亩。粮食播种面积 3759 万亩，粮食总产量 1358 万吨，增长 0.1%；蔬菜总产量 3439 万吨，增长 5.0％；油料作物产量 110 万吨，增长 4.6%；肉类总产量 424.2 万吨、奶类 12.9 万吨，分别下降 1.2%、6.2%；禽蛋 33.8 万吨，增长 2.6%；饲料总产量 2573 万吨、增长 7.26%，继续稳居全国首位。

二、农业结构调整

编制现代农业发展“十三五”规划、现代农业发展总体规划功能区划等系列规划，通过“三高农业”、“一镇一业”和“一村一品”等项目带动，形成了一批特色优势农业产业带（区）。种植业结构持续调整，水稻优质率达到 72%以上，热带南亚热带特色效益农业产值占种植业总产值近 70%。草地畜牧业加快发展，全省建设草地畜牧业规模化生产示范基地 44 个，年末肉牛、山羊存栏量增长 4.3%、2.1%，成为畜牧业新的增长点。

三、稳定农业生产力

推进粮食稳定增产行动，创建粮油糖高产万亩示范片 220 万亩，建设雷州东西洋、汕尾海丰、云浮罗定等 3 个连片 10 万亩现代粮食产业示范区。坚持建重点生产基地，做强省重点生猪、家禽养殖场，300 家省级“菜篮子”基地顺利通过农业部延伸绩效考核，新建菜果茶标准园 44 个、国家级畜禽标准化示范场 18 个。加强农产品市场监测和分析研判，搞好产销衔接，着力化解年初奶农倒奶事件和生猪生产周期性波动，维护市场稳定。

四、创新驱动发展

组建省级农业科技创新联盟，推进农业科研成果项目库、农业科技成果转化公共服务平台和特色农业现代化产业发展重点实验室建设，打造“一盘棋”农业科技创新格局和“一条链”农业科技组织模式。启动国家农业科技服务云广东平台建设，遴选发布主导品种 94 个、主推技术 47 项。组织实施国家重大农技推广项目，强化基层农技推广体系建设，推进农技推广信息化服务模式，主要农作物、猪、家禽良种覆盖率分别达 97%、95%、85%。加快现代种业发展，优质水稻育种、现代生物育种、高效园艺作物育种等三大创新平台建设成效初现，“育繁推一体化”种子企业增加至 17 家，种业“事企脱钩”改革和种业科研成果机构与科研人员权益比例试点工作进展顺利。建设国家畜禽核心育种场 18 家，畜禽新品种配套系达 31 个，数量位居全国前列。全省农机总动力 2653 万千瓦，特色作物机械化技术应用加快，水稻耕种收综合机械化水平 67%，同比增长 4 个百分点。推进农业信息化加速，建设全省农业“一网、一图、一库、一平台”的综合信息化管理体系，实施农业部信息进村入户试点省工作，启动 12316“三农”服务热线，建立 1640 个省级“惠农信息站”和 80 个农产品电商体验店，信息化水平跨入全国农业系统先进行列。成功举办以“互联网+现代农业”为主题的第六届广东现代农业博览会，在运用新业态提升服务农业、拓宽农民增收空间方面取得进展，得到省政府主要领导“成效显著，值得肯定，总结经验，不断提高”的评价。

五、建设现代农业经营体系

发展新型经营主体，新增省重点农业龙头企业 85 家，全省农业龙头企业、农民合作社、家庭农场分别达 3300 家、3.71 万家、3.75 万家，有 22 家农业龙头企业成功上市，350 多家农业龙头企业年销售收入超亿元。创新经营机制，农业产业化、组织化、专业化、社会化服务水平稳步提高，生猪、家禽、奶牛规模养殖比例分别达 82%、81%、94%，农业龙头企业、农民合作社辐射带动 450 多万农户共同致富，农机作业、农技推广、病虫害统防统治等社会化服务加快发展。农业生产载体建设取得成效，重点扶持粤东西北地区建设 38 个区域性现代农业“五位一体”示范基地，12 个国家级、省级现代农业示范区和 8 个粤台农业合作园区逐渐成为现代农业发展的标杆。

六、一二三产业融合发展

主要抓住农产品加工和休闲农业这两个重点，促进农业“接二连三”，在补足现代农业发展短板上迈出步伐。整合资金支持建设 16 个特色水果生产加工示范基地和 42 个农产品加工业研发与转型升级项目，推动解决加工企业“用地难”问题，全省规模以上农产品加工企业达到 5840 家，实现年销售总产值 10800 亿元。全省累计创建全国休闲农业与乡村旅游示范县 5 个、示范点 19 个，省级休闲农业与乡村旅游示范镇 47 个、示范点 100 个，休闲农业正发展成为促进农民就业增收和满足城乡居民消费需求的新兴产业。

七、保障农产品质量安全

保障农产品质量安全是履职担当的重要内容，坚持“产出来”、“品牌引领出来”、“管出来”多管齐下强化监管工作。加强耕地质量保护，创建省级以上农业标准化示范区 760 个，有效期内“三品一标”产品（无公害农产品、绿色食品、有机农产品、地理标志产品）分别达到 1710 个、810 个、60 个、12 个。推进品牌建设，组织评选 300 个广东省名特优新农产品，广东十大名牌系列农产品在意大利米兰世博会上受到好评，擦亮农业精品名片。推进农产品质量安全监管体系、追溯体系及农业综合行政执法监督体系建设，创建云浮市和佛山高明、韶关翁源、梅州梅县、汕尾陆丰等国家农产品质量安全示范市县。各级联动开展农产品和农资产品质量安全专项整治行动，出动农业行政执法人员 20.65 万人次，立案查处违法案件 1035 宗，挽回经济损失 1750 多万元。承接畜禽屠宰监管职责并实现平稳过渡，生猪屠宰专项整治在农业部考核中获得优异成绩。

八、管控农业风险

抓好禽流感、口蹄疫等重大动物疫病防控措施，启动实施种畜禽场动物疫病净化工程，在全国率先开展生猪激光灼刻检疫标识、动物卫生风险监控和兽药二维码试点，第一期建设 10 个病死畜禽无害化处理中心。我省连续第 3 年在农业部重大动物疫病防控延伸绩效考核中被评为优秀。加强农作物重大病虫和植物疫情防控，柑桔黄龙病危害逐步减缓。积极应对雷州半岛 50 年一遇严重干旱和强台风“彩虹”袭击，支持灾区农业救灾复产，降低农业因灾损失。农业生态环保稳步推进，启动实施化肥农药使用量零增长行动，世行贷款农业面源污染治理项目区试点示范实现化肥农药亩均用量分别减少 14.9%、20%，农业部布置的 3 年农产品产地土壤重金属污染普查任务依期完成，污染耕地修复示范点工作取得初步成果。

九、深化农业农村改革

在稳定和完善农村基本经营制度中有序推进农村土地承包经营权确权登记颁证，24 个试点单位 261 乡镇开展了确权，完成实测面积 290 万亩。目前全省有 104 个县（市、区）799 个乡镇 10235 个行政村启动了土地确权工作，完成实测面积 371 万亩，颁发承包经营权证书 13.4 万份，化解涉地存量纠纷 1325 宗。省委、省政府出台了《关于引导农村土地经营权有序流转发展农业适度规模经营的实施意见》，全省土地流转面积 896 万亩，占家庭承包经营耕地面积的 29.2%。在加强农村基层治理体系建设中重点开展农村集体产权制度改革，全省 24 万多个集体经济组织 100%开展了集体资产清理核实工作，86%的县（市、区）和 89%的镇（街）建立了农村集体资产管理交易平台，农村集体资产规范管理取得新进展；南海区开展农民股份合作赋予农民对集体资产股份权能改革试点顺利推进，《广东省农村集体资产管理条例》修订草案通过省人大常委会第一次审议。在完善农业支持保护体系中创新金融支农方式，实行财政资金与金融支农政策双轮驱动，通过“投贷补”、“政银保”等方式撬动各类资本投入现代农业建设。农业政策性保险取得突破性进展，省级财政保费补贴资金达到 8.04 亿元，涉农保险品种从 2010 年的 2 个增加到 18 个。

十、治理农业面源污染

在国家发展改革委、财政部和世界银行的支持下，广东于 2011 年率先开展农业面源污染治理工作。世界银行贷款广东农业面源污染治理项目于 2013 年完成前期准备，2014 年 1 月正式实施。项目以减少种植业和牲畜养殖业对水体的污染排放，保护农村生态环境，保障农产品质量安全为总目标，开展环境友好型种植业和牲畜废弃物治理两大示范工程建设，构建以 IC 卡系统为载体的农业面源污染治理补偿机制、以村镇为重点的激励机制和环境友好型农业生产资料配送“三大机制”，有效解决“最后一公里”问题，取得初步成效。一是化肥农药强度实现“双减少”。2014 年项目农户水稻平均每亩化肥施用量同比减少 18%；2015

年新项目农户化肥同比减施 14.9%，老项目农户实现零增长。农药普遍少用 1-2 次，减药20%以上。二是污染治理技术实现“全普及”。项目区全面推广配方肥、生物农药和高效低毒低残留农药、高效电动喷雾器，水稻“三控”技术和病虫害统防统治服务大幅增长。农药包装废弃物基本回收。三是产量收入水平实现“双增长”。2014、2015 年，项目农户水稻平均亩产分别增长 12.3%和 8.8%。因节肥、节药、补贴，稻农每亩每造综合增收 133-165 元。四是牲畜废物治理实现“多效应”。第一批 9 个养殖场废弃物处理系统运行良好，各项排放指标达到广东省畜禽养殖业污染物排放标准，废水处理成本控制在低水平，资源化利用程度高。五是创新模式试点实现“好开端”。水稻保护性耕作试点成果国际领先，浅耕同步施肥水穴直播和浅耕同步施肥机插秧模式增产增收显著。龙川年出栏 5 万头高床养殖试点成功投产。

一、行政区划与劳动力

1-1 全省行政区划

2015 年　　　　单位：个

市　别	地级市	县级市	县	自治县	市辖区	镇	乡	# 民族乡	街道
全　省	21	20	34	3	62	1128	11	7	445
广　州	1				11	34			136
深　圳	1				6				59
珠　海	1				3	15			9
汕　头	1		1		6	32			37
佛　山	1				5	21			11
韶　关	1	2	4	1	3	93	1	1	10
河　源	1		5		1	94	1	1	5
梅　州	1	1	5		2	104			6
惠　州	1		3		2	52	1	1	18
汕　尾	1	1	2		1	44			10
东　莞	1					28			4
中　山	1					18			6
江　门	1	4			3	61			12
阳　江	1	1	1		2	38			9
湛　江	1	3	2		4	82	2		37
茂　名	1	3			2	87			22
肇　庆	1	1	4		3	91	1	1	12
清　远	1	2	2	2	2	77	3	3	5
潮　州	1		1		2	41			9
揭　阳	1	1	2		2	61	2		20
云　浮	1	1	2		2	55			8

注：本行政区划截止 2015 年底。

1-2 主要年份农村基本情况

年　份	乡镇个数（个）	乡镇户数（万户）	乡镇人口（万人）	乡镇劳动力（万人）	第一产业劳动力（万人）
1949		461.5	2206.0	974.0	925.3
1952		619.1	2426.4	1040.8	983.6
1957		659.3	2679.4	1285.6	1215.0
1962	1920	714.0	2909.6	1355.3	1280.8
1965	1310	719.2	3137.6	1317.5	1246.2
1970	1351	804.2	3811.3	1527.7	1489.3
1975	1459	833.6	4154.6	1718.2	1655.3
1978	1577	873.0	4305.9	1774.5	1662.5
1980	1629	889.2	4419.8	1817.6	1625.9
1985	1673	988.5	4778.3	2090.6	1597.6
1990	1654	1141.7	5241.9	2363.4	1600.8
1995	1655	1283.7	5622.3	2519.2	1432.0
2000	1708	1419.9	6046.6	2789.9	1572.1
2005	1311	1540.8	6451.5	3089.5	1533.5
2014	1139	1697.4	6901.1	3916.8	1363.2
2015	1139	1690.0	6863.2	3918.7	1351.8

1-3 各市农村基本情况

2015

市别	一、乡镇个数（个）	二、乡镇户数（户）	三、乡镇人口（人）	四、乡镇劳动力资源总数（人）	五、乡镇劳动力（人）	第一产业劳动力（人）
全省	1139	16899663	68631966	39187036	34969499	13518251
广州市	34	1574187	5362176	3741785	3375559	629254
深圳市						
珠海市	15	122637	521110	354142	274074	61553
汕头市	32	906700	4377851	2000028	1825368	634999
佛山市	21	837889	3019804	2013775	1748988	216320
韶关市	94	634231	2311434	1334740	1111594	586112
河源市	95	720386	3212628	1661216	1498998	702971
梅州市	104	908950	3442533	1990751	1790881	779381
惠州市	53	838443	3576941	2242810	2043539	497636
汕尾市	44	717716	3464675	1588583	1456243	518596
东莞市	28	521001	1746449	1092973	963509	60857
中山市	18	625342	2360302	1675147	1582237	98240
江门市	61	813896	2843044	1860441	1728615	797821
阳江市	38	681037	2609234	1491549	1285269	474250
湛江市	84	1518634	6823180	3728173	3329926	2021885
茂名市	87	1298141	5386167	2931816	2569448	1395024
肇庆市	92	877392	3239427	1900933	1584461	1121579
清远市	80	839944	3441205	1950850	1760435	977577
潮州市	41	552515	2357324	1220266	1135118	396865
揭阳市	63	1253703	5982100	2862354	2526688	819553
云浮市	55	656919	2554382	1544704	1378549	727778

注：本表和1-4表的乡镇个数为广东省民政厅统计年报数。

1-4 各县（市）区农村基本情况

2015

市别	一、乡镇个数（个）	二、乡镇户数（户）	三、乡镇人口（人）	四、乡镇劳动力资源总数（人）	五、乡镇劳动力（人）	第一产业劳动力（人）
广州市	**34**	**1574187**	**5362176**	**3741785**	**3375559**	**629254**
荔湾区						
越秀区						
海珠区						
天河区						
白云区	4	199435	821314	548566	493331	76216
黄埔区	1	25539	104027	66967	64065	23504
花都区	6	195899	827086	575601	551944	105651
从化区	5	136060	512371	327566	282099	123845
增城区	7	260396	954160	648707	579513	160542
番禺区	5	498427	1455872	1062254	933987	54636
南沙区	6	258431	687346	512124	470620	84860
深圳市						
罗湖区						
福田区						
南山区						
宝安区						
龙岗区						
盐田区						
珠海市	**15**	**122637**	**521110**	**354142**	**274074**	**61553**
香洲区	6	27374	161343	122633	63795	2554
金湾区	4	38374	137422	88429	87804	17189
斗门区	5	56889	222345	143080	122475	41810
汕头市	**32**	**906700**	**4377851**	**2000028**	**1825368**	**634999**
金平区		32340	133561	68578	63548	24741
龙湖区	2	56615	244061	141518	127234	36803
澄海区	8	127853	566133	366847	348071	134949
濠江区		54963	224786	108736	93676	25904
潮阳区	9	356588	1769779	670448	608916	201966
潮南区	10	264627	1387769	612415	561539	196877
南澳县	3	13714	51762	31486	22384	13759
佛山市	**21**	**837889**	**3019804**	**2013775**	**1748988**	**216320**
禅城区	1	56998	181435	94092	88351	3726
南海区	6	336255	1146415	815136	676203	68689
顺德区	6	285757	1033629	687483	591559	53157
高明区	3	54679	186927	108223	100310	33284
三水区	5	104200	471398	308841	292565	57464
韶关市	**94**	**634231**	**2311434**	**1334740**	**1111594**	**586112**
浈江区	5	31058	127776	75869	66711	20870
武江区	5	26049	105532	60036	55339	20351
曲江区	9	45631	185852	106005	97104	50201
南雄市	17	105667	281433	235179	160113	94384
始兴县	10	67939	243089	122251	104888	58623
翁源县	7	87882	355062	189354	155398	85614

1-4　续表 1

市　　别	一、乡镇个数（个）	二、乡镇户数（户）	三、乡镇人口（人）	四、乡镇劳动力资源总数（人）	五、乡镇劳动力（人）	第一产业劳动力（人）
仁化县	10	62516	240796	118469	100810	53363
新丰县	6	73135	223792	122367	94214	42056
乳源自治县	9	42317	169908	99489	89011	48212
乐昌市	16	92037	378194	205721	188006	112438
河源市	**95**	**720386**	**3212628**	**1661216**	**1498998**	**702971**
源城区	2	24876	113583	61540	53521	9116
东源县	21	132669	596960	300581	277609	115301
和平县	17	116393	506252	295645	259602	105513
龙川县	24	196620	832364	391211	387496	179762
紫金县	18	163439	771303	390793	333528	192878
连平县	13	86389	392166	221446	187242	100401
梅州市	**104**	**908950**	**3442533**	**1990751**	**1790881**	**779381**
梅江区	4	42651	143140	57026	54892	18009
梅县区	17	122805	415026	218791	210567	120138
蕉岭县	8	42537	149899	92342	82107	46859
大埔县	14	103834	382276	231862	204055	97622
丰顺县	16	112272	416895	250252	231243	105832
五华县	16	212497	884129	561723	468500	204919
兴宁市	17	213979	839073	464999	445383	141783
平远县	12	58375	212095	113756	94134	44219
惠州市	**53**	**838443**	**3576941**	**2242810**	**2043539**	**497636**
惠城区	8	166988	787600	561145	517858	80187
惠东县	13	212775	931429	454982	397072	130283
惠阳区	6	151216	579309	431239	388876	39523
博罗县	17	221707	975473	607987	577582	154226
龙门县	9	85757	303130	187457	162151	93417
汕尾市	**44**	**717716**	**3464675**	**1588583**	**1456243**	**518596**
汕尾城区	3	102896	511272	240410	229720	54452
海丰县	16	163907	711326	436894	418568	134835
陆河县	8	80117	352175	136702	133512	45772
陆丰市	17	370796	1889902	774577	674443	283537
东莞市	**28**	**521001**	**1746449**	**1092973**	**963509**	**60857**
中山市	**18**	**625342**	**2360302**	**1675147**	**1582237**	**98240**
江门市	**61**	**813896**	**2843044**	**1860441**	**1728615**	**797821**
蓬江区	3	43980	151548	98671	87913	21281
江海区		29245	108928	68904	66602	10726
新会区	10	165134	565268	344613	320673	116893
台山市	16	242107	855788	573378	528018	289558
开平市	13	127639	472332	360648	321482	190450
恩平市	10	98445	319289	198179	188741	99901
鹤山市	9	107346	369891	216048	215186	69012
阳江市	**38**	**681037**	**2609234**	**1491549**	**1285269**	**474250**
江城区	4	125190	451780	265527	254650	104376
阳东县	11	127199	479566	305120	255029	91985
阳西县	8	132212	537704	312627	257018	96807
阳春市	15	296436	1140184	608275	518572	181082
湛江市	**84**	**1518634**	**6823180**	**3728173**	**3329926**	**2021885**
赤坎区						

市别	一、乡镇个数（个）	二、乡镇户数（户）	三、乡镇人口（人）	四、乡镇劳动力资源总数（人）	五、乡镇劳动力（人）	第一产业劳动力（人）
霞山区						
坡头区	5	101850	381431	207017	192282	99878
麻章区	4	127643	529187	311498	282295	184075
吴川市	10	229914	1069674	629155	561680	280270
徐闻县	14	135066	613611	357627	322697	282063
雷州市	18	342693	1646784	846876	746992	496819
遂溪县	15	219166	962499	516960	473377	348386
廉江市	18	362302	1619994	859040	750603	330394
茂名市	**87**	**1298141**	**5386167**	**2931816**	**2569448**	**1395024**
茂南区	8	107424	451763	226880	187478	78268
电白区	21	372033	1576638	788674	740251	372301
信宜市	18	265756	951633	547997	467827	270228
高州市	23	292528	1244863	671333	607675	364497
化州市	17	260400	1161270	696932	566217	309730
肇庆市	**92**	**877392**	**3239427**	**1900933**	**1584461**	**1121579**
端州区		13401	50689	23462	10979	187
鼎湖区	4	46476	145318	87297	67460	41226
高要市	16	192366	705003	464382	388113	259327
广宁县	15	138860	347661	281739	203407	160695
四会市	10	85595	291411	177339	188136	84215
德庆县	12	93750	305691	202702	159272	146884
封开县	16	116118	465577	279218	235629	146370
怀集县	19	190826	928077	384794	331465	282675
清远市	**80**	**839944**	**3441205**	**1950850**	**1760435**	**977577**
清城区	4	123637	522429	295610	259595	116504
英德市	23	226918	979201	522167	478864	313530
佛冈县	6	66209	268941	153985	127647	73103
连山自治县	7	25092	102547	63212	55664	32635
连南自治县	7	47223	172767	90347	83103	48757
连州市	12	97637	370160	214330	178114	108054
阳山县	13	109103	452944	259897	235284	111138
清新区	8	144125	572216	351302	342164	173856
潮州市	**41**	**552515**	**2357324**	**1220266**	**1135118**	**396865**
湘桥区	4	83590	329399	165674	152147	46975
饶平县	21	196994	850493	459341	436758	212574
潮安区	16	271931	1177432	595251	546213	137316
揭阳市	**63**	**1253703**	**5982100**	**2862354**	**2526688**	**819553**
榕城区	4	136612	635721	418421	408873	93503
揭东区	11	221904	1011973	498696	391727	164240
惠来县	14	264544	1444048	511257	456536	168146
普宁市	18	384306	1881231	964272	836355	289049
揭西县	16	246337	1009127	469708	433197	104615
云浮市	**55**	**656919**	**2554382**	**1544704**	**1378549**	**727778**
云城区	4	63321	248467	163041	140762	68099
新兴县	12	82336	346710	226765	196580	111257
郁南县	15	125453	453012	254510	221320	138496
罗定市	17	303305	1161388	706116	643640	316218
云安区	7	82504	344805	194272	176247	93708

二、国土资源

1月30日，全省国土资源工作会议在广州召开。

4月18日，广东省第46个世界地球日科普周宣传活动在丹霞山世界地质公园拉开帷幕

5 月 22 日，东莞召开全市土地联合执法现场会，现场拆除“两违”建筑.

7 月 20 日下午，广东省人民政府在广州市召开全省土地管理工作会议。省委副书记、省长朱小丹与各地级以上市及顺德区政府主要负责同志签订《广东省 2015 年度耕地保护目标责任书》。

9 月 14 日上午，中山颁发全省第一本新版不动产权证书。

9 月 22 日上午,王广华率调研组一行到中山市国土资源局办证大厅不动产登记中心窗口实地调研，详细了解中心的建设和各个窗口的运行情况，并就不动产登记受理、发证等有关情况与工作人员进行沟通。

12 月 2 日~4 日，国土资源部副部长王世元带调研组到广东省佛山市南海区就农村集体经营性建设用地入市改革试点工作开展集中调研。

全国第一次国情地理信息普查——广东省国土资源测绘院技术人员进行普查成果接边工作。

利用国土资源在线巡查系统查看违法违规用地情况。

2015 年违法违规用地专项治理行动——汕尾海丰拍拆除黄羌镇 3 处违法温泉。

虎门镇组织清拆陈村社区违法建筑。

东莞市开展地质灾害应急演练现场

打击非法采矿现场

国土资源管理

2015年，全省国土资源系统深入贯彻党的十八大和十八届三中、四中、五中全会精神，紧紧围绕“三个定位、两个率先”总目标，以省委、省政府《关于加强和改进我省国土资源工作的意见》为统领，以节约集约用地示范省建设为主线，尽职尽责保护国土资源，节约集约利用国土资源，尽心尽力维护群众权益，为我省经济社会持续健康发展作出了积极贡献。

一、强化管控与保障服务，为经济社会发展提供有力支撑。

2015年，为稳增长调结构出台了18条保障措施。部署开展土地利用总体规划调整完善工作。全年安排新增建设用地指标31万亩，批准用地31.05万亩，同比上升31.7%，有效保障了“三大抓手”和一批重大项目、民生工程的用地需求。已在全省全面实行土地使用权和矿业权网上交易。

二、深入推进示范省建设，国土资源节约集约利用水平明显提高。

2015年，全省完成“三旧”改造4.59万亩，累计完成“三旧”改造面积24.56万亩；盘活批而未供、闲置土地17.54万亩。全省单位建设用地二、三产业增加值由2010年的2.37亿元/平方公里预计提高到2015年的3.46亿元/平方公里，升幅46%，节约集约用地水平位居全国前列。南海区农村集体经营性建设用地入市试点稳步推进，首宗建设用地使用权已挂牌成交。广州、深圳、中山、东莞、汕头、顺德等地土地管理制度改革创新试点稳步推进。

三、加大投入和建设力度，坚决守住耕地和生态保护红线。

2015年，加快推进永久基本农田划定工作，基本完成城市周边永久基本农田划定任务的核实举证工作。大力推进高标准基本农田建设，按期完成国家下达的1510万亩任务。出台实施2015-2020年广东省矿山地质环境保护与治理规划，深入推进全省“矿山复绿”行动。

四、千方百计服务民生，群众合法权益得到有效维护。

2015年，集中开展全省治理违法违规用地专项行动，全省立案28106宗，没收、拆除违法建筑面积1533万平方米，复耕复绿面积1.23万亩，落实党纪政纪处分107人，追究刑事责任79人，约谈458个政府单位，问责54人。加大卫片执法检查频率和违法行为在线巡查力度，及时有效遏制违法违规用地。认真落实省委部署，大力推进农村土地突出问题三项治理工作，全省共解决历史拖欠留用地43730亩，完成年度任务4万亩的109.3%；排查涉及“三乱”违法用地9565宗，已查处完成9482宗，占99.1%；清理拖欠被征地农民征地补偿费24.64亿元，已落实解决10.6亿元，占43.1%。积极推进法治信访、责任信访、阳光信访，群众信访总量下降17.9%。及时部署汛期地质灾害防治工作，防御台风“彩虹”工作响应及时、措施有力。全力参与深圳光明新区“12.20”滑坡事故调查和救援，行动迅速、处置得当。

五、大力加强地理信息建设，国土资源工作基础更加扎实。

2015年，全面完成各级不动产登记职责机构整合工作，在10个地级以上市、39个县（市、区）率先颁发新版不动产权证书证明，发证量占全国的38%，位居全国第一。地理国情普查成果通过国家预验收和质量复核。编制完成“十三五”基础测绘规划，部署开展高分辨率航空影像数据建设工作。省地理信息公共服务平台发布应用，数字县区地理空间框架和“一村一镇一地图”工程稳步推进，42个县区基本完成项目建设。印发实施《关于促进地理信息产业发展的实施意见》。

六、认真落实主体责任，有效解决一批不严不实问题。

2015年，扎实开展“三严三实”专题教育，认真查摆不严不实的问题并立行立改。上下联动推进落实省委巡视组反馈意见整改工作，巡视指出的9方面23项问题中，已落实整改18项，正在整改5项，依法依规处理全系统相关责任人55人。认真开展土地管理领域和矿产资源领域专项整治行动。加大依法行政宣传教育力度，印发关于全面推进法治国土建设的意见，对推进我省国土资源法治建设进行了全面部署。

2-1 自然资源

项　　目	单　位	2015年	项　　目	单　位	2015年
一、土地资源和海洋			年平均气温	摄氏度	22.6
土地面积	平方公里	179716.02	年日照时数	小时	1735.8
耕　地	万公顷	262.33	三、森林		
林　地	万公顷	1004.17	活立木蓄积量	亿立方米	5.66
园　地	万公顷	127.79	森林覆盖率	%	58.88
牧草地	万公顷	0.31	四、水力水产		
海域总面积	万平方公里	41.9	水力资源理论蕴藏量	万千瓦	1137
海洋滩涂面积	万公顷	20.4	#可开发装机容量		992.5
海岛面积	平方公里	1592.7	海水养殖可养面积	万公顷	77.6
大陆海岸线长度	公里	4114.3	淡水可养面积	万公顷	49.42
岛屿岸线长度	公里	2428.7	五、矿产		
岛屿个数	个	1431	煤保有资源储量	万吨	59858.99
二、气候			铁矿石保有资源储量	万吨	64023.12
年平均降雨量	毫米	1845.7	硫铁矿保有资源储量	万吨	33121.76

注：1. 土地面积、耕地、林地、园地、牧草地面积是2014年土地利用现状数据，不包含批而未用建设用地数据。

2. 海岛面积、岛岸线长度、岛屿个数是1994年调查数据。

3. 海域总面积包括200海里专属经济区面积。

2-2 各市耕地面积情况

2015年　　　　单位：公顷

市　别	年初实有耕地面　积	合　计	年末耕地保有量面积						年内增加耕地面积	年内减少耕地面积
			实有耕地面积					可调整地类面积		
			小　计	水　田	水浇地	旱地				
广东省	2621833.57	3172065.15	2623333.36	1662571.76	118622.82	842138.78		548731.79	11125.92	9644.54
广州市	83873.77	133612.13	82885.59	52636.80	28406.46	1842.33		50726.54	0.00	988.59
深圳市	4096.02	4046.41	4046.41	7.46	3892.23	146.72		0.00	9.18	60.43
珠海市	18054.90	33517.89	17972.40	11725.88	2030.48	4216.04		15545.49	0.39	82.90
汕头市	38194.45	60506.17	37789.52	28267.15	4856.35	4666.02		22716.65	239.02	643.98
佛山市	36340.14	53912.80	36267.69	22640.67	8547.96	5079.06		17645.11	172.97	245.42
韶关市	220186.61	230093.67	221070.68	146438.68	4377.42	70254.58		9022.99	1328.49	444.42
河源市	143271.60	145106.14	144729.10	109554.27	811.15	34363.68		377.04	1722.57	265.07
梅州市	164153.64	177995.01	164141.82	126771.95	4340.65	33029.22		13853.19	752.62	764.44
惠州市	141010.19	151340.30	140771.97	83106.99	12379.52	45285.46		10568.33	335.62	573.84
汕尾市	98221.56	110080.39	97852.08	69334.73	2646.04	25871.31		12228.31	55.52	428.97
东莞市	14038.58	36837.82	13689.06	948.41	11334.63	1406.02		23148.76	0.36	351.63
中山市	12206.39	49673.95	12058.74	6387.54	5360.35	310.85		37615.21	13.20	160.85
江门市	157164.89	211800.04	157051.31	125989.53	3735.93	27325.85		54748.73	210.74	324.32
阳江市	150267.79	213768.42	150558.32	102362.23	296.94	47899.15		63210.10	685.39	395.79
湛江市	464348.86	509003.58	467605.66	190988.43	12082.17	264535.06		41397.92	3986.47	738.21
茂名市	227365.66	253085.21	227836.36	162438.75	866.76	64530.85		25248.85	770.58	299.88
肇庆市	149222.14	189106.09	149007.87	103209.15	4858.06	40940.66		40098.22	247.14	461.41
清远市	270890.94	298737.41	270238.37	157897.16	4002.29	108338.92		28499.04	205.20	857.77
潮州市	35933.81	49463.15	35811.71	25985.92	1355.37	8470.42		13651.44	117.97	240.07
揭阳市	88561.66	123055.00	87717.88	67454.75	1231.00	19032.13		35337.12	49.72	894.63
云浮市	103229.09	124894.32	103051.15	68424.31	99.03	34527.81		21843.17	222.67	400.61
顺德区	1200.88	12429.25	1179.67	1.00	1112.03	66.64		11249.58	0.10	21.31

注：1. 本数据为2015年度土地利用现状数据，不包含批而未用建设用地数据。

2. 可调整地类是指因农业结构调整原因，将耕地改为园地、林地、草地和坑塘水面等，且耕作层未被破坏的土地。包括：可调整果园、可调整茶园、可调整其他园地、可调整有林地、可调整其他林地、可调整人工牧草地和可调整坑塘水面等地类。

2-3 各市当年建设占用耕地情况

2015 年　　单位：公顷

市　　别	合　计	城镇村及工矿用地	交通运输用地	水利设施用地
广 东 省	9283.21	7471.02	1753.56	58.63
广 州 市	937.20	847.20	90.00	0.00
深 圳 市	60.32	58.81	0.45	1.06
珠 海 市	78.92	78.05	0.87	0.00
汕 头 市	640.75	492.29	148.46	0.00
佛 山 市	237.46	181.44	56.02	0.00
顺 德 区	402.90	346.60	22.51	33.79
韶 关 市	232.44	210.35	22.09	0.00
河 源 市	752.67	643.22	108.26	1.19
梅 州 市	561.75	458.88	100.24	2.63
惠 州 市	421.42	288.72	132.63	0.07
汕 尾 市	339.84	276.02	63.24	0.58
东 莞 市	157.15	142.71	14.44	0.00
中 山 市	292.67	233.13	58.72	0.82
江 门 市	382.17	339.40	42.77	0.00
阳 江 市	709.16	612.76	94.96	1.44
湛 江 市	293.33	197.96	95.37	0.00
茂 名 市	449.79	272.17	174.54	3.08
肇 庆 市	833.19	628.06	204.93	0.20
清 远 市	232.14	192.25	31.27	8.62
潮 州 市	860.45	678.05	179.37	3.03
揭 阳 市	387.60	276.61	108.87	2.12
云 浮 市	19.89	16.34	3.55	0.00

注：本数据为 2015 年度土地利用现状数据，不包含批而未用建设用地数据。

2-4 各县（市、区）耕地面积情况

2015 年　　单位：公顷

行政区	年初实有耕地面积	年末耕地保有量面积						耕地变动情况	
		合计	实有耕地面积				可调整地类面积	年内增加耕地面积	年内减少耕地面积
			小计	水田	水浇地	旱地			
广东省	**2621833.57**	**3172065.15**	**2623333.36**	**1662571.76**	**118622.82**	**842138.78**	**548731.79**	**11125.92**	**9644.54**
广州市	**83873.77**	**133612.13**	**82885.59**	**52636.80**	**28406.46**	**1842.33**	**50726.54**		**988.59**
荔湾区	447.61	563.35	436.15	11.58	400.47	24.10	127.20		11.46
越秀区	1.55	1.55	1.55		0.72	0.83	0.00		
海珠区	315.44	657.03	309.49	60.02	205.21	44.26	347.54		5.95
天河区	552.18	533.77	533.77	61.64	436.45	35.68	0.00		18.41
白云区	9460.97	17700.72	9393.45	3359.94	5945.88	87.63	8307.27		67.52
黄埔区	551.87	538.21	538.21	2.80	528.43	6.98			13.66
番禺区	17283.71	22133.03	17109.33	13248.25	3684.17	176.91	5023.70		174.38
花都区	10395.58	17257.65	10233.28	7297.04	2829.70	106.54	7024.37		162.30
南沙区	6055.15	7956.06	5774.51	898.26	4874.50	1.75	2181.55		280.64
萝岗区	2715.84	4458.11	2633.48	1671.58	909.47	52.43	1824.63		82.36
增城市	22528.69	38732.54	22406.95	14149.10	7542.78	715.07	16325.59		122.15
从化市	13565.18	23080.11	13515.42	11876.59	1048.68	590.15	9564.69		49.76
深圳市	**4096.02**	**4046.41**	**4046.41**	**7.46**	**3892.23**	**146.72**		**9.18**	**60.43**
罗湖区	21.94	21.87	21.87		16.95	4.92			0.07
福田区	7.80	7.80	7.80		7.80	0.00			
南山区	98.81	87.46	87.46		83.95	3.51			11.35
宝安区	2417.78	2398.62	2398.62	1.36	2331.08	66.18		4.09	24.88
龙岗区	1539.51	1520.50	1520.50	6.10	1443.79	70.61		5.09	24.10
盐田区	10.18	10.16	10.16		8.66	1.50			0.03
珠海市	**18054.90**	**33517.89**	**17972.40**	**11725.88**	**2030.48**	**4216.04**	**15545.49**	**0.39**	**82.90**
香洲区	652.74	629.02	629.02	118.60	216.63	293.79			23.72
斗门区	9603.56	21123.23	9583.59	7113.08	1207.86	1262.65	11539.64	0.39	20.36
金湾区	7798.60	11765.64	7759.79	4494.20	605.99	2659.60	4005.85		38.82
汕头市	**38194.45**	**60506.17**	**37789.52**	**28267.15**	**4856.35**	**4666.02**	**22716.65**	**239.02**	**643.98**
龙湖区	2229.08	2482.93	2216.60	1039.53	1026.78	150.29	266.33	0.38	12.86
金平区	980.04	1865.78	979.01	719.73	213.06	46.22	886.77		1.03
濠江区	2002.05	2408.45	1981.93	566.07	595.94	819.92	426.52		20.12
潮阳区	14149.05	22567.38	14095.10	12835.97	145.05	1114.08	8472.28	212.01	265.96
潮南区	11829.42	17401.15	11556.74	9660.90	145.77	1750.07	5844.41	6.65	279.33
澄海区	6555.47	13114.75	6512.69	3442.88	2637.19	432.62	6602.06	19.98	62.76
南澳县	449.34	665.73	447.45	2.07	92.56	352.82	218.28		1.92
佛山市	**36340.14**	**53912.80**	**36267.69**	**22640.67**	**8547.96**	**5079.06**	**17645.11**	**172.97**	**245.42**
禅城区	245.68	682.30	234.00		206.21	27.79	448.30		11.68
南海区	12352.25	18668.74	12251.18	4166.68	7055.82	1028.68	6417.56		101.07

行政区	年初实有耕地面积	年末耕地保有量面积						耕地变动情况	
		合计	实有耕地面积				可调整地类面积	年内增加耕地面积	年内减少耕地面积
			小计	水田	水浇地	旱地			
三水区	11436.07	20071.70	11492.83	8014.94	1151.80	2326.09	8578.87	125.95	69.19
高明区	12306.14	14490.06	12289.68	10459.05	134.13	1696.50	2200.38	47.02	63.48
韶关市	**220186.61**	**230093.67**	**221070.68**	**146438.68**	**4377.42**	**70254.58**	**9022.99**	**1328.49**	**444.42**
武江区	6889.55	7453.02	6992.48	4017.20	517.33	2457.95	460.54	193.11	90.18
浈江区	6526.01	7956.57	6579.78	4395.64	636.44	1547.70	1376.79	125.80	72.03
曲江区	19136.18	20433.28	19124.29	13053.82	402.99	5667.48	1308.99	20.86	32.75
始兴县	20905.18	21797.92	21183.25	15432.09	455.41	5295.75	614.67	333.04	54.97
仁化县	21340.32	22088.94	21450.21	17734.66	210.55	3505.00	638.73	113.84	3.95
翁源县	31551.48	33173.07	31572.51	19493.98	396.52	11682.01	1600.56	44.75	23.72
乳源县	19448.02	19939.54	19698.93	12769.41	661.97	6267.55	240.61	312.19	61.28
新丰县	16287.39	17439.04	16259.31	8151.83	681.31	7426.17	1179.73	0.00	28.08
乐昌市	34691.73	36268.10	34749.70	22047.81	338.73	12363.16	1518.40	102.46	44.49
南雄市	43410.75	43544.19	43460.22	29342.24	76.17	14041.81	83.97	82.44	32.97
河源市	**143271.60**	**145106.14**	**144729.10**	**109554.27**	**811.15**	**34363.68**	**377.04**	**1722.57**	**265.07**
源城区	2589.59	2616.42	2545.39	1397.53	476.41	671.45	71.03	11.93	56.13
紫金县	30577.18	30601.13	30598.93	26956.67	100.49	3541.77	2.20	94.60	72.85
龙川县	39505.26	39689.01	39487.72	32055.24	59.10	7373.38	201.29	20.56	38.10
连平县	20319.62	20454.75	20452.71	12501.50	137.69	7813.52	2.04	161.36	28.27
和平县	22957.60	23238.59	23180.83	16581.67	25.69	6573.47	57.76	279.05	55.82
东源县	27322.35	28506.24	28463.52	20061.66	11.77	8390.09	42.72	1155.07	13.90
梅州市	**164153.64**	**177995.01**	**164141.82**	**126771.95**	**4340.65**	**33029.22**	**13853.19**	**752.62**	**764.44**
梅江区	4123.14	4878.90	4096.35	2770.04	243.52	1082.79	782.55	14.52	41.31
梅县区	21207.95	24727.36	21187.03	16687.56	185.62	4313.85	3540.33	17.83	38.75
大埔县	17388.19	17710.24	17595.51	13801.35	40.38	3753.78	114.73	298.62	91.30
丰顺县	21932.71	25231.91	22044.74	15425.63	726.41	5892.70	3187.17	157.22	45.19
五华县	41598.59	42221.79	41547.64	31884.74	174.03	9488.87	674.15	33.71	84.66
平远县	16685.37	17195.24	16637.94	11671.29	2955.30	2011.35	557.30	0.00	47.43
蕉岭县	8980.55	9950.83	8915.48	7282.07	1.40	1632.01	1035.35	0.00	65.07
兴宁市	32237.14	36078.74	32117.13	27249.27	13.99	4853.87	3961.61	230.72	350.73
惠州市	**141010.19**	**151340.30**	**140771.97**	**83106.99**	**12379.52**	**45285.46**	**10568.33**	**335.62**	**573.84**
惠城区	22270.55	24542.11	22199.48	11343.40	6419.86	4436.22	2342.63	13.09	84.16
惠阳区	14739.84	16559.61	14629.31	6245.40	1432.91	6951.00	1930.30	0.00	110.53
博罗县	50505.89	52629.37	50445.06	27846.36	3695.00	18903.70	2184.31	161.38	222.21
惠东县	34004.67	34846.03	33944.21	26243.39	339.92	7360.90	901.82	72.00	132.46
龙门县	19489.24	22763.18	19553.91	11428.44	491.83	7633.64	3209.27	89.15	24.48
汕尾市	**98221.56**	**110080.39**	**97852.08**	**69334.73**	**2646.04**	**25871.31**	**12228.31**	**55.52**	**428.97**

行政区	年初实有耕地面积	年末耕地保有量面积						耕地变动情况	
		合计	实有耕地面积				可调整地类面积	年内增加耕地面积	年内减少耕地面积
			小计	水田	水浇地	旱地			
城区	5135.25	5109.97	5078.67	3430.04	607.28	1041.35	31.30		56.58
海丰县	34493.40	38737.61	34295.32	27669.50	362.79	6263.03	4442.29	49.37	251.50
陆河县	12556.62	12920.22	12515.59	6007.20	619.02	5889.37	404.63	6.13	47.16
陆丰市	46036.29	53312.59	45962.50	32227.99	1056.95	12677.56	7350.09	0.02	73.73
东莞市	**14038.58**	**36837.82**	**13689.06**	**948.41**	**11334.63**	**1406.02**	**23148.76**	**0.36**	**351.63**
中山市	**12206.39**	**49673.95**	**12058.74**	**6387.54**	**5360.35**	**310.85**	**37615.21**	**13.20**	**160.85**
江门市	**157164.89**	**211800.04**	**157051.31**	**125989.53**	**3735.93**	**27325.85**	**54748.73**	**210.74**	**324.32**
蓬江区	1281.39	2322.42	1268.06	938.79	164.30	164.97	1054.36		13.33
江海区	1966.24	2750.18	1945.93	1582.74	362.89	0.30	804.25		20.31
新会区	17601.53	29878.75	17540.56	16243.61	228.34	1068.61	12338.19	0.01	60.98
台山市	57078.17	72164.15	57033.73	50068.03	27.88	6937.82	15130.42	1.00	45.44
开平市	31134.77	43838.98	31285.77	24862.17	179.58	6244.02	12553.21	185.72	34.72
鹤山市	13029.46	21516.10	12979.66	9971.05	120.20	2888.41	8536.44	0.39	50.19
恩平市	35073.33	39329.46	34997.60	22323.14	2652.74	10021.72	4331.86	23.62	99.35
阳江市	**150267.79**	**213768.42**	**150558.32**	**102362.23**	**296.94**	**47899.15**	**63210.10**	**685.39**	**395.79**
江城区	22261.94	25393.90	22187.05	14900.21	143.65	7143.19	3206.85	86.13	161.02
阳西县	34531.31	48156.57	34568.64	21092.48	2.29	13473.87	13587.93	118.90	81.57
阳东县	34105.04	51873.17	34159.32	25024.16	133.19	9001.97	17713.85	124.01	70.66
阳春市	59369.50	88344.78	59643.31	41345.38	17.81	18280.12	28701.47	356.35	82.54
湛江市	**464348.86**	**509003.58**	**467605.66**	**190988.43**	**12082.17**	**264535.06**	**41397.92**	**3986.47**	**738.21**
赤坎区	557.47	555.73	555.73	271.08	0.72	283.93			1.68
霞山区	1441.59	1431.97	1431.97	975.55		456.42		0.13	9.70
坡头区	15017.36	14922.15	14922.15	8068.62	16.50	6837.03		9.07	104.44
麻章区	23272.64	24094.36	24094.36	11868.56	28.92	12196.88		1151.19	337.96
遂溪县	99888.90	101244.47	99877.60	24867.29	3915.91	71094.40	1366.87	59.50	70.80
徐闻县	71689.37	77831.64	71913.21	14187.22	7272.92	50453.07	5918.43	237.68	13.84
廉江市	83040.83	92050.43	83276.96	52986.58	341.20	29949.18	8773.47	332.01	95.88
雷州市	139982.09	161589.48	142098.96	55455.44	438.95	86204.57	19490.52	2136.46	19.59
吴川市	29458.61	35283.35	29434.72	22308.09	67.05	7059.58	5848.63	60.43	84.32
茂名市	**227365.66**	**253085.21**	**227836.36**	**162438.75**	**866.76**	**64530.85**	**25248.85**	**770.58**	**299.88**
茂南区	15665.46	17351.21	15865.31	13728.28	652.61	1484.42	1485.90	227.40	27.55
茂港区	12209.08	12984.36	12127.54	8741.65	122.63	3263.26	856.82		81.54
电白县	39286.20	52869.55	39450.52	29692.74	66.96	9690.82	13419.03	221.01	56.69
高州市	60061.54	60520.00	60235.23	32960.75	10.28	27264.20	284.77	200.59	26.90
化州市	59643.57	68882.55	59697.87	46050.40	2.17	13645.30	9184.68	121.58	67.28
信宜市	40499.81	40477.54	40459.89	31264.93	12.11	9182.85	17.65		39.92

2-4 续表 3　　　　单位：公顷

行政区	年初实有耕地面积	年末耕地保有量面积							耕地变动情况	
		合计	实有耕地面积				可调整地类面积	年内增加耕地面积	年内减少耕地面积
			小计	水田	水浇地	旱地			
肇庆市	**149222.14**	**189106.09**	**149007.87**	**103209.15**	**4858.06**	**40940.66**	**40098.22**	**247.14**	**461.41**
端州区	270.59	234.38	234.38	167.36	16.92	50.10			36.21
鼎湖区	5185.70	9477.85	5086.35	4034.22	18.17	1033.96	4391.50	1.62	100.97
广宁县	17315.91	20762.00	17383.78	13114.91	3.87	4265.00	3378.22	87.35	19.48
怀集县	42652.31	43087.07	42573.49	24451.22	2082.71	16039.56	513.58		78.82
封开县	30518.55	33896.14	30560.94	22217.00	79.45	8264.49	3335.20	96.08	53.69
德庆县	11026.16	22661.47	11011.75	7854.41		3157.34	11649.72	32.29	46.70
高要市	29175.83	35812.60	29090.53	22828.89	2579.73	3681.91	6722.07	7.53	92.83
四会市	13077.09	23174.58	13066.65	8541.14	77.21	4448.30	10107.93	22.27	32.71
清远市	**270890.94**	**298737.41**	**270238.37**	**157897.16**	**4002.29**	**108338.92**	**28499.04**	**205.20**	**857.77**
清城区	25470.10	28283.57	24986.81	15103.80	1761.33	8121.68	3296.76		483.29
佛冈县	11742.33	18896.15	11736.72	9677.89	135.64	1923.19	7159.43	6.55	12.16
阳山县	42146.37	46065.86	42135.42	17522.76	119.46	24493.20	3930.44	65.83	76.78
连山县	9985.81	10239.05	9996.59	9404.81		591.78	242.46	12.99	2.21
连南县	11061.93	11254.07	11055.95	6418.29	88.31	4549.35	198.12		5.98
清新区	38564.15	43199.36	38539.26	22399.72	1774.86	14364.68	4660.10	6.88	31.77
英德市	91670.86	100394.28	91544.85	52977.03	11.11	38556.71	8849.43	69.37	195.38
连州市	40249.39	40405.07	40242.77	24392.86	111.58	15738.33	162.30	43.58	50.20
潮州市	**35933.81**	**49463.15**	**35811.71**	**25985.92**	**1355.37**	**8470.42**	**13651.44**	**117.97**	**240.07**
湘桥区	970.52	1327.99	982.49	690.90	165.78	125.81	345.50	22.69	10.72
潮安县	15132.05	23922.49	14977.60	11450.40	813.96	2713.24	8944.89	0.01	154.46
饶平县	19831.24	24212.67	19851.62	13844.62	375.63	5631.37	4361.05	95.27	74.89
揭阳市	**88561.66**	**123055.00**	**87717.88**	**67454.75**	**1231.00**	**19032.13**	**35337.12**	**49.72**	**894.63**
榕城区	1511.17	8173.85	5197.90	4712.59	122.00	363.31	2975.95		123.34
揭东县	16877.10	24907.09	12828.08	9453.86	124.98	3249.24	12079.01	23.35	263.43
揭西县	19610.43	27215.47	19551.24	15157.08	55.48	4338.68	7664.23	14.27	73.46
惠来县	25238.28	29204.05	25086.50	16878.17	212.97	7995.36	4117.55	9.89	161.67
普宁市	25324.68	33554.54	25054.16	21253.05	715.57	3085.54	8500.38	2.21	272.73
云浮市	**103229.09**	**124894.32**	**103051.15**	**68424.31**	**99.03**	**34527.81**	**21843.17**	**222.67**	**400.61**
云城区	8831.63	9303.33	8721.96	6893.80	34.64	1793.52	581.37	1.57	111.24
新兴县	18934.19	22863.10	19032.97	16297.20	22.10	2713.67	3830.13	126.43	27.65
郁南县	13852.79	22579.59	13874.52	9043.31	6.77	4824.44	8705.07	57.96	36.23
云安县	15719.22	15808.61	15630.75	8367.93	25.02	7237.80	177.86	0.51	88.98
罗定市	45891.26	54339.69	45790.95	27822.07	10.50	17958.38	8548.74	36.20	136.51
顺德区	**1200.88**	**12429.25**	**1179.67**	**1.00**	**1112.03**	**66.64**	**11249.58**	**0.10**	**21.31**

注：1. 本数据为 2015 年土地利用现状数据（不含批而未用建设用地数据）。

2. 可调整地类是指因农业结构调整原因，将耕地改为园地、林地、草地和坑塘水面等，且耕作层未被破坏的土地。包括：可调整果园、可调整茶园、可调整其他园地、可调整有林地、可调整人工牧草地和可调整坑塘水面等地类。

三、气候与自然灾害

3-1 主要年份各地年平均气温（℃）

年　份	粤　北	粤东北	粤西北	粤　东	粤　中	粤　西
1952	20.6			21.9	22.6	23.7
1957	19.9	21.0	21.7	21.0	21.5	22.9
1962	20.1	20.9	21.8	21.0	21.6	22.8
1965	20.6	21.4	22.1	21.3	21.9	23.4
1970	19.8	21.1	21.6	21.0	21.4	22.7
1975	20.3	21.1	21.9	21.3	21.7	23.0
1980	20.7	21.5	22.5	21.2	22.2	23.4
1985	20.2	20.9	22.0	21.1	21.6	22.6
1990	21.1	21.5	22.8	21.8	22.6	23.4
1995	20.0	21.0	22.2	21.6	22.3	23.0
2000	20.4	21.9	22.6	22.5	22.5	23.8
2005	20.5	21.6	22.5	22.2	22.8	23.0
2010	20.0	21.8	22.4	22.3	22.5	23.3
2011	19.6	21.7	22.3	22.1	21.4	22.4
2012	19.6	22.0	22.4	22.3	21.7	23.2
2015	20.8	22.0	23.4	23.5	22.2	24.3

3-2 主要年份各地年极端最高气温（℃）

年　份	粤　北	粤东北	粤西北	粤　东	粤　中	粤　西
1952	40.1			35.6	37.1	35.9
1957	38.7	38.6	36.7	35.0	36.1	36.0
1962	38.6	38.7	36.9	37.9	36.5	36.2
1965	38.1	37.3	37.1	34.5	36.1	37.3
1970	38.3	38.9	36.0	35.9	36.4	36.8
1975	36.8	36.5	36.4	35.1	34.9	35.1
1980	39.2	38.4	38.1	34.9	38.1	36.1
1985	38.5	38.4	36.1	34.9	35.3	35.5
1990	38.3	38.6	38.7	35.8	38.0	38.1
1995	38.3	37.6	36.9	36.5	36.9	36.1
2000	37.0	38.0	36.7	36.9	36.6	35.4
2005	39.5	39.0	38.4	37.6	39.0	36.8
2010	37.1	38.4	37.1	36.8	37.1	36.3
2011	37.7	38.5	37.2	36.1	36.9	35.7
2012	37.2	37.6	37.0	37.6	36.8	36.4
2015	37.5	38.1	37.2	37.6	37.6	38.4

3-3 主要年份各地年极端最低气温（℃）

年　份	粤　北	粤东北	粤西北	粤　东	粤　中	粤　西
1952	-1.6			3.3	1.6	4.4
1957	-2.0	-2.3	-0.5	1.1		3.3
1962	-1.4	-1.6	2.7	2.1	2.1	7.6
1965	0.4	-0.1	4.2	4.5	4.7	6.4
1970	-0.6	-1.0	3.0	2.5	2.6	6.4
1975	-1.5	-2.7	1.0	1.8	0.9	2.8
1980	-1.0	-0.2	3.5	3.6	2.6	4.3
1985	0.8	-1.4	4.6	2.1	2.9	7.5
1990		1.9	3.9	4.7	3.4	5.7
1995	-0.8	0.4	4.7	5.4	6.4	7.8
2000	0.9	1.1	5.2	5.5	4.0	8.2
2005	-1.2	-2.0	3.1	2.4	2.1	4.8
2010	-1.5	-0.6	2.7	2.5	1.8	4.2
2011	-0.9	1.6	4.4	4.7	2.6	4.7
2012	-2.0	1.1	5.0	3.9	2.5	5.7
2015	1.6	1.3	7.7	7.7	4.8	8.1

3-4 主要年份各地年平均地面温度（℃）

年　份	粤　北	粤东北	粤西北	粤　东	粤　中	粤　西
1952						
1957	22.3		23.2	23.6	23.9	25.9
1962	23.3	24.2	24.8	24.3	24.1	26.0
1965	23.8	25.0	24.7	24.9	24.3	26.6
1970	22.4	24.0	23.9	24.5	23.4	
1975	22.6	23.7	24.1	24.3	23.3	25.7
1980	23.4	24.2	25.4	24.7	25.3	26.8
1985	22.9	24.5	24.2	24.1	24.2	25.6
1990	23.7	25.2	24.7	24.4	24.9	26.2
1995	22.0	24.6	23.7	24.6	23.6	25.7
2000	23.0	25.4	24.4	26.3	23.8	26.9
2005	23.3	24.9	23.6	25.3	23.8	26.4
2010	22.5	25.1	23.8	25.4	24.0	26.6
2011	22.4	25.9	24.6	26.3	23.9	26.3
2012	22.1	25.6	23.8	25.2	24.0	26.6
2015	22.9	24.4	24.7	27.1	24.6	28.1

3-5 主要年份各地年降雨量（毫米）

年　　份	粤　　北	粤东北	粤西北	粤　　东	粤　　中	粤　　西
1952	1564.1			1424.5	1737.4	1752.4
1957	1641.2	1745.5	1914.3	1860.3	1988.5	1327.2
1962	1735.4	1348.0	1516.8	1053.4	1521.6	1377.1
1965	1189.4	1221.8	2066.1	1270.2	2332.5	1695.2
1970	1708.8	1352.0	1482.0	1267.8	1470.4	1618.6
1975	2120.8	2039.8	1910.9	1570.0	2516.7	1683.0
1980	1459.4	1461.7	1586.1	1369.1	1492.2	2274.0
1985	1360.2	1607.8	1726.9	1481.3	1706.0	2411.3
1990	1436.6	1709.0	1284.8	2236.9	1239.5	1510.2
1995	1506.9	1171.0	1766.4	1512.2	1752.4	2082.9
2000	1565.8	1850.9	1318.2	1486.7	1798.9	1762.7
2005	1772.2	1647.3	1905.2	1631.3	1986.2	1387.3
2010	2104.4	1416.1	1419.6	1350.3	2353.6	1952.3
2011	1443.0	1233.1	1277.2	1027.0	1632.3	1408.5
2012	2056.3	1460.5	1919.2	1247.1	1813.9	2068.6
2015	2128.7	1696.3	1848.1	1446.6	2471.9	1328.9

3-6 主要年份各地年降雨日数（日雨量≥ 0.1 毫米）

年　　份	粤　　北	粤东北	粤西北	粤　　东	粤　　中	粤　　西
1952	171			155	164	146
1957	166	160	166	132	169	153
1962	139	132	148	118	150	126
1965	150	138	170	139	165	147
1970	191	167	177	132	171	160
1975	184	182	188	171	189	171
1980	148	121	142	118	126	124
1985	170	165	168	134	169	171
1990	153	144	159	131	149	158
1995	157	147	153	116	148	154
2000	153	147	151	115	148	134
2005	152	126	148	128	142	132
2010	158	157	157	123	160	143
2011	130	117	117	87	113	132
2012	185	161	173	144	171	161
2015	168	148	146	102	147	122

3-7 主要年份各地年平均相对湿度（%）

年　份	粤　北	粤东北	粤西北	粤　东	粤　中	粤　西
1952	78				79	83
1957	77	79	81	84	80	82
1962	76	77	79	82	76	80
1965	76	80	82	81	81	84
1970	78	79	81	83	82	84
1975	79	82	81	84	81	83
1980	73	77	77	83	77	82
1985	75	78	77	82	78	83
1990	76	80	77	82	77	83
1995	78	77	76	81	73	82
2000	78	77	76	77	77	80
2005	73	73	74	69	71	80
2010	79	74	76	77	73	83
2011	72	68	67	73	74	77
2012	78	74	76	79	82	82
2015	82	79	77	77	78	83

3-8 主要年份各地年日照时数（小时）

年　份	粤　北	粤东北	粤西北	粤　东	粤　中	粤　西
1952				2175.2	1957.0	
1957	1704.1	2009.9	1580.7	2166.2	1752.9	1861.6
1962	2181.5	2161.7	2009.8	2401.2	2126.4	1979.3
1965	1975.2	2147.2	1857.3	1985.9	1895.6	1991.4
1970	1685.4	1908.1	1756.0	1932.5	1772.8	1738.8
1975	1516.9	1898.6	1741.2	1650.5	1643.1	1900.3
1980	1754.1	1811.1	1945.8	1989.2	1921.8	2036.5
1985	1701.6	1926.7	1613.3	1900.6	1406.0	1868.4
1990	1613.9	1893.1	1542.8	1921.3	1648.7	1877.4
1995	1420.6	1868.7	1704.6	2038.3	1559.6	1828.3
2000	1497.2	1672.6	1714.1	2126.3	1609.2	1855.3
2005	1491.2	1736.4	1345.6	1849.5	1288.5	1784.4
2010	1631.0	1676.9	1356.5	1855.5	1484.0	1878.4
2011	1783.8	1901.1	1709.7	2077.9	1878.4	1822.3
2012	1501.0	1660.3	1361.1	1650.4	1471.2	1544.0
2015	1540.8	1740.4	1583.0	2010.7	1594.3	2008.1

3-9 各地平均气温（℃）

2015 年

月　　份	粤北（韶关）	粤东北（梅县）	粤西北（高要）	粤东（汕头）	粤中（广州）	粤西（湛江）
1	11.1	12.6	15.0	14.9	13.6	16.0
2	14.3	15.9	17.4	16.3	16.2	18.3
3	16.3	18.4	18.8	18.4	18.4	21.5
4	21.0	21.9	23.6	22.6	21.9	23.9
5	24.9	25.1	26.8	26.0	25.9	28.8
6	28.3	28.6	29.3	30.0	28.5	29.8
7	27.7	28.0	29.1	29.0	28.1	28.6
8	28.2	27.8	29.3	29.1	27.9	29.1
9	26.2	26.6	28.2	27.9	26.9	28.0
10	22.1	23.4	25.3	25.8	23.6	25.3
11	17.8	20.6	22.1	23.7	21.0	24.1
12	11.3	14.6	15.4	17.9	14.9	17.6
全年	20.8	22.0	23.4	23.5	22.2	24.3

3-10 各地极端最高气温（℃）

2015 年

月　　份	粤　　北	粤 东 北	粤 西 北	粤　　东	粤　　中	粤　　西
1	24.9	28.5	23.8	24.7	24.7	23.6
2	28.1	30.5	28.6	28.1	25.7	26.8
3	30.0	31.7	29.3	29.9	29.1	29.0
4	32.7	36.1	33.3	31.8	32.9	34.6
5	34.6	35.6	35.0	34.3	33.4	38.4
6	35.8	37.5	36.6	37.5	35.7	36.7
7	37.3	38.1	36.9	36.3	37.6	37.5
8	37.5	37.0	37.2	37.6	36.6	36.3
9	35.2	35.1	35.2	36.2	34.7	34.9
10	32.3	32.7	32.0	32.9	32.8	32.8
11	29.9	31.9	30.7	31.6	30.5	29.7
12	19.0	26.6	25.9	26.9	26.3	27.4
全年	37.5	38.1	37.2	37.6	37.6	38.4

3-11 各地极端最低气温（℃）

2015年

月　份	粤　北	粤东北	粤西北	粤　东	粤　中	粤　西
1	2.1	2.5	7.7	8.2	4.9	9.3
2	3.4	3.4	8.9	7.7	5.4	8.1
3	7.3	9.7	11.6	12.1	10.5	14.5
4	7.7	7.4	13.5	12.9	10.0	15.1
5	16.0	15.4	21.7	19.9	19.3	24.0
6	22.4	22.8	24.3	24.7	22.8	24.4
7	22.4	22.3	23.4	24.4	23.4	23.5
8	21.5	21.4	24.7	24.7	22.0	23.2
9	19.4	20.8	24.0	23.6	22.0	23.5
10	13.3	14.4	17.6	19.7	15.9	17.7
11	6.2	5.8	12.4	12.6	8.9	13.9
12	1.6	1.3	7.8	8.6	4.8	9.7
全年	1.6	1.3	7.7	7.7	4.8	8.1

3-12 各地平均地面温度（℃）

2015年

月　份	粤北（韶关）	粤东北（梅县）	粤西北（高要）	粤东（汕头）	粤中（广州）	粤西（湛江）
1	12.4	14.5	15.4	17.4	15.7	19.0
2	15.6	18.3	18.8	20.9	18.4	21.8
3	17.2	20.8	19.9	22.8	19.6	25.3
4	23.3	25.5	25.6	26.9	24.4	29.2
5	26.5	26.9	27.5	28.7	26.7	33.8
6	31.7	31.3	30.1	35.5	30.9	35.8
7	30.5	30.7	30.2	33.1	30.5	32.3
8	32.9	31.0	31.0	33.7	31.5	35.6
9	29.2	29.6	30.2	31.2	30.1	31.5
10	25.0	25.6	27.1	28.1	26.6	27.0
11	18.7	22.6	23.8	27.6	24.1	26.8
12	12.3	16.1	16.4	19.7	16.9	19.2
全年	22.9	24.4	24.7	27.1	24.6	28.1

3-13 各地降雨量（毫米）

2015年

月份	粤北	粤东北	粤西北	粤东	粤中	粤西
1	73.1	55.2	73.4	56.0	55.9	40.8
2	44.0	17.3	4.8	2.5	40.9	7.1
3	72.7	46.7	31.4	17.9	27.2	12.1
4	80.0	88.9	83.8	153.2	116.4	37.3
5	923.3	394.8	524.6	274.8	805.6	50.0
6	224.1	172.7	210.9	130.9	251.8	107.3
7	82.1	193.7	270.2	328.6	441.2	167.8
8	47.3	297.1	204.6	153.4	342.7	145.7
9	93.7	213.3	111.8	171.0	116.4	213.4
10	71.6	23.3	171.6	28.4	123.0	386.0
11	177.3	15.4	34.9	0.0	44.7	101.5
12	239.5	177.9	126.1	129.9	106.1	59.9
全年	2128.7	1696.3	1848.1	1446.6	2471.9	1328.9

3-14 各地降雨日数（日雨量≥0.1毫米）

2015年

月份	粤北	粤东北	粤西北	粤东	粤中	粤西
1	8	6	5	5	5	3
2	11	6	7	4	7	3
3	17	15	16	5	10	7
4	6	10	7	9	12	8
5	27	28	23	22	23	12
6	18	13	18	8	21	13
7	17	14	16	11	15	16
8	9	18	14	14	12	9
9	12	11	10	10	10	18
10	10	6	8	5	11	13
11	13	5	6	0	7	7
12	20	16	16	9	14	13
全年	168	148	146	102	147	122

3-15 各地平均相对湿度（%）

2015 年

月份	粤北	粤东北	粤西北	粤东	粤中	粤西
1	77	73	72	72	73	81
2	79	73	75	73	75	85
3	87	80	84	79	83	89
4	77	76	73	78	77	82
5	89	89	84	89	84	83
6	80	79	78	79	78	81
7	80	78	75	79	77	79
8	77	79	75	77	78	81
9	81	80	77	77	78	85
10	80	77	73	70	76	81
11	86	79	77	72	78	83
12	85	80	79	74	77	84
全年	82	79	77	77	78	83

3-16 各地日照时数（小时）

2015 年

月份	粤北	粤东北	粤西北	粤东	粤中	粤西
1	141.2	153.2	139.2	179.0	161.0	172.1
2	78.4	115.8	63.1	127.7	74.4	67.4
3	33.2	79.9	28.1	97.8	18.1	63.6
4	142.0	146.2	148.8	176.7	130.2	190.5
5	78.5	97.9	107.3	126.7	80.2	209.2
6	207.9	223.5	222.8	260.5	203.9	249.0
7	181.6	164.4	178.8	191.5	174.4	164.5
8	212.6	208.2	216.6	175.5	196.5	245.5
9	164.0	174.5	141.2	173.9	172.8	205.7
10	171.6	167.7	150.3	188.4	174.3	183.1
11	82.7	135.8	115.9	193.7	122.9	184.6
12	47.1	73.3	70.9	119.3	85.6	72.9
全年	1540.8	1740.4	1583.0	2010.7	1594.3	2008.1

3-17 受灾乡镇数量

2015 年

市　别	受灾乡镇数量（人）	受灾人口（人）	因灾死亡人口（人）	因灾失踪人口（人）	因灾伤病人口（人）	紧急转移安置人口（人）	需紧急生活救助人口（人）	需过渡性生活救助人口（人）	因旱需生活救助人口（人）	其中：因旱饮水困难需救助人口（人）
广东省	992	8487438	28	5	263	385917	175377	36819	73107	73107
广州市	2	4050	3		134	188	213			
韶关市	78	104384	1		1	3220	7210	291		
深圳市										
汕头市	63	688219				1346	45			
佛山市	21	55449	5		91	5305	3479			
江门市	62	60513				2659	4	581		
湛江市	122	3126505	4	4	25	118536	85720	1353	73107	73107
茂名市	110	1306677	5		2	89385	8495	2951		
肇庆市	74	168635	1		1	8490	2040	353		
惠州市	24	36299	1			2973				
梅州市	56	189017	1	1		2839	5253	30		
汕尾市	62	1040984				70921	30704	30180		
河源市	30	36502				1845	101	112		
阳江市	50	268548				12154	4361	917		
清远市	72	359035	1			30964	3227	44		
东莞市		2739	3		9	1752				
中山市		2252								
潮州市	40	227209				2510		5		
揭阳市	63	613626				7647	18631			
云浮市	63	196795	3			23183	5894	2		

3-17 续表 1 单位：人

市 别	农作物受灾面积（公顷）	其中：农作物成灾面积（公顷）	其中：农作物绝收面积（公顷）	草场受灾面积（公顷）	因灾死亡大牲畜（只）	因灾死亡羊只（只）	倒塌房屋间数（间）	其中：倒塌农房间数（间）
广东省	845936.35	509114.34	92875.04	50.1	1310		9646	9121
广州市	47.8	47.8					41	
韶关市	9696.93	2425.44	208				512	508
深圳市								
汕头市	20029.06	6805.23	592				6	6
佛山市	2602.49	714.29	145.23				16	15
江门市	15305.78	4754.2	3		21		36	36
湛江市	465016.3	323063.8	68422.4		734		4269	4269
茂名市	149316.23	97133.74	9425.19	41.5	25		1837	1837
肇庆市	10636.09	6975.92	803.37	8.6	45		581	454
惠州市	4659.6	383.5	2				2	2
梅州市	3495.75	1926.29	281.7				810	810
汕尾市	37024.03	15025.93	3433.6					
河源市	1184.2	668.26	66.86				89	69
阳江市	37485.53	10914.44	200.01				485	484
清远市	22057.57	11145	1377.75		17		295	184
东莞市	464	15.67	9.33					
中山市	2703.8	2703.8						
潮州市	5984.83	3068.9	126				46	42
揭阳市	50092	15538	6517				268	52
云浮市	8134.37	5804.13	1261.6		468		353	353

3-17　续表 2　　单位：人

市　别	倒塌房屋户数（户）	其中：倒塌农房户数（户）	严重损坏房屋间数（间）	其中：严重损坏农房间数（间）	严重损坏房屋户数（户）	其中：严重损坏农房户数（户）	一般损坏房屋间数（间）	其中：一般损坏农房间数（间）	一般损坏房屋户数（户）	其中：一般损坏农房户数（户）
广东省	3710	3506	21572	20304	10169	9293	128589	110683	56816	52241
广州市	41		33		33		122		122	
韶关市	197	193	462	104	226	47	1123	136	508	50
深圳市										
汕头市	6	6	8	8	5	5	63	34	50	23
佛山市	9	9	46	45	34	34	121	120	121	120
江门市	18	18	32	32	31	31	28	19	18	13
湛江市	1557	1557	17902	17896	7879	7873	58516	56812	25627	25136
茂名市	693	693	508	508	209	209	2273	2273	909	871
肇庆市	199	164	16	12	9	6	530	164	332	131
惠州市	1	1	6		5		37		15	
梅州市	286	286	193	193	87	87	3100	3100	1164	1164
汕尾市			728	223	568	130	8081	2468	1873	1672
河源市	32	29	27	26	11	11	56	39	36	21
阳江市	270	269	787	786	577	577	42	42	38	38
清远市	121	80	19	8	11	4	2	2	2	2
东莞市										
中山市										
潮州市	26	24	55	40	38	10	30330	30327	11605	11602
揭阳市	123	46	520	193	307	133	24103	15085	14350	11352
云浮市	131	131	230	230	139	136	62	62	46	46

3-17　续表 3　　单位：万元

市　别	直接经济损失	其中：农业损失	工矿企业损失	基础设施损失	公益设施损失	家庭财产损失
广东省	3155378.57	1201183.45	776404.17	507675.15	329209.11	335702.66
广州市	17118	1235	12528	565	2000	790
韶关市	26807.11	17746.36	358.5	7557.45	287.36	857.44
深圳市						
汕头市	41805.07	28953.47	8479.5	3110.5		83.6
佛山市	118085.34	34627.88	79801.9	2755.56	600	300
江门市	45528.51	40061.31	210	4534.8	2	720.4
湛江市	2277512.9	700348.9	637930	351229	297105	290900
茂名市	171943.3	104443.64	20848.73	28840.77	11447.15	6362.98
肇庆市	58377.92	47745.08	4384.24	4470	226	1542.6
惠州市	6068.49	1205.7	1548.8	2974.9	192	147.09
梅州市	26467.75	6100.45	10	10147.2	7891	2318.1
汕尾市	100382.3	67652.3	322	23213	621	5674
河源市	3220	1529.5		215		1475.5
阳江市	66983	36121	6622	15933.9	6274.1	2012
清远市	39473.1	30856.7	927.5	6392.9	889	407
东莞市	856.67	464.47	283	51.2		58
中山市	860.5	860.5				
潮州市	10963.48	4949.98	125	960	33	4825.5
揭阳市	81222	52130.73	1970	9244.77	1641.5	15210
云浮市	61703.12	24150.47	55	35479.2		2018.45

3-18 救灾工作情况

2015

市　别	启动响应次数（次）	已救助人口（人）	已重建住房户数（户）	已重建住房间数（间）	已维修住房户数（户）	已维修住房间数（间）
广东省	52	395622	3317	9329	21181	52705
广州市	1	213			155	155
韶关市	4	8908	157	782	36	97
深圳市						
汕头市		1359	5	5	8	11
佛山市	3	5305	3	8	154	166
江门市		2659	18	50	49	55
湛江市	18	166257	1556	4261	18524	48136
茂名市	6	34171	705	2068	905	1984
肇庆市	1	658	145	520	72	124
惠州市		1316	1	3	20	43
梅州市	4	5892	74	264	41	97
汕尾市	5	111104			111	330
河源市		1944	24	52	24	52
阳江市	6	15987	270	485	615	828
清远市	1	13882	235	505	3	3
东莞市						
中山市						
潮州市		220	7	14	16	35
揭阳市	3	25409			263	298
云浮市		338	117	312	185	291

市　别	本地区支出自然灾害生活补助资金总数	其中：已支出应急生活补助资金	已支出遇难人员家属抚慰金	已支出过渡性生活救助资金	已支出恢复重建补助资金	已支出旱灾救助资金	其他支出救灾款
广东省	27037.84	7702	90.55	2699.1	10912.85	187	5446.33
广州市	300	12.98	8				279.02
韶关市	651.67	100.48	0.8	50.98	317.3		182.11
深圳市							
汕头市	120	81			7		32
佛山市	260.59	41	16.05	56.3	92.5		54.74
江门市	369.59	108.35		140.58	85		35.66
湛江市	10035.32	2533.69	32.3	556.57	5473.2	187	1252.56
茂名市	4730.45	1106.86	8	294.82	2541		779.78
肇庆市	465.85	4.75	2	6.8	319.5		132.8
惠州市	97.5	62		0.11	2.6		32.8
梅州市	619.29	435.45	1.6	3.24	179		
汕尾市	2081	974		1001	8		98
河源市	709.34	376.01		10.15	74		249.18
阳江市	2343.63	634.89		150.35	1152.95		405.5
清远市	488.89	219.16	0.8	40.43	171.5		57
东莞市	15		15				
中山市							
潮州市	584.85	22.68		343.04	25.5		193.63
揭阳市	472.59	419.99			52.6		
云浮市	2692.25	568.78	6	44.74	411.2		1661.54

3-18　续表 2　　单位：万元

市　别	本级财政安排的自然灾害生活补助资金（县级）	本级财政安排的自然灾害生活补助资金（地市）	本级财政安排的自然灾害生活补助资金（省级）	本级接收的捐赠资金自然灾害生活补助支出（县级）	本级接收的捐赠资金自然灾害生活补助支出（地市）	本级接收的捐赠资金自然灾害生活补助支出（省级）	本级生活类救灾物资投入折款（县级）	本级生活类救灾物资投入折款（地市）	本级生活类救灾物资投入折款（省级）
广东省	2794.06	4168	15430.25	1353.15	161.25		850.88	110.27	999.68
广州市	328						1.86		
韶关市	237.3	500					95.39		
深圳市									
汕头市	2.5	40					11.5		
佛山市	191								
江门市	108.35						35.66		
湛江市	402.5	2343		335.5			192.5	22.87	
茂名市	290.75	1000		589			211.8	41	
肇庆市	248.75	73					20.24		
惠州市	19.4						2		
梅州市	17.5			45.9			27.8		
汕尾市	435			200			75		
河源市	26.8	18.5							
阳江市	56			182.75	161.25		44	40	
清远市	147.8	117.5					25	6.4	
东莞市	7.5	7.5							
中山市									
潮州市	93.63								
揭阳市	2.33						107.33		
云浮市	178.95	68.5					0.8		

四、农业技术装备

3 月 4 日,全省春耕备耕暨农业科技、放心农资和农业机械“三下乡”现场会在汕尾市海丰县召开,副省长邓海光在田间地头现场部署春耕备耕工作

3 月 4 日,全省春耕备耕暨农业科技、放心农资和农业机械“三下乡”现场会现场

3 月 30 日—4 月 3 日,农业部农机化司李伟国司长、产业发展处王家忠处长到广东开展农机化工作调研

5 月 10－11 日，全省深松整地作业技术培训暨现场作业演示会在湛江召开

6 月 16 日，广东省农业厅在汕尾市陆河县河田镇举办“2015 年广东省农机安全生产、农机购置补贴政策暨丘陵山区农机技术推广宣传咨询活动”

9 月 1–2 日，广东省农业厅在广州召开 2015 年全省农机化质量及维修管理培训班，农业部农机化司生产管理处李斯华处长出席培训班并授课

12 月 11—15 日，全省农机化统计与信息化工作会议在广州举办（共两期）

12 月 21-22 日，全省农机专业合作社发展交流座谈会在东莞召开

11月，广东省农业厅在德庆县举办全省微耕机等 6 个实地检验规范培训班（共四期）。

11月 27-23 日，第六届广东现代农业博览会“互联网+现代农业装备”展区现场

屋面全开启温室

1SL-240 凿式节能深松机

1SG-230 型深松旋耕联合作业机

4-1 农机化系统机构及人员

2015年

市别	一、农机化管理机构			省级			地级			县级			乡镇级		
	机构数（个）	人数（人）	科技人员（教师）	机构数（个）	人数（人）	科技人员（教师）	机构数（个）	人数（人）	科技人员（教师）	机构数（个）	人数（人）	科技人员（教师）	机构数（个）	人数（人）	科技人员（教师）
全省	1092	3011	693	1	9		20	76	24	116	863	249	955	2063	420
广州	40	91	5				1	5		9	41	5	30	45	
珠海	4	15					1	4		2	9		1	2	
汕头	37	107	21				1	11	11	5	12	2	31	84	8
佛山	5	27	23				1	5	3	4	22	20			
韶关	54	134	39				1	3		10	77	22	43	54	17
河源	82	171	32				1	1		6	77	22	75	93	10
梅州	106	266	34				1	4		8	77	11	97	185	23
惠州	67	233	14				1	5	3	6	105	11	60	123	
汕尾	33	160	10				1	2		5	48	10	27	110	
东莞	32	98	8				1	4	1				31	94	7
中山	25	28	27				1	4	3				24	24	24
江门	73	137	58				1	3		7	18	15	65	116	43
阳江	44	170	102				1	4		4	27	18	39	139	84
湛江	69	303	91				1	4		10	125	54	58	174	37
茂名	80	230	43				1	4	2	6	74	12	73	152	29
肇庆	74	167	42				1	3		8	39	13	65	125	29
清远	85	141	70				1	2	1	7	34	11	77	105	58
潮州	26	85	15				1	2		4	15	7	21	68	8
揭阳	75	332	54				1	3		9	48	11	65	281	43
云浮	69	95	5				1	3		5	13	5	63	79	
顺德区	11	12								1	2		10	10	
省级	1	9		1	9										

4-1 续表 1

市别	二、农机化教育、培训机构			农机化学校			三、农机化科研机构			省级			地级		
	机构数（个）	人数（人）	科技人员（教师）	机构数（个）	人数（人）	科技人员（教师）	机构数（个）	人数（人）	科技人员（教师）	机构数（个）	人数（人）	科技人员（教师）	机构数（个）	人数（人）	科技人员（教师）
全　省	52	373	189	52	373	189	3	149	122	1	138	114	2	11	8
广　州	1	2	1	1	2	1									
珠　海															
汕　头							1	7	6				1	7	6
佛　山															
韶　关	5	20	9	5	20	9									
河　源	4	38	17	4	38	17									
梅　州	5	27	13	5	27	13									
惠　州	4	40	8	4	40	8									
汕　尾	2	18	11	2	18	11									
东　莞															
中　山															
江　门	3	17	7	3	17	7									
阳　江	4	23	13	4	23	13									
湛　江	6	57	28	6	57	28									
茂　名	5	56	28	5	56	28									
肇　庆	4	25	20	4	25	20	1	4	2				1	4	2
清　远	2	9	1	2	9	1									
潮　州	2	4	2	2	4	2									
揭　阳	2	21	19	2	21	19									
云　浮	3	16	12	3	16	12									
顺德区															
省　级							1	138	114	1	138	114			

4-1 续表 2

市别	四、农机试验鉴定机构			1. 省级			五、农机化技术推广机构			1. 省级			2. 地级		
	机构数（个）	人数（人）	科技人员（教师）	机构数（个）	人数（人）	科技人员（教师）	机构数（个）	人数（人）	科技人员（教师）	机构数（个）	人数（人）	科技人员（教师）	机构数（个）	人数（人）	科技人员（教师）
全　省	1	33	27	1	33	27	108	584	265	1	15	10	18	130	47
广　州							5	86	36				1	28	10
珠　海							3	5					1	2	
汕　头							3	12	8				1	6	5
佛　山							2	22	21						
韶　关							8	23	10						
河　源							7	32	6				1	1	
梅　州							8	29	10				1	8	
惠　州							6	40	16				1	15	12
汕　尾							5	23	10				1	3	
东　莞							1	13	1				1	13	1
中　山							1	5	4				1	5	4
江　门							6	38	24				1	10	3
阳　江							5	24	16				1	7	5
湛　江							9	47	22				1	3	
茂　名							6	25	7				1	3	1
肇　庆							7	26	15				1	4	2
清　远							8	49	17				1	7	1
潮　州							3	11	7				1	4	3
揭　阳							8	31	18				1	2	
云　浮							6	28	7				1	9	
顺德区															
省　级	1	33	27	1	33	27	1	15	10	1	15	10			

4-1 续表 3

市别	3. 县级			六、农机安全监理机构			1. 省级			2. 地级			3. 县级		
	机构数（个）	人数（人）	科技人员（教师）	机构数（个）	人数（人）	科技人员（教师）	机构数（个）	人数（人）	科技人员（教师）	机构数（个）	人数（人）	科技人员（教师）	机构数（个）	人数（人）	科技人员（教师）
全省	89	439	208	120	738	245	1	3		19	118	31	100	617	214
广州	4	58	26	6	46	16				1	8		5	38	16
珠海	2	3		3	8					1	3		2	5	
汕头	2	6	3	6	28	17				1	11	10	5	17	7
佛山	2	22	21	5	27	23				1	5	3	4	22	20
韶关	8	23	10	9	30	13							9	30	13
河源	6	31	6	7	35	5				1	3		6	32	5
梅州	7	21	10	9	56	18				1	7		8	49	18
惠州	5	25	4	7	56	9				1	7	4	6	49	5
汕尾	4	20	10	5	42	11				1	5		4	37	11
东莞				1	13	1				1	13	1			
中山				1	6	6				1	6	6			
江门	5	28	21	6	31	17				1	4		5	27	17
阳江	4	17	11	5	33	9				1	11		4	22	9
湛江	8	44	22	9	62	17				1	2		8	60	17
茂名	5	22	6	6	68	18				1	4	2	5	64	16
肇庆	6	22	13	7	45	22				1	7		6	38	22
清远	7	42	16	9	54	13				1	6	1	8	48	12
潮州	2	7	4	2	17	5				1	10	3	1	7	2
揭阳	7	29	18	9	49	12				1	3		8	46	12
云浮	5	19	7	6	25	13				1	3	1	5	22	12
顺德区				1	4								1	4	
省级				1	3		1	3							

4-2 农机化服务组织及人员

2015 年

市别	农机化作业服务组织		农机户		农机化中介服务组织		农机维修厂及维修点	
	机构数（个）	人数（人）	机构数（个）	人数（人）	机构数（个）	人数（人）	机构数（个）	人数（人）
全省	2288	25773	1086034	1328652	14	365	8405	21662
广州	42	291	58587	63209			151	480
珠海	8	282	9407	18758			118	212
汕头	127	826	3290	4040			41	137
佛山	9	78	38180	56213			103	246
韶关	55	1742	141981	151874			487	912
河源	45	678	29028	30902			483	1197
梅州	111	3987	32046	39369			788	1915
惠州	77	1072	48438	51924			316	955
汕尾	32	555	19726	20688			500	1371
东莞	2	20	15400	18032	2	126	20	72
中山	13	64	26722	27699			68	219
江门	215	3521	51949	73219	4	73	1388	3056
阳江	33	914	37628	42870	5	150	281	785
湛江	924	5226	193542	298990			883	2793
茂名	49	979	116341	125340	1	9	622	1431
肇庆	212	2013	83660	91243	1	3	476	1211
清远	114	1009	63852	76785			557	1180
潮州	42	456	16467	18145	1	4	302	891
揭阳	98	407	14638	19270			470	1555
云浮	80	1653	53225	60134			295	839
顺德区			31927	39948			56	205

4-2 续表

市别	农机经销企业		农机经销点		农机供油站（点）		拖拉机驾驶培训机构		乡村农机从业人员年末人数（人）
	机构数（个）	人数（人）	机构数（个）	人数（人）	机构数（个）	人数（人）	机构数（个）	人数（人）	
全省	438	2521	2240	6191	259	843	36	330	1132737
广州	160	433	185	453			2	14	18945
珠海	2	15	13	71					6083
汕头	1	5							4150
佛山	1	5	39	101	1	3			54055
韶关	16	111	146	278	15	52	5	28	101003
河源	11	70	15	62			1	6	31045
梅州	18	158	173	591			2	15	52894
惠州	5	46	134	320	22	95	5	65	50304
汕尾	10	273	152	334	41	88	1	13	30054
东莞	14	144	32	94					21074
中山	12	99	32	152					35976
江门	27	314	209	775	1	2	1	8	83535
阳江	46	190	68	259			1	9	30581
湛江	30	260	223	737	6	22	6	59	253607
茂名	24	173	181	422	41	111	3	44	89926
肇庆	42	127	200	546	6	15	2	17	91488
清远	7	28	144	309	19	47	2	12	72021
潮州	2	13	87	254					8302
揭阳	1	36	141	276	97	378	2	21	24982
云浮	9	21	66	157			3	19	62410
顺德区					10	30			10302

4-3 农业机械作业情况

2015 年　　　　单位：千公顷

市别	农机化作业总体情况				
	机耕面积	机播面积	机电灌溉面积	机械植保面积	机收面积
全　　省	3741.81	264.76	1733.03	1444.61	1654.72
广　　州	199.12	1.77	101.69	41.50	72.41
珠　　海	15.01	2.72	1.89	1.81	4.24
汕　　头	69.59	5.49	35.48	10.29	41.34
佛　　山	72.69	0.62	34.49	35.11	7.64
韶　　关	273.40	11.78	33.33	69.59	111.56
河　　源	133.93	7.51	11.44	10.93	73.29
梅　　州	251.50	21.09	104.95	54.52	123.99
惠　　州	247.99	19.87	117.90	197.61	85.66
汕　　尾	145.62	7.07	17.42	51.29	67.11
东　　莞	23.61	0.75	15.11	16.33	3.50
中　　山	42.01	1.91	36.87	38.65	5.65
江　　门	218.42	68.74	161.81	90.96	163.42
阳　　江	223.15	13.89	85.64	56.90	95.97
湛　　江	543.87	22.18	439.77	174.82	199.95
茂　　名	352.54	8.71	135.95	216.04	194.87
肇　　庆	219.52	22.29	172.77	158.24	128.14
清　　远	285.22	13.36	23.34	92.66	136.75
潮　　州	50.10	7.22	30.17	8.86	27.15
揭　　阳	184.05	9.90	86.37	3.67	52.10
云　　浮	151.10	14.99	79.63	113.96	56.29
顺 德 区	2.10		7.02	0.86	
农垦系统	37.26	2.90			3.71

4-3　续表 1　　　　单位：千公顷

市别	主要农作物农机化作业情况					
	水稻机耕面积	水稻机械种植面积	水稻机收面积	玉米机耕面积	大豆机耕面积	花生机耕面积
全省	1833.74	257.63	1552.09	128.94	27.64	209.61
广州	57.37	1.77	60.69	10.28	0.25	5.01
珠海	4.33	2.72	4.24	0.35		0.01
汕头	45.50	5.49	41.29	1.70		0.12
佛山	8.70	0.62	7.54	0.30		0.74
韶关	116.89	11.58	103.55	4.39	6.61	31.46
河源	122.21	7.50	65.54	0.10	0.96	3.81
梅州	161.44	21.08	123.99	5.82	3.12	8.37
惠州	77.64	16.28	70.66	23.03	2.08	19.03
汕尾	68.26	7.07	66.51	0.94	1.90	10.11
东莞	0.72	0.23	0.71	0.50	0.14	0.06
中山	5.17	1.75	5.13	3.41		0.09
江门	168.57	68.74	163.21	1.20		0.23
阳江	101.43	13.89	95.82	10.15	6.66	22.65
湛江	206.28	20.78	198.16	17.11	1.25	47.79
茂名	183.21	8.21	169.63	23.75	0.95	24.14
肇庆	160.19	22.29	128.14	3.74	0.14	11.24
清远	124.52	13.36	109.25	13.27	1.48	11.61
潮州	31.04	7.04	26.52	1.32		
揭阳	76.00	9.90	52.10	1.25		
云浮	83.10	14.43	55.70	6.34	2.11	13.16
顺德区						
农垦系统	31.17	2.90	3.71			

4-3 续表2

市别	单项农机化作业情况						
	机械深耕面积（千公顷）	机械深松面积（千公顷）	机械深施化肥面积（千公顷）	机械铺膜面积（千公顷）	农田机械节水灌溉面积（千公顷）	机械化秸秆还田面积（千公顷）	机械脱粒粮食数量（万吨）
全省	526.82	33.73	13.63	2.36	266.67	498.44	1053.70
广州					29.03	2.73	28.29
珠海	0.07				0.03	4.88	2.98
汕头					4.48	18.00	17.63
佛山	0.66		0.16		6.57		11.33
韶关	4.16	1.33			14.62	36.03	68.32
河源	0.38				4.00		44.25
梅州	30.30		8.67		8.61	81.52	105.22
惠州	148.96				9.21	27.51	40.38
汕尾	1.92	0.72			7.92	51.78	31.28
东莞	1.67				2.22		1.24
中山	6.58		1.68		9.95	6.62	3.54
江门					1.87	82.31	100.33
阳江		0.15			0.93	95.06	67.84
湛江	198.12	9.19	1.06	2.32	93.49	5.12	90.64
茂名	29.00	2.00		0.04	10.86	4.77	108.06
肇庆	20.27				14.19	36.16	104.24
清远	0.02	0.34			6.85	3.02	104.94
潮州					5.40	14.88	17.16
揭阳	43.27				18.70	3.31	41.46
云浮	41.46				15.10	24.76	64.58
顺德区			2.07		2.67		
农垦系统		20.00					

4-3 续表 3

市别	单项农机化作业情况					
	机械初加工农产品数量（万吨）	机械化饲草料加工数量（万吨）	农机运输作业量（亿吨公里）	农业运输作业量	农田基本建设作业量（万立方米）	农机跨区作业面积（千公顷）
全省	5242.43	470.32	46.82	24.75	9072.77	273.43
广州	110.53	21.72	3.83	3.06	56.52	7.11
珠海	2.82		0.01			0.44
汕头	66.82	4.69	0.11	0.11	8.40	20.71
佛山	41.24	1.19	0.42	0.37	97.87	
韶关	81.02	2.62	5.84	3.01	1188.07	7.35
河源	110.75	0.75	1.46	1.00	0.30	1.30
梅州	226.66	8.07	3.70	1.04	72.75	25.80
惠州	111.08	23.16	2.54	1.73	911.19	19.00
汕尾	51.32	10.10	0.81	0.39	42.34	8.71
东莞	67.38		1.38	0.51	92.35	
中山	247.45	0.02	0.68	0.61	110.25	0.14
江门	349.44	2.31	0.46	0.30	390.24	18.01
阳江	607.86	40.63	2.38	1.77	1734.53	20.18
湛江	757.12	22.88	12.42	3.65	96.08	41.69
茂名	1158.80	150.95	2.77	1.90	2138.35	7.33
肇庆	249.03	50.67	2.81	1.71	1794.32	14.91
清远	87.27	0.29	1.89	1.25	19.34	36.61
潮州	151.55	4.32				1.58
揭阳	517.00	0.34	1.23	0.71	21.36	16.41
云浮	116.31	125.28	1.86	1.48	42.51	26.14
顺德区	131.00	0.34	0.24	0.16	256.00	
农垦系统						

4-4 农业机械年末拥有量

2015年

项　　目	单　位	数　量	项　　目	单　位	数　量
农业机械总动力合计	万千瓦	2696.8	2. 农用水泵	台	801646
1. 柴油发动机动力	万千瓦	1840.9	3. 节水灌溉机械	套	134992
2. 汽油发动机动力	万千瓦	211.2	三、收获机械		
3. 电动机动力	万千瓦	637.8	1. 联合收割机	台	25636
4. 其他机械动力	万千瓦	6.9	2. 割晒机	台	1611
一、耕作机械			3. 机动脱粒机	台	535608
1. 大中型拖拉机	台	28735	四、渔业机械		
2. 小型拖拉机	台	329554	1. 增氧机	台	125281
3. 大中型拖拉机配套农具	台	44458	2. 投饵机	台	30005
4. 小型拖拉机配套农具	台	376649	五、运输机械		127811
二、农用排灌机械			1. 农用运输车	台	451944
1. 排灌动力机械	台	882959	2. 手扶变型运输机	台	369834
其中：柴油机	台	451944	3. 农用挂车	台	801646
电动机	台	369834			

4-5 各市农业机械年末拥有量

2015 年

市别	农业机械总动力（千瓦）	1. 柴油发动机动力（千瓦）	2. 汽油发动机动力（千瓦）	3. 电动机动力（千瓦）	4、其他机械动力（千瓦）
全　省	26967892	18409188	2112259	6377636	68808
广州市	2012786	1263988	292330	443620	12848
珠海市	265407	42295	11964	206916	4232
汕头市	349973	230522	39984	73287	6180
佛山市	762888	376812	46622	334262	5192
韶关市	1727684	1376752	76993	270851	3088
河源市	795530	561587	128175	105766	1
梅州市	1488647	952072	176012	355645	4918
惠州市	1395792	1053350	118142	224300	
汕尾市	1004901	847792	46484	109373	1252
东莞市	450375	268331	19982	162062	
中山市	760358	303586	74640	382132	
江门市	1943267	1231565	72435	635382	3885
阳江市	1046656	818143	41925	186588	
湛江市	4591343	3613557	59017	918769	
茂名市	2398328	1572232	379652	446444	
肇庆市	1773670	937870	228000	607800	
清远市	1215553	879004	66772	268096	1681
潮州市	509091	372355	46167	81700	8869
揭阳市	691522	524097	53342	114083	
云浮市	1136165	881592	67080	187493	
顺德区	266400	79200	7600	171800	7800
农　垦	381556	222486	58941	91267	8862

市别	耕作机械				排灌机械				
	大中型拖拉机（台）	小型拖拉机（台）	大中型拖拉机配套农具（台）	小型拖拉机配套农具（台）	排灌动力机械（台）			农用水泵（台）	节水灌溉机械（套）
						柴油机（台）	电动机（台）		
全　省	28735	329554	44458	376649	882959	2601683	369834	801646	134992
广州市	325	3895	865	5333	54384	129582	16343	45414	23299
珠海市	78	1205	59	1454	14712	9792	10124	51953	80
汕头市	221	4166	223	4705	6514	59845	1579	5441	1056
佛山市	85	5324	81	10755	40638	20932	35187	35281	1633
韶关市	3127	56497	1940	93195	18954	56641	5444	24343	486
河源市	498	18649	2329	9317	26330	28108	6889	10066	625
梅州市	82	13533	107	13088	37730	27312	31243	37818	7951
惠州市	1285	20485	1135	19093	39947	136906	7429	38635	5349
汕尾市	966	12599	944	10019	30506	211283	4953	23474	4003
东莞市	70	2577	145	2646	9902	20662	5175	6921	1346
中山市	147	1301	183	4926	36253	26438	31430	35820	10145
江门市	895	39397	7551	68556	88878	93963	66435	70911	2021
阳江市	2650	9943	1208	8230	20491	75607	6369	20067	586
湛江市	11468	41690	23312	33607	233237	972977	44424	203029	69142
茂名市	4312	19605	3401	23350	80337	270043	26449	76933	358
肇庆市	159	18507	118	23052	38878	93616	22438	33040	3540
清远市	1362	25615	370	13377	18838	47092	8655	12344	1288
潮州市	27	1116	50	1153	14971	113089	3194	10822	302
揭阳市	329	10743	269	11619	17956	62249	8982	17738	120
云浮市	126	18638	168	19174	13648	79916	4040	10672	1024
顺德区		230			28100	25000	21500	26900	300
农　垦	523	3839			11755	40630	1552	4024	338

4-5 续表

市别	收获机械			渔业机械		运输机械		
	联合收割机（台）	割晒机（台）	机动脱粒机（台）	增氧机（台）	投饵机（台）	农用运输车（台）	手扶变型运输机（台）	农用挂车（台）
全省	25636	1611	535608	887725	95846	125281	24852	127811
广州市	186	140	14261	99600	28321	7718	2425	1726
珠海市	79			84188	3211	70		
汕头市	167		79	27001	354	2318		675
佛山市	38		16986	78788	4148	2228	85	679
韶关市	4341	530	61677	2822	1174	5709	2630	39233
河源市	2225	48	40071	4997	178	3775	3276	
梅州市	2669	13	54549	10910	2609	6562	222	1630
惠州市	1375	84	22487	25530	4267	6846	1842	12834
汕尾市	1294		5899	21737	197	5187	460	6465
东莞市	16		1485	6906	1005	591	380	3481
中山市	114		695	74953	4176	1470		
江门市	4247		17375	44877	1903	10522		4623
阳江市	1352	154	22015	55111	1044	2034	175	8695
湛江市	3277		6619	148229	21937	28728	4864	7416
茂名市	903	170	93922	73093	10223	11559	5227	719
肇庆市	887	7	51016	37143	5534	9532	1283	11618
清远市	1688	330	29456	15362	3109	6020	552	6435
潮州市	32		472	12877		5227		1331
揭阳市	95		1158	1395		4120		3842
云浮市	596	135	94923	7706	536	4295	1331	16409
顺德区				54500	1920	770	100	
农垦	55		463					

4-6 主要年份农村用电和农业化学化情况

2015

项　　目	单位	1980	1985	1990	1995	2000	2005	2010	2014	2015
一、化肥施用量										
折纯量	万吨	77	102.67	162.41	195.71	176.2	204.62	237.29	249.58	255.46
氮肥	万吨	54.03	69.37	95.82	99.49	95.89	93.78	100.01	101.75	103.64
磷肥	万吨	15.27	14.62	20.08	27.16	18.36	18.96	21.5	22.88	24.39
钾肥	万吨	6.36	13.97	27.57	34.14	35.84	41.54	46.99	49.34	50.27
复合肥	万吨	1.34	4.71	18.94	34.92	26.11	50.34	68.79	75.62	78.17
二、农药施用量	**万吨**	**12.21**	**7.27**	**7.95**	**8.05**	**8.47**	**8.5**	**10.44**	**11.27**	**11.38**
三、农村用电量	**万千瓦时**	**125496**	**266399**	**581030**	**1862658**	**4054461**	**7682272**	**10442606**	**13140031**	**13261980**

4-7 农村用电和农业化学化情况

2015年

项　　目	单　位	数　量	项　　目	单　位	数　量
一、农村用电量	**万千瓦时**	**13261980**	复合肥	吨	781672
二、农用化肥施用量			**三、农用塑料薄膜使用量**	**吨**	**46795**
按折纯量计算	吨	2564573	其中：地膜使用量	吨	26046
氮肥	吨	1036367	地膜覆盖面积	公顷	138425
磷肥	吨	243867	**四、农药使用量**	**吨**	**113782**
钾肥	吨	502667	**五、农用柴油使用量**	**吨**	**787032**

4-8 各市农村用电和农业化学化情况

2015

市别	农村用电量（万千瓦时）	农用化肥施用量					农用塑料薄膜使用量（吨）		农药使用量（吨）
		按折纯量计算（吨）	氮肥	磷肥	钾肥	复合肥		地膜使用量	
广州市	1884236	114196	24382	4526	12992	72296	2708	2000	3270
深圳市	97	5097	1228	413	556	2900	129	5	88
珠海市	143707	6684	3443	574	795	1872	5167	241	738
汕头市	305094	62111	29874	4293	10247	17697	1034	312	3143
韶关市	50113	121091	46209	10149	21951	42782	5105	3085	5704
河源市	69619	72672	42189	7737	14041	8705	1416	1142	3507
梅州市	111877	169319	86729	12015	26462	44113	3328	1922	5055
惠州市	323554	98430	39372	11559	23876	23623	2805	2527	5383
汕尾市	122281	73367	33666	8239	14698	16764	1716	771	3966
东莞市	4765174	5034	2471	584	728	1251	383	159	757
中山市	743626	31018	10282	3035	6022	11679	1299	776	1082
江门市	682097	130340	43736	9104	27179	50321	4908	2583	6627
佛山市	2668597	46140	18307	2489	5561	19783	965	658	2613
阳江市	67137	122091	48834	10899	24711	37647	1077	819	4839
湛江市	199859	487194	182147	75465	119390	110192	2139	1588	18035
茂名市	96498	350361	119566	26144	83573	121078	2130	509	12861
肇庆市	164469	204372	104882	15372	29716	54402	3055	1979	7399
清远市	65020	185538	69153	14904	30326	71155	3239	2211	7564
潮州市	439178	53305	23138	4102	8523	17542	1223	1016	4693
揭阳市	182028	122361	66844	9731	25017	20769	1073	541	5916
云浮市	177719	101698	39915	10379	16303	35101	1896	1202	10542

4-9 各县（市）区农村用电和农业化学化情况

2015 年

市　别	农村用电量（万千瓦时）	农用化肥施用量					农用塑料薄膜使用量（吨）	地膜使用量	农药使用量（吨）
		按折纯量计算（吨）	氮肥	磷肥	钾肥	复合肥			
广州市	**1884236**	**114196**	**24382**	**4526**	**12992**	**72296**	**2708**	**2000**	**3270**
海珠区	48721	399	116	10	31	242	5	5	11
天河区	22370	201	25	2	12	162	3	3	2
白云区	261719	16677	1004	120	466	15087	100	97	431
黄埔区	131024	4475	1436	231	552	2256	53	29	413
荔湾区	26030	160				160	230		4
花都区	227321	16262	5364	576	1814	8508	550	495	280
从化区	18309	11311	3274	730	1256	6051	277	222	664
增城区	451188	19302	5117	899	3451	9835	650	620	560
番禺区	414992	4933	1316	172	439	3006	278	143	340
南沙区	282562	40476	6730	1786	4971	26989	562	386	565
深圳市	**97**	**5097**	**1228**	**413**	**556**	**2900**	**129**	**5**	**88**
宝安区	97	2588	423	296	176	1693	50	2	16
龙岗区		2509	805	117	380	1207	79	3	72
珠海市	**143707**	**6684**	**3443**	**574**	**795**	**1872**	**5167**	**241**	**738**
香洲区	1177	201	46	29	57	69	40	2	15
金湾区	75000	2246	1353	88	35	770	651	92	479
斗门区	67530	4237	2044	457	703	1033	4476	147	244
汕头市	**305094**	**62111**	**29874**	**4293**	**10247**	**17697**	**1034**	**312**	**3143**
金平区	20960	1005	667	108	82	148	16	14	66
龙湖区	16035	3595	1280	328	536	1451	110	52	248
澄海区	46195	21823	8656	854	3210	9103	547	111	927
濠江区	12390	3459	1548	568	495	848	20	17	99
潮阳区	96810	20548	10246	1440	3457	5405	251	62	710
潮南区	112552	11419	7373	969	2402	675	85	56	1083
南澳县	152	262	104	26	65	67	195.6	66.6	10
韶关市	**50113**	**121091**	**46209**	**10149**	**21951**	**42782**	**5105**	**3085**	**5704**
浈江区	4008	3443	1123	154	583	1583	309	71	148
武江区	4076	6440	2841	318	870	2411	63	58	308
曲江区	5531	11423	5298	990	1930	3205	322	117	433
南雄市	8020	18206	6365	1495	3251	7095	915	624	898
始兴县	6450	9232	3255	1104	2022	2851	455	357	519
翁源县	6261	30884	14814	2217	4963	8890	670	415	1329
仁化县	4135	11543	2231	1214	3413	4685	612	369	826
新丰县	2895	4812	2534	231	331	1716	43	41	185
乳源自治县	2628	6746	2842	451	1032	2421	309	257	286
乐昌市	6109	18362	4906	1975	3556	7925	1407	776	772
河源市	**69619**	**72672**	**42189**	**7737**	**14041**	**8705**	**1416**	**1142**	**3507**
源城区	4788	1734	1050	150	454	80	5	5	60
东源县	12064	15351	8823	1593	3740	1195	200	161	886
和平县	6269	7285	4003	998	436	1848	277	161	452
龙川县	16395	20109	10814	1850	3188	4257	498	498	759
紫金县	20335	16751	10794	1763	3491	703	56	44	450
连平县	9768	11442	6705	1383	2732	622	380	273	900

4-9　续表 1

市　　别	农村用电量（万千瓦时）	农用化肥施用量					农用塑料薄膜使用量（吨）		农药使用量（吨）
		按折纯量计算（吨）	氮肥	磷肥	钾肥	复合肥		地膜使用量	
梅　州　市	**111877**	**169319**	**86729**	**12015**	**26462**	**44113**	**3328**	**1922**	**5055**
梅　江　区	6927	10006	5154	448	1578	2826	228	60	286
梅　县　区	30969	47204	24924	2987	7690	11603	354	58	1407
蕉　岭　县	6120	6096	2479	587	1628	1402	520	190	229
大　埔　县	5452	22398	10935	1493	3277	6693	488	371	528
丰　顺　县	15723	22179	8160	1827	3361	8831	127	71	426
五　华　县	21372	25676	14978	2005	3539	5154	673	613	395
兴　宁　市	19117	26220	14648	1896	4032	5644	580	277	1392
平　远　县	6197	9540	5451	772	1357	1960	358	282	392
惠　州　市	**323554**	**98430**	**39372**	**11559**	**23876**	**23623**	**2805**	**2527**	**5383**
惠　城　区	73583	19289	8242	1789	3967	5291	950	907	641
惠　东　县	81233	22444	10284	3629	6010	2521	319	237	499
惠　阳　区	90266	9365	3491	826	2293	2755	389	389	310
博　罗　县	68617	33897	13315	3921	8084	8577	1040	924	2881
龙　门　县	9855	13435	4040	1394	3522	4479	107	70	1052
汕　尾　市	**122281**	**73367**	**33666**	**8239**	**14698**	**16764**	**1716**	**771**	**3966**
汕尾城区	7901	2957	1050	248	66	1593	41	41	112
红海湾区	11153	887	298	273	193	123			46
海　丰　县	36628	22713	13569	2350	4738	2056	681	475	1077
陆　河　县	4690	8420	2425	516	1805	3674	12	12	42
陆　丰　市	61909	38390	16324	4852	7896	9318	982	243	2689
东　莞　市	**4765174**	**5034**	**2471**	**584**	**728**	**1251**	**383**	**159**	**757**
中　山　市	**743626**	**31018**	**10282**	**3035**	**6022**	**11679**	**1299**	**776**	**1082**
江　门　市	**682097**	**130340**	**43736**	**9104**	**27179**	**50321**	**4908**	**2583**	**6627**
蓬　江　区	23569	2722	939	556	326	901	383	159	103
江　海　区	5737	2385	760	481	163	981	1299	776	175
新　会　区	207284	16364	5920	914	2744	6786	178	53	1219
台　山　市	277705	47224	17851	3407	13259	12707	247	88	2181
开　平　市	20004	29434	8921	1629	5693	13191	2357	1003	1723
恩　平　市	131472	17506	3507	1409	3515	9075	807	407	690
鹤　山　市	16326	14705	5838	708	1479	6680	718	496	536
佛　山　市	**2668597**	**46140**	**18307**	**2489**	**5561**	**19783**	**965**	**658**	**2613**
禅　城　区	423023	379	199	20	60	100	311	311	
南　海　区	944593	9902	3286	437	967	5212	290	225	410
顺　德　区	1045119	9979	3979	423	559	5018			1067
高　明　区	45440	15410	6629	1372	2792	4617	128	98	288
三　水　区	210422	10470	4214	237	1183	4836	430	249	848
阳　江　市	**67137**	**122091**	**48834**	**10899**	**24711**	**37647**	**1077**	**819**	**4839**
江　城　区	8480	10892	5313	1008	2257	2314	89	67	977
阳　东　县	13925	32150	10813	2573	7784	10980	319	247	984
阳　西　县	9746	18018	9054	2106	3372	3486	92	54	1098
阳　春　市	15896	58859	22253	4870	11116	20620	425	376	1771
海　陵　区	19090	2172	1401	342	182	247	11	9	9
湛　江　市	**199859**	**487194**	**182147**	**75465**	**119390**	**110192**	**2139**	**1588**	**18035**
赤　坎　区	1223	882	177	96	218	391			19
霞　山　区	550	1031	348	70	210	403			10
坡　头　区	6835	9857	2627	1493	2660	3077	78	78	378

4-9 续表2

市别	农村用电量（万千瓦时）	农用化肥施用量 按折纯量计算（吨）	氮肥	磷肥	钾肥	复合肥	农用塑料薄膜使用量（吨）	地膜使用量	农药使用量（吨）
麻章区	8510	14193	6359	1894	3200	2740	59	37	443
东海区	9644	24557	7081	3980	6891	6605	311	7	403
吴川市	45277	16087	4926	2474	4235	4452	30	13	1188
徐闻县	11157	100645	37205	16022	27819	19599	208	196	2197
雷州市	32810	108925	34574	23404	25324	25623	643	640	4092
遂溪县	28102	96407	35180	16326	24726	20175	491	443	6115
廉江市	55751	114610	53670	9706	24107	27127	319	174	3190
茂名市	**96498**	**350361**	**119566**	**26144**	**83573**	**121078**	**2130**	**509**	**12861**
茂南区	8667	14966	5378	957	3105	5526	130	117	584
电白区	22617	53593	16392	1812	11677	23712	521	87	2835
信宜市	15346	78499	20727	5371	20417	31984	184	53	1349
高州市	23630	116424	43076	9658	28034	35656	1183	188	4616
化州市	26238	86879	33993	8346	20340	24200	112	64	3477
肇庆市	**164469**	**204372**	**104882**	**15372**	**29716**	**54402**	**3055**	**1979**	**7399**
端州区	2392	74	46	7	7	14			
鼎湖区	15226	10159	3953	790	1232	4184	162	123	606
高要市	28658	41803	21332	3495	9085	7891	1172	803	1736
广宁县	8108	20402	13500	1501	1812	3589	353	291	1032
四会市	85041	24830	12183	1513	4876	6258	336	311	1170
德庆县	6513	29048	17281	2223	1954	7590	625	227	812
封开县	7281	37066	17436	2262	5357	12011	229	178	1339
怀集县	11250	40990	19151	3581	5393	12865	178	46	704
清远市	**65020**	**185538**	**69153**	**14904**	**30326**	**71155**	**3239**	**2211**	**7564**
清城区	17358	20625	4868	2732	3034	9991	129	89	651
英德市	10923	61208	30589	4057	10885	15677	284	247	2585
佛冈县	5198	22133	3909	731	1975	15518	149	107	700
连山自治县	1983	4988	2744	289	1092	863	179	90	181
连南自治县	3220	4181	2185	421	748	827	221	217	181
连州市	6683	21297	4975	2309	4330	9683	1284	814	929
阳山县	5814	20114	7327	2146	3525	7116	353	203	905
清新区	13841	30992	12556	2219	4737	11480	640	444	1432
潮州市	**439178**	**53305**	**23138**	**4102**	**8523**	**17542**	**1223**	**1016**	**4693**
湘桥区	33493	5913	2494	492	988	1939	113	81	226
饶平县	37544	37030	15842	2893	5780	12515	651	568	4051
潮安区	368141	10362	4802	717	1755	3088	459	367	416
揭阳市	**182028**	**122361**	**66844**	**9731**	**25017**	**20769**	**1073**	**541**	**5916**
榕城区	55569	6927	3628	452	699	2148	78	66	259
揭东区	30441	19810	11201	1991	4999	1619	223	164	812
惠来县	10074	31421	14005	2700	6674	8042	283	182	1716
普宁市	60383	33060	21499	2531	7192	1838	339	37	2406
揭西县	25561	31143	16511	2057	5453	7122	150	92	723
云浮市	**177379**	**95191**	**38154**	**9146**	**15417**	**32474**	**1830**	**1191**	**10497**
云城区	13920	19153	5398	2023	2535	9197	210	141	744
新兴县	112699	17491	6756	2152	3575	5008	713	548	1469
郁南县	9423	33151	14245	3030	5894	9982	650	218	5772
罗定市	28740	24487	11368	2726	3746	6647	301	276	2229
云安区	12937	7416	2148	448	553	4267	22	19	328

五、水利建设

广州海珠湖雨洪调蓄工程

东莞华阳湖水生态综合治理工程

佛山水生态修复河涌

惠州金山河治理工程

揭阳榕江大围达标加固工程

汕头大围达标加固工程

阳山县七拱河中小河流治理工程

英德市水边河中小河流治理工程

水利建设

【水利投入】充分发挥公共财政在水利建设中的主渠道作用，通过增加财政预算安排、全面落实土地出让收入提取10%用于农田水利建设的资金政策、广泛引入社会资本参与重大水利工程建设、积极筹措落实地方配套投资等措施，水利投入连续保持高位，有力保障广东省水利建设的资金需求，2015年争取中央水利投资22.47亿元，落实省级水利投资146.95亿元，创历史新高。争取政府债券25亿元、专项建设基金1.53亿元投入水利建设。印发了鼓励民间资本参与农田水利和水土保持工程建设等多项配套政策措施。韩江高陂水利枢纽工程作为国家联系的社会资本参与重大水利工程建设运营第一批试点项目，其PPP方案已成功招标，实现了广东省重大水利工程引入社会资本的重大突破。水利建设和水利投资计划执行进一步加快，2015年，广东省水利建设累计完成投资285.05亿元，其中，完成中央投资39.51亿元、省级投资118.96亿元、市县乡镇自筹完成投资126.58亿元。

【水利重点项目建设】2015年，广东省全面启动实施清远、韶关、河源、梅州、云浮等山区五市中小河流治理专项行动，完成治理河长2121.86公里，占年度治理任务（1700公里）的124.80%；汕头大围和揭阳榕江大围达标加固工程建设任务基本完成；韩江高陂水利枢纽工程于2015年10月13日召开开工建设动员会，主体工程于11月28日开工，完成投资6亿元；韩江粤东灌区改造工程可研报告于2015年12月4日经省发展改革委批复立项，启动实施的安揭灌区应急段完成投资过半；高州水库灌区和雷州青年运河灌区续建配套与节水改造工程分别完成投资11.43亿元、10.07亿元，占总投资的94.7%和69.0%；珠江三角洲水资源配置工程前期工作有序推进，项目建议书已上报水利部；启动了西江干流治理工程、湛江滞洪区建设项目前期工作；圆满完成广州市北江引水工程等一批供水调水工程前期工作，有效缓解区域水资源供需矛盾。

【民生水利建设】至2015年末，列入民生水利四项工程建设方案的项目累计完成前期工作4298宗，开工建设3692宗，完工2953宗。农田水利万宗工程，新增节水灌溉面积1.3万公顷。通过列入广东省级水利建设示范县和面上推进实施，23宗中型灌区、956宗山区小型灌区改造工程已基本完工；完成中央财政小型农田水利重点县前三批29个县、第4批12个县及省级小型农田水利重点县前两批20个县和88个省级财政小型农田水利示范镇的建设任务；启动农村中型及重点小型机电排灌工程681宗，开工416宗，其中完工263宗；千宗治洪治涝保安工程，纳入中央规划内的269宗中小河流治理项目，完成审批262宗，开工建设232宗，其中57宗完成治理任务；列入规划的178宗中小河流治理重点县综合整治及水系连通试点建设项目已完成实施方案编制162宗、完成审批125宗，开工68宗，其中22宗已完工；推进 90个小流域综合治理项目建设，已动工59宗（其中17宗已完工或基本完工）；列入全国病险水库除险加固实施方案的117宗小（1）型病险水库、312宗中央全额投资的重点小（2）型水库、944宗一般小（2）型病险水库和282宗新增小型病险水库除险加固项目已基本完成建设任务；列入全国大中型病险水闸除险加固总体方案的项目165宗，开工建设7宗，完成审查108宗、审批31宗；列入全国改造规划的11处大型泵站，5处基本完工，6处在建；实施完成了博罗和安、佛冈荷田2宗涝区整治试点工程；80个县山洪灾害防治非工程措施建设任务基本完成。千里海堤加固达标工程，全省116宗列入千里海堤加固达标工程建设方案的项目，完成初步设计审批75宗，开工建设68宗，累计完成投资约42.8亿元。农村饮水安全工程，完成纳入国家规划的建设任务，共建成饮水工程4129宗，解决1795.5万农村居民和177.6万农村学校师生的饮水不安全问题，完成投资92.93亿元（中央补助资金21.44亿元，地方资金71.49亿元）。其中“十二五”期间，共解决755万农村居民、159.6万农村学校师生饮水不安全问题，完成投资43.49亿元（中央补助资金14.0亿元，地方资金27.49亿元）。94个农村饮水安全工程建设任务县（市、区）全部建立了县级农村供水专管机构，建立了47个县级水质检测中心，切实抓好工程维护管理工作。村村通自来水工程，启动了汕头潮阳区等6个示范县和汕头南澳县等88个县（区）面上推进村村通自来水工程建设，共下达省级补助资金48.16亿元。

【水生态文明建设】深入实施最严格水资源管理制度。完成了各地级以上市2014年实行最严格水资源管理制度省级考核工作，考核结果经广东省政府同意向各市政府进行了通报。组织实行最严格水资源管理制度考核办法和考核细则修订工作，并对2015年以后全省各地级以上市最严格水资源管理“三条红线”指标进行分解。持续推进水权交易试点工作，《广东省水权试点方案》于2015年6月获水利部和广东省政府联合批复，组织制订的《广东省水权交易管理试行办法》已上报广东省政府，并纳入了2015年省政府规章立法计划。加快推进广州、东莞和珠海、惠州全国水生态文明试点城市建设。广东省水资源监控能力建设项目于2015年1月经省发展改革委批复立项，2015年10月完成初步设计技术审查工作，被列为省政府《实施珠三角规划纲要2015年重点工作任务》的重点项目，并于2015年底前基本完成国家水资源监控能力建设中相应的建设内容。

【防汛防旱防风】2015年，广东省经历了25场强降雨和4个台风正面登陆或严重影响。其中，5月中下旬“龙舟水”期间强降雨范围广、时间长、强度大，特别是“5·19”（5月19—24日）特大暴雨导致北江、西江流域部分河流出现大洪水，北江支流滃江出现10年一遇洪水；5月下旬北江支流连江出现近50年一遇洪水，北江干流出现近10年一遇洪水。继7月台风“莲花”正面袭击粤东地区，10月强台风“彩虹”以15级（50米/秒）风力登陆湛江市，横扫湛江人口集中、产业密集的主城区，阵风超过17级，是1996年以来正面袭击湛江市区的最强台风。受强台风“彩虹”影响，罗定江、小东江、漠阳江支流西山河和潭水河等中小河流出现超警洪水，深圳至雷州半岛东岸一带沿海出现59～300厘米的风暴增水，其中湛江博茂站于10月4日13时20分出现346厘米实测最高潮位，超警戒56厘米，重现期为超10年一遇。据统计，2015年，台风、洪涝灾害共造成全省19个地市109个县（市、区）820.84万人受灾，因灾死亡9人、失踪6人，直接经济损失288.85亿元，其中水利设施直接经济损失28.86亿元。损坏堤防1519处1753.629千米，堤防决口265处1820.345千米，损坏护岸3172处，损坏大中小型水库55座，损坏水闸683座，损坏水电站51座，损坏水文测站50个。受降雨持续偏少、降雨时空分布不均等影响，我省湛江、潮州、汕头、韶关、河源、惠州、江门、阳江、茂名、清远、云浮、汕尾等12个地市陆续出现不同程度的旱情。据统计，2015年广东省农作物受旱面积403.78万亩，累计因旱饮水困难人口54.85万人，大牲畜5.75万头。面对严峻的汛情灾情，在全省上下共同努力下，水旱风灾害损失得到有效控制，全省大江大河堤围无一决口，大中小型水库无一垮坝，因洪涝灾害死亡失踪人数和直接经济损失较2014年同期分别下降58.3%、8.5%。

【水土保持管理】2015年，完成水土流失治理面积726平方公里。省级共批复水土保持方案77个，对61个生产建设项目水土保持设施进行了专项验收（其中委托地方验收项目26个）。根据水利部的统一部署和要求，组织全省各市县开展水土保持法贯彻实施情况专项检查工作。推动基层单位监督管理能力建设，12个省级水土保持监管能力建设县完成自查。“广东省水土保持管理信息系统”全面投入应用，其中水土保持方案监督管理子系统的开发应用成果位于全国前列。按照水利部的要求开展遥感图像动态监控的试点工作，花都及梅县两个试点县的阶段性工作取得良好成效。

【水库移民工作】采取“一村一策、整村推进”的方式推进安居工程建设，着重抓好特困移民的住房改造工作，部分特困移民已经列入国家水库移民避险解困试点计划，第一批核定帮扶对象810户3347人，纳入避险解困试点的7县（市）12个村，移民住房工程已开工建设。至2015年末，完成省、市、县3级信息中心站建设，完成村级文化与信息服务站建设2310个，主要增加信息平台服务功能。推进水库移民“双转移”基地持续发挥效益，东源县和廉江市积极办理基地产权手续，制定了收益分配等制度。开展了征地移民安置资金稽察；逐步完善了全省水利工程建设用地专项管理。三峡外迁移民安置通过了国家验收。

【水利扶贫开发】完成清远市阳山县岭背镇犁头村2013—2015年扶贫开发“双到”工作任务。实施精准帮扶，完成改造灌溉渠道、改造排洪渠道、投资小水电站、完善安全饮水工程等四项帮扶工程，三年投入资金453万元整治犁头村干渠20条，长10.571公里；支渠36条，长10.522公里；排水沟5条，长8.2公里；维修加固拦河陂头1座，渡槽1座，分水闸8座，涵洞10处，人行桥板20座，推动犁头河治理工程和曹田坑灌区改造工程建设，解决6500亩农田的灌溉问题。筹资50万元，实施犁头街市场段排洪渠道改造工程，解决犁头圩年年内涝问题。筹资30万元修复水毁基础设施。筹资89万元改造扩网18个自然村饮水安全工程，近6000村民可以饮上放心水。筹资20余万元在塘口村小组建立百香果种植示范点基地，扶持贫困户和农户发展种植百香果约150亩，免费发放种苗1.8万株，以“公司＋农户”的形式，构筑村有主导产业和合作组织、户有增收项目的产业扶贫格局，带动贫困户增收；筹资38万元扶持贫困户发展种养殖业。2015年，犁头村村民人均纯收入、贫困户人均纯收入分别达到11938多元、8253多元，分别比2012年增长54%、106%。

【深化水利改革】印发了《广东省水利厅全面深化水利改革2015年工作要点》，积极协调推动水行政职能转变、水生态文明体制改革、农业综合水价改革、水利工程建设管理模式创新、农田水利设施产权制度改革和创新运行管护机制试点等各改革任务取得一定成效。农业综合水价改革试点取得初步成效，体制机制基本建立。创新河湖管理机制，积极推进河湖及水利工程管理范围划界确权工作和河湖管护体制机制创新试点工作，建立山区五市中小河流“河长制”。

5-1 各市灌溉面积、节水灌溉面积

2015年

市别	灌溉面积（千公顷）					节水灌溉面积（千公顷）				
		耕地灌溉面积（有效灌溉面积）	林地灌溉面积	园地灌溉面积	其他灌溉面积		喷灌面积	微灌面积	低压管灌面积	渠道防渗面积
全　省	2066.64	1771.26	55.27	238.32	1.80	295.86	8.52	6.82	20.98	259.54
广州市	96.60	73.18	3.29	20.13		29.28	0.12		0.12	29.04
深圳市	18.28	2.13	15.86	0.29		0.47	0.12	0.03	0.32	
珠海市	12.82	9.43	0.21	3.18						
汕头市	47.67	41.49	0.24	5.94		24.26	0.46	0.27	3.00	20.53
佛山市	46.10	32.73	6.90	6.47		1.99	0.82	0.07	0.65	0.45
韶关市	129.77	124.95	0.48	4.34		26.23	0.01	0.02	0.22	25.98
河源市	114.93	106.08	0.35	8.51		2.69	0.50		0.22	1.97
梅州市	145.57	127.44	2.23	14.40	1.50	8.15			0.10	8.05
惠州市	120.06	109.18	1.33	9.54		29.34	0.47		0.02	28.85
汕尾市	80.30	72.24	3.25	4.80						
东莞市	15.01	13.13		1.88		0.88	0.54	0.15	0.19	
中山市	24.33	15.54	0.73	8.06		1.42	0.82	0.02	0.58	
江门市	139.31	127.02	4.08	8.21		9.49	0.04		0.11	9.34
阳江市	94.44	85.67	1.88	6.89		2.93		0.06	0.12	2.75
湛江市	275.17	229.04	4.32	41.81		43.74	2.67	2.14	13.02	25.91
茂名市	187.41	154.14		32.98	0.30	54.77	0.13	0.03	0.24	54.37
肇庆市	132.63	116.76		15.87		10.88	0.77	1.34	1.18	7.59
清远市	149.32	140.44	2.39	6.49		24.28	0.34		0.06	23.88
潮州市	53.15	35.82	5.47	11.86		17.09	0.61	2.63	0.02	13.83
揭阳市	94.03	81.28	2.27	10.48		7.32			0.31	7.01
云浮市	89.75	73.57		16.18		0.66	0.10	0.06	0.50	

5-2 各市 2000 亩以上灌区

2015 年

市别	灌区数量（处）						
	合计	50 万亩以上	30～50 万亩	10～30 万亩	5～10 万亩	1～5 万亩	0.2～1 万亩
全　省	1848	2	1	27	54	404	1360
广州市	105		1		2	13	89
深圳市	1						1
珠海市	14					4	10
汕头市	37				6	15	16
佛山市	38				1	10	27
韶关市	169			1	2	25	141
河源市	136					22	114
梅州市	113			1	2	20	90
惠州市	98			3	2	24	69
汕尾市	72			2	2	19	49
东莞市	18					2	16
中山市	1					1	
江门市	152			4	4	34	110
阳江市	97			2	3	31	61
湛江市	150	1		5	4	36	104
茂名市	94	1		2	11	31	49
肇庆市	154				4	21	129
清远市	172				2	36	134
潮州市	42			3	1	15	23
揭阳市	84			4	3	31	46
云浮市	101				5	14	82

5-2 续表

市　别	灌区耕地有效灌溉面积（千公顷）						
	合计	50万亩以上	30～50万亩	10～30万亩	5～10万亩	1～5万亩	0.2～1万亩
全　省	1058.21	112.92	6.87	162.40	142.69	345.04	288.30
广州市	41.75		6.87		1.53	12.36	20.99
深圳市							
珠海市	5.93					3.93	2.00
汕头市	36.40				14.26	18.14	4.00
佛山市	17.23				3.01	8.64	5.58
韶关市	72.20			8.51	5.56	29.31	28.82
河源市	45.61					18.69	26.92
梅州市	47.30			9.11	5.01	16.85	16.33
惠州市	50.22			11.01	7.16	18.87	13.18
汕尾市	58.38			19.47	6.87	20.98	11.07
东莞市	5.69					2.07	3.62
中山市	0.41					0.41	
江门市	106.08			24.22	13.32	35.39	33.15
阳江市	53.73			14.47	8.41	19.38	11.47
湛江市	166.50	71.99		36.76	9.07	28.87	19.81
茂名市	90.05	40.93		7.22	21.66	13.25	7.00
肇庆市	53.89				9.40	18.12	26.37
清远市	67.07				9.26	28.58	29.23
潮州市	30.34			8.63	4.67	12.86	4.18
揭阳市	68.79			23.00	7.14	28.24	10.41
云浮市	40.64				16.37	10.10	14.18

5-3 各市已建堤防长度

2015年

市别	堤防长度（公里）						
	合计	按等级分					
		1级堤防	2级堤防	3级堤防	4级堤防	5级堤防	5级以下堤防
全　省	28326.65	551.23	1973.33	4676.66	7926.06	6452.98	6746.40
广州市	3304.30	351.21	510.19	267.96	1607.77	276.31	290.86
深圳市	55.03	51.44	3.59				
珠海市	389.04	44.15	176.65	91.89	51.90	24.45	
汕头市	912.45	13.21	161.64	291.05	140.68	102.04	203.83
佛山市	1152.02	48.87	290.56	227.40	523.83	58.56	2.80
韶关市	891.58		122.10	113.44	157.04	205.76	293.25
河源市	1653.49		15.75	168.50	268.62	784.68	415.94
梅州市	2563.88		34.57	73.07	687.62	705.40	1063.22
惠州市	1324.79		18.93	272.04	320.76	250.14	462.93
汕尾市	1655.98			620.96	579.61	174.02	281.40
东莞市	1133.00	7.39	124.24	517.42	249.24	234.47	0.24
中山市	383.51	11.48	93.04	236.24	42.74		
江门市	2560.52		107.71	268.75	616.14	301.19	1266.73
阳江市	660.48			217.37	147.89	194.21	101.01
湛江市	1336.41			201.83	625.98	333.93	174.67
茂名市	3052.29		55.00	381.97	245.20	1189.57	1180.56
肇庆市	1399.46	4.30	105.93	102.16	272.61	464.77	449.69
清远市	972.97	19.18	75.02	173.68	168.62	412.27	124.21
潮州市	890.66		38.43	169.71	354.90	273.39	54.23
揭阳市	1373.28		31.99	178.65	667.09	306.56	188.99
云浮市	661.50		8.00	102.56	197.84	161.26	191.84

5-3 续表

市别	达标堤防长度（公里）					
	合计	按等级分				
		1级堤防	2级堤防	3级堤防	4级堤防	5级堤防
全　省	12298.34	550.69	1681.70	3211.29	4805.89	2048.76
广州市	2463.18	325.21	359.60	256.42	1385.57	136.38
深圳市	32.80	32.80				
珠海市	268.07	44.15	139.94	7.63	51.90	24.45
汕头市	537.07	72.28	90.39	256.04	71.27	47.09
佛山市	1094.15	48.87	283.72	218.61	510.00	32.95
韶关市	597.09		122.10	113.44	157.04	204.52
河源市	378.84		15.75	130.55	58.01	174.53
梅州市	644.00		34.57	47.94	337.23	224.27
惠州市	334.82		18.55	128.91	154.40	32.97
汕尾市	214.70			118.27	94.40	2.03
东莞市	707.24		108.78	383.22	198.66	16.58
中山市	351.66		89.14	221.57	40.95	
江门市	893.88		110.81	275.32	328.88	178.87
阳江市	288.29			109.82	26.14	152.33
湛江市	448.02			130.60	245.30	72.12
茂名市	319.51		55.00	194.29	19.90	50.32
肇庆市	744.87	8.21	104.93	101.22	236.89	293.62
清远市	619.45	19.18	75.02	163.57	128.48	233.20
潮州市	323.38		38.43	94.31	117.56	73.08
揭阳市	804.58		26.99	162.00	537.74	77.85
云浮市	232.74		8.00	97.56	105.58	21.60

5-4 各市河道治理及除涝面积

2015 年

市　　别	河道治理（公里）					除涝面积（千公顷）			
	有防洪任务河段长度	已治理河段长度	治理达标河段长度	当年实施治理的河段长度	其中：中小河流治理长度		3～5年一遇标准	5～10年一遇标准	10年以上一遇标准
全　　省	18384.36	7999.83	4963.04	982.37	979.52	536.53	60.72	96.73	379.08
广州市	1037.39	649.16	471.91			54.46	3.44	5.82	45.20
深圳市	152.55	138.03	88.72			7.37	1.50		5.87
珠海市	154.92	128.50	108.62			16.10	1.00	15.10	
汕头市	206.59	158.46	141.50			36.88	3.72	4.40	28.76
佛山市	531.93	531.93	525.10	13.02	10.17	66.36		11.12	55.24
韶关市	1716.21	743.49	730.33	460.00	460.00	15.07	2.83	7.39	4.85
河源市	1293.04	403.04	154.61			0.84	0.15	0.52	0.17
梅州市	1670.88	655.54	362.79			10.58	1.93	2.01	6.64
惠州市	862.66	324.60	128.78			35.03	3.97	1.22	29.84
汕尾市	259.51	21.10	21.10			21.44	3.72	1.86	15.86
东莞市	477.33	387.99	306.48			17.89			17.89
中山市	197.01	197.01	197.01			30.73			30.73
江门市	1134.24	917.06	246.48	7.41	7.41	48.93	14.01	7.44	27.48
阳江市	860.93	198.73	189.21	4.28	4.28	8.52	0.20	1.87	6.45
湛江市	986.59	390.40	213.22	77.43	77.43	31.77	5.69	11.82	14.26
茂名市	1550.45	418.60	75.14			15.44	7.52	7.59	0.33
肇庆市	663.83	306.94	104.14			45.01	1.52	6.83	36.66
清远市	2259.89	1038.43	548.27	420.23	420.23	26.22	5.25	2.08	18.89
潮州市	458.30	167.23	167.23			18.00	3.07	4.45	10.48
揭阳市	712.53	124.91	95.39			26.62	0.90	4.48	21.24
云浮市	1197.58	98.68	87.02			3.27	0.30	0.73	2.24

5-5 各市水土流失综合治理面积

2015年

市别	水土流失综合治理面积（千公顷）	基本农田	水土保持林	经济林	种草	封禁治理	其他	其中：小流域综合治理面积（千公顷）
全省	1457.52	331.83	644.93	211.93	45.75	207.82	15.26	127.32
广州市	80.32	5.21	42.85	30.38			1.88	
深圳市	13.19		9.56		1.68		1.96	0.02
珠海市	12.49		12.09	0.40				
汕头市	13.40	0.46	10.36	0.02		2.56		
佛山市	7.97		7.52	0.03		0.26	0.16	
韶关市	193.35	96.74	57.35	8.65	4.10	24.51	2.00	8.50
河源市	142.02	32.50	49.88	18.63	6.68	30.29	4.04	22.31
梅州市	148.44	0.95	68.94	16.35	15.67	46.26	0.27	21.51
惠州市	54.69	17.33	14.86	1.98	1.73	16.35	2.44	4.85
汕尾市	31.56	1.18	15.63	6.50	1.87	6.38		
东莞市	4.22		0.03			4.18		
中山市	15.23	0.11	14.99	0.13				
江门市	27.70	8.84	17.20			1.66		0.67
阳江市	18.60	7.73	3.48	6.08	0.02	1.29		
湛江市	54.93	4.12	20.07	26.34	2.46	0.99	0.95	2.22
茂名市	115.30	20.56	29.37	53.63	1.35	9.74	0.67	11.40
肇庆市	126.99	30.32	82.70	4.81	0.70	8.46		10.19
清远市	244.37	65.58	126.28	20.62	5.34	26.55		45.25
潮州市	21.49	1.61	12.36	2.01	1.58	3.22	0.71	0.16
揭阳市	23.07	2.06	6.24	1.63	2.58	10.37	0.19	0.25
云浮市	108.19	36.54	43.18	13.73		14.74		

5-6 各市已建水库、水电站数量

2015 年

市别	水库数量（座）						水电站数量（座）					
	合计	大（1）型	大（2）型	中型	小（1）型	小（2）型	合计	大（1）型	大（2）型	中型	小（1）型	小（2）型
全　省	8397	7	30	342	1564	6454	9738	2	1	12	77	9646
广州市	359		1	16	72	270	188	1			1	186
深圳市	164			12	63	89	7					7
珠海市	63			4	22	37						
汕头市	207			8	33	166	18					18
佛山市	129			3	20	106	15					15
韶关市	639	1	5	32	94	507	2074			3	14	2057
河源市	781	2		19	93	667	777		1	1	8	767
梅州市	717		3	18	140	556	1627			4	15	1608
惠州市	516	1	3	25	121	366	321	1			3	317
汕尾市	436		2	18	61	355	145			1		144
东莞市	121			8	48	65	2					2
中山市	39			1	17	21	6					6
江门市	603		4	30	162	407	266				1	265
阳江市	227		2	19	73	133	494				3	491
湛江市	766	1	2	23	111	629	82					82
茂名市	627	1	1	12	76	537	563				2	561
肇庆市	557			23	78	456	689				15	674
清远市	523	1	4	32	101	385	1470			3	7	1460
潮州市	203		1	8	30	164	202				3	199
揭阳市	478		2	19	96	361	348				5	343
云浮市	242			12	53	177	444					444

5-7 各市已建泵站、水闸数量

2015 年

市别	泵站数量（处）						水闸数量（座）					
	合计	大 (1) 型	大 (2) 型	中型	小 (1) 型	小 (2) 型	合计	大 (1) 型	大 (2) 型	中型	小 (1) 型	小 (2) 型
合　计	15781	3	34	457	2363	12924	15992	13	131	727	2720	12401
广州市	1433		3	35	357	1038	1242	1	10	60	359	812
深圳市	145			28	77	40	181			24	56	101
珠海市	257		2	8	68	179	233		1	27	185	20
汕头市	409			8	119	282	998	2	6	38	177	775
佛山市	1506		8	133	305	1060	573		5	39	206	323
韶关市	790				11	779	122	3	13	12	18	76
河源市	492				18	474	42	1		1	1	39
梅州市	445		1	10	122	312	1057			17	35	1005
惠州市	719		6	33	91	589	682	2	8	40	120	512
汕尾市	402			1	47	354	1488		5	67	259	1157
东莞市	372	2	2	89	193	86	477		3	59	225	190
中山市	457	1	2	23	109	322	386		4	20	112	250
江门市	2008		1	13	270	1724	1993		10	39	276	1668
阳江市	374			2	46	326	639		2	30	78	529
湛江市	1106			1	25	1080	1494		11	55	118	1310
茂名市	1660		1	12	79	1568	1236		27	66	157	986
肇庆市	788		5	27	208	548	533		3	14	75	441
清远市	896		1	19	60	816	680	2	6	29	54	589
潮州市	466			3	36	427	519	1	6	15	43	454
揭阳市	634		1	9	92	532	1055	1	8	40	156	850
云浮市	422		1	3	30	388	362		3	35	10	314

5-8 各市已建农村集中式供水工程、机电井数量

2015年

市别	农村集中式供水工程数量（处）				机电井数量（眼）					
	合计	千吨万人以上	Ⅳ型	Ⅴ型	合计	规模以上机电井	浅层地下水机电井	深层承压水机电井	规模以下机电井	浅层地下水机电井
全　省	43735	881	2330	40524	1233574	12339	10664	1675	1221235	1221235
广州市	413	50	33	330	31736	1292	1285	7	30444	30444
深圳市					3126	2247	2247		879	879
珠海市					753	46	46		707	707
汕头市	112	45	27	40	2197	48	48		2149	2149
佛山市	381	23	9	349	1137	68	64	4	1069	1069
韶关市	2924	18	138	2768	38891	118	118		38773	38773
河源市	6429	23	226	6180	40788	80	74	6	40708	40708
梅州市	4471	43	229	4199	26336	112	112		26224	26224
惠州市	1069	74	153	842	84502	314	314		84188	84188
汕尾市	170	40	39	91	45969	51	51		45918	45918
东莞市	100	97	2	1	1901	56	56		1845	1845
中山市	13	10	3		2705	24	24		2681	2681
江门市	786	55	56	675	11787	230	218	12	11557	11557
阳江市	321	52	50	219	93143	54	54		93089	93089
湛江市	2202	34	465	1703	238433	5976	4335	1641	232457	232457
茂名市	10983	75	156	10752	353123	940	940		352183	352183
肇庆市	6553	41	195	6317	29376	353	351	2	29023	29023
清远市	3458	55	281	3122	109641	207	206	1	109434	109434
潮州市	417	33	69	315	20686	19	18	1	20667	20667
揭阳市	171	67	63	41	61898	27	27		61871	61871
云浮市	2762	46	136	2580	35446	77	76	1	35369	35369

5-9 各县（市）区灌溉面积、节水灌溉面积

2015年

市　　别	灌溉面积（千公顷）	耕地灌溉面积（有效灌溉面积）	林地灌溉面积	园地灌溉面积	其他灌溉面积	节水灌溉面积（千公顷）	喷灌面积	微灌面积	低压管灌面积	渠道防渗面积
全　　省	**2066.64**	**1771.26**	**55.27**	**238.32**	**1.80**	**295.86**	**8.52**	**6.82**	**20.98**	**259.54**
广 州 市	**96.60**	**73.18**	**3.29**	**20.13**		**29.28**	**0.12**		**0.12**	**29.04**
市辖区										
荔湾区	0.28	0.28								
越秀区										
海珠区	1.17	0.88	0.29							
天河区	0.32	0.22		0.10						
白云区	9.84	9.79	0.01	0.04		8.53	0.02		0.03	8.48
黄埔区	2.76	2.29	0.10	0.37						
番禺区	9.66	2.07	1.85	5.74						
花都区	14.19	10.77	0.87	2.55		0.33				0.33
南沙区	18.09	17.70	0.17	0.22		0.03	0.03			
萝岗区										
增城市	25.33	19.81		5.52		11.86	0.06		0.09	11.71
从化市	14.96	9.37		5.59		8.53	0.01			8.52
深 圳 市	**18.28**	**2.13**	**15.86**	**0.29**		**0.47**	**0.12**	**0.03**	**0.32**	
市辖区										
罗湖区	0.31	0.02	0.29							
福田区	0.15			0.15						
南山区	2.73	0.10	2.63							
宝安区	9.95	1.11	8.70	0.14		0.20	0.04	0.01	0.15	
龙岗区	4.94	0.89	4.05			0.27	0.08	0.02	0.17	
盐田区	0.20	0.01	0.19							
珠 海 市	**12.82**	**9.43**	**0.21**	**3.18**						
市辖区										
香洲区	0.93	0.51		0.42						
斗门区	7.30	5.80		1.50						
金湾区	4.59	3.12	0.21	1.26						
汕 头 市	**47.67**	**41.49**	**0.24**	**5.94**		**24.26**	**0.46**	**0.27**	**3.00**	**20.53**
市辖区										
龙湖区	2.54	2.54				0.40				0.40
金平区	1.16	1.03	0.06	0.07						
濠江区	1.72	1.53	0.04	0.15		0.03		0.01	0.01	
潮阳区	15.83	12.84		2.99		12.04				12.04
潮南区	13.99	13.49		0.50		7.78	0.46	0.26	2.98	4.09
澄海区	11.78	9.68		2.10		4.01			0.01	4.00
南澳县	0.65	0.38	0.13	0.13						
佛 山 市	**46.10**	**32.73**	**6.90**	**6.47**		**1.99**	**0.82**	**0.07**	**0.65**	**0.45**
市辖区										

5-9 续表1

市别	灌溉面积（千公顷）	耕地灌溉面积（有效灌溉面积）	林地灌溉面积	园地灌溉面积	其他灌溉面积	节水灌溉面积（千公顷）	喷灌面积	微灌面积	低压管灌面积	渠道防渗面积
禅城区	1.36	0.47		0.89						
南海区	16.30	11.73	3.49	1.08		0.46	0.09	0.05	0.32	
顺德区	4.70	1.21	2.02	1.47		0.29	0.05	0.02	0.22	
三水区	10.25	8.86	1.39			0.76	0.20		0.11	0.45
高明区	13.49	10.46		3.03		0.48	0.48			
韶关市	**129.77**	**124.95**	**0.48**	**4.34**		**26.23**	**0.01**	**0.02**	**0.22**	**25.98**
市辖区										
武江区	4.57	3.54		1.03		0.20				0.20
浈江区	6.48	5.49		0.98						
曲江区	9.41	9.38		0.03						
始兴县	14.67	13.55		1.11		0.14		0.02	0.12	
仁化县	12.63	12.20		0.43		0.02			0.02	
翁源县	17.96	17.44		0.52		11.51				11.51
乳源自治县	10.83	10.54	0.29			1.08				1.08
新丰县	7.11	7.11				2.16	0.01			2.15
乐昌市	23.36	23.36				6.42			0.07	6.35
南雄市	22.76	22.33	0.19	0.24		4.70			0.01	4.69
河源市	**114.93**	**106.08**	**0.35**	**8.51**		**2.69**	**0.50**		**0.22**	**1.97**
市辖区										
源城区	2.41	2.31		0.09		0.43	0.33			0.10
紫金县	30.96	27.09		3.87		1.21				1.21
龙川县	29.52	28.03		1.49		0.12			0.08	0.04
连平县	15.54	14.15	0.35	1.04		0.93	0.17		0.14	0.62
和平县	16.65	14.64		2.01						
东源县	19.86	19.86								
梅州市	**145.57**	**127.44**	**2.23**	**14.40**	**1.50**	**8.15**			**0.10**	**8.05**
市辖区										
梅江区	5.98	5.25	0.27	0.46		0.02			0.02	
梅县区	30.34	23.09	0.14	5.61	1.50	6.62				6.62
大埔县	13.39	11.32	0.83	1.24						
丰顺县	17.95	14.57	0.77	2.61						
五华县	26.80	24.30		2.50		0.08			0.08	
平远县	10.43	8.94	0.22	1.27		0.93				0.93
蕉岭县	8.50	7.79		0.72		0.50				0.50
兴宁市	32.18	32.18								
惠州市	**120.06**	**109.18**	**1.33**	**9.54**		**29.34**	**0.47**		**0.02**	**28.85**
市辖区										
惠城区	19.36	18.03	1.33			0.14	0.12		0.02	
惠阳区	11.36	10.79		0.57		1.35	0.35			1.00
博罗县	37.01	32.20		4.81		24.05				24.05
惠东县	33.35	32.97		0.38		3.80				3.80

5-9 续表 2

市别	灌溉面积（千公顷）	耕地灌溉面积（有效灌溉面积）	林地灌溉面积	园地灌溉面积	其他灌溉面积	节水灌溉面积（千公顷）	喷灌面积	微灌面积	低压管灌面积	渠道防渗面积
龙门县	18.97	15.19		3.78						
汕尾市	**80.30**	**72.24**	**3.25**	**4.80**						
市辖区										
城区	5.11	4.84	0.13	0.15						
海丰县	32.73	26.46	2.73	3.53						
陆河县	9.17	8.68		0.49						
陆丰市	33.28	32.26	0.39	0.63						
东莞市	**15.01**	**13.13**		**1.88**		**0.88**	**0.54**	**0.15**	**0.19**	
中山市	**24.33**	**15.54**	**0.73**	**8.06**		**1.42**	**0.82**	**0.02**	**0.58**	
江门市	**139.31**	**127.02**	**4.08**	**8.21**		**9.49**	**0.04**		**0.11**	**9.34**
市辖区										
蓬江区	1.83	1.78		0.05		0.03			0.03	
江海区	1.86	1.60		0.26		0.05			0.05	
新会区	19.78	16.20	1.53	2.05		4.76				4.76
台山市	49.06	45.35	0.83	2.88		2.60				2.60
开平市	26.57	24.54	0.68	1.35		0.02	0.02			
鹤山市	14.96	12.62	1.03	1.31		2.04	0.02		0.03	1.98
恩平市	25.23	24.93		0.30						
阳江市	**94.44**	**85.67**	**1.88**	**6.89**		**2.93**		**0.06**	**0.12**	**2.75**
市辖区										
江城区	12.20	11.19		1.00		0.07			0.07	
阳西县	15.69	13.34	1.88	0.47		0.09		0.06	0.03	
阳东县	16.70	16.70				0.02			0.02	
阳春市	49.86	44.45		5.41		2.75				2.75
湛江市	**275.17**	**229.04**	**4.32**	**41.81**		**43.74**	**2.67**	**2.14**	**13.02**	**25.91**
市辖区										
赤坎区	0.35	0.33	0.01	0.02		0.58			0.31	0.27
霞山区	1.49	1.35	0.05	0.08						
坡头区	8.79	8.34	0.45			0.53		0.36	0.16	
麻章区	17.17	12.95	1.21	3.01		3.93	0.29	0.07	0.82	2.75
遂溪县	46.95	45.69	0.76	0.50		3.32	1.08	0.26	1.26	0.72
徐闻县	41.70	38.67	0.49	2.55		15.95	0.32	1.34	8.15	6.14
廉江市	55.53	53.37	1.36	0.81		4.34			0.11	4.23
雷州市	78.28	45.74		32.54		14.80	0.99	0.10	2.20	11.52
吴川市	24.91	22.60		2.30		0.28				0.28
茂名市	**187.41**	**154.14**		**32.98**	**0.30**	**54.77**	**0.13**	**0.03**	**0.24**	**54.37**
市辖区										
茂南区	13.68	13.22		0.16	0.30	4.75				4.75
茂港区	6.87	6.87				3.96				3.96
电白县	31.61	31.61				8.82			0.02	8.80
高州市	61.86	36.44		25.42		17.99				17.99

5-9 续表 3

市别	灌溉面积（千公顷）	耕地灌溉面积（有效灌溉面积）	林地灌溉面积	园地灌溉面积	其他灌溉面积	节水灌溉面积（千公顷）	喷灌面积	微灌面积	低压管灌面积	渠道防渗面积
化州市	45.50	39.48		6.02		15.71	0.13	0.03	0.22	15.33
信宜市	27.89	26.52		1.38		3.54				3.54
肇庆市	**132.63**	**116.76**		**15.87**		**10.88**	**0.77**	**1.34**	**1.18**	**7.59**
市辖区										
端州区	0.48	0.37		0.11		0.14	0.08		0.06	
鼎湖区	4.86	4.26		0.60		0.01				
广宁县	14.38	13.33		1.05		0.94	0.68			0.26
怀集县	27.24	24.00		3.24		7.50			0.17	7.33
封开县	18.90	16.54		2.36		0.14			0.14	
德庆县	17.07	13.86		3.21		1.34		1.34		
高要市	31.24	28.62		2.62		0.80			0.80	
四会市	18.46	15.78		2.68		0.00	0.00			
清远市	**149.32**	**140.44**	**2.39**	**6.49**		**24.28**	**0.34**		**0.06**	**23.88**
市辖区										
清城区	18.67	17.95		0.73						
佛冈县	10.72	9.68	0.99	0.04						
阳山县	19.22	18.28	0.55	0.39		0.06			0.06	
连山自治县	6.79	6.68	0.10	0.01		0.00				
连南自治县	5.11	5.06	0.05			0.04	0.04			
清新县	23.47	20.48		3.00		18.99	0.01			18.98
英德市	47.96	45.53	0.12	2.32		0.29	0.29			
连州市	17.37	16.79	0.58			4.90				4.90
潮州市	**53.15**	**35.82**	**5.47**	**11.86**		**17.09**	**0.61**	**2.63**	**0.02**	**13.83**
市辖区										
湘桥区	4.93	3.85	0.04	1.04		2.74	0.01	0.01		2.72
潮安县	17.66	12.12	3.66	1.88		8.24	0.60	0.08	0.02	7.54
饶平县	30.56	19.85	1.77	8.94		6.11		2.54		3.57
揭阳市	**94.03**	**81.28**	**2.27**	**10.48**		**7.32**			**0.31**	**7.01**
市辖区										
榕城区	8.58	8.07		0.51		0.55			0.06	0.49
揭东县	16.98	14.18		2.80		2.42				2.42
揭西县	17.47	15.53	0.66	1.28		0.97				0.97
惠来县	20.36	16.12	1.61	2.63		0.27			0.25	0.02
普宁市	30.64	27.38		3.26		3.11				3.11
云浮市	**89.75**	**73.57**		**16.18**		**0.66**	**0.10**	**0.06**	**0.50**	
市辖区										
云城区	6.56	5.85		0.71		0.13	0.03	0.01	0.10	
新兴县	16.71	15.90		0.80		0.30	0.07	0.05	0.18	
郁南县	18.95	15.64		3.31		0.22			0.22	
云安县	18.82	8.09		10.73		0.01				
罗定市	28.72	28.09		0.63						

5-10 各县（市）区2000亩以上灌区

2015年

市别	灌区数量（处）						
	合计	50万亩以上	30～50万亩	10～30万亩	5～10万亩	1～5万亩	0.2～1万亩
全　省	**1848**	**2**	**1**	**27**	**54**	**404**	**1360**
广州市	**105**		**1**		**2**	**13**	**89**
市辖区							
荔湾区							
越秀区							
海珠区							
天河区							
白云区	8					1	7
黄埔区	6						6
番禺区							
花都区	18					6	12
南沙区							
萝岗区							
增城市	52					3	49
从化市	21		1		2	3	15
深圳市	**1**						**1**
市辖区							
罗湖区							
福田区							
南山区	1						1
宝安区							
龙岗区							
盐田区							
珠海市	**14**					**4**	**10**
市辖区							
香洲区							
斗门区	12					4	8
金湾区	2						2
汕头市	**37**				**6**	**15**	**16**
市辖区							
龙湖区	2					1	1
金平区	2					1	1
濠江区	3						3
潮阳区	12				2	8	2
潮南区	13				2	2	9
澄海区	5				2	3	
南澳县							
佛山市	**38**				**1**	**10**	**27**
市辖区							

5-10　续表 1

市　别	灌区数量（处）						
	合计	50 万亩以上	30～50 万亩	10～30 万亩	5～10 万亩	1～5 万亩	0.2～1 万亩
禅城区							
南海区	12					3	9
顺德区							
三水区	12				1	2	9
高明区	14					5	9
韶关市	**169**			**1**	**2**	**25**	**141**
市辖区							
武江区	6					3	3
浈江区	11					1	10
曲江区	6				1	2	3
始兴县	10				1	2	7
仁化县	26					4	22
翁源县	15					4	11
乳源自治县	22					2	20
新丰县	2						2
乐昌市	56					2	54
南雄市	15			1		5	9
河源市	**136**					**22**	**114**
市辖区							
源城区	3					2	1
紫金县	74					4	70
龙川县	9					5	4
连平县	16					5	11
和平县	15					3	12
东源县	19					3	16
梅州市	**113**			**1**	**2**	**20**	**90**
市辖区							
梅江区	14					1	13
梅县区	36					5	31
大埔县	2						2
丰顺县	7					3	4
五华县	8				1	3	4
平远县	4					2	2
蕉岭县	7				1	2	4
兴宁市	35			1		4	30
惠州市	**98**			**3**	**2**	**24**	**69**
市辖区							
惠城区	27					8	19
惠阳区	9					3	6
博罗县	31			2		8	21
惠东县	16			1	1	2	12

5-10 续表 2

市别	灌区数量（处）						
	合计	50 万亩以上	30～50 万亩	10～30 万亩	5～10 万亩	1～5 万亩	0.2～1 万亩
龙门县	15				1	3	11
汕尾市	**72**			**2**	**2**	**19**	**49**
市辖区							
城区	8					2	6
海丰县	33			1	1	7	24
陆河县	9					2	7
陆丰市	22			1	1	8	12
东莞市	**18**					**2**	**16**
中山市	**1**					**1**	
江门市	**152**			**4**	**4**	**34**	**110**
市辖区							
蓬江区	4						4
江海区							
新会区	22					12	10
台山市	65			2	1	8	54
开平市	22			1	1	3	17
鹤山市	15					6	9
恩平市	24			1	2	5	16
阳江市	**97**			**2**	**3**	**31**	**61**
市辖区							
江城区	14			1		6	7
阳西县	20				1	9	10
阳东县	17			1		9	7
阳春市	46				2	7	37
湛江市	**150**	**1**		**5**	**4**	**36**	**104**
市辖区							
赤坎区							
霞山区							
坡头区	2					1	1
麻章区	27					2	25
遂溪县	37	1				8	28
徐闻县	26			1	1	7	17
廉江市	12			2	2	5	3
雷州市	33			2	1	9	21
吴川市	13					4	9
茂名市	**94**	**1**		**2**	**11**	**31**	**49**
市辖区							
茂南区	4					1	3
茂港区	2						2
电白县	22			1	3	18	

5-10 续表 3

市别	灌区数量（处）						
	合计	50 万亩以上	30 ～ 50 万亩	10 ～ 30 万亩	5 ～ 10 万亩	1 ～ 5 万亩	0.2 ～ 1 万亩
高州市	43	1		1	2	7	32
化州市	19				5	3	11
信宜市	4				1	2	1
肇庆市	**154**				**4**	**21**	**129**
市辖区							
端州区	1						1
鼎湖区	5				1	1	3
广宁县							
怀集县	29				2	4	23
封开县	20					4	16
德庆县	12					5	7
高要市	57					3	54
四会市	30				1	4	25
清远市	**172**				**2**	**36**	**134**
市辖区							
清城区	20				1	2	17
佛冈县	28					2	26
阳山县	20					5	15
连山自治县	3						3
连南自治县	8					3	5
清新县	18				1	3	14
英德市	56					13	43
连州市	19					8	11
潮州市	**42**			**3**	**1**	**15**	**23**
市辖区							
湘桥区	7					4	3
潮安县	13			3		3	7
饶平县	22				1	8	13
揭阳市	**84**			**4**	**3**	**31**	**46**
市辖区							
榕城区	2			1		1	
揭东县	11			1	2	4	4
揭西县	18				1	8	9
惠来县	22			1		9	12
普宁市	31			1		9	21
云浮市	**101**				**5**	**14**	**82**
市辖区							
云城区	7					4	3
新兴县	18				1	3	14
郁南县	11					2	9
云安县	38					3	35
罗定市	27				4	2	21

5-10 续表 4

<table>
<tr><th rowspan="2">市 别</th><th colspan="7">灌区耕地有效灌溉面积（千公顷）</th></tr>
<tr><th>合计</th><th>50 万亩以上</th><th>30～50 万亩</th><th>10～30 万亩</th><th>5～10 万亩</th><th>1～5 万亩</th><th>0.2～1 万亩</th></tr>
<tr><td>全 省</td><td>1058.21</td><td>112.92</td><td>6.87</td><td>162.40</td><td>142.69</td><td>345.04</td><td>288.30</td></tr>
<tr><td>广州市</td><td>41.75</td><td></td><td>6.87</td><td></td><td>1.53</td><td>12.36</td><td>20.99</td></tr>
<tr><td>市辖区</td><td></td><td></td><td></td><td></td><td></td><td></td><td></td></tr>
<tr><td>荔湾区</td><td></td><td></td><td></td><td></td><td></td><td></td><td></td></tr>
<tr><td>越秀区</td><td></td><td></td><td></td><td></td><td></td><td></td><td></td></tr>
<tr><td>海珠区</td><td></td><td></td><td></td><td></td><td></td><td></td><td></td></tr>
<tr><td>天河区</td><td></td><td></td><td></td><td></td><td></td><td></td><td></td></tr>
<tr><td>白云区</td><td>5.39</td><td></td><td>4.07</td><td></td><td></td><td>0.13</td><td>1.19</td></tr>
<tr><td>黄埔区</td><td>1.20</td><td></td><td></td><td></td><td></td><td></td><td>1.20</td></tr>
<tr><td>番禺区</td><td></td><td></td><td></td><td></td><td></td><td></td><td></td></tr>
<tr><td>花都区</td><td>10.75</td><td></td><td>2.27</td><td></td><td></td><td>6.13</td><td>2.35</td></tr>
<tr><td>南沙区</td><td></td><td></td><td></td><td></td><td></td><td></td><td></td></tr>
<tr><td>萝岗区</td><td></td><td></td><td></td><td></td><td></td><td></td><td></td></tr>
<tr><td>增城区</td><td>16.43</td><td></td><td></td><td></td><td></td><td>3.77</td><td>12.66</td></tr>
<tr><td>从化区</td><td>7.98</td><td></td><td>0.53</td><td></td><td>1.53</td><td>2.33</td><td>3.59</td></tr>
<tr><td>深圳市</td><td></td><td></td><td></td><td></td><td></td><td></td><td></td></tr>
<tr><td>市辖区</td><td></td><td></td><td></td><td></td><td></td><td></td><td></td></tr>
<tr><td>罗湖区</td><td></td><td></td><td></td><td></td><td></td><td></td><td></td></tr>
<tr><td>福田区</td><td></td><td></td><td></td><td></td><td></td><td></td><td></td></tr>
<tr><td>南山区</td><td></td><td></td><td></td><td></td><td></td><td></td><td></td></tr>
<tr><td>宝安区</td><td></td><td></td><td></td><td></td><td></td><td></td><td></td></tr>
<tr><td>龙岗区</td><td></td><td></td><td></td><td></td><td></td><td></td><td></td></tr>
<tr><td>盐田区</td><td></td><td></td><td></td><td></td><td></td><td></td><td></td></tr>
<tr><td>珠海市</td><td>5.93</td><td></td><td></td><td></td><td></td><td>3.93</td><td>2.00</td></tr>
<tr><td>市辖区</td><td></td><td></td><td></td><td></td><td></td><td></td><td></td></tr>
<tr><td>香洲区</td><td></td><td></td><td></td><td></td><td></td><td></td><td></td></tr>
<tr><td>斗门区</td><td>5.76</td><td></td><td></td><td></td><td></td><td>3.93</td><td>1.83</td></tr>
<tr><td>金湾区</td><td>0.17</td><td></td><td></td><td></td><td></td><td></td><td>0.17</td></tr>
<tr><td>汕头市</td><td>36.40</td><td></td><td></td><td></td><td>14.26</td><td>18.14</td><td>4.00</td></tr>
<tr><td>市辖区</td><td></td><td></td><td></td><td></td><td></td><td></td><td></td></tr>
<tr><td>龙湖区</td><td>2.54</td><td></td><td></td><td></td><td></td><td>2.04</td><td>0.50</td></tr>
<tr><td>金平区</td><td>0.95</td><td></td><td></td><td></td><td></td><td>0.76</td><td>0.19</td></tr>
<tr><td>濠江区</td><td>1.17</td><td></td><td></td><td></td><td></td><td></td><td>1.17</td></tr>
<tr><td>潮阳区</td><td>12.79</td><td></td><td></td><td></td><td>3.65</td><td>8.72</td><td>0.43</td></tr>
<tr><td>潮南区</td><td>9.26</td><td></td><td></td><td></td><td>4.99</td><td>2.55</td><td>1.71</td></tr>
<tr><td>澄海区</td><td>9.68</td><td></td><td></td><td></td><td>5.61</td><td>4.07</td><td></td></tr>
<tr><td>南澳县</td><td></td><td></td><td></td><td></td><td></td><td></td><td></td></tr>
<tr><td>佛山市</td><td>17.23</td><td></td><td></td><td></td><td>3.01</td><td>8.64</td><td>5.58</td></tr>
<tr><td>市辖区</td><td></td><td></td><td></td><td></td><td></td><td></td><td></td></tr>
</table>

5-10 续表 5

市别	灌区耕地有效灌溉面积（千公顷）						
	合计	50 万亩以上	30 ～ 50 万亩	10 ～ 30 万亩	5 ～ 10 万亩	1 ～ 5 万亩	0.2 ～ 1 万亩
禅城区							
南海区	3.82					2.06	1.76
顺德区							
三水区	7.43				3.01	2.48	1.94
高明区	5.98					4.10	1.88
韶关市	**72.20**			**8.51**	**5.56**	**29.31**	**28.82**
市辖区							
武江区	3.24					1.99	1.25
浈江区	3.12					1.43	1.69
曲江区	3.95				1.73	1.56	0.66
始兴县	6.63				3.83	1.83	0.97
仁化县	9.00					3.90	5.10
翁源县	4.82					3.00	1.82
乳源自治县	6.26					2.67	3.59
新丰县	0.31						0.31
乐昌市	15.82					4.16	11.66
南雄市	19.05			8.51		8.77	1.77
河源市	**45.61**					**18.69**	**26.92**
市辖区							
源城区	2.06					1.91	0.15
紫金县	22.01					4.01	18.00
龙川县	4.86					3.98	0.87
连平县	5.68					2.90	2.78
和平县	4.00					2.02	1.98
东源县	7.00					3.87	3.14
梅州市	47.30			9.11	5.01	16.85	16.33
市辖区							
梅江区	2.74					0.63	2.11
梅县区	8.66					4.44	4.22
大埔县	0.35						0.35
丰顺县	3.13					2.18	0.95
五华县	4.16				1.80	1.05	1.32
平远县	3.42					2.77	0.65
蕉岭县	5.63				3.21	1.42	1.01
兴宁市	19.21			9.11		4.37	5.73
惠州市	**50.22**			**11.01**	**7.16**	**18.87**	**13.18**
市辖区							
惠城区	7.95					4.57	3.38
惠阳区	5.33				1.00	2.18	2.16
博罗县	18.77			7.01		7.64	4.13
惠东县	9.40			4.00	2.20	1.34	1.86

5-10　续表6

市　　别	灌区耕地有效灌溉面积（千公顷）						
	合计	50万亩以上	30～50万亩	10～30万亩	5～10万亩	1～5万亩	0.2～1万亩
龙门县	8.77				3.96	3.15	1.66
汕尾市	**58.38**			**19.47**	**6.87**	**20.98**	**11.07**
市辖区							
城区	3.79					2.85	0.95
海丰县	26.35			8.47	3.00	9.40	5.48
陆河县	3.04					1.15	1.89
陆丰市	25.20			11.00	3.87	7.58	2.75
东莞市	**5.69**					**2.07**	**3.62**
中山市	**0.41**					**0.41**	
江门市	**106.08**			**24.22**	**13.32**	**35.39**	**33.15**
市辖区							
蓬江区	0.92						0.92
江海区							
新会区	15.83					12.41	3.42
台山市	44.76			13.00	2.90	9.51	19.36
开平市	19.89			8.24	3.40	4.35	3.89
鹤山市	6.75					4.55	2.21
恩平市	17.92			2.98	7.02	4.57	3.35
阳江市	**53.73**			**14.47**	**8.41**	**19.38**	**11.47**
市辖区							
江城区	10.74			5.53		4.11	1.10
阳西县	5.26				0.41	3.27	1.58
阳东县	16.60			8.94		6.57	1.09
阳春市	21.14				8.00	5.43	7.71
湛江市	**166.50**	**71.99**		**36.76**	**9.07**	**28.87**	**19.81**
市辖区							
赤坎区	0.10	0.10					
霞山区	0.30	0.30					
坡头区	2.97	0.90				1.87	0.20
麻章区	6.37	2.01				0.65	3.71
遂溪县	31.74	22.13				4.77	4.84
徐闻县	19.03			8.27	1.00	5.46	4.30
廉江市	42.74	16.20		17.73	5.27	2.75	0.79
雷州市	44.29	17.42		10.76	2.80	9.07	4.24
吴川市	18.96	12.93				4.30	1.73
茂名市	**90.05**	**40.93**		**7.22**	**21.66**	**13.25**	**7.00**
市辖区							
茂南区	10.89	9.87				0.39	0.63
茂港区	6.42	5.82					0.59
电白区	21.83	1.73		6.67	7.58	5.85	
高州市	8.77				3.96	3.15	1.66

5-10　续表 7

市　　别	灌区耕地有效灌溉面积（千公顷）						
	合计	50 万亩以上	30～50 万亩	10～30 万亩	5～10 万亩	1～5 万亩	0.2～1 万亩
化州市	22.10	11.93		0.55	2.98	2.73	3.91
信宜市	24.03	11.57			8.31	2.43	1.73
肇庆市	**4.78**				**2.79**	**1.86**	**0.13**
市辖区	53.89				9.40	18.12	26.37
端州区							
鼎湖区	0.08						0.08
广宁县	2.80				1.64	0.99	0.17
怀集县							
封开县	12.94				5.81	2.06	5.07
德庆县	7.71					3.99	3.72
高要市	5.53					4.30	1.23
四会市	14.81					3.70	11.11
清远市	**10.02**				**1.95**	**3.08**	**4.99**
市辖区	67.07				9.26	28.58	29.23
清城区							
佛冈县	8.57				3.73	1.70	3.15
阳山县	5.90					1.55	4.36
连山自治县	8.14					4.97	3.17
连南自治县	0.48						0.48
清新县	3.16					1.82	1.34
英德市	13.75				5.53	4.36	3.86
连州市	20.76					9.64	11.12
潮州市	**6.30**					**4.55**	**1.75**
市辖区	30.34			8.63	4.67	12.86	4.18
湘桥区							
潮安区	3.55			0.10		2.85	0.60
饶平县	11.86			8.53		2.26	1.07
揭阳市	14.93				4.67	7.75	2.51
市辖区	68.79			23.00	7.14	28.24	10.41
榕城区							
揭东县	8.03			7.54		0.49	
揭西县	10.99			4.26	3.79	2.01	0.93
惠来县	11.44				3.35	6.71	1.38
普宁市	16.12			4.60		8.67	2.85
云浮市	**22.21**			**6.60**		**10.36**	**5.25**
市辖区	40.64				16.37	10.10	14.18
云城区							
新兴县	3.12					2.70	0.43
郁南县	8.45				2.49	2.47	3.49
云安区	3.72					2.17	1.55
罗定市	6.34					1.37	4.97

5-11 各县（市）区已建堤防长度

2015年

市别	堤防长度（公里）						
	合计	按等级分					
		1级堤防	2级堤防	3级堤防	4级堤防	5级堤防	5级以下堤防
全　省	**28326.65**	**551.23**	**1973.33**	**4676.66**	**7926.06**	**6452.98**	**6746.40**
广州市	**3304.30**	**351.21**	**510.19**	**267.96**	**1607.77**	**276.31**	**290.86**
市辖区							
荔湾区	186.01	31.33	29.14		124.19		1.35
越秀区	31.57	12.44			19.13		
海珠区	263.02	43.08			219.94		
天河区	146.59	12.97			128.31		5.31
白云区	222.95	24.55		85.89	112.51		
黄埔区	341.26	46.55			247.01		47.70
番禺区	549.25	106.94	159.32		259.46	23.53	
花都区	456.08			60.29	179.09	65.98	150.72
南沙区	624.71	73.35	286.44	15.60	138.39	110.93	
萝岗区							
增城区	338.88		35.29	30.02	149.31	38.49	85.77
从化区	143.97			76.16	30.43	37.38	
深圳市	**55.03**	**51.44**	**3.59**				
市辖区							
罗湖区							
福田区							
南山区							
宝安区	48.88	48.88					
龙岗区	6.15	2.56	3.59				
盐田区							
珠海市	**389.04**	**44.15**	**176.65**	**91.89**	**51.90**	**24.45**	
市辖区							
香洲区	75.44	44.15	6.62	7.63	17.04		
斗门区	209.44		125.18	84.26			
金湾区	104.16		44.85		34.86	24.45	
汕头市	**912.45**	**13.21**	**161.64**	**291.05**	**140.68**	**102.04**	**203.83**
市辖区							
龙湖区	67.77	8.04	23.09	36.64			
金平区	74.63	5.17	52.99	14.27		2.20	
濠江区	39.17			36.37	2.80		
潮阳区	258.38		60.89	78.37	50.01	69.11	
潮南区	311.42			33.92	70.57	4.20	202.73
澄海区	154.21		24.67	88.76	16.10	24.68	
南澳县	6.88			2.73	1.20	1.85	1.10
佛山市	**1152.02**	**48.87**	**290.56**	**227.40**	**523.83**	**58.56**	**2.80**
市辖区							

5-11 续表 1

市别	堤防长度（公里）						
	合计	按等级分					
		1 级堤防	2 级堤防	3 级堤防	4 级堤防	5 级堤防	5 级以下堤防
禅城区	87.28		16.60	67.68	3.00		
南海区	335.91	6.11	84.14		245.66		
顺德区	355.85	3.70	159.04	159.72	33.39		
三水区	270.32	39.06	30.78		142.97	57.51	
高明区	102.66				98.81	1.05	2.80
韶关市	**891.58**		**122.10**	**113.44**	**157.04**	**205.76**	**293.25**
市辖区							
武江区	17.38		13.92	2.33	1.12		
浈江区	51.45		51.45				
曲江区	57.52		42.62			14.90	
始兴县	38.44		14.10		18.80	5.54	
仁化县	187.46				60.26		127.20
翁源县	197.57			22.02	10.00		165.55
乳源自治县	57.57			17.91		39.66	
新丰县	23.05			23.05			
乐昌市	97.28			19.24	64.86	13.17	
南雄市	163.88			28.89	2.00	132.49	0.50
河源市	**1653.49**		**15.75**	**168.50**	**268.62**	**784.68**	**415.94**
市辖区							
源城区	82.81			72.33			10.48
紫金县	271.84				32.25	141.86	97.73
龙川县	429.26			40.25	187.10	85.81	116.10
连平县	56.62			31.54	13.42		11.66
和平县	593.12			24.39	21.32	547.41	
东源县	219.85		15.75		14.53	9.60	179.97
梅州市	**2563.88**		**34.57**	**73.07**	**687.62**	**705.40**	**1063.22**
市辖区							
梅江区	100.35		28.57	20.00	6.22	7.52	38.04
梅县区	235.25		6.00		62.71	149.34	17.20
大埔县	47.65			17.47	25.83	4.35	
丰顺县	183.96			12.93	131.10	39.93	
五华县	519.60				241.49	278.11	
平远县	57.53			13.63	38.50	5.40	
蕉岭县	113.55			9.04	66.38	6.75	31.38
兴宁市	1306.00				115.40	214.00	976.60
惠州市	**1324.79**		**18.93**	**272.04**	**320.76**	**250.14**	**462.93**
市辖区							
惠城区	328.47		18.93	124.60	114.15	30.50	40.30
惠阳区	71.80			29.56	7.22	22.48	12.54
博罗县	248.04			88.54	138.51	19.72	1.28
惠东县	521.50				38.40	90.84	392.26

5-11 续表 2

市别	堤防长度（公里）						
	合计	按等级分					
		1级堤防	2级堤防	3级堤防	4级堤防	5级堤防	5级以下堤防
龙门县	154.99			29.35	22.49	86.61	16.55
汕尾市	**1655.98**			**620.96**	**579.61**	**174.02**	**281.40**
市辖区							
城区	203.30			18.40	184.90		
海丰县	734.03			356.00	222.73	155.31	
陆河县	317.02			23.00	26.72		267.30
陆丰市	401.63			223.56	145.26	18.71	14.10
东莞市	**1133.00**	**7.39**	**124.24**	**517.42**	**249.24**	**234.47**	**0.24**
中山市	**383.51**	**11.48**	**93.04**	**236.24**	**42.74**		
江门市	**2560.52**		**107.71**	**268.75**	**616.14**	**301.19**	**1266.73**
市辖区							
蓬江区	126.10		21.56	36.88		67.66	
江海区	43.02		13.68	29.34			
新会区	975.31		56.07	156.70	213.56	83.97	465.01
台山市	787.92				71.23	45.63	671.06
开平市	338.07			39.83	167.58		130.66
鹤山市	133.02		16.40	6.00	83.59	27.03	
恩平市	157.08				80.18	76.90	
阳江市	**660.48**			**217.37**	**147.89**	**194.21**	**101.01**
市辖区							
江城区	111.82			72.50	12.21	27.11	
阳西县	155.82			101.20	54.62		
阳东县	210.77			43.67		167.10	
阳春市	182.07				81.06		101.01
湛江市	**1336.41**			**201.83**	**625.98**	**333.93**	**174.67**
市辖区							
赤坎区	2.16					2.16	
霞山区	33.53				23.33		10.20
坡头区	128.13			66.45			61.68
麻章区	117.92				93.92	24.00	
遂溪县	217.05			26.53	98.94	70.72	20.86
徐闻县	94.39				2.77	91.62	
廉江市	294.82				220.16	74.66	
雷州市	188.49			21.05	102.04	65.40	
吴川市	259.93			87.80	84.82	5.38	81.93
茂名市	**3052.29**		**55.00**	**381.97**	**245.20**	**1189.57**	**1180.56**
市辖区							
茂南区	253.23			75.74			177.49
茂港区	113.90					66.10	47.80
电白区	732.03			28.97		703.06	
高州市	252.80			220.95	31.86		

5-11 续表3

市别	堤防长度（公里）						
	合计	按等级分					
		1级堤防	2级堤防	3级堤防	4级堤防	5级堤防	5级以下堤防
化州市	1504.74		55.00		210.84	367.75	871.15
信宜市	195.60			56.32	2.50	52.66	84.12
肇庆市	**1399.46**	**4.30**	**105.93**	**102.16**	**272.61**	**464.77**	**449.69**
市辖区							
端州区	16.70		16.70				
鼎湖区	107.20		32.80	18.20	40.20	16.00	
广宁县	23.07			23.07			
怀集县	355.80					247.80	108.00
封开县	80.80	4.30		24.84	18.37	23.79	9.50
德庆县	426.25			7.80	41.96	44.30	332.19
高要市	115.45		23.73		46.28	45.44	
四会市	274.20		32.70	28.25	125.81	87.44	
清远市	**972.97**	**19.18**	**75.02**	**173.68**	**168.62**	**412.27**	**124.21**
市辖区							
清城区	188.36	19.18	37.77	38.62	52.16	30.23	10.40
佛冈县	86.33						86.33
阳山县	204.15			36.43	2.52	153.40	11.80
连山自治县	49.41			14.95	6.44	17.71	10.31
连南自治县	44.39				17.58	26.80	
清新县	123.32		37.25		19.73	66.34	
英德市	102.36			34.64	21.75	45.97	
连州市	174.65			49.03	48.44	71.81	5.37
潮州市	**890.66**		**38.43**	**169.71**	**354.90**	**273.39**	**54.23**
市辖区							
湘桥区	102.79		8.07	26.99	48.54	5.39	13.80
潮安区	132.94		30.36	9.50	43.64	9.01	40.43
饶平县	654.93			133.22	262.72	258.99	
揭阳市	**1373.28**		**31.99**	**178.65**	**667.09**	**306.56**	**188.99**
市辖区							
榕城区	85.10		5.00		76.10	4.00	
揭东县	48.06		11.99		28.07	8.00	
揭西县	393.85			50.80	257.17	85.50	0.38
惠来县	403.32			17.65		197.06	188.61
普宁市	442.95		15.00	110.20	305.75	12.00	
云浮市	**661.50**		**8.00**	**102.56**	**197.84**	**161.26**	**191.84**
市辖区							
云城区	94.78			47.16	8.47		39.15
新兴县	358.92			37.80	77.21	161.26	82.65
郁南县	91.36			7.80	83.56		
云安区	108.44			9.80	28.60		70.04
罗定市	8.00		8.00				

5-11 续表 4

市别	达标堤防长度（公里）					
	合计	按等级分				
		1 级堤防	2 级堤防	3 级堤防	4 级堤防	5 级堤防
全　省	**12298.34**	**550.69**	**1681.70**	**3211.29**	**4805.89**	**2048.76**
广州市	**2463.18**	**325.21**	**359.60**	**256.42**	**1385.57**	**136.38**
市辖区						
荔湾区	184.66	31.33	29.14		124.19	
越秀区	31.57	12.44			19.13	
海珠区	263.02	43.08			219.94	
天河区	136.03	12.70			123.33	
白云区	157.05	18.40		73.91	64.74	
黄埔区	281.78	45.32			236.46	
番禺区	426.37	88.59	138.97		175.28	23.53
花都区	228.60			60.29	162.79	5.52
南沙区	387.80	73.35	153.93	15.60	88.06	56.86
萝岗区						
增城区	241.08		37.56	30.46	141.56	31.50
从化区	125.22			76.16	30.09	18.97
深圳市	**32.80**	**32.80**				
市辖区						
罗湖区						
福田区						
南山区						
宝安区	30.24	30.24				
龙岗区	2.56	2.56				
盐田区						
珠海市	**268.07**	**44.15**	**139.94**	**7.63**	**51.90**	**24.45**
市辖区						
香洲区	74.48	44.15	5.66	7.63	17.04	
斗门区	95.60		95.60			
金湾区	97.99		38.68		34.86	24.45
汕头市	**537.07**	**72.28**	**90.39**	**256.04**	**71.27**	**47.09**
市辖区						
龙湖区	51.78	8.04	7.10	36.64		
金平区	64.24	64.24				
濠江区	32.07			32.07		
潮阳区	146.80		58.62	71.18		17.00
潮南区	100.19			25.11	70.87	4.21
澄海区	138.11		24.67	88.76		24.68
南澳县	3.88			2.28	0.40	1.20
佛山市	**1094.15**	**48.87**	**283.72**	**218.61**	**510.00**	**32.95**
市辖区						

5-11　续表 5

市　　别	达标堤防长度（公里）					
	合计	按等级分				
		1 级堤防	2 级堤防	3 级堤防	4 级堤防	5 级堤防
禅城区	84.78		16.60	65.18	3.00	
南海区	335.91	6.11	84.14		245.66	
顺德区	342.72	3.70	152.20	153.43	33.39	
三水区	244.71	39.06	30.78		142.97	31.90
高明区	86.03				84.98	1.05
韶关市	**597.09**		**122.10**	**113.44**	**157.04**	**204.52**
市辖区						
武江区	17.38		13.92	2.33	1.12	
浈江区	51.45		51.45			
曲江区	57.52		42.62			14.90
始兴县	38.44		14.10		18.80	5.54
仁化县	60.26				60.26	
翁源县	32.02			22.02	10.00	
乳源自治县	57.57			17.91		39.66
新丰县	23.05			23.05		
乐昌市	97.28			19.24	64.86	13.17
南雄市	162.14			28.89	2.00	131.25
河源市	**378.84**		**15.75**	**130.55**	**58.01**	**174.53**
市辖区						
源城区	72.33			72.33		
紫金县	131.78				15.70	116.08
龙川县	31.12			4.30	16.85	9.97
连平县	34.80			31.54	3.26	
和平县	68.94			22.39	7.67	38.88
东源县	39.88		15.75		14.53	9.60
梅州市	**644.00**		**34.57**	**47.94**	**337.23**	**224.27**
市辖区						
梅江区	34.79		28.57		6.22	
梅县区	199.64		6.00		56.41	137.23
大埔县	47.65			17.47	25.83	4.35
丰顺县	47.36			12.93	34.43	
五华县	183.68				109.56	74.13
平远县	17.31			8.50	8.40	0.41
蕉岭县	82.17			9.04	66.38	6.75
兴宁市	31.40				30.00	1.40
惠州市	**334.82**		**18.55**	**128.91**	**154.40**	**32.97**
市辖区						
惠城区	201.73		18.55	72.55	85.16	25.47
惠阳区	9.08				9.08	
博罗县	75.15			39.65	35.50	
惠东县	31.76				24.66	7.10

5-11 续表 6

市别	达标堤防长度（公里）					
	合计	按等级分				
		1 级堤防	2 级堤防	3 级堤防	4 级堤防	5 级堤防
龙门县	17.11			16.71		0.40
汕尾市	**214.70**			**118.27**	**94.40**	**2.03**
市辖区						
城区	74.54			10.72	63.82	
海丰县	34.16			29.77	2.51	1.88
陆河县	49.72			23.00	26.72	
陆丰市	56.28			54.78	1.35	0.15
东莞市	**707.24**		**108.78**	**383.22**	**198.66**	**16.58**
中山市	**351.66**		**89.14**	**221.57**	**40.95**	
江门市	**893.88**		**110.81**	**275.32**	**328.88**	**178.87**
市辖区						
蓬江区	123.72		21.56	35.93		66.23
江海区	43.02		13.68	29.34		
新会区	431.17		59.17	164.22	125.54	82.24
台山市	53.55				53.55	
开平市	109.65			39.83	69.82	
鹤山市	127.98		16.40	6.00	78.55	27.03
恩平市	4.79				1.42	3.37
阳江市	**288.29**			**109.82**	**26.14**	**152.33**
市辖区						
江城区	69.17			41.75	12.21	15.21
阳西县	37.70			27.10	10.60	
阳东县	178.09			40.97		137.12
阳春市	3.33				3.33	
湛江市	**448.02**			**130.60**	**245.30**	**72.12**
市辖区						
赤坎区	1.22					1.22
霞山区	21.40				21.40	
坡头区	59.95			58.15	1.80	
麻章区	28.52				27.80	0.72
遂溪县	23.30			5.60	17.21	0.49
徐闻县	74.43				13.28	61.15
廉江市	112.96				110.41	2.55
雷州市	83.20			29.05	48.60	5.55
吴川市	43.05			37.80	4.80	0.45
茂名市	**319.51**		**55.00**	**194.29**	**19.90**	**50.32**
市辖区						
茂南区	15.41			15.41		
茂港区	36.68					36.68
电白区	28.89			28.89		
高州市	97.68			79.28	18.40	

5-11　续表 7

市　　别	达标堤防长度（公里）					
	合计	按等级分				
		1 级堤防	2 级堤防	3 级堤防	4 级堤防	5 级堤防
化州市	56.50		55.00		1.50	
信宜市	84.36			70.72		13.64
肇庆市	**744.87**	**8.21**	**104.93**	**101.22**	**236.89**	**293.62**
市辖区						
端州区	16.70		16.70			
鼎湖区	107.20		32.80	18.20	40.20	16.00
广宁县	23.05			23.05		
怀集县	139.30					139.30
封开县	55.85	8.21		23.92	13.08	10.65
德庆县	66.81			7.80	32.62	26.39
高要市	115.45		23.73		46.28	45.44
四会市	220.51		31.70	28.25	104.72	55.84
清远市	**619.45**	**19.18**	**75.02**	**163.57**	**128.48**	**233.20**
市辖区						
清城区	177.96	19.18	37.77	38.62	52.16	30.23
佛冈县						
阳山县	181.58			28.49	7.59	145.50
连山自治县	35.51			14.70	6.44	14.37
连南自治县	4.63				4.00	0.63
清新县	43.90		37.25		6.65	
英德市	77.11			34.57	8.37	34.17
连州市	98.76			47.19	43.27	8.30
潮州市	**323.38**		**38.43**	**94.31**	**117.56**	**73.08**
市辖区						
湘桥区	88.12		8.07	26.99	47.67	5.39
潮安区	92.51		30.36	9.50	43.64	9.01
饶平县	142.75			57.82	26.25	58.68
揭阳市	**804.58**		**26.99**	**162.00**	**537.74**	**77.85**
市辖区						
榕城区	59.40				59.40	
揭东县	26.81		11.99		11.47	3.35
揭西县	266.22			50.80	161.12	54.30
惠来县	16.00			1.00		15.00
普宁市	436.15		15.00	110.20	305.75	5.20
云浮市	**232.74**		**8.00**	**97.56**	**105.58**	**21.60**
市辖区						
云城区	55.62			47.16	8.46	
新兴县	69.81			34.80	13.41	21.60
郁南县	86.31			7.80	78.51	
云安区	13.00			7.80	5.20	
罗定市	8.00		8.00			

5-12 各县（市）区河道治理及除涝面积

2015 年

市别	河道治理（公里）					除涝面积（千公顷）			
	有防洪任务河段长度	已治理河段长度	治理达标河段长度	当年实施治理的河段长度	其中：中小河流治理长度		3～5年一遇标准	5～10年一遇标准	10年以上一遇标准
全　省	**18384.36**	**7999.83**	**4963.04**	**982.37**	**979.52**	**536.53**	**60.72**	**96.73**	**379.08**
广州市	**1037.39**	**649.16**	**471.91**			**54.46**	**3.44**	**5.82**	**45.20**
市辖区									
荔湾区	24.87	24.87	24.87			1.46		0.43	1.03
越秀区									
海珠区	18.49	18.49	18.49			0.80		0.13	0.67
天河区						0.75		0.07	0.68
白云区	57.78	46.34	46.34			6.45			6.45
黄埔区	70.41	70.41	66.54			0.64			0.64
番禺区	192.33	192.33	192.33			22.29	2.20	1.82	18.27
花都区	66.35	63.84	63.84			5.49			5.49
南沙区	111.00	111.00				0.98	0.39	0.06	0.53
萝岗区									
增城区	283.27	61.74	2.50			13.25	0.10	2.86	10.29
从化区	212.89	60.14	57.00			2.35	0.75	0.45	1.15
深圳市	**152.55**	**138.03**	**88.72**			**7.37**	**1.50**		**5.87**
市辖区									
罗湖区	9.76	9.76	4.35			0.00	0.00		
福田区	9.40	9.40				0.01	0.01		
南山区						0.00	0.00		
宝安区	59.44	54.00	27.36			6.23	1.02		5.21
龙岗区	73.95	64.87	57.01			1.12	0.46		0.66
盐田区						0.00	0.00		
珠海市	**154.92**	**128.50**	**108.62**			**16.10**	**1.00**	**15.10**	
市辖区									
香洲区	27.20	27.20	27.20			0.50	0.33	0.17	
斗门区	107.34	80.92	61.04			13.45		13.45	
金湾区	20.38	20.38	20.38			2.15	0.67	1.48	
汕头市	**206.59**	**158.46**	**141.50**			**36.88**	**3.72**	**4.40**	**28.76**
市辖区									
龙湖区	30.84	30.84	30.84			4.23	0.08	0.38	3.77
金平区	17.45	17.45	17.45			2.56	0.49	0.70	1.37
濠江区	23.34	15.50	15.50			0.67	0.39	0.08	0.20
潮阳区	27.03					10.80	1.73	2.10	6.97
潮南区	54.75	54.75	47.31			7.03	1.03	0.51	5.49
澄海区	53.18	39.92	30.40			11.52		0.63	10.89
南澳县						0.07			0.07
佛山市	**531.93**	**531.93**	**525.10**	**13.02**	**10.17**	**66.36**		**11.12**	**55.24**
市辖区									

5-12 续表 1

市别	河道治理（公里）					除涝面积（千公顷）			
	有防洪任务河段长度	已治理河段长度	治理达标河段长度	当年实施治理的河段长度	其中：中小河流治理长度		3～5年一遇标准	5～10年一遇标准	10年以上一遇标准
禅城区	34.44	34.44	34.44			2.20			2.20
南海区	159.97	159.97	159.97			27.59		3.25	24.34
顺德区	176.17	176.17	176.17			18.53		2.22	16.31
三水区	103.28	103.28	96.45			10.01		2.80	7.21
高明区	58.07	58.07	58.07	13.02	10.17	8.03		2.85	5.18
韶关市	**1716.21**	**743.49**	**730.33**	**460.00**	**460.00**	**15.07**	**2.83**	**7.39**	**4.85**
市辖区									
武江区	104.53	51.22	51.22	26.40	26.40	0.17	0.17		
浈江区	77.30	38.90	38.90	10.00	10.00	0.65	0.62	0.03	
曲江区	179.87	46.65	44.15	13.65	13.65	2.26	1.53	0.73	
始兴县	192.41	121.89	117.39	91.24	91.24	0.12		0.12	
仁化县	33.34	21.60	15.44						
翁源县	145.00	91.00	91.00	53.00	53.00	1.76		1.76	
乳源自治县	35.09	18.79	18.79			6.75		2.42	4.33
新丰县	184.25	95.57	95.57	88.43	88.43	0.93	0.41		0.52
乐昌市	441.63	97.88	97.88	48.88	48.88				
南雄市	322.79	159.99	159.99	128.40	128.40	2.43	0.10	2.33	
河源市	**1293.04**	**403.04**	**154.61**			**0.84**	**0.15**	**0.52**	**0.17**
市辖区									
源城区	36.99	24.40	24.40						
紫金县	315.30	161.28	58.88						
龙川县	119.01	48.01	20.21			0.46	0.04	0.28	0.14
连平县	314.96	83.84	9.58						
和平县	387.91	19.54	19.54			0.38	0.11	0.24	0.03
东源县	118.87	65.97	22.00						
梅州市	**1670.88**	**655.54**	**362.79**			**10.58**	**1.93**	**2.01**	**6.64**
市辖区									
梅江区	49.76	49.76	27.23			0.12			0.12
梅县区	201.27	84.80	84.80			1.23	0.06	0.73	0.44
大埔县	85.59	85.59	58.41			0.62	0.12		0.50
丰顺县	482.01	87.76	62.56			0.95	0.22	0.13	0.60
五华县	384.18	120.70	38.00			3.37	0.14	0.40	2.83
平远县	248.86	82.75	26.45			1.31	1.03	0.28	
蕉岭县	62.87	62.87	41.34			1.05	0.01	0.19	0.85
兴宁市	156.34	81.31	24.00			1.93	0.35	0.28	1.30
惠州市	**862.66**	**324.60**	**128.78**			**35.03**	**3.97**	**1.22**	**29.84**
市辖区									
惠城区	156.81	153.81	14.00			14.13			14.13
惠阳区	137.56	26.98	26.98			2.13	1.93	0.20	
博罗县	357.12	103.11	53.80			13.91		0.08	13.83
惠东县	50.34	15.00	9.00			3.24	2.04	0.49	0.71

市别	河道治理（公里）					除涝面积（千公顷）			
	有防洪任务河段长度	已治理河段长度	治理达标河段长度	当年实施治理的河段长度	其中：中小河流治理长度		3～5年一遇标准	5～10年一遇标准	10年以上一遇标准
龙门县	160.83	25.70	25.00			1.62		0.45	1.17
汕尾市	**259.51**	**21.10**	**21.10**			**21.44**	**3.72**	**1.86**	**15.86**
市辖区									
城区						1.05	0.27	0.17	0.61
海丰县	221.05	8.10	8.10			16.33	1.80	1.69	12.84
陆河县						0.05	0.05		
陆丰市	38.46	13.00	13.00			4.01	1.60		2.41
东莞市	**477.33**	**387.99**	**306.48**			**17.89**			**17.89**
中山市	**197.01**	**197.01**	**197.01**			**30.73**			**30.73**
江门市	**1134.24**	**917.06**	**246.48**	**7.41**	**7.41**	**48.93**	**14.01**	**7.44**	**27.48**
市辖区									
蓬江区	61.24	57.22	49.22			1.91			1.91
江海区	19.34	19.34	17.35			2.49			2.49
新会区	204.67	116.27	92.80			15.46			15.46
台山市	342.66	342.66	5.50			14.14	9.47	4.67	
开平市	258.37	224.26				6.61	4.54	2.07	
鹤山市	163.68	97.63	71.59	7.41	7.41	3.75			3.75
恩平市	84.28	59.68	10.02			4.57		0.70	3.87
阳江市	**860.93**	**198.73**	**189.21**	**4.28**	**4.28**	**8.52**	**0.20**	**1.87**	**6.45**
市辖区									
江城区	40.12	39.02	29.50			1.66		0.33	1.33
阳西县	116.53	22.50	22.50						
阳东县	122.93	122.93	122.93			3.59	0.20	0.62	2.77
阳春市	581.35	14.28	14.28	4.28	4.28	3.27		0.92	2.35
湛江市	**986.59**	**390.40**	**213.22**	**77.43**	**77.43**	**31.77**	**5.69**	**11.82**	**14.26**
市辖区									
赤坎区	27.53	15.82	15.82			0.08	0.04	0.04	
霞山区									
坡头区	11.00	11.00	1.00	1.00	1.00	0.67		0.67	
麻章区						2.01	0.01	1.14	0.86
遂溪县	271.89	82.09	18.70	15.90	15.90	1.16	0.35	0.38	0.43
徐闻县	26.50	26.08	7.70	1.20	1.20	1.87	0.17	0.77	0.93
廉江市	425.81	176.20	129.30	18.63	18.63	8.47	0.33	4.95	3.19
雷州市	68.00	41.40	26.40	26.40	26.40	6.38	2.72	2.16	1.50
吴川市	155.86	37.81	14.30	14.30	14.30	11.13	2.07	1.71	7.35
茂名市	**1550.45**	**418.60**	**75.14**			**15.44**	**7.52**	**7.59**	**0.33**
市辖区									
茂南区	81.54	14.32	0.52			3.63		3.63	
茂港区	47.40	16.90	16.90			1.25	0.26	0.99	
电白区	196.36	196.36				2.81	0.77	2.04	
高州市	519.33	59.57	6.58			2.87	2.58	0.29	

5-12 续表 3

市别	河道治理（公里）					除涝面积（千公顷）	3～5年一遇标准	5～10年一遇标准	10年以上一遇标准
	有防洪任务河段长度	已治理河段长度	治理达标河段长度	当年实施治理的河段长度	其中：中小河流治理长度				
化州市	291.73	23.54	23.54			3.91	3.91		
信宜市	414.09	107.91	27.60			0.97		0.64	0.33
肇庆市	**663.83**	**306.94**	**104.14**			**45.01**	**1.52**	**6.83**	**36.66**
市辖区									
端州区						2.29		0.32	1.97
鼎湖区	32.80	32.80	32.80			10.80		0.01	10.79
广宁县	26.47	23.05				2.00		0.90	1.10
怀集县	181.60	58.50	31.50						
封开县	156.31	16.11	16.11			1.24	0.33	0.67	0.24
德庆县	59.30	59.30				1.81	1.19	0.27	0.35
高要市	53.68	23.73	23.73			16.84		4.33	12.51
四会市	153.67	93.45				10.03		0.33	9.70
清远市	**2259.89**	**1038.43**	**548.27**	**420.23**	**420.23**	**26.22**	**5.25**	**2.08**	**18.89**
市辖区									
清城区	168.71	94.57	8.15			7.27		0.43	6.84
佛冈县	203.44	107.28	76.68	76.68	76.68	1.71		0.69	1.02
阳山县	350.32	154.59	154.59	138.45	138.45	1.40	1.00	0.40	
连山自治县	104.62	94.26	88.14	59.08	59.08				
连南自治县	132.84	86.00	86.00	86.00	86.00				
清新县	380.83	380.83	42.11			10.80			10.80
英德市	411.95	9.48	9.48			3.83	3.60		0.23
连州市	507.18	111.42	83.12	60.02	60.02	1.21	0.65	0.56	
潮州市	**458.30**	**167.23**	**167.23**			**18.00**	**3.07**	**4.45**	**10.48**
市辖区									
湘桥区	62.13	42.27	42.27			3.71	2.94	0.77	
潮安区	146.04	69.06	69.06			9.30	0.13	2.26	6.91
饶平县	250.13	55.90	55.90			4.99		1.42	3.57
揭阳市	**712.53**	**124.91**	**95.39**			**26.62**	**0.90**	**4.48**	**21.24**
市辖区									
榕城区	48.89	45.87	23.31			2.22	0.03	0.26	1.93
揭东县	75.39	6.96				9.71	0.23	1.09	8.39
揭西县	210.07	72.08	72.08			2.64	0.30	0.37	1.97
惠来县	146.06					6.13	0.34	0.06	5.73
普宁市	232.12					5.92		2.70	3.22
云浮市	**1197.58**	**98.68**	**87.02**			**3.27**	**0.30**	**0.73**	**2.24**
市辖区									
云城区	76.51	31.21	31.21			0.62		0.07	0.55
新兴县	115.11	12.10	12.10			0.60			0.60
郁南县	365.36	20.00	20.00			1.15	0.30	0.55	0.30
云安区	199.20	15.16	8.16			0.90		0.11	0.79
罗定市	441.40	20.21	15.55						

5-13 各县（市）区水土流失综合治理面积

2015年

市别	水土流失综合治理面积（千公顷）	基本农田	水土保持林	经济林	种草	封禁治理	其他	其中：小流域综合治理面积（千公顷）
全省	**1457.52**	**331.83**	**644.93**	**211.93**	**45.75**	**207.82**	**15.26**	**127.32**
广州市	**80.32**	**5.21**	**42.85**	**30.38**			**1.88**	
市辖区								
荔湾区								
越秀区								
海珠区								
天河区	0.36		0.11	0.25				
白云区	4.49	0.17	3.60	0.72				
黄埔区	8.82	0.33	5.11	3.38				
番禺区	1.71		1.05	0.16			0.50	
花都区	8.61	0.27	5.31	3.03				
南沙区	1.50		0.80	0.70				
萝岗区								
增城市	23.82	1.79	11.95	9.33			0.75	
从化市	31.01	2.65	14.92	12.81			0.63	
深圳市	**13.19**		**9.56**		**1.68**		**1.96**	**0.02**
市辖区								
罗湖区	0.17		0.10		0.03		0.04	
福田区	0.37		0.25		0.08		0.04	
南山区	1.43		0.92		0.24		0.27	
宝安区	4.91		3.18		0.91		0.82	
龙岗区	5.86		4.81		0.33		0.72	
盐田区	0.46		0.30		0.09		0.07	0.02
珠海市	**12.49**		**12.09**	**0.40**				
市辖区								
香洲区	5.26		5.26					
斗门区	1.67		1.67					
金湾区	2.03		2.03					
汕头市	**13.40**	**0.46**	**10.36**	**0.02**		**2.56**		
市辖区								
龙湖区	0.22		0.22					
金平区	0.17		0.17					
濠江区	3.69		3.69					
潮阳区	2.75	0.13	2.62					
潮南区	3.22	0.20	0.50			2.52		
澄海区	0.88		0.88					
南澳县	2.46	0.13	2.27	0.02		0.04		
佛山市	**7.97**		**7.52**	**0.03**		**0.26**	**0.16**	
市辖区								

5-13 续表 1

市　　别	水土流失综合治理面积（千公顷）	基本农田	水土保持林	经济林	种草	封禁治理	其　他	其中：小流域综合治理面积（千公顷）
禅城区								
南海区	0.34		0.18				0.16	
顺德区	0.11		0.11					
三水区	1.01		1.01					
高明区	6.50		6.21	0.03		0.26		
韶关市	**193.35**	**96.74**	**57.35**	**8.65**	**4.10**	**24.51**	**2.00**	**8.50**
市辖区								
武江区	16.84	3.51	5.91	0.75		6.67		
浈江区	20.41	7.58	12.83					
曲江区	8.22	4.29	2.50	1.39		0.04		
始兴县	16.13	10.05	3.56	1.20	1.20	0.11		8.50
仁化县	8.76	8.10	0.61	0.02		0.03		
翁源县	8.10	6.81	0.56	0.14	0.02	0.56		
乳源自治县	19.86	7.52	10.52	1.09	0.73			
新丰县	8.44	8.11	0.33					
乐昌市	31.56	22.19	1.27	0.34	2.02	3.74	2.00	
南雄市	55.04	18.58	19.26	3.71	0.12	13.37	0.00	
河源市	**142.02**	**32.50**	**49.88**	**18.63**	**6.68**	**30.29**	**4.04**	**22.31**
市辖区								
源城区	1.88	0.32	0.10	0.52		0.94		
紫金县	39.98	9.54	20.39	3.15	1.82	4.96	0.12	6.51
龙川县	51.81	11.43	19.41	6.15	0.06	14.76		
连平县	12.20	0.85	3.53	3.29	2.87	1.66		12.20
和平县	16.09	4.96	1.08	2.57	1.93	5.55		
东源县	20.06	5.40	5.37	2.95		2.42	3.92	3.60
梅州市	**148.44**	**0.95**	**68.94**	**16.35**	**15.67**	**46.26**	**0.27**	**21.51**
市辖区								
梅江区	4.43	0.05	2.18	0.77	0.79	0.64		2.10
梅县区	25.21	0.46	10.86	2.68	4.86	6.35		17.86
大埔县	13.33		1.47	0.22	0.49	11.15		
丰顺县	15.14	0.03	10.87	0.58	0.07	3.59		
五华县	57.87	0.11	34.79	8.90	7.93	6.15		0.13
平远县	6.98		0.81	0.08	0.01	6.08		0.19
蕉岭县	2.98		1.05	0.15	0.42	1.10	0.27	
兴宁市	22.50	0.30	6.91	2.98	1.11	11.20	0.01	1.23
惠州市	**54.69**	**17.33**	**14.86**	**1.98**	**1.73**	**16.35**	**2.44**	**4.85**
市辖区								
惠城区	7.29	1.37	0.92	0.41	0.41	4.12	0.06	
惠阳区	9.85	2.61	1.16	0.48	0.58	5.02		4.12
禅城区								
南海区	0.34		0.18				0.16	

5-13 续表 2

市　　别	水土流失综合治理面积（千公顷）	基本农田	水土保持林	经济林	种草	封禁治理	其　他	其中：小流域综合治理面积（千公顷）
博罗县	10.53	5.61	0.13	0.32	0.10	2.41	1.96	0.12
惠东县	22.33	5.56	11.99	0.14	0.37	3.84	0.42	
龙门县	4.34	2.18	0.55	0.63	0.19	0.79		0.29
汕尾市	**31.56**	**1.18**	**15.63**	**6.50**	**1.87**	**6.38**		
市辖区								
城区	7.30		6.77	0.53				
海丰县	8.46	0.80	4.13	2.85	0.38	0.30		
陆河县	4.35		0.69	0.69	0.39	2.58		
陆丰市	11.45	0.38	4.04	2.43	1.10	3.50		
东莞市	**4.22**		**0.03**			**4.18**		
中山市	**15.23**	**0.11**	**14.99**	**0.13**				
江门市	**27.70**	**8.84**	**17.20**			**1.66**		**0.67**
市辖区								
蓬江区	0.05	0.05						
江海区	0.07	0.07						
新会区	5.09	0.76	4.33					
台山市	10.08	5.40	3.68			1.00		0.55
开平市	4.44	0.05	4.40					0.10
鹤山市	4.61	1.87	2.74					
恩平市	3.36	0.64	2.05			0.67		0.02
阳江市	**18.60**	**7.73**	**3.48**	**6.08**	**0.02**	**1.29**		
市辖区								
江城区	0.83		0.83					
阳西县	3.32	3.32						
阳东县	1.94		0.62	1.29	0.02			
阳春市	7.45	4.41	0.24	2.79				
湛江市	**54.93**	**4.12**	**20.07**	**26.34**	**2.46**	**0.99**	**0.95**	**2.22**
市辖区								
赤坎区								
霞山区	0.16		0.14				0.02	
坡头区	1.06		1.06					
麻章区	0.61		0.14			0.47		
遂溪县	12.72	0.88	1.50	8.72	1.62			2.00
徐闻县	13.40	3.09	5.41	4.79	0.11			
廉江市	11.31		9.03	0.93	0.57	0.01	0.76	0.06
雷州市	9.39	0.01	0.53	8.54	0.15		0.16	0.16
吴川市	2.75	0.14	0.26	1.86	0.01	0.48		
茂名市	**115.30**	**20.56**	**29.37**	**53.63**	**1.35**	**9.74**	**0.67**	**11.40**
市辖区								
博罗县	10.53	5.61	0.13	0.32	0.10	2.41	1.96	0.12
惠东县	22.33	5.56	11.99	0.14	0.37	3.84	0.42	

5-13 续表 3

市　　别	水土流失综合治理面积（千公顷）	基本农田	水土保持林	经济林	种草	封禁治理	其　他	其中：小流域综合治理面积（千公顷）
茂南区	7.51		2.64	4.20	0.04		0.63	
茂港区	7.80		0.65	7.15				
电白县	11.40	0.83	4.49	3.56	0.22	2.26	0.04	11.35
高州市	37.14	18.33	10.49	8.11	0.18	0.03		0.05
化州市	12.42	0.69	2.01	8.24	0.14	1.36		
信宜市	39.04	0.71	9.09	22.38	0.77	6.09		0.00
肇庆市	**126.99**	**30.32**	**82.70**	**4.81**	**0.70**	**8.46**		**10.19**
市辖区								
端州区	0.63	0.07	0.56					
鼎湖区	1.62	0.14	0.21	0.57	0.00	0.70		
广宁县	15.40	3.49	6.94	2.38	0.01	2.59		2.39
怀集县	44.36	13.60	30.66	0.10				2.21
封开县	31.35	3.45	27.90	0.00	0.00			
德庆县	13.63	2.76	3.88	1.62	0.21	5.17		0.64
高要市	12.82	5.67	7.16					
四会市	7.18	1.15	5.40	0.15	0.48			4.96
清远市	**244.37**	**65.58**	**126.28**	**20.62**	**5.34**	**26.55**		**45.25**
市辖区								
清城区	8.35	3.97	2.95	0.27	0.04	1.11		
佛冈县	9.87	1.28	5.57	3.01	0.00			
阳山县	63.96	13.78	37.21	9.88	0.60	2.50		
连山自治县	13.64	8.04	4.65	0.74		0.20		
连南自治县	11.96	3.21	8.49	0.12	0.05	0.09		
清新县	33.12	4.93	20.63	2.48		5.08		31.06
英德市	70.79	13.44	35.88	3.87	0.39	17.22		12.58
连州市	32.68	16.93	10.90	0.24	4.26	0.35		1.61
潮州市	**21.49**	**1.61**	**12.36**	**2.01**	**1.58**	**3.22**	**0.71**	**0.16**
市辖区								
湘桥区	0.73		0.43			0.30		
潮安县	9.03	0.45	6.05	0.14	0.77	0.91	0.71	
饶平县	11.74	1.16	5.89	1.87	0.81	2.01		0.16
揭阳市	**23.07**	**2.06**	**6.24**	**1.63**	**2.58**	**10.37**	**0.19**	**0.25**
市辖区								
榕城区	0.23	0.02	0.13	0.03	0.03	0.02		
揭东县	1.22	0.05	0.73	0.13	0.16	0.10	0.05	
揭西县	5.79	0.96	0.86	0.51	0.21	3.23	0.02	
惠来县	1.17	0.25	0.52	0.12	0.18	0.10		
普宁市	7.61	0.71	1.32	0.51	1.97	3.03	0.07	0.25
云浮市	**108.19**	**36.54**	**43.18**	**13.73**		**14.74**		
市辖区								
云城区	9.76	2.14	6.74	0.30		0.57		
新兴县	17.57	5.14	6.41	0.09		5.93		
郁南县	24.73	5.77	13.82	2.87		2.27		
云安县	19.59	6.84	0.75	10.08		1.93		
罗定市	31.56	16.65	13.17	0.29		1.46		

5-14 各县（市）区已建水库、水电站数量

2015年

市别	水库数量（座）						水电站数量（座）					
	合计	大（1）型	大（2）型	中型	小（1）型	小（2）型	合计	大（1）型	大（2）型	中型	小（1）型	小（2）型
全　省	**8397**	**7**	**30**	**342**	**1564**	**6454**	**9738**	**2**	**1**	**12**	**77**	**9646**
广州市	**359**		**1**	**16**	**72**	**270**	**188**	**1**			**1**	**186**
市辖区												
荔湾区												
越秀区												
海珠区												
天河区	5				1	4						
白云区	40			1	9	30	2					2
黄埔区	24			2	8	14	3					3
番禺区	16				1	15						
花都区	73			4	13	56	15					15
南沙区	7					7						
萝岗区												
增城市	107			4	17	86	16					16
从化市	87		1	5	23	58	152	1			1	150
深圳市	**164**			**12**	**63**	**89**	**7**					**7**
市辖区												
罗湖区	8			1		7	2					2
福田区	4			1	1	2						
南山区	4			2		2						
宝安区	50			4	26	20						
龙岗区	88			4	33	51	5					5
盐田区	10				3	7						
珠海市	**63**			**4**	**22**	**37**						
市辖区												
香洲区	20			2	9	9						
斗门区	27			2	7	18						
金湾区	16				6	10						
汕头市	**207**			**8**	**33**	**166**	**18**					**18**
市辖区												
龙湖区							1					1
金平区	3					3						
濠江区	25				5	20						
潮阳区	90			1	15	74	1					1
潮南区	72			7	9	56	11					11
澄海区	7					7	2					2
南澳县	10				4	6	3					3
佛山市	**129**			**3**	**20**	**106**	**15**					**15**
市辖区												

5-14 续表 1

市别	水库数量（座）						水电站数量（座）					
	合计	大（1）型	大（2）型	中型	小（1）型	小（2）型	合计	大（1）型	大（2）型	中型	小（1）型	小（2）型
禅城区												
南海区	30			1	6	23						
顺德区							1					1
三水区	31				7	24	1					1
高明区	68			2	7	59	13					13
韶关市	**639**	**1**	**5**	**32**	**94**	**507**	**2074**			**3**	**14**	**2057**
市辖区												
武江区	28		1	1	2	24	90				1	89
浈江区	69			2	2	65	14				1	13
曲江区	46		2	2	3	39	150			1		149
始兴县	42			3	12	27	221				1	220
仁化县	55		1	5	6	43	256				3	253
翁源县	95			5	14	76	190					190
乳源自治县	51	1		4	12	34	414			2	6	406
新丰县	35			1	15	19	292					292
乐昌市	69		1	3	14	51	257				2	255
南雄市	149			6	14	129	190					190
河源市	**781**	**2**		**19**	**93**	**667**	**777**		**1**	**1**	**8**	**767**
市辖区												
源城区	26	1		1	5	19	13		1			12
紫金县	75			3	11	61	154					154
龙川县	154	1		5	11	137	186			1	3	182
连平县	177			1	19	157	215					215
和平县	166			2	8	156	66				1	65
东源县	183			7	39	137	143				4	139
梅州市	**717**		**3**	**18**	**140**	**556**	**1627**			**4**	**15**	**1608**
市辖区												
梅江区	36			2	7	27	42				2	40
梅县区	140			1	30	109	185				5	180
大埔县	48			3	8	37	260			1	5	254
丰顺县	66			2	9	55	287			2	3	282
五华县	193		1	3	31	158	338					338
平远县	41			2	9	30	154					154
蕉岭县	50		1	2	7	40	186			1		185
兴宁市	143		1	3	39	100	175					175
惠州市	**516**	**1**	**3**	**25**	**121**	**366**	**321**	**1**			**3**	**317**
市辖区												
惠城区	91			7	19	65	8					8
惠阳区	70			4	18	48	2					2
博罗县	177		2	8	29	138	63	1			1	61
惠东县	107	1		3	32	71	144				1	143

5-14 续表 2

市别	水库数量（座）						水电站数量（座）					
	合计	大（1）型	大（2）型	中型	小（1）型	小（2）型	合计	大（1）型	大（2）型	中型	小（1）型	小（2）型
龙门县	71		1	3	23	44	104				1	103
汕尾市	436		2	18	61	355	145			1		144
市辖区												
城区	59			1	16	42						
海丰县	95		1	10	13	71	40					40
陆河县	134			2	7	125	87			1		86
陆丰市	148		1	5	25	117	18					18
东莞市	**121**			**8**	**48**	**65**	**2**					**2**
中山市	**39**			**1**	**17**	**21**	**6**					**6**
江门市	**603**		**4**	**30**	**162**	**407**	**266**				**1**	**265**
市辖区												
蓬江区	16			1	5	10						
江海区												
新会区	83			7	24	52	36					36
台山市	200		1	11	59	129	60					60
开平市	144		2	3	37	102	46					46
鹤山市	74			2	18	54	21					21
恩平市	86		1	6	19	60	103				1	102
阳江市	**227**		**2**	**19**	**73**	**133**	**494**				**3**	**491**
市辖区												
江城区	21			2	6	13	2					2
阳西县	51			4	17	30	51					51
阳东县	41		1	7	14	19	57					57
阳春市	114		1	6	36	71	384				3	381
湛江市	**766**	**1**	**2**	**23**	**111**	**629**	**82**					**82**
市辖区												
赤坎区	1				1							
霞山区	2				1	1						
坡头区	44				1	43						
麻章区	91			1	9	81						
遂溪县	78			1	20	57	5					5
徐闻县	119		1	5	32	81	11					11
廉江市	250	1	1	2	11	235	28					28
雷州市	144			14	32	98	34					34
吴川市	37				4	33	4					4
茂名市	**627**	**1**	**1**	**12**	**76**	**537**	**563**				**2**	**561**
市辖区												
茂南区	25			1	6	18	2					2
茂港区	36				2	34						
电白县	121		1	4	13	103	40					40
高州市	254	1		2	28	223	212				1	211

5-14　续表 3

市别	水库数量（座）						水电站数量（座）					
	合计	大（1）型	大（2）型	中型	小（1）型	小（2）型	合计	大（1）型	大（2）型	中型	小（1）型	小（2）型
化州市	79			2	19	58	25					25
信宜市	112			3	8	101	284				1	283
肇庆市	**557**			**23**	**78**	**456**	**689**				**15**	**674**
市辖区												
端州区	1				1		3					3
鼎湖区	14			1	1	12	7					7
广宁县	53			1	4	48	171				4	167
怀集县	141			6	14	121	260				5	255
封开县	92			4	16	72	113				3	110
德庆县	61			5	11	45	81					81
高要市	132			3	20	109	29					29
四会市	63			3	11	49	25				3	22
清远市	**523**	**1**	**4**	**32**	**101**	**385**	**1470**			**3**	**7**	**1460**
市辖区												
清城区	69	1		3	17	48	22			1		21
佛冈县	29			1	9	19	67					67
阳山县	58			10	12	36	240				2	238
连山自治县	26			1	4	21	255					255
连南自治县	15			1	7	7	235					235
清新县	63			4	7	52	140				1	139
英德市	211		3	11	34	163	314			2	3	309
连州市	52		1	1	11	39	197				1	196
潮州市	**203**		**1**	**8**	**30**	**164**	**202**				**3**	**199**
市辖区												
湘桥区	19			1	2	16	10					10
潮安区	27			3	9	15	67				3	64
饶平县	157		1	4	19	133	125					125
揭阳市	**478**		**2**	**19**	**96**	**361**	**348**				**5**	**343**
市辖区												
榕城区	25			1		24	1					1
揭东县	55			2	9	44	36					36
揭西县	102		1	4	16	81	124				5	119
惠来县	149		1	7	35	106	40					40
普宁市	147			5	36	106	147					147
云浮市	**242**			**12**	**53**	**177**	**444**					**444**
市辖区												
云城区	22			1	7	14	44					44
新兴县	44			3	12	29	104					104
郁南县	43			3	7	33	82					82
云安区	26			1	4	21	84					84
罗定市	107			4	23	80	130					130

5-15 各县（市）区已建泵站、水闸数量

2015年

市别	泵站数量（处）						水闸数量（座）					
	合计	大（1）型	大（2）型	中型	小（1）型	小（2）型	合计	大（1）型	大（2）型	中型	小（1）型	小（2）型
全　省	**15781**	**3**	**34**	**457**	**2363**	**12924**	**15992**	**13**	**131**	**727**	**2720**	**12401**
广州市	**1433**		**3**	**35**	**357**	**1038**	**1242**	**1**	**10**	**60**	**359**	**812**
市辖区												
荔湾区	43			2	35	6	49			3	10	36
越秀区	18		1		4	13	14			1	2	11
海珠区	16				13	3	60			6	23	31
天河区	19			1	8	10	9			3	3	3
白云区	350			6	65	279	162		1	5	26	130
黄埔区	6				4	2	29			2	14	13
番禺区	119			5	37	77	187		2	12	66	107
花都区	129			1	28	100	239		1	4	10	224
南沙区	350		2	11	88	249	249			17	140	92
萝岗区												
增城市	367			9	66	292	163	1	1	7	55	99
从化市	16				9	7	81		5		10	66
深圳市	**145**			**28**	**77**	**40**	**181**			**24**	**56**	**101**
市辖区												
罗湖区	20			7	9	4	6			4	1	1
福田区	6				5	1	3			2	1	
南山区	6			4	2		8			1	2	5
宝安区	97			12	53	32	146			13	47	86
龙岗区	14			5	8	1	18			4	5	9
盐田区	2					2						
珠海市	**257**		**2**	**8**	**68**	**179**	**233**		**1**	**27**	**185**	**20**
市辖区												
香洲区	11			3	3	5	25			7	16	2
斗门区	226		2	4	52	168	117		1	9	96	11
金湾区	20			1	13	6	91			11	73	7
汕头市	**409**			**8**	**119**	**282**	**998**	**2**	**6**	**38**	**177**	**775**
市辖区												
龙湖区	3				2	1	25		1	1	3	20
金平区	14				9	5	110		1	2	13	94
濠江区	5				3	2	100			2	7	91
潮阳区	174			3	74	97	218		2	15	80	121
潮南区	116			4	17	95	213			17	59	137
澄海区	97			1	14	82	324	2	2	1	14	305
南澳县							8				1	7
佛山市	**1506**		**8**	**133**	**305**	**1060**	**573**		**5**	**39**	**206**	**323**
市辖区												

5-15 续表 1

市别	泵站数量（处）						水闸数量（座）					
	合计	大(1)型	大(2)型	中型	小(1)型	小(2)型	合计	大(1)型	大(2)型	中型	小(1)型	小(2)型
禅城区	54			20	19	15	47			5	28	14
南海区	616		1	51	131	433	208		1	23	86	98
顺德区	169		5	46	80	38	201		1	8	75	117
三水区	615		1	11	51	552	62		2	2	15	43
高明区	52		1	5	24	22	55		1	1	2	51
韶关市	**790**				**11**	**779**	**122**	**3**	**13**	**12**	**18**	**76**
市辖区												
武江区	24					24	2	1	1			
浈江区	54				1	53	1			1		
曲江区	9				1	8	5	1				4
始兴县	92				1	91	12		3			9
仁化县	81				5	76	5	1	4			
翁源县	36					36	3		1	1		1
乳源自治县	6				1	5	52				17	35
新丰县	12					12	1		1			
乐昌市	222				2	220	26		1			25
南雄市	254					254	15		2	10	1	2
河源市	**492**				**18**	**474**	**42**	**1**		**1**	**1**	**39**
市辖区												
源城区	17				2	15						
紫金县	157					157	20					20
龙川县	151					151	2	1				1
连平县	14				2	12	7			1		6
和平县	33				1	32	5					5
东源县	120				13	107	8				1	7
梅州市	**445**		**1**	**10**	**122**	**312**	**1057**			**17**	**35**	**1005**
市辖区												
梅江区	31		1	2	13	15	22			1	4	17
梅县区	113			2	17	94	79			2	3	74
大埔县	25			1	9	15	15					15
丰顺县	38				12	26	111				1	110
五华县	123			2	47	74	161				13	148
平远县	13					13	12			2		10
蕉岭县	38			1	16	21	137			7	6	124
兴宁市	64			2	8	54	520			5	8	507
惠州市	**719**		**6**	**33**	**91**	**589**	**682**	**2**	**8**	**40**	**120**	**512**
市辖区												
惠城区	236		5	18	36	177	147			10	41	96
惠阳区	68		1	3	9	55	53				10	43
博罗县	268			10	36	222	176	1	2	12	35	126
惠东县	77			2	5	70	141	1	1	16	24	99

5-15　续表 2

市别	泵站数量（处）						水闸数量（座）					
	合计	大（1）型	大（2）型	中型	小（1）型	小（2）型	合计	大（1）型	大（2）型	中型	小（1）型	小（2）型
龙门县	70				5	65	165		5	2	10	148
汕尾市	**402**			**1**	**47**	**354**	**1488**		**5**	**67**	**259**	**1157**
市辖区												
城区	13				3	10	307			30	99	178
海丰县	167			1	4	162	561		3	15	47	496
陆河县	30				1	29	214			6	70	138
陆丰市	192				39	153	406		2	16	43	345
东莞市	**372**	**2**	**2**	**89**	**193**	**86**	**477**		**3**	**59**	**225**	**190**
中山市	**457**	**1**	**2**	**23**	**109**	**322**	**386**		**4**	**20**	**112**	**250**
江门市	**2008**		**1**	**13**	**270**	**1724**	**1993**		**10**	**39**	**276**	**1668**
市辖区												
蓬江区	116			5	57	54	80			3	7	70
江海区	31			3	10	18	35			1	20	14
新会区	389			1	64	324	559			5	100	454
台山市	416			1	37	378	1000		1	19	117	863
开平市	733			2	49	682	260		1	4	19	236
鹤山市	206		1	1	34	170	13			2	1	10
恩平市	117				19	98	46		8	5	12	21
阳江市	**374**			**2**	**46**	**326**	**639**		**2**	**30**	**78**	**529**
市辖区												
江城区	119			1	6	112	155		1	16	32	106
阳西县	10				2	8	170			5	29	136
阳东县	22				3	19	169		1	7	10	151
阳春市	223			1	35	187	145			2	7	136
湛江市	**1106**			**1**	**25**	**1080**	**1494**		**11**	**55**	**118**	**1310**
市辖区												
赤坎区	2					2	2					2
霞山区	65					65	17			1		16
坡头区	88				1	87	186			3	7	176
麻章区	19				1	18	300			6	25	269
遂溪县	23			1	5	17	90			2	24	64
徐闻县	15					15	216			3	13	200
廉江市	449					449	279		5	22	13	239
雷州市	129				14	115	120		1	14	9	96
吴川市	316				4	312	284		5	4	27	248
茂名市	**1660**		**1**	**12**	**79**	**1568**	**1236**		**27**	**66**	**157**	**986**
市辖区												
茂南区	271		1	4	21	245	141		3	5	4	129
茂港区	115					115	91			4	21	66
电白区	184				3	181	299		3	5	63	228
高州市	417			8	16	393	329		5	13	32	279

5-15　续表 3

市别	泵站数量（处）						水闸数量（座）					
	合计	大（1）型	大（2）型	中型	小（1）型	小（2）型	合计	大（1）型	大（2）型	中型	小（1）型	小（2）型
化州市	615				39	576	148		6	17	30	95
信宜市	58					58	228		10	22	7	189
肇庆市	**788**		**5**	**27**	**208**	**548**	**533**		**3**	**14**	**75**	**441**
市辖区												
端州区	11		1	2		8	3				3	
鼎湖区	94			9	22	63	29			2	12	15
广宁县	45				26	19	40			2	11	27
怀集县	48					48	60					60
封开县	10			1	3	6	24			2	3	19
德庆县	98		1		17	80	102			2	6	94
高要市	326		2	11	86	227	238			3	38	197
四会市	156		1	4	54	97	37		3	3	2	29
清远市	**896**		**1**	**19**	**60**	**816**	**680**	**2**	**6**	**29**	**54**	**589**
市辖区												
清城区	278			9	33	236	133				25	108
佛冈县	13				2	11	9				1	8
阳山县	44					44	57			1	6	50
连山自治县	7					7	5			5		
连南自治县	10				2	8	17			4		13
清新县	364		1	5	11	347	191		2	1	6	182
英德市	85			5	10	70	169	2	4	17	7	139
连州市	95				2	93	99			1	9	89
潮州市	**466**			**3**	**36**	**427**	**519**	**1**	**6**	**15**	**43**	**454**
市辖区												
湘桥区	82			1	12	69	123		2	4	10	107
潮安区	276			2	19	255	182	1		1	14	166
饶平县	108				5	103	214		4	10	19	181
揭阳市	**634**		**1**	**9**	**92**	**532**	**1055**	**1**	**8**	**40**	**156**	**850**
市辖区												
榕城区	101			1	5	95	126			5	16	105
揭东县	50		1	2	7	40	90	1	1	6	7	75
揭西县	176			5	10	161	303		4	4	31	264
惠来县	186				42	144	231		2	11	54	164
普宁市	121			1	28	92	305		1	14	48	242
云浮市	**422**		**1**	**3**	**30**	**388**	**362**		**3**	**35**	**10**	**314**
市辖区												
云城区	19				2	17	18				4	14
新兴县	119				1	118	214			30	3	181
郁南县	72			2	17	53	47			3		44
云安区	35		1	1	9	24	10			2	3	5
罗定市	177				1	176	73		3			70

5-16 各县（市）区已建农村集中式供水工程、机电井数量

2015 年

市别	农村集中式供水工程数量（处）				机电井数量（眼）					
	合计	千吨万人以上	Ⅳ型	Ⅴ型	合计	规模以上机电井	浅层地下水机电井	深层承压水机电井	规模以下机电井	浅层地下水机电井
全　省	**43735**	**881**	**2330**	**40524**	**1233574**	**12339**	**10664**	**1675**	**1221235**	**1221235**
广州市	**413**	**50**	**33**	**330**	**31736**	**1292**	**1285**	**7**	**30444**	**30444**
市辖区										
荔湾区					409				409	409
越秀区					1	1	1			
海珠区										
天河区	2	2			426	16	16		410	410
白云区	32	6	8	18	21798	129	126	3	21669	21669
黄埔区	16			16	67	27	27		40	40
番禺区					1444	6	6		1438	1438
花都区	87	11	16	60	6502	154	154		6348	6348
南沙区	7	7			8				8	8
萝岗区										
增城区	102	10	9	83	263	167	167		96	96
从化区	167	14		153	818	792	788	4	26	26
深圳市					**3126**	**2247**	**2247**		**879**	**879**
市辖区										
罗湖区					22	13	13		9	9
福田区					6	5	5		1	1
南山区					232	206	206		26	26
宝安区					2302	1758	1758		544	544
龙岗区					560	262	262		298	298
盐田区					4	3	3		1	1
珠海市					**753**	**46**	**46**		**707**	**707**
市辖区										
香洲区					662	19	19		643	643
斗门区					80	16	16		64	64
金湾区					11	11	11			
汕头市	**112**	**45**	**27**	**40**	**2197**	**48**	**48**		**2149**	**2149**
市辖区										
龙湖区	2	2			2	2	2			
金平区					88				88	88
濠江区					15	5	5		10	10
潮阳区	20	18	2							
潮南区	56	10	21	25	2090	39	39		2051	2051
澄海区	9	8	1		2	2	2			
南澳县	25	7	3	15						
佛山市	**381**	**23**	**9**	**349**	**1137**	**68**	**64**	**4**	**1069**	**1069**
市辖区										

5-16 续表 1

市别	农村集中式供水工程数量（处）				机电井数量（眼）					
	合计	千吨万人以上	Ⅳ型	Ⅴ型	合计	规模以上机电井	浅层地下水机电井	深层承压水机电井	规模以下机电井	浅层地下水机电井
禅城区										
南海区	141	11	6	124	398	3	2	1	395	395
顺德区	10	7	3		612	16	16		596	596
三水区	85	3		82	95	43	40	3	52	52
高明区	145	2		143	32	6	6		26	26
韶关市	**2924**	**18**	**138**	**2768**	**38891**	**118**	**118**		**38773**	**38773**
市辖区										
武江区	73		5	68	1499	32	32		1467	1467
浈江区	75		2	73	7515	11	11		7504	7504
曲江区	309		17	292	2570	33	33		2537	2537
始兴县	141	2	13	126	10885				10885	10885
仁化县	555	2	9	544	439	2	2		437	437
翁源县	358	3	21	334	1263	13	13		1250	1250
乳源自治县	246	3	9	234	220	3	3		217	217
新丰县	543	1	17	525	3958	24	24		3934	3934
乐昌市	510	1	17	492	3005				3005	3005
南雄市	114	6	28	80	7537				7537	7537
河源市	**6429**	**23**	**226**	**6180**	**40788**	**80**	**74**	**6**	**40708**	**40708**
市辖区										
源城区	2		1	1	1	1	1			
紫金县	2168		12	2156	24718	33	31	2	24685	24685
龙川县	3025	5	86	2934	6800	15	11	4	6785	6785
连平县	571	6	41	524	2	2	2			
和平县	271	1	54	216	2135	24	24		2111	2111
东源县	392	11	32	349	7132	5	5		7127	7127
梅州市	**4471**	**43**	**229**	**4199**	**26336**	**112**	**112**		**26224**	**26224**
市辖区										
梅江区	78		4	74	564	1	1		563	563
梅县区	179	7	47	125	4025	40	40		3985	3985
大埔县	372		18	354	446	11	11		435	435
丰顺县	1728	7	26	1695	740	12	12		728	728
五华县	961	11	61	889	3022	11	11		3011	3011
平远县	125	2	17	106	282	12	12		270	270
蕉岭县	415	6	14	395	3349	6	6		3343	3343
兴宁市	613	10	42	561	13908	19	19		13889	13889
惠州市	**1069**	**74**	**153**	**842**	**84502**	**314**	**314**		**84188**	**84188**
市辖区										
惠城区	171	13	9	149	23523	42	42		23481	23481
惠阳区	74	13	19	42	11378	26	26		11352	11352
博罗县	116	24	17	75	24509	91	91		24418	24418
惠东县	219	18	66	135	15419	93	93		15326	15326

5-16 续表2

市别	农村集中式供水工程数量（处）				机电井数量（眼）					
	合计	千吨万人以上	Ⅳ型	Ⅴ型	合计	规模以上机电井	浅层地下水机电井	深层承压水机电井	规模以下机电井	浅层地下水机电井
龙门县	489	6	42	441	9673	62	62		9611	9611
汕尾市	**170**	**40**	**39**	**91**	**45969**	**51**	**51**		**45918**	**45918**
市辖区										
城区	6	5	1							
海丰县	35	15	13	7	11341	9	9		11332	11332
陆河县	110	4	22	84	1751	37	37		1714	1714
陆丰市	19	16	3		32877	5	5		32872	32872
东莞市	**100**	**97**	**2**	**1**	**1901**	**56**	**56**		**1845**	**1845**
中山市	**13**	**10**	**3**		**2705**	**24**	**24**		**2681**	**2681**
江门市	**786**	**55**	**56**	**675**	**11787**	**230**	**218**	**12**	**11557**	**11557**
市辖区										
蓬江区					460	2	2		458	458
江海区										
新会区	44	13	10	21	503	22	19	3	481	481
台山市	141	19	25	97	60	15	12	3	45	45
开平市	176	13	10	153	5023	80	80		4943	4943
鹤山市	102	7	8	87	5403	48	42	6	5355	5355
恩平市	323	3	3	317	338	63	63		275	275
阳江市	**321**	**52**	**50**	**219**	**93143**	**54**	**54**		**93089**	**93089**
市辖区										
江城区	44	10	34		15714	17	17		15697	15697
阳西县	187	9	9	169	13806	9	9		13797	13797
阳东县	74	23	2	49	24930	26	26		24904	24904
阳春市	16	10	5	1	38693	2	2		38691	38691
湛江市	**2202**	**34**	**465**	**1703**	**238433**	**5976**	**4335**	**1641**	**232457**	**232457**
市辖区										
赤坎区	6		1	5	1270	51	16	35	1219	1219
霞山区	7	2	4	1	3406	135	71	64	3271	3271
坡头区	149	3	6	140	16566	415	394	21	16151	16151
麻章区	144	3	103	38	30710	1537	643	894	29173	29173
遂溪县	732	1	23	708	33150	1648	1627	21	31502	31502
徐闻县	363	4	69	290	76930	654	250	404	76276	76276
廉江市	243	13	21	209	17050	385	385		16665	16665
雷州市	341		171	170	40325	977	775	202	39348	39348
吴川市	217	8	67	142	19026	174	174		18852	18852
茂名市	**10983**	**75**	**156**	**10752**	**353123**	**940**	**940**		**352183**	**352183**
市辖区										
茂南区	10	7	3		27623	17	17		27606	27606
茂港区	36	13	23		31403	7	7		31396	31396
电白区	33	20	1	12	56274	155	155		56119	56119
高州市	1336	9	36	1291	113630	188	188		113442	113442

5-16　续表3

市　　别	农村集中式供水工程数量（处）				机电井数量（眼）					
	合计	千吨万人以上	Ⅳ型	Ⅴ型	合计	规模以上机电井	浅层地下水机电井	深层承压水机电井	规模以下机电井	浅层地下水机电井
化州市	143	24	11	108	88955	552	552		88403	88403
信宜市	9425	2	82	9341	35238	21	21		35217	35217
肇庆市	**6553**	**41**	**195**	**6317**	**29376**	**353**	**351**	**2**	**29023**	**29023**
市辖区										
端州区	27	1		26	22	22	22			
鼎湖区	352	1	4	347	2214	64	64		2150	2150
广宁县	2422	8	12	2402	2054	26	26		2028	2028
怀集县	350	15	15	320	8899	14	13	1	8885	8885
封开县	1093	3	23	1067	2207	4	3	1	2203	2203
德庆县	632	7	74	551	92	92	92			
高要市	1240		55	1185	284	112	112		172	172
四会市	437	6	12	419	13604	19	19		13585	13585
清远市	**3458**	**55**	**281**	**3122**	**109641**	**207**	**206**	**1**	**109434**	**109434**
市辖区										
清城区	30	11	10	9	61085	43	43		61042	61042
佛冈县	43	4	27	12	18108	33	33		18075	18075
阳山县	657	2	33	622	4507	7	7		4500	4500
连山自治县	423		7	416						
连南自治县	98		12	86	23	2	2		21	21
清新县	682	10	43	629	19482	14	13	1	19468	19468
英德市	996	22	70	904	5452	108	108		5344	5344
连州市	529	6	79	444	984				984	984
潮州市	**417**	**33**	**69**	**315**	**20686**	**19**	**18**	**1**	**20667**	**20667**
市辖区										
湘桥区	11	3	2	6	4268				4268	4268
潮安区	242	17	14	211	11167	5	5		11162	11162
饶平县	164	13	53	98	5251	14	13	1	5237	5237
揭阳市	**171**	**67**	**63**	**41**	**61898**	**27**	**27**		**61871**	**61871**
市辖区										
榕城区	8	7	1							
揭东县	10	8	2		36899				36899	36899
揭西县	52	12	29	11	38				38	38
惠来县	62	25	29	8	11377	12	12		11365	11365
普宁市	39	15	2	22	13584	15	15		13569	13569
云浮市	**2762**	**46**	**136**	**2580**	**35446**	**77**	**76**	**1**	**35369**	**35369**
市辖区										
云城区	292		25	267	401	13	13		388	388
新兴县	566	6	38	522	6528	36	36		6492	6492
郁南县	354	2	34	318	5704	5	5		5699	5699
云安区	420	4	21	395	39	7	7		32	32
罗定市	1130	34	18	1078	22774	16	15	1	22758	22758

六、国民经济概况

6-1 国民经济和社会发展总量与速度指标

指　　标	单位	1978	1990	2000	2010	2014	2015
人口与就业							
人口	**万人**						
年末户籍总人口		5064.15	6246.32	7498.54	8521.55	8886.88	9008.38
年末常住人口		5064.15	6347.19	8650.03	10440.94	10724.00	10849.00
男性人口		2586.68	3249.76	4402.87	5439.73	5676.21	5672.94
女性人口		2477.47	3097.43	4247.16	5001.21	5047.79	5176.06
城镇人口				4757.52	6908.77	7292.32	7454.35
乡村人口				3892.51	3532.17	3431.68	3394.65
就业	**万人**						
年末就业人员人数		2275.95	3118.10	3989.32	5870.48	6183.23	6219.31
城镇登记失业人数					39.23	36.83	36.97
宏观经济							
国民经济核算	**亿元**						
地区生产总值		185.85	1559.03	10741.25	46036.25	67809.85	72812.55
第一产业		55.31	384.59	986.32	2286.98	3166.82	3345.54
第二产业		86.62	615.86	4999.51	22821.77	31419.75	32613.54
第三产业		43.92	558.58	4755.42	20927.50	33223.28	36853.47
人均地区生产总值	元	370	2484	12736	44758	63469	67503
支出法地区生产总值	亿元	194.14	1541.99	10741.25	46036.25	67809.85	72812.55
#最终消费支出		130.02	938.48	5714.46	22480.91	33920.56	37211.27
居民消费		111.46	807.84	4474.11	17702.35	26263.14	28438.58
政府消费		18.56	130.64	1240.35	4778.56	7657.42	8772.69
资本形成总额		54.79	502.90	3850.81	17706.61	28759.81	30374.17
固定资本形成总额		37.93	336.61	3093.82	16515.11	27930.81	29250.44
存货增加		16.86	166.29	756.99	1191.50	829.00	1123.73
货物和服务净流出		9.33	100.61	1175.99	5848.74	5129.48	5227.11
固定资产投资	亿元						
固定资产投资总额		27.23	381.47	3233.70	16113.19	25928.09	30031.20
#房地产开发			32.70	858.61	3659.69	7638.45	8538.47
施工房屋建筑面积	万平方米			23520.91	57221.79	81692.25	84133.98
竣工房屋建筑面积	万平方米			13492.94	20420.60	17294.71	15303.96
消费	**亿元**						
社会消费品零售总额		79.86	667.36	4379.81	17458.44	28471.15	31517.56
对外贸易	**亿美元**						
货物进出口总额			418.98	1701.06	7848.96	10765.84	10227.96
进口额			196.77	781.87	3317.05	4304.97	3793.28
出口额			222.21	919.19	4531.91	6460.87	6434.68
利用外资	**亿美元**						
实际利用外商直接投资			14.60	122.37	202.61	268.71	268.75
财政	**亿元**						
地方公共财政预算收入		41.82	131.02	910.56	4517.04	8065.08	9366.78
地方公共财政预算支出		28.70	150.69	1069.86	5421.54	9152.64	12827.80
价格指数　(上年 =100)							
商品零售价格指数		100.4	95.6	99.9	103.3	101.4	99.6
居民消费价格指数		100.3	97.5	101.4	103.1	102.3	101.5
工业生产者出厂价格指数				103.4	103.2	98.9	96.8
固定资产投资价格指数					103.0	101.5	99.0
能源生产与消费	**万吨标准煤**						
能源生产总量			1006.24	3711.69	4858.07	5594.56	6862.51
能源消费总量			4044.28	9447.70	25445.22	29593.26	30145.49

6-1 续表 1

指　　标	速度指标 (%)								
	指数 (2015 为以下各年)					平均增长速度			
	1978	1990	2000	2010	2014	1979-2015	1991-2015	2001-2015	2011-2015
人口与就业									
人口									
年末户籍总人口	177.9	144.2	120.1	105.7	101.4	1.6	1.5	1.2	1.1
年末常住人口	214.2	170.9	125.4	103.9	101.2	2.1	2.2	1.5	0.8
男性人口	219.3	174.6	128.8	104.3	99.9	2.1	2.3	1.7	0.8
女性人口	208.9	167.1	121.9	103.5	102.5	2.0	2.1	1.3	0.7
城镇人口			156.7	107.9	102.2			3.0	1.5
乡村人口			87.2	96.1	98.9			-0.9	-0.8
就业									
年末就业人员人数	273.3	199.5	155.9	105.9	100.6	2.8	2.8	3.0	1.2
城镇登记失业人数				94.2	100.4				-1.2
宏观经济									
国民经济核算									
地区生产总值	8742.1	2073.6	504.1	150.2	108.0	12.8	12.9	11.4	8.5
第一产业	641.1	259.1	172.5	118.2	103.3	5.2	3.9	3.7	3.4
第二产业	17505.4	3436.8	578.7	146.7	107.0	15.0	15.2	12.4	8.0
第三产业	11305.9	1915.9	495.9	157.4	109.5	13.6	12.5	11.3	9.5
人均地区生产总值	4074.2	1206.5	394.1	143.2	107.0	10.5	10.5	9.6	7.5
支出法地区生产总值									
#最终消费支出									
居民消费									
政府消费									
资本形成总额									
固定资本形成总额									
存货增加									
货物和服务净流出									
固定资产投资									
固定资产投资总额	110287.2	7872.5	928.7	215.7	115.8	20.8	19.1	16.0	16.6
#房地产开发		26111.5	994.5	233.3	111.8		24.9	16.5	18.5
施工房屋建筑面积			357.7	147.0	103.0			8.9	8.0
竣工房屋建筑面积			113.4	74.9	88.5			0.8	-5.6
消费									
社会消费品零售总额	39466.0	4722.7	719.6	180.5	110.1	17.5	16.7	14.1	12.5
对外贸易									
货物进出口总额		2441.2	601.3	130.3	95.0		13.6	12.7	5.4
进口额		1927.8	485.2	114.4	88.1		12.6	11.1	2.7
出口额		2895.8	700.0	142.0	99.6		14.4	13.9	7.3
利用外资									
实际利用外商直接投资		1840.8	219.6	132.6	100.0		12.4	5.4	5.8
财政									
地方公共财政预算收入	21599.4	6894.3	992.0	200.0	112.0	15.6	18.5	16.5	14.9
地方公共财政预算支出	43849.8	8351.5	1176.3	232.1	140.1	17.9	19.5	18.0	18.8
价格指数　(上年 =100)									
商品零售价格指数									
居民消费价格指数									
工业生产者出厂价格指数									
固定资产投资价格指数									
能源生产与消费									
能源生产总量		682.0	184.9	141.3	122.7		8.0	7.2	5.4
能源消费总量		745.4	319.1	118.5	101.9		8.4	8.0	3.4

6-1 续表2

指　标	单位	1978	1990	2000	2010	2014	2015
产业							
农业							
农林牧渔业总产值	亿元	85.94	600.71	1701.18	3754.86	5234.21	5520.03
主要农产品产量	万吨						
粮食		1509.51	1896.39	1822.33	1316.50	1357.34	1358.13
油料		36.04	58.93	78.78	88.16	105.48	110.34
糖蔗		835.42	2093.46	1137.59	1134.35	1308.84	1250.93
茶叶		0.90	2.59	4.21	5.33	7.39	7.93
水果		29.40	328.58	643.52	1128.73	1438.49	1519.89
肉类		48.45	202.45	324.48	441.10	429.43	424.25
水产品		65.50	207.66	593.19	729.03	836.50	857.23
工业							
主要工业产品产量							
布	亿米	2.27	4.59	16.99	28.27	37.72	28.65
机制纸及纸板	万吨	27.47	104.13	260.30	1434.68	2070.74	2078.29
成品糖	万吨	96.15	184.50	91.30	91.66	137.99	128.93
家用电冰箱	万台		105.75	320.70	1457.76	2293.95	2195.94
家用洗衣机	万台		143.01	244.18	467.83	690.88	747.42
彩色电视机	万台		262.37	1531.53	4494.78	7039.89	7003.58
照相机	万架		99.30	3545.88	3798.93	1210.14	889.44
原油	万吨	10.22	49.05	1393.17	1287.15	1245.39	1572.61
发电量	亿千瓦时	92.32	343.98	1292.69	3101.28	3869.79	3900.21
粗钢	万吨	35.84	116.96	286.99	1239.34	1710.39	1761.74
成品钢材	万吨	43.67	133.74	406.28	2918.89	3447.15	3271.01
水泥	万吨	369.08	2070.91	5872.00	11536.67	14737.37	14489.66
汽车	万辆			3.94	156.29	219.59	242.23
规模以上工业企业主要指标							
工业增加值	亿元			3422.60	20338.34	28188.69	29446.21
资产总计	亿元			14370.57	62626.90	87590.27	95411.22
主营业务收入	亿元		1287.91	12380.65	84114.85	115451.13	119157.86
利润和税金总额	亿元	32.91	121.50	1042.77	9418.42	11663.66	12375.00
建筑业							
建筑业企业年末就业人员	万人	14.78	67.22	141.46	196.32	211.07	185.50
建筑业总产值（当年价）	亿元	5.47	113.40	944.61	4742.09	8440.29	8984.86
交通运输业							
客运量	万人	15906	78046	164791	467049	193299	207345
铁路		2410	4467	12165	14956	23744	26536
公路		10897	70681	148945	442224	157234	168028
水运		2546	2428	2363	2241	2549	2728
民航		53	470	1318	7628	9771	10054
货运量	万吨	15204	85809	119216	205034	352926	376434
铁路		3206	4803	15172	12170	11143	10072
公路		3967	63709	75365	142389	257135	279983
水运		7887	16198	25696	43092	76414	78093
管道		143	1091	2952	7267	8090	8137
民航		1	8	31	116	144	149
港口货物吞吐量	万吨	7133	11904	31649	122258	165455	171109

指　　标	速度指标（%）								
	指数（2015 为以下各年）					平均增长速度			
	1978	1990	2000	2010	2014	1979-2015	1991-2015	2001-2015	2011-2015
产业									
农业									
农林牧渔业总产值	685.9	299.7	176.2	116.9	103.1	5.3	4.5	3.8	3.2
主要农产品产量									
粮食	90.0	71.6	74.5	100.1	100.1	-0.3	-1.3	-1.9	0.0
油料	306.1	187.2	140.1	104.6	104.6	3.1	2.5	2.3	0.9
糖蔗	149.7	59.8	110.0	95.6	95.6	1.1	-2.0	0.6	-0.9
茶叶	881.1	306.2	188.4	107.3	107.3	6.1	4.6	4.3	1.4
水果	5169.7	462.6	236.2	105.7	105.7	11.3	6.3	5.9	1.1
肉类	875.6	209.6	130.7	98.8	98.8	6.0	3.0	1.8	-0.2
水产品	1308.7	412.8	144.5	102.5	102.5	7.2	5.8	2.5	0.5
工业									
主要工业产品产量									
布					98.3				
机制纸及纸板					104.3				
成品糖					93.6				
家用电冰箱					96.4				
家用洗衣机					106.5				
彩色电视机					100.8				
照相机					76.8				
原油					126.3				
发电量					100.8				
粗钢					102.8				
成品钢材					95.2				
水泥					98.2				
汽车					110.3				
规模以上工业企业主要指标									
工业增加值			913.2	154.2	107.2			15.9	9.0
资产总计			650.8	156.5	106.6			13.3	9.4
主营业务收入			951.0	152.7	102.3			16.2	8.8
利润和税金总额			1278.5	163.9	109.5			18.5	10.4
建筑业									
建筑业企业年末就业人员	1255.1	276.0	131.1	94.5	87.9	7.1	4.1	1.8	-1.1
建筑业总产值（当年价）	164257.0	7923.2	951.2	189.5	106.5	22.2	19.1	16.2	13.6
交通运输业									
客运量	840.3	625.5	303.1	161.5	107.2	5.9	7.6	7.7	10.1
铁路	1035.6	573.9	303.4	177.4	111.8	6.5	7.2	7.7	12.2
公路	1049.4	641.0	304.2	160.3	106.9	6.6	7.7	7.7	9.9
水运	32.2	146.5	150.5	131.4	104.4	-3.0	1.5	2.8	5.6
民航	19026.4	2138.6	762.6	131.8	102.9	15.2	13.0	14.5	5.7
货运量	1246.4	532.9	405.8	168.3	106.4	7.1	6.9	9.8	11.0
铁路	297.2	174.3	96.9	82.8	90.4	3.0	2.2	-0.2	-3.7
公路	1146.4	617.6	522.1	178.7	108.9	6.8	7.6	11.6	12.3
水运	702.8	480.6	303.0	166.1	101.1	5.4	6.5	7.7	10.7
管道	5463.0	716.1	264.6	112.0	100.6	11.4	8.2	6.7	2.3
民航	1141.6	543.5	460.9	220.1	102.9	14.6	12.4	11.0	5.1
港口货物吞吐量	2398.8	1437.4	540.6	140.0	103.4	9.0	11.3	11.9	7.0

6-1 续表 4

指　　标	单位	1978	1990	2000	2010	2014	2015
邮电通信业							
邮电业务总量	亿元	0.90	26.30	757.22	4832.94	3394.39	4397.09
函件	亿件		4.72	10.66	7.62	6.96	6.45
报刊累计数	亿份		11.63	10.78	8.79	9.38	9.12
本地电话用户	万户		113.00	1414.94	3169.14	2949.46	2807.11
#城市			72.00	916.03	2236.05	2165.54	2072.31
移动电话用户	万户		1.11	1357.26	9710.09	14943.37	15009.75
国际互联网用户	万户			216.41	1523.22	2243.87	2285.19
国际旅游							
入境旅游人数	万人次	169.91	2527.54	6729.18	10485.82	9986.27	10512.91
国际旅游外汇收入	亿美元		7.17	41.12	124.32	170.76	178.85
金融保险							
金融机构存款余额	亿元			19083.64	82019.40	127881.47	160388.22
金融机构贷款余额	亿元			13227.62	51799.30	84921.79	95661.12
保费收入	亿元		18.05	191.88	1593.19	2341.63	2814.37
教育、科技、文化							
教育							
专任教师数	万人						
普通高等学校		0.90	1.57	2.04	7.86	9.52	9.89
中等学校		15.93	16.33	27.24	45.48	49.29	49.27
小学		26.09	27.73	36.41	43.07	45.44	46.86
在校学生数	万人						
普通高等学校		3.07	9.59	29.95	142.66	179.42	185.64
中等学校		316.96	284.52	541.72	939.39	781.25	736.79
小学		743.02	747.29	929.93	848.55	831.91	868.88
财政教育支出	亿元		21.34	144.39	921.48	1808.97	2040.65
科技							
研究与试验发展（R&D）活动人员	万人				44.66	67.52	68.02
研究与试验发展（R&D）经费内部支出	亿元				808.75	1605.45	1798.17
研究与试验发展（R&D）活动课题（项目）数	个				72747	108109	112680
文化							
出版数量							
图书	亿册	1.72	2.81	2.70	2.31	2.99	3.13
杂志	万册	1519	11325	26299	21201	15520	14458
报纸	亿份	3.19	13.81	34.63	45.59	38.99	32.766

6-1 续表 5

指标	速度指标（%）								
	指数（2015 为以下各年）					平均增长速度			
	1978	1990	2000	2010	2014	1979-2015	1991-2015	2001-2015	2011-2015
邮电通信业									
邮电业务总量	1076970.9	54813.0	1903.8	237.3	129.5	28.5	28.7	21.7	18.9
函件		136.8	60.6	84.7	92.8		1.3	-3.3	-3.3
报刊累计数		78.4	84.6	103.7	97.2		-1.0	-1.1	0.7
本地电话用户		2484.2	198.4	88.6	95.2		13.7	4.7	-2.4
#城市		2878.2	226.2	92.7	95.7		14.4	5.6	-1.5
移动电话用户		1352228.8	1105.9	154.6	100.4		46.3	17.4	9.1
国际互联网用户			1056.0	150.0	101.8			17.0	8.5
国际旅游									
入境旅游人数	6187.3	415.9	156.2	100.3	105.3	11.8	5.9	3.0	0.1
国际旅游外汇收入		2494.4	434.9	143.9	104.7		13.7	10.3	7.5
金融保险									
金融机构存款余额			748.0	174.0	111.6			14.4	11.7
金融机构贷款余额			721.1	184.1	112.3			14.1	13.0
保费收入			1466.7	176.7	120.2			19.6	12.1
教育、科技、文化									
教育									
专任教师数									
普通高等学校	1098.9	629.9	484.8	125.8	103.9	6.7	7.6	11.1	4.7
中等学校	309.3	301.7	180.9	108.3	100.0	3.1	4.5	4.0	1.6
小学	179.6	169.0	128.7	108.8	103.1	1.6	2.1	1.7	1.7
在校学生数									
普通高等学校	6046.9	1935.8	619.8	130.1	103.5	11.7	12.6	12.9	5.4
中等学校	232.5	259.0	136.0	78.4	94.3	2.3	3.9	2.1	-4.7
小学	116.9	116.3	93.4	102.4	104.4	0.4	0.6	-0.5	0.5
财政教育支出		9562.6	1413.3	221.5	112.8		20.0	19.3	17.2
科技									
研究与试验发展（R&D）活动人员				152.3	100.7				8.8
研究与试验发展（R&D）经费内部支出				222.3	112.0				17.3
研究与试验发展（R&D）活动课题（项目）数				154.9	104.2				9.1
文化									
出版数量									
图书	181.9	111.3	115.9	135.4	104.8	1.6	0.4	1.0	6.3
杂志	951.8	127.7	55.0	68.2	93.2	6.3	1.0	-3.9	-7.4
报纸	1027.1	237.3	94.6	71.9	84.0	6.5	3.5	-0.4	-6.4

6-1 续表 6

指　　标	单位	1978	1990	2000	2010	2014	2015
家庭、生活、环境							
家庭							
城镇常住居民平均每户家庭人口	人	4.84	3.85	3.57	3.21	2.69	2.77
农村常住居民平均每户家庭人口	人	5.99	5.65	5.15	4.95	3.54	3.60
婚姻							
结婚登记总数	万对		50.66	56.21	85.71	89.15	84.04
离婚数	万对		2.58	4.75	12.70	17.79	19.34
居住							
城镇常住居民人均住房建筑面积	平方米	5.47	15.77	24.60	34.13	31.88	32.25
农村常住居民人均居住面积	平方米	8.73	17.39	22.42	29.23	39.32	42.14
生活							
全体常住居民人均可支配收入	元					25684.96	27858.86
城镇常住居民人均可支配收入	元	412.13	2303.15	9761.57	23897.80	32148.11	34757.16
农村常住居民人均可支配收入	元	193.25	1043.03	3654.48	7890.25	12245.56	13360.44
人民币住户存款	亿元	17.56	752.16	8667.29	36318.66	52410.55	54238.30
工资							
城镇单位就业人员工资总额	亿元	30.59	223.29	1057.57	4484.29	11764.82	12918.8
城镇单位就业人员平均工资	元	615	2929	13859	40432	59481	65788
卫生							
医院、卫生院	个	1968	1885	2426	2444	2482	2539.0
执业（助理）医师	万人	4.79	8.11	11.12	16.85	21.07	22.27
医院、卫生院床位数	万张	8.41	11.41	15.72	27.71	37.26	40.07
环境、灾害							
废水中化学需氧量排放量	万吨			95.10	85.84	167.06	160.69
废气中二氧化硫排放总量	万吨			90.5	105.5	73.0	67.8
火灾发生数	起		1725	8622	6065	22113	17992
火灾损失	万元		9102	10065	17500	41318	37857
交通事故发生数	起		25909	66072	30480	26875	24672
交通事故损失	万元		5044	27526	8051	7389	6784

6-1 续表 7

指 标	速度指标 (%)								
	指数（2015 为以下各年）					平均增长速度			
	1978	1990	2000	2010	2014	1979-2015	1991-2015	2001-2015	2011-2015
家庭、生活、环境									
家庭									
城镇常住居民平均每户家庭人口	57.2	71.9	77.6	86.3	103.0	-1.5	-1.3	-1.7	-2.9
农村常住居民平均每户家庭人口	60.1	63.7	69.9	72.7	101.7	-1.4	-1.8	-2.4	-6.2
婚姻									
结婚登记总数		165.9	149.5	98.0	94.3		2.0	2.7	-0.4
离婚数		749.5	407.1	152.2	108.7		8.4	9.8	8.8
居住									
城镇常住居民人均住房建筑面积	589.6	204.5	131.1	94.5	101.2	4.9	2.9	1.8	-1.1
农村常住居民人均居住面积	482.7	242.3	188.0	144.2	107.2	4.3	3.6	4.3	7.6
生活									
全体常住居民人均可支配收入					108.5				
城镇常住居民人均可支配收入					108.1				
农村常住居民人均可支配收入					109.1				
人民币住户存款	308874.2	7211.0	625.8	149.3	103.5	24.3	18.7	13.0	8.4
工资									
城镇单位就业人员工资总额	42232.1	5785.7	1221.6	288.1	109.8	17.8	17.6	18.2	23.6
城镇单位就业人员平均工资	10697.2	2246.1	474.7	162.7	110.6	13.5	13.3	10.9	10.2
卫生									
医院、卫生院	129.0	134.7	104.7	103.9	102.3	0.7	1.2	0.3	0.8
执业（助理）医师	464.9	274.6	200.3	132.2	105.7	4.2	4.1	4.7	5.7
医院、卫生院床位数	476.5	351.2	254.9	144.6	107.5	4.3	5.2	6.4	7.7
环境、灾害									
废水中化学需氧量排放量			169.0	187.2	96.2			3.6	13.4
废气中二氧化硫排放总量			75.0	64.3	92.9			-1.9	-8.5
火灾发生数		1043.0	208.7	296.7	81.4		9.8	5.0	24.3
火灾损失		415.9	376.1	216.3	91.6		5.9	9.2	16.7
交通事故发生数		95.2	37.3	80.9	91.8		-0.2	-6.4	-4.1
交通事故损失		134.5	24.6	84.3	91.8		1.2	-8.9	-3.4

注：1. 2006-2009 年年末常住人口根据 2010 年第六次全国人口普查快速汇总数据进行平滑调整。

2. 2003 年起，职工改为单位从业人员，2000 年数据作了相应调整。

3. 农业、工业总产值绝对数按当年价格计算，增长速度按可比价计算。

4. 工业指标统计范围为规模以上工业企业（即年主营业务收入 500 万元以上的法人工业企业，2000-2006 年为全部国有工业企业及年主营业务收入 500 万元以上的非国有工业企业，2011 年起，调整为年主营业务收入 2000 万元及以上的法人工业企业）。

5. 2000 年起，粮食产量为抽样调查数据。

6. 1994 年起，财政收入按税改新口经统计（即不含中央返还部分）。

7. 邮电业务总量 2000 年以前按 1990 年不变价计算，2000 年至 2010 年按 2000 年不变价计算，2011 年起按 2010 年不变价计算。

8. 1986 年以前中等学校不含成人中专数据。

9. 城镇居民人均住房建筑面积 1995、2000 年为使用面积， 2005 年以后为建筑面积。

10. 2011 年起，固定资产投资项目统计起点由 50 万元提高至 500 万元，且不包含农村农户投资；2010 年以前为全社会固定资产投资。

11. 2015 年起，地方公共财政预算收入和地方公共财政预算支出统一更名为地方一般公共预算收入和地方一般公共预算支出。

12. 2013 年起居民人均可支配收入为城乡一体化住户收支与生活状况调查数据，与此前分城镇和农村住户调查的统计口径有所不同。

13. 2014 年起，因公路和水路运输调查方法调整，客运量和货运量与之前数据不可比，增长速度按可比口径。

6-2 地区生产总值

单位：亿元

年份	地区生产总值	第一产业	第二产业	第三产业	# 工业	# 建筑业	# 批发和零售业	# 交通运输仓储和邮政业	# 金融业	# 房地产业
1978	185.85	55.31	86.62	43.92	76.12	10.49	19.39	10.05	4.53	1.42
1979	209.34	66.62	91.65	51.06	82.36	9.29	23.52	11.26	4.74	1.62
1980	249.65	82.97	102.53	64.14	89.87	12.66	29.53	13.72	6.10	2.13
1981	290.36	94.30	120.34	75.71	103.60	16.74	33.57	16.71	6.76	2.79
1982	339.92	118.17	135.37	86.39	113.13	22.24	38.07	18.34	7.98	3.39
1983	368.75	121.24	152.27	95.24	125.82	26.45	41.42	19.47	8.94	4.09
1984	458.74	145.25	187.55	125.93	154.33	33.22	54.41	25.68	11.76	5.09
1985	577.38	171.87	229.82	175.69	185.81	44.01	79.86	35.91	12.74	6.16
1986	667.53	188.37	255.88	223.28	208.46	47.42	89.78	40.18	20.84	11.69
1987	846.69	232.14	330.35	284.20	273.77	56.58	104.17	53.20	34.25	16.44
1988	1155.37	306.50	460.17	388.70	386.35	73.82	145.89	65.22	46.80	22.84
1989	1381.39	351.73	554.13	475.53	464.06	90.07	136.65	79.02	72.70	41.36
1990	1559.03	384.59	615.86	558.58	523.42	92.45	152.90	101.61	82.46	42.87
1991	1893.30	416.00	782.67	694.63	675.55	107.12	185.77	138.54	94.83	54.09
1992	2447.54	465.83	1100.32	881.39	899.28	201.04	236.59	174.28	122.79	81.74
1993	3469.28	558.70	1704.88	1205.70	1386.83	318.05	340.49	233.15	149.29	126.25
1994	4619.02	692.25	2253.25	1673.52	1865.44	387.80	486.46	336.95	199.84	171.11
1995	5933.05	864.49	2900.22	2168.34	2448.82	451.40	647.77	433.10	229.27	230.75
1996	6834.97	935.24	3307.51	2592.22	2842.85	464.66	798.55	505.91	264.86	283.92
1997	7774.53	978.32	3704.39	3091.81	3235.42	468.97	944.61	642.37	302.87	342.54
1998	8530.88	994.55	4067.12	3469.21	3564.25	502.87	1073.36	705.98	306.39	419.76
1999	9250.68	1009.01	4359.00	3882.66	3832.44	526.56	1174.76	766.84	331.10	505.74
2000	10741.25	986.32	4999.51	4755.42	4463.06	536.45	1371.49	938.74	443.69	626.10
2001	12039.25	988.84	5506.06	5544.35	4941.20	564.86	1543.83	1114.18	450.81	696.41
2002	13502.42	1015.08	6143.40	6343.94	5548.41	594.99	1761.27	1206.20	454.65	808.16
2003	15844.64	1072.91	7592.78	7178.94	6886.97	705.81	2009.33	1263.39	534.28	955.66
2004	18864.62	1219.84	9280.73	8364.05	8485.85	794.88	2321.59	1419.78	602.68	1103.75
2005	22557.37	1428.27	11356.60	9772.50	10489.73	866.87	2250.66	1031.93	661.81	1430.37
2006	26587.76	1532.17	13469.77	11585.82	12518.59	951.18	2606.79	1208.82	899.91	1722.07
2007	31777.01	1695.57	16004.61	14076.83	14942.91	1061.70	2912.30	1418.57	1705.08	2029.77
2008	36796.71	1973.05	18502.20	16321.46	17304.79	1197.41	3476.44	1634.45	1972.40	2057.45
2009	39492.52	2010.27	19338.28	18143.97	18010.14	1328.14	3953.35	1581.46	2335.08	2453.64
2010	46036.25	2286.98	22821.77	20927.50	21269.96	1551.81	4760.11	1793.66	2780.73	2775.38
2011	53246.18	2665.20	26116.05	24464.93	24318.27	1797.78	5881.51	2036.25	3119.08	3253.27
2012	57147.75	2847.26	27239.44	27061.04	25348.54	1890.90	6622.92	2286.11	3469.67	3544.67
2013	62474.79	2977.13	28994.22	30503.44	26894.54	2161.10	7323.55	2450.51	4122.81	4207.46
2014	67809.85	3166.82	31419.75	33223.28	29144.15	2341.18	7778.82	2740.76	4447.43	4486.92
2015	72812.55	3345.54	32613.54	36853.47	30259.49	2441.85	7625.98	2928.90	5757.08	5117.95

注：1. 2004 年及以前年份第一产业不包括农林牧渔服务业，交通运输仓储和邮政业包括电信业，但不包括城市公共交通业，批发与零售业包括餐饮业（以下相关表同）。

2. 2013 年起，三次产业分类依据国家统计局 2012 年制定的《三次产业划分规定》执行（以下相关表同）。

6-3 地区生产总值指数

上年 =100

年份	地区生产总值	第一产业	第二产业	第三产业	#工业	#建筑业	#批发和零售业	#交通运输仓和邮政业	#金融业	#房地产业
1978	101.0	104.3	97.1	101.2						
1979	108.5	106.1	104.3	117.6	107.6	89.5	123.1	112.7	103.1	115.2
1980	116.6	112.7	116.9	122.1	113.2	136.6	119.6	119.5	126.4	136.0
1981	109.0	105.1	112.9	110.0	110.8	122.0	106.8	107.5	106.4	129.5
1982	112.0	111.9	111.5	112.5	108.1	124.9	108.0	117.4	110.0	121.0
1983	107.3	103.6	110.1	108.9	109.6	111.6	106.9	105.0	110.0	117.9
1984	115.6	112.5	118.8	115.7	120.5	113.0	116.6	105.7	116.8	109.3
1985	118.0	106.2	120.7	128.7	120.9	120.1	127.6	123.1	130.0	148.3
1986	112.7	105.6	108.1	124.7	108.8	105.4	117.9	120.9	130.2	161.1
1987	119.6	109.6	127.5	120.6	131.6	112.1	116.5	122.2	140.3	132.2
1988	115.8	106.6	124.9	113.7	128.0	111.4	108.3	121.8	115.0	127.6
1989	107.2	107.2	108.6	105.7	110.8	97.1	80.1	118.2	133.0	141.4
1990	111.6	107.3	112.7	113.4	114.4	102.7	112.2	106.8	117.3	97.6
1991	117.7	105.4	123.6	119.4	123.0	127.5	119.6	128.3	107.2	114.3
1992	122.1	105.6	133.4	119.0	130.8	149.8	119.4	120.9	121.2	146.2
1993	123.0	102.5	136.3	116.7	139.8	117.0	122.0	124.9	102.5	129.0
1994	119.7	103.1	125.7	118.4	127.2	116.2	119.4	127.6	107.4	127.4
1995	115.6	105.4	118.7	114.6	119.6	112.8	115.9	117.3	101.8	122.2
1996	111.3	104.9	112.6	111.5	113.9	102.6	114.2	109.4	107.5	115.8
1997	111.2	104.7	112.9	110.7	114.4	100.0	113.6	109.1	109.6	111.6
1998	110.8	103.8	112.4	110.4	112.9	107.6	115.0	106.7	103.1	110.6
1999	110.1	103.9	110.6	111.2	110.9	107.5	110.4	105.7	110.8	119.3
2000	111.5	102.3	112.0	113.2	113.3	99.1	109.4	117.3	122.7	115.4
2001	110.5	102.2	110.7	112.0	111.2	106.1	111.6	114.0	101.7	108.7
2002	112.4	104.3	113.7	112.5	114.9	103.5	113.3	106.3	100.6	111.9
2003	114.8	102.2	120.3	111.3	121.0	113.1	111.6	106.1	110.6	115.3
2004	114.8	104.1	118.8	112.0	120.3	102.9	109.8	112.1	106.9	108.2
2005	114.1	104.9	115.2	114.3	115.9	106.6	111.1	118.8	107.7	121.2
2006	114.8	104.2	117.0	113.8	117.7	109.0	113.0	116.3	124.7	112.8
2007	114.9	103.2	117.1	113.8	117.8	107.5	108.0	111.0	141.8	113.1
2008	110.4	103.9	111.6	109.8	112.3	100.5	112.6	108.4	109.0	93.5
2009	109.7	104.9	108.8	111.3	108.4	115.4	117.0	105.4	117.9	120.5
2010	112.4	104.5	114.4	110.9	114.6	112.0	114.9	111.4	113.4	104.4
2011	110.0	104.2	110.3	110.3	110.5	107.3	113.8	112.0	105.6	105.5
2012	108.2	103.8	107.1	109.8	107.4	103.2	110.1	112.8	110.0	108.6
2013	108.5	102.4	107.6	109.9	107.9	103.9	110.2	108.6	115.7	113.0
2014	107.8	103.2	107.9	108.0	108.0	106.2	107.2	110.8	108.3	102.6
2015	108.0	103.3	107.0	109.5	107.0	106.0	106.6	105.5	119.0	109.1

6-4 地区生产总值指数

1978年=100

年份	地区生产总值	第一产业	第二产业	第三产业	#工业	#建筑业	#批发和零售业	#交通运输仓储和邮政业	#金融业	#房地产业
1978	100.0	100.0	100.0	100.0	100.0	100.0	100.0	100.0	100.0	100.0
1979	108.5	106.1	104.3	117.6	107.6	89.5	123.1	112.7	103.1	115.2
1980	126.5	119.6	121.9	143.5	121.8	122.2	147.3	134.6	130.4	156.6
1981	137.9	125.8	137.6	157.8	135.0	149.1	157.2	144.8	138.6	202.8
1982	154.4	140.8	153.4	177.5	145.9	186.4	169.7	170.0	152.6	245.3
1983	165.6	145.9	168.8	193.3	159.9	208.0	181.5	178.6	167.8	289.1
1984	191.4	164.1	200.6	223.7	192.7	235.1	211.7	188.8	196.0	316.0
1985	225.7	174.2	242.1	287.9	233.0	282.4	270.1	232.5	254.7	468.8
1986	254.5	184.0	261.6	359.0	253.4	297.5	318.5	281.0	331.7	755.1
1987	304.5	201.7	333.4	433.0	333.4	333.5	370.9	343.4	465.3	998.5
1988	352.6	215.0	416.5	492.6	426.7	371.4	401.6	418.2	535.1	1273.9
1989	377.9	230.6	452.1	520.5	472.8	360.6	321.8	494.3	711.7	1801.5
1990	421.6	247.4	509.3	590.1	540.9	370.4	361.1	527.8	834.5	1758.4
1991	496.1	260.9	629.7	704.6	665.4	472.2	431.9	677.2	894.5	2009.4
1992	605.8	275.4	840.2	838.6	870.4	707.4	515.7	818.6	1084.5	2938.0
1993	745.1	282.4	1145.2	979.1	1217.2	827.9	629.1	1022.1	1111.4	3788.9
1994	891.9	291.2	1439.6	1159.6	1547.9	962.4	751.2	1304.3	1193.3	4828.9
1995	1030.6	306.9	1709.0	1329.3	1850.6	1085.2	870.7	1529.5	1214.2	5898.5
1996	1146.8	321.9	1924.2	1482.0	2108.2	1113.5	994.7	1673.6	1305.1	6832.5
1997	1275.1	336.9	2172.0	1640.1	2412.2	1113.7	1129.7	1826.4	1429.9	7621.7
1998	1412.9	349.6	2441.7	1810.5	2723.9	1198.7	1299.0	1948.7	1474.6	8430.9
1999	1555.9	363.3	2700.6	2013.9	3021.1	1288.3	1434.6	2060.5	1634.4	10060.7
2000	1734.3	371.7	3024.8	2279.9	3421.5	1276.9	1570.1	2416.0	2004.6	11611.0
2001	1916.2	379.9	3347.4	2554.0	3805.4	1354.2	1751.8	2753.1	2039.4	12625.5
2002	2153.3	396.3	3806.6	2873.3	4372.0	1401.6	1984.9	2926.6	2052.4	14124.3
2003	2473.0	405.1	4579.4	3198.8	5292.0	1585.6	2215.4	3105.3	2269.9	16289.3
2004	2838.7	421.8	5438.5	3582.9	6365.6	1631.6	2433.5	3480.8	2427.3	17629.0
2005	3239.7	442.5	6264.8	4093.5	7378.1	1739.4	2704.2	4134.5	2614.1	21371.6
2006	3719.4	461.1	7332.9	4656.3	8685.2	1895.3	3055.7	4808.1	3260.9	24097.0
2007	4272.3	475.9	8586.9	5296.7	10234.0	2038.1	3301.6	5335.4	4625.3	27255.5
2008	4718.1	494.5	9579.9	5817.7	11496.4	2048.6	3718.0	5781.0	5043.4	25488.8
2009	5175.8	518.9	10425.8	6477.2	12464.3	2364.4	4349.6	6095.9	5945.3	30718.6
2010	5820.0	542.5	11931.2	7181.2	14284.6	2646.9	4997.5	6793.5	6740.4	32077.8
2011	6402.0	565.1	13157.6	7923.3	15784.3	2839.3	5689.6	7611.8	7121.0	33855.8
2012	6925.7	586.9	14091.2	8700.4	16947.6	2930.7	6265.6	8587.8	7830.0	36759.0
2013	7511.7	601.2	15164.1	9564.0	18282.8	3045.0	6904.9	9329.5	9057.2	41539.1
2014	8094.9	620.6	16366.9	10328.3	19753.1	3234.0	7401.7	10341.6	9809.4	42638.4
2015	8742.1	641.1	17505.4	11305.9	21144.6	3427.9	7888.3	10915.1	11677.4	46533.9

6-5 地区生产总值产业构成

单位：%

年 份	地区生产总值	第一产业	第二产业	第三产业	# 工 业
1978	100.0	29.8	46.6	23.6	41.0
1979	100.0	31.8	43.8	24.4	39.3
1980	100.0	33.2	41.1	25.7	36.0
1981	100.0	32.5	41.4	26.1	35.7
1982	100.0	34.8	39.8	25.4	33.3
1983	100.0	32.9	41.3	25.8	34.1
1984	100.0	31.7	40.9	27.4	33.6
1985	100.0	29.8	39.8	30.4	32.2
1986	100.0	28.2	38.3	33.5	31.2
1987	100.0	27.4	39.0	33.6	32.3
1988	100.0	26.5	39.8	33.7	33.4
1989	100.0	25.5	40.1	34.4	33.6
1990	100.0	24.7	39.5	35.8	33.6
1991	100.0	22.0	41.3	36.7	35.7
1992	100.0	19.0	45.0	36.0	36.7
1993	100.0	16.1	49.1	34.8	40.0
1994	100.0	15.0	48.8	36.2	40.4
1995	100.0	14.6	48.9	36.5	41.3
1996	100.0	13.7	48.4	37.9	41.6
1997	100.0	12.6	47.6	39.8	41.6
1998	100.0	11.7	47.7	40.6	41.8
1999	100.0	10.9	47.1	42.0	41.4
2000	100.0	9.2	46.5	44.3	41.6
2001	100.0	8.2	45.7	46.1	41.0
2002	100.0	7.5	45.5	47.0	41.1
2003	100.0	6.8	47.9	45.3	43.5
2004	100.0	6.5	49.2	44.3	45.0
2005	100.0	6.3	50.4	43.3	46.5
2006	100.0	5.8	50.6	43.6	47.1
2007	100.0	5.3	50.4	44.3	47.0
2008	100.0	5.4	50.3	44.3	47.0
2009	100.0	5.1	49.0	45.9	45.6
2010	100.0	5.0	49.6	45.4	46.2
2011	100.0	5.0	49.1	45.9	45.7
2012	100.0	5.0	47.7	47.3	44.4
2013	100.0	4.8	46.4	48.8	43.0
2014	100.0	4.7	46.3	49.0	43.0
2015	100.0	4.6	44.8	50.6	41.6

6-6 三次产业贡献率

单位：%

年 份	地区生产总值	第一产业	第二产业	第三产业	# 工 业
1979	100.0	30.0	16.6	53.4	24.2
1980	100.0	31.0	32.1	36.9	21.0
1981	100.0	22.4	45.4	32.2	31.0
1982	100.0	37.8	31.5	30.7	17.8
1983	100.0	18.7	45.1	36.2	33.4
1984	100.0	29.2	40.5	30.3	34.1
1985	100.0	12.2	39.8	48.0	31.4
1986	100.0	14.1	22.3	63.6	19.1
1987	100.0	14.7	47.3	38.0	42.9
1988	100.0	11.4	56.8	31.8	52.0
1989	100.0	25.5	46.2	28.3	48.8
1990	100.0	16.0	43.1	40.9	41.7
1991	100.0	7.5	53.1	39.4	44.8
1992	100.0	5.5	63.1	31.4	50.1
1993	100.0	2.1	72.0	25.9	66.8
1994	100.0	2.5	65.9	31.6	60.4
1995	100.0	4.7	63.9	31.4	58.5
1996	100.0	5.3	60.9	33.8	59.4
1997	100.0	4.9	63.5	31.6	63.5
1998	100.0	3.8	64.4	31.8	60.6
1999	100.0	4.0	59.5	36.5	55.7
2000	100.0	2.0	59.7	38.3	60.1
2001	100.0	2.0	47.3	50.7	44.4
2002	100.0	3.0	51.7	45.3	50.3
2003	100.0	1.2	64.5	34.3	60.6
2004	100.0	1.9	62.7	35.4	61.8
2005	100.0	2.3	55.0	42.7	53.2
2006	100.0	1.8	58.0	40.2	55.6
2007	100.0	1.2	59.1	39.7	57.2
2008	100.0	1.9	58.0	40.1	57.8
2009	100.0	2.5	48.1	49.4	43.2
2010	100.0	1.7	60.8	37.5	57.7
2011	100.0	2.1	50.9	47.0	48.5
2012	100.0	2.2	43.1	54.7	41.8
2013	100.0	1.3	44.2	54.5	42.9
2014	100.0	1.7	49.8	48.5	47.5
2015	100.0	1.7	42.5	55.9	40.5

注：三次产业贡献率指各产业增加值增量与 GDP 增量之比。

6-7 三次产业对地区生产总值增长的拉动

单位：%

年 份	地区生产总值	第一产业	第二产业	第三产业	#工 业
1979	8.5	2.6	1.4	4.5	2.0
1980	16.6	5.2	5.3	6.1	3.5
1981	9.0	2.0	4.1	2.9	2.8
1982	12.0	4.5	3.8	3.7	2.1
1983	7.3	1.4	3.3	2.6	2.4
1984	15.6	4.6	6.3	4.7	5.3
1985	18.0	2.2	7.2	8.6	5.6
1986	12.7	1.8	2.8	8.1	2.4
1987	19.6	2.9	9.3	7.4	8.4
1988	15.8	1.8	9.0	5.0	8.2
1989	7.2	1.8	3.3	2.1	3.5
1990	11.6	1.9	5.0	4.7	4.8
1991	17.7	1.3	9.4	7.0	7.9
1992	22.1	1.2	14.0	6.9	11.1
1993	23.0	0.5	16.5	6.0	15.3
1994	19.7	0.5	13.0	6.2	11.9
1995	15.6	0.8	9.9	4.9	9.1
1996	11.3	0.6	6.9	3.8	6.7
1997	11.2	0.6	7.1	3.5	7.1
1998	10.8	0.4	7.0	3.4	6.5
1999	10.1	0.4	6.0	3.7	5.6
2000	11.5	0.2	6.9	4.4	6.9
2001	10.5	0.2	5.0	5.3	4.7
2002	12.4	0.4	6.4	5.6	6.2
2003	14.8	0.2	9.5	5.1	9.0
2004	14.8	0.3	9.3	5.2	9.1
2005	14.1	0.3	7.8	6.0	7.5
2006	14.8	0.3	8.6	5.9	8.2
2007	14.9	0.2	8.8	5.9	8.5
2008	10.4	0.2	6.0	4.2	6.0
2009	9.7	0.2	4.7	4.8	4.2
2010	12.4	0.2	7.6	4.6	7.2
2011	10.0	0.2	5.1	4.7	4.9
2012	8.2	0.2	3.5	4.5	3.4
2013	8.5	0.1	3.8	4.6	3.6
2014	7.8	0.1	3.9	3.8	3.7
2015	8.0	0.1	3.4	4.5	3.2

注：三次产业拉动指GDP增长速度与各产业贡献率之乘积。

6-8 地区生产总值项目结构

单位：亿元

年　份	地区生产总值	劳动者报酬	生产税净额	固定资产折旧	营业盈余
1978	185.85	112.58	25.13	21.07	27.07
1979	209.34	126.64	28.07	23.67	30.96
1980	249.65	151.09	32.62	28.25	37.69
1981	290.36	175.16	38.66	33.28	43.26
1982	339.92	207.09	43.58	38.11	51.14
1983	368.75	222.02	48.33	41.82	56.58
1984	458.74	274.33	59.74	52.06	72.61
1985	577.38	343.38	74.24	65.66	94.10
1986	667.53	393.11	84.86	77.99	111.57
1987	846.69	486.39	108.63	99.73	151.94
1988	1155.37	662.14	149.93	135.89	207.41
1989	1381.39	769.17	176.84	169.99	265.39
1990	1559.03	864.69	197.92	192.05	304.37
1991	1893.30	1031.46	248.47	240.20	373.17
1992	2447.54	1287.81	352.00	328.48	479.25
1993	3469.28	1822.72	478.22	450.06	718.29
1994	4619.02	2451.06	630.43	635.37	902.15
1995	5933.05	3077.86	827.17	904.23	1123.79
1996	6834.97	3584.34	985.78	1076.00	1188.84
1997	7774.53	4053.33	1111.15	1209.40	1400.66
1998	8530.88	4858.94	1268.93	1369.14	1033.86
1999	9250.68	5109.07	1375.14	1592.07	1174.40
2000	10741.25	5600.63	1759.12	1853.60	1527.91
2001	12039.25	6104.83	1939.52	1988.27	2006.62
2002	13502.42	7116.01	1988.13	2162.42	2235.87
2003	15844.64	7941.03	2303.35	2471.85	3128.41
2004	18864.62	9016.48	2659.30	2843.99	4344.85
2005	22557.37	10618.90	3177.03	3622.78	5138.66
2006	26587.76	12075.99	4038.50	4275.66	6197.61
2007	31777.01	14212.84	4947.40	4740.53	7876.24
2008	36796.71	16658.38	5796.13	5231.17	9111.03
2009	39492.52	17894.47	5996.57	5500.73	10100.75
2010	46036.25	20472.88	6769.63	6073.85	12719.90
2011	53246.18	24332.90	8453.19	6878.78	13581.31
2012	57147.75	27296.10	8860.93	7389.92	13600.80
2013	62474.79	29809.60	9623.38	7763.87	15277.94
2014	67809.85	32361.55	10669.94	8930.36	15848.00
2015	72812.55	35775.58	10204.88	9644.88	17187.21

6-9 支出法地区生产总值

年 份	支出法地区生产总值(亿元)	最终消费支出	资本形成总额	货物和服务净流出	最终消费率(消费率)(%)	资本形成率(投资率)(%)
1978	194.14	130.02	54.79	9.33	67.0	28.2
1979	215.43	147.11	55.86	12.46	68.3	25.9
1980	259.32	180.93	71.37	7.02	69.8	27.5
1981	305.22	201.43	96.74	7.05	66.0	31.7
1982	349.13	233.21	112.35	3.57	66.8	32.2
1983	367.36	252.07	113.49	1.80	68.6	30.9
1984	446.06	288.26	150.07	7.72	64.6	33.6
1985	568.98	347.18	238.58	-16.78	61.0	41.9
1986	650.99	415.91	256.75	-21.67	63.9	39.4
1987	815.05	516.02	312.33	-13.29	63.3	38.3
1988	1129.64	667.03	462.07	0.54	59.0	40.9
1989	1348.54	857.33	472.75	18.46	63.6	35.1
1990	1541.99	938.48	502.90	100.61	60.9	32.6
1991	1847.99	1081.39	610.18	156.42	58.5	33.0
1992	2440.58	1359.08	987.96	93.54	55.7	40.5
1993	3465.31	1852.06	1554.46	58.79	53.4	44.9
1994	4618.25	2598.57	1930.86	88.82	56.3	41.8
1995	5933.05	3363.38	2394.79	174.89	56.7	40.4
1996	6834.97	3859.32	2782.89	192.75	56.5	40.7
1997	7774.53	4245.18	2974.45	554.90	54.6	38.3
1998	8530.88	4582.16	3331.11	617.60	53.7	39.0
1999	9250.68	5083.60	3511.30	655.78	55.0	38.0
2000	10741.25	5714.46	3850.81	1175.99	53.2	35.9
2001	12039.25	6255.92	4392.51	1390.82	52.0	36.5
2002	13502.42	7286.63	4762.90	1452.89	54.0	35.3
2003	15844.64	8643.44	5911.97	1289.23	54.6	37.3
2004	18864.62	10162.04	7214.70	1487.89	53.9	38.2
2005	22557.37	11450.96	8239.73	2866.68	50.8	36.5
2006	26587.76	12635.59	9307.90	4644.28	47.5	35.0
2007	31777.01	14842.85	10701.48	6232.69	46.7	33.7
2008	36796.71	17202.13	12257.94	7336.63	46.7	33.3
2009	39492.52	19179.39	14951.42	5361.71	48.6	37.9
2010	46036.25	22480.91	17706.61	5848.74	48.8	38.5
2011	53246.18	26074.76	21003.62	6167.80	49.0	39.4
2012	57147.75	29264.26	22871.85	5011.64	51.2	40.0
2013	62474.79	30437.61	26050.75	5986.43	48.7	41.7
2014	67809.85	33920.56	28759.81	5129.48	50.0	42.4
2015	72812.55	37211.27	30374.17	5227.11	51.1	41.7

注：2013年起，国家统计局推行城乡住户调查一体化改革，支出法地区生产总值数据与以前年份不可比（以下相关表同）。

6-10 资本形成总额及构成

年　份	资本形成总额（亿元）	固定资本形成总额	存货变动	比重（资本形成总额＝100）固定资本形成总额	存货变动
1978	54.79	37.93	16.86	69.2	30.8
1979	55.86	41.81	14.05	74.8	25.2
1980	71.37	57.15	14.23	80.1	19.9
1981	96.74	73.39	23.34	75.9	24.1
1982	112.35	94.64	17.71	84.2	15.8
1983	113.49	96.80	16.69	85.3	14.7
1984	150.07	133.04	17.03	88.7	11.3
1985	238.58	163.84	74.74	68.7	31.3
1986	256.75	182.15	74.59	70.9	29.1
1987	312.33	197.01	115.32	63.1	36.9
1988	462.07	286.00	176.07	61.9	38.1
1989	472.75	266.68	206.07	56.4	43.6
1990	502.90	336.61	166.29	66.9	33.1
1991	610.18	396.49	213.70	65.0	35.0
1992	987.96	683.66	304.30	69.2	30.8
1993	1554.46	1110.69	443.77	71.5	28.5
1994	1930.86	1375.09	555.76	71.2	28.8
1995	2394.79	1819.17	575.62	76.0	24.0
1996	2782.89	1919.41	863.48	69.0	31.0
1997	2974.45	2079.15	895.30	69.9	30.1
1998	3331.11	2473.82	857.30	74.3	25.7
1999	3511.30	2870.40	640.89	81.7	18.3
2000	3850.81	3093.82	756.99	80.3	19.7
2001	4392.51	3447.52	944.99	78.5	21.5
2002	4762.90	4023.73	739.17	84.5	15.5
2003	5911.97	4986.53	925.44	84.3	15.7
2004	7214.70	5957.86	1256.83	82.6	17.4
2005	8239.73	7418.23	821.50	90.0	10.0
2006	9307.90	8489.71	818.19	91.2	8.8
2007	10701.48	9964.01	737.47	93.1	6.9
2008	12257.94	11471.36	786.58	93.6	6.4
2009	14951.42	14025.08	926.33	93.8	6.2
2010	17706.61	16515.11	1191.50	93.3	6.7
2011	21003.62	19432.79	1570.83	92.5	7.5
2012	22871.85	22033.82	838.03	96.3	3.7
2013	26050.75	24997.73	1053.02	96.0	4.0
2014	28759.81	27930.81	829.00	97.1	2.9
2015	30374.17	29250.44	1123.73	96.3	3.7

6-11 最终消费及构成

年　份	最终消费支出（亿元）	居民消费支出			政府消费支出	比　重			
						最终消费=100		居民消费=100	
			农业居民	非农业居民		居民消费支出	政府消费支出	农业居民	非农业居民
1978	130.02	111.46	71.34	40.12	18.56	85.7	14.3	64.0	36.0
1979	147.11	128.48	81.91	46.57	18.63	87.3	12.7	63.8	36.2
1980	180.93	156.51	95.95	60.55	24.42	86.5	13.5	61.3	38.7
1981	201.43	175.12	110.62	64.50	26.31	86.9	13.1	63.2	36.8
1982	233.21	202.70	127.93	74.76	30.51	86.9	13.1	63.1	36.9
1983	252.07	220.14	134.45	85.69	31.93	87.3	12.7	61.1	38.9
1984	288.26	250.92	145.05	105.87	37.34	87.0	13.0	57.8	42.2
1985	347.18	298.00	160.16	137.84	49.17	85.8	14.2	53.7	46.3
1986	415.91	349.52	185.03	164.49	66.39	84.0	16.0	52.9	47.1
1987	516.02	442.20	218.69	223.51	73.82	85.7	14.3	49.5	50.5
1988	667.03	566.25	282.86	283.39	100.77	84.9	15.1	50.0	50.0
1989	857.33	743.90	366.82	377.08	113.42	86.8	13.2	49.3	50.7
1990	938.48	807.84	401.62	406.22	130.64	86.1	13.9	49.7	50.3
1991	1081.39	923.37	412.36	511.00	158.02	85.4	14.6	44.7	55.3
1992	1359.08	1118.52	470.01	648.51	240.55	82.3	17.7	42.0	58.0
1993	1852.06	1574.61	617.45	957.16	277.45	85.0	15.0	39.2	60.8
1994	2598.57	2287.69	845.03	1442.66	310.88	88.0	12.0	36.9	63.1
1995	3363.38	2912.58	1021.83	1890.75	450.80	86.6	13.4	35.1	64.9
1996	3859.32	3343.01	1188.44	2154.56	516.32	86.6	13.4	35.6	64.4
1997	4245.18	3539.62	1222.48	2317.15	705.56	83.4	16.6	34.5	65.5
1998	4582.16	3781.21	1281.92	2499.29	800.95	82.5	17.5	33.9	66.1
1999	5083.60	4072.05	1297.91	2774.14	1011.55	80.1	19.9	31.9	68.1
2000	5714.46	4474.11	1348.67	3125.44	1240.35	78.3	21.7	30.1	69.9
2001	6255.92	4733.53	1415.25	3318.28	1522.40	75.7	24.3	29.9	70.1
2002	7286.63	5449.58	1424.04	4025.54	1837.05	74.8	25.2	26.1	73.9
2003	8643.44	6537.53	1263.84	5273.69	2105.91	75.6	24.4	19.3	80.7
2004	10162.04	7953.60	1224.22	6729.38	2208.44	78.3	21.7	15.4	84.6
2005	11450.96	8968.54	1408.30	7560.24	2482.42	78.3	21.7	15.7	84.3
2006	12635.59	9895.13	1425.11	8470.02	2740.46	78.3	21.7	14.4	85.6
2007	14842.85	11781.66	1552.25	10229.41	3061.19	79.4	20.6	13.2	86.8
2008	17202.13	13599.73	1787.13	11812.60	3602.40	79.1	20.9	13.1	86.9
2009	19179.39	15261.28	2028.28	13233.01	3918.11	79.6	20.4	13.3	86.7
2010	22480.91	17702.35	2263.93	15438.42	4778.56	78.7	21.3	12.8	87.2
2011	26074.76	20504.11	2768.58	17735.53	5570.65	78.6	21.4	13.5	86.5
2012	29264.26	23022.47	3123.49	19898.98	6241.79	78.7	21.3	13.6	86.4
2013	30437.61	23449.85	3758.12	19691.73	6987.76	77.0	23.0	16.0	84.0
2014	33920.56	26263.14	4349.29	21913.85	7657.42	77.4	22.6	16.6	83.4
2015	37211.27	28438.58	4554.46	23884.12	8772.69	76.4	23.6	16.0	84.0

6-12 三大需求对地区生产总值增长的贡献率和拉动

年 份	最终消费支出		资本形成总额		货物和服务净流出	
	贡献率 (%)	拉动（百分点）	贡献率 (%)	拉动（百分点）	贡献率 (%)	拉动（百分点）
1979	95.7	5.3	-13.8	-0.8	18.2	1.0
1980	71.3	13.0	33.5	6.1	-4.8	-0.9
1981	50.5	6.3	56.4	7.1	-6.9	-0.9
1982	72.7	8.3	40.6	4.6	-13.2	-1.5
1983	124.4	5.6	-12.9	-0.6	-11.5	-0.5
1984	56.5	8.5	42.2	6.3	1.3	0.2
1985	32.0	6.9	80.6	17.4	-12.6	-2.7
1986	83.6	8.8	15.5	1.6	0.8	0.1
1987	38.6	4.9	34.9	4.4	26.4	3.3
1988	-2.8	-0.3	60.1	7.4	42.8	5.2
1989	110.8	9.4	-35.6	-3.0	24.8	2.1
1990	60.9	7.2	9.5	1.1	29.6	3.5
1991	39.9	7.1	35.1	6.3	25.0	4.5
1992	56.0	12.4	65.2	14.5	-21.1	-4.7
1993	50.2	11.6	60.1	13.9	-10.3	-2.4
1994	53.8	10.4	36.1	7.0	10.1	1.9
1995	50.2	8.0	40.2	6.4	9.6	1.5
1996	45.3	5.1	52.0	5.9	2.7	0.3
1997	21.8	2.4	6.9	0.8	71.3	8.0
1998	39.8	4.3	43.7	4.7	16.5	1.8
1999	55.5	5.6	21.2	2.2	23.2	2.3
2000	33.8	3.9	25.5	2.9	40.7	4.7
2001	46.2	4.8	48.5	5.1	5.3	0.6
2002	68.5	8.5	22.8	2.8	8.8	1.1
2003	63.6	9.4	50.2	7.5	-13.8	-2.0
2004	50.5	7.5	37.2	5.5	12.3	1.8
2005	43.0	6.1	30.2	4.3	26.8	3.8
2006	31.5	4.7	28.5	4.2	40.0	5.9
2007	45.5	6.8	22.8	3.4	31.7	4.7
2008	45.9	4.8	34.4	3.6	19.6	2.0
2009	64.5	6.3	80.0	7.8	-44.5	-4.3
2010	53.5	6.7	46.2	5.8	0.3	
2011	49.1	4.9	48.8	4.9	2.0	0.2
2012	54.2	4.4	43.6	3.6	2.2	0.2
2013	44.3	3.8	69.2	5.9	-13.5	-1.1
2014	50.4	3.9	49.3	3.8	0.3	
2015	48.5	3.9	47.8	3.8	3.7	0.3

注：1. 三大需求指支出法地区生产总值的三大构成项目，即最终消费支出、资本形成总额、货物和服务净流出；
2. 贡献率指三大需求增量与地区支出法生产总值增量之比；
3. 拉动指地区生产总值增长速度与三大需求贡献率的乘积。

6-13 人均地区生产总值及人均消费水平

年 份	人均地区生产总值		人均消费水平					
			居 民		农业居民		非农业居民	
	绝对数（元）	增长速度（%）	绝对数（元）	增长速度（%）	绝对数（元）	增长速度（%）	绝对数（元）	增长速度（%）
1978	370		222		171		466	
1979	410	6.9	252	8.3	196	9.8	507	2.6
1980	481	14.8	302	14.9	228	14.1	620	12.7
1981	550	7.1	332	7.9	260	13.3	627	-1.9
1982	633	10.0	377	10.3	298	10.4	696	8.3
1983	675	5.6	403	7.2	310	5.1	764	8.5
1984	827	13.8	453	10.3	334	7.8	878	9.7
1985	1026	16.2	529	5.7	372	-2.6	1038	10.2
1986	1164	10.6	609	9.5	430	6.3	1146	8.4
1987	1443	17.0	754	6.4	515	4.9	1382	1.1
1988	1926	13.2	944	-3.5	651	0.5	1716	-6.8
1989	2251	4.8	1212	19.7	831	23.1	2188	15.0
1990	2484	9.1	1287	9.3	896	12.9	2263	4.7
1991	2941	14.7	1434	8.3	906	0.2	2712	14.8
1992	3699	18.8	1690	14.7	1023	9.7	3210	15.7
1993	5085	19.3	2308	20.5	1347	17.6	4280	17.0
1994	6530	15.5	3234	17.8	1831	14.3	5870	15.7
1995	8129	12.0	3991	10.1	2206	8.4	7091	7.6
1996	9139	8.6	4470	6.9	2547	11.6	7660	2.3
1997	10130	8.4	4612	-2.1	2597	-0.4	7807	-4.8
1998	10819	7.9	4796	4.2	2681	5.8	8054	2.2
1999	11415	7.1	5025	4.5	2661	0.8	8598	5.9
2000	12736	7.1	5305	0.2	2680	-1.3	9189	0.2
2001	13852	7.2	5445	1.9	2759	3.0	9312	0.3
2002	15365	11.1	6199	13.2	2904	5.7	10358	10.2
2003	17798	13.4	7342	17.0	3032	3.4	11136	6.4
2004	20876	13.1	8800	15.9	3386	8.2	12409	7.9
2005	24647	12.7	9799	10.0	3915	13.2	13609	8.5
2006	28534	12.8	10619	7.4	4009	2.2	14695	6.9
2007	33272	12.1	12336	12.9	4401	5.0	16982	12.6
2008	37638	7.9	13911	7.1	4975	5.6	19101	7.1
2009	39446	7.1	15243	10.9	5533	6.9	20852	11.3
2010	44758	9.5	17211	9.3	6255	9.4	23159	7.5
2011	50842	8.0	19578	7.9	7854	14.1	25527	5.3
2012	54171	7.4	21823	8.3	8898	7.7	28269	7.9
2013	58833	7.8	22083	6.4	10841	8.0	27531	5.5
2014	63469	7.1	24582	8.3	12674	13.4	30216	6.9
2015	67503	7.0	26365	6.8	13344	7.5	32393	6.2

注：2006-2009 年根据 2010 年全国人口普查快速汇总数据进行平滑调整，本表人均地区生产总值是人口平滑后的数据（以下相关表同）。

6-14 人均地区生产总值及人均消费水平指数

年份	人均地区生产总值		人均消费水平					
			居民		农业居民		非农业居民	
	绝对数（元）	1978年为100(%)	绝对数（元）	1978年为100(%)	绝对数（元）	1978年为100(%)	绝对数（元）	1978年为100(%)
1978	370	100	222	100	171	100	466	100
1979	410	106.9	252	108.3	196	109.8	507	102.6
1980	481	122.6	302	124.4	228	125.2	620	115.6
1981	550	131.3	332	134.2	260	141.9	627	113.4
1982	633	144.4	377	148.1	298	156.7	696	122.8
1983	675	152.5	403	158.7	310	164.8	764	133.3
1984	827	173.5	453	175.0	334	177.6	878	146.3
1985	1026	201.6	529	184.9	372	172.9	1038	161.2
1986	1164	223.1	609	202.5	430	183.7	1146	174.7
1987	1443	260.9	754	215.6	515	192.6	1382	176.6
1988	1926	295.4	944	208.1	651	193.6	1716	164.6
1989	2251	309.6	1212	249.0	831	238.2	2188	189.3
1990	2484	337.7	1287	272.1	896	269.0	2263	198.2
1991	2941	387.5	1434	294.7	906	269.5	2712	227.5
1992	3699	460.3	1690	338.1	1023	295.7	3210	263.2
1993	5085	549.0	2308	407.5	1347	347.8	4280	308.1
1994	6530	633.9	3234	480.2	1831	397.6	5870	356.5
1995	8129	709.8	3991	528.9	2206	430.8	7091	383.5
1996	9139	770.8	4470	565.4	2547	480.6	7660	392.3
1997	10130	835.2	4612	553.4	2597	478.6	7807	373.5
1998	10819	900.8	4796	576.9	2681	506.5	8054	381.6
1999	11415	965.1	5025	602.6	2661	510.6	8598	404.2
2000	12736	1033.7	5305	603.5	2680	503.8	9189	405.0
2001	13852	1108.3	5445	615.2	2759	519.0	9312	406.3
2002	15365	1231.8	6199	696.1	2904	548.8	10358	447.6
2003	17798	1396.4	7342	814.5	3032	567.2	11136	476.2
2004	20876	1579.1	8800	944.4	3386	613.6	12409	513.8
2005	24647	1779.5	9799	1039.1	3915	694.6	13609	557.5
2006	28534	2006.6	10619	1116.3	4009	709.7	14695	596.4
2007	33272	2248.7	12336	1260.1	4401	745.0	16982	671.4
2008	37638	2426.0	13911	1349.9	4975	787.0	19101	719.2
2009	39446	2598.8	15243	1496.7	5533	841.1	20852	800.4
2010	44758	2844.5	17211	1636.2	6255	920.4	23159	860.3
2011	50842	3073.0	19578	1765.5	7854	1050.1	25527	905.9
2012	54171	3300.2	21823	1912.0	8898	1131.7	28269	977.2
2013	58833	3556.0	22083	2035.0	10841	1222.4	27531	1031.0
2014	63469	3808.8	24582	2204.7	12674	1385.7	30216	1102.4
2015	67503	4074.2	26365	2354.6	13344	1489.7	32393	1170.8

6-15 各市地区生产总值

单位：亿元

市别	2000	2005	2010	2011	2012	2013	2014	2015
广州	2492.74	5154.23	10748.28	12423.44	13551.21	15497.23	16706.87	18100.41
深圳	2187.45	4950.91	9773.31	11515.86	12971.47	14572.67	16001.82	17502.86
珠海	332.35	635.45	1210.79	1410.34	1509.24	1679.00	1867.21	2025.41
汕头	450.16	635.88	1132.23	1279.08	1430.72	1573.73	1716.51	1868.03
佛山	1050.38	2429.38	5622.63	6179.68	6579.18	7010.68	7441.60	8003.92
#顺德	364.59	825.12	1790.86	1941.94	2112.39	2326.61	2419.68	2586.69
韶关	192.72	337.03	683.10	816.81	906.48	1015.12	1113.49	1149.98
河源	87.22	204.81	454.47	533.45	609.51	690.29	768.95	810.08
梅州	180.50	314.61	608.36	695.75	750.72	806.02	885.84	959.78
惠州	439.19	803.92	1729.97	2094.94	2379.49	2705.13	3000.37	3140.03
汕尾	128.49	205.75	454.56	538.14	609.46	671.75	716.99	762.06
东莞	820.25	2183.20	4278.21	4771.93	5039.21	5517.47	5881.32	6275.07
中山	345.44	885.72	1853.45	2194.73	2446.30	2651.93	2823.01	3010.03
江门	504.66	801.70	1570.42	1830.64	1880.39	2000.18	2082.76	2240.02
阳江	160.20	294.40	636.23	767.24	888.71	1049.63	1168.55	1250.01
湛江	373.81	680.97	1401.47	1717.88	1872.12	2070.01	2258.99	2380.02
茂名	417.36	738.35	1472.10	1721.25	1916.41	2170.97	2349.03	2445.63
肇庆	249.78	435.05	1088.39	1328.83	1467.68	1673.37	1845.06	1970.01
清远	157.92	323.28	873.35	1009.09	1033.17	1103.97	1197.74	1277.86
潮州	177.87	282.39	560.00	648.38	707.85	784.24	850.22	910.11
揭阳	311.09	414.00	1005.24	1223.88	1393.02	1605.35	1780.44	1890.01
云浮	137.70	201.84	401.09	480.70	532.24	608.30	664.00	713.14
按经济区域分								
珠三角	8422.24	18279.55	37875.45	43750.39	47824.18	53307.67	57650.02	62267.78
东翼	1067.61	1538.02	3152.03	3689.48	4141.05	4635.09	5064.17	5430.21
西翼	951.37	1713.72	3509.79	4206.37	4677.24	5290.61	5776.57	6075.66
山区	756.06	1381.57	3020.37	3535.80	3832.12	4223.70	4630.02	4910.84

6-16 各市地区生产总值指数

上年=100

市别	2000	2005	2010	2011	2012	2013	2014	2015
广州	113.3	112.9	113.2	111.3	110.5	111.6	108.6	108.4
深圳	115.7	115.1	112.4	110.0	110.0	110.5	108.8	108.9
珠海	112.0	113.1	112.9	111.3	107.3	110.8	110.4	110.0
汕头	107.0	111.3	110.4	110.0	109.5	110.0	109.0	108.4
佛山	112.5	119.4	114.1	111.3	108.0	109.8	108.3	108.5
#顺德	114.5	118.9	107.5	112.3	111.4	110.2	107.9	108.5
韶关	111.3	110.1	112.5	112.1	110.0	112.2	109.5	106.2
河源	110.7	122.9	112.7	112.8	111.7	112.1	110.9	108.1
梅州	108.2	107.8	114.1	113.6	110.1	111.1	108.5	108.6
惠州	111.3	115.9	118.0	114.7	112.7	113.8	110.0	109.0
汕尾	111.5	116.0	117.0	113.7	113.3	112.2	108.9	108.1
东莞	119.7	119.5	110.3	108.0	106.1	109.8	107.8	108.0
中山	112.4	120.9	114.0	113.1	111.3	110.0	108.0	108.4
江门	110.2	112.6	114.5	113.0	108.1	109.8	107.8	108.4
阳江	109.6	113.9	116.4	114.9	112.8	115.3	110.5	108.5
湛江	107.1	113.3	114.2	112.8	109.6	112.0	110.0	108.5
茂名	111.2	114.1	114.1	110.8	110.6	113.2	110.4	108.0
肇庆	110.6	115.7	117.1	114.7	111.0	111.5	110.0	108.2
清远	108.3	127.8	112.9	108.3	105.1	108.2	107.9	108.2
潮州	105.6	111.4	114.1	112.9	110.6	111.1	108.2	108.3
揭阳	105.4	111.3	119.6	114.6	111.3	114.5	110.7	108.0
云浮	105.3	113.4	113.9	114.1	113.0	113.3	110.3	108.5
按经济区域分								
珠三角	113.7	115.7	112.2	109.9	108.1	109.3	107.8	108.6
东翼	106.7	111.9	114.1	111.5	110.1	110.5	109.2	108.2
西翼	109.4	113.8	114.1	111.1	110.0	112.0	110.0	108.3
山区	108.7	115.7	113.0	110.4	108.7	108.4	108.9	107.9

注：2009年起区域生产总值增速由广东省统计局统一调整核算，以前年份增速由分市汇总计算。

6-17 各市第三产业增加值

单位：亿元

市　　别	2000	2005	2010	2011	2012	2013	2014	2015
广　　州	1376.75	2978.79	6557.45	7641.92	8616.79	10026.26	10897.20	12147.49
深　　圳	1085.80	2298.64	5246.33	6170.20	7239.98	8280.11	9184.22	10288.28
珠　　海	145.14	273.58	516.43	609.38	693.86	792.36	884.57	973.00
汕　　头	193.39	264.83	467.95	552.53	614.05	663.85	721.07	809.62
佛　　山	435.03	876.52	1995.43	2223.72	2383.28	2632.03	2705.68	3028.00
#顺　　德	138.89	309.32	641.83	730.26	839.35	914.28	936.56	1035.10
韶　　关	73.00	138.05	304.79	366.45	413.10	465.25	521.37	567.23
河　　源	35.87	81.93	175.68	209.65	250.81	288.54	319.33	345.75
梅　　州	61.30	112.56	234.47	277.34	315.12	343.41	380.64	419.46
惠　　州	121.70	273.09	613.36	764.75	892.10	1041.36	1162.27	1262.35
汕　　尾	44.48	76.53	174.32	201.23	225.84	252.22	273.95	295.33
东　　莞	343.64	934.78	2069.86	2336.52	2575.85	2875.25	3066.55	3332.00
中　　山	141.09	315.59	727.55	911.24	1027.83	1117.65	1195.26	1310.85
江　　门	200.73	303.66	581.35	695.30	770.43	838.48	893.12	980.80
阳　　江	50.21	103.32	230.19	278.80	321.28	379.30	414.30	480.59
湛　　江	133.24	222.75	544.09	680.73	787.29	854.64	935.46	1017.29
茂　　名	143.73	311.83	616.18	721.71	807.37	948.15	1010.10	1058.08
肇　　庆	104.93	200.36	440.60	513.46	557.16	588.25	651.26	691.49
清　　远	55.77	124.83	355.39	421.28	463.82	503.95	529.10	600.53
潮　　州	62.59	99.08	210.32	249.48	269.67	312.30	323.29	361.56
揭　　阳	98.11	146.66	320.46	369.94	408.70	459.73	525.29	595.82
云　　浮	42.90	65.34	138.52	162.59	194.75	221.26	230.82	260.54
按经济区域分								
珠 三 角	3954.80	8455.01	18748.36	21866.51	24757.29	28191.76	30640.14	34014.26
东　　翼	398.57	587.10	1173.06	1373.18	1518.25	1688.10	1843.60	2062.32
西　　翼	327.18	637.90	1390.45	1681.24	1915.93	2182.09	2359.86	2555.96
山　　区	268.84	522.71	1208.85	1437.31	1637.60	1822.42	1981.26	2193.50

6-18 各市第三产业增加值指数

上年 =100

市　别	2000	2005	2010	2011	2012	2013	2014	2015
广　州	116.3	113.3	113.6	111.3	112.0	112.0	109.4	109.4
深　圳	113.3	112.2	110.6	108.5	112.5	111.3	109.7	110.1
珠　海	108.9	109.1	107.2	111.8	112.7	109.8	108.8	110.2
汕　头	106.9	109.9	111.5	113.7	107.4	107.3	108.6	110.5
佛　山	113.6	112.3	113.1	110.8	106.4	108.6	107.3	110.7
#顺　德	116.1	115.6	105.7	112.0	115.4	107.7	107.9	110.6
韶　关	110.9	113.9	113.8	112.6	110.2	112.6	109.7	109.3
河　源	112.4	117.1	113.6	112.8	110.5	110.9	106.9	109.2
梅　州	112.6	110.9	113.2	114.8	109.7	109.3	108.2	110.6
惠　州	108.6	117.4	110.6	116.7	111.6	112.9	107.5	108.6
汕　尾	112.0	117.1	114.3	109.1	109.0	108.2	109.0	110.8
东　莞	120.0	119.3	103.7	108.7	106.2	107.7	106.3	110.2
中　山	110.0	126.0	112.0	113.0	107.6	109.0	107.9	110.2
江　门	110.2	104.0	111.9	109.9	112.2	109.4	106.8	108.9
阳　江	111.1	120.5	116.9	113.3	111.6	110.9	106.8	107.4
湛　江	110.4	114.2	116.1	117.4	111.4	114.2	107.4	109.2
茂　名	114.4	120.5	117.5	111.8	108.3	115.4	108.9	108.7
肇　庆	112.2	120.2	110.5	111.4	105.2	104.2	110.2	107.8
清　远	120.0	118.2	117.6	112.7	106.4	108.4	104.1	111.2
潮　州	107.8	110.2	114.0	113.7	111.0	108.2	107.9	111.5
揭　阳	107.2	112.0	113.0	108.9	105.8	109.1	112.0	111.3
云　浮	104.7	111.0	112.1	110.7	115.3	110.3	108.3	113.8
按经济区域分								
珠 三 角	113.9	113.7	110.4	109.7	109.7	111.2	108.2	109.8
东　翼	107.7	111.4	112.1	110.9	107.8	108.0	109.4	110.9
西　翼	112.3	118.2	116.7	112.9	110.0	113.6	107.9	108.7
山　区	111.9	114.4	113.7	111.9	109.6	109.5	107.4	110.6

6-19 各市地区生产总值

2015年 单位：亿元

市别	地区生产总值	第一产业	第二产业	第三产业	#农、林、牧、渔业	#工业
广州	18100.41	226.84	5726.08	12147.49	245.92	5185.63
深圳	17502.86	6.65	7207.94	10288.28	6.93	6742.98
珠海	2025.41	45.11	1007.30	973.00	48.46	894.07
汕头	1868.03	96.71	961.70	809.62	98.38	877.22
佛山	8003.92	136.45	4839.47	3028.00	142.80	4675.14
#顺德	2586.69	41.47	1510.12	1035.10	43.41	1458.99
韶关	1149.98	151.68	431.06	567.23	153.27	360.33
河源	810.08	94.01	370.32	345.75	96.23	334.67
梅州	959.78	188.49	351.83	419.46	191.72	287.99
惠州	3140.03	151.54	1726.14	1262.35	153.39	1624.48
汕尾	762.06	118.04	348.70	295.33	121.78	320.24
东莞	6275.07	21.03	2922.05	3332.00	21.44	2840.35
中山	3010.03	66.48	1632.70	1310.85	67.04	1566.89
江门	2240.02	174.50	1084.73	980.80	176.68	1023.06
阳江	1250.01	205.33	564.09	480.59	213.51	509.38
湛江	2380.02	454.67	908.06	1017.29	461.82	796.77
茂名	2445.63	387.41	1000.15	1058.08	396.45	901.03
肇庆	1970.01	288.29	990.23	691.49	290.08	930.28
清远	1277.86	192.52	484.80	600.53	195.42	437.46
潮州	910.11	64.27	484.28	361.56	66.38	454.05
揭阳	1890.01	167.69	1126.51	595.82	171.20	1062.01
云浮	713.14	149.11	303.49	260.54	151.35	265.83
按经济区域分						
珠三角	62267.78	1116.89	27136.63	34014.26	1152.73	25482.89
东翼	5430.21	446.70	2921.19	2062.32	457.74	2713.51
西翼	6075.66	1047.41	2472.30	2555.96	1071.78	2207.18
山区	4910.84	775.82	1941.51	2193.50	787.99	1686.28

单位：亿元

市别	#建筑业	#批发和零售业	#交通运输、仓储和邮政业	#住宿和餐饮业	#金融业	#房地产业
广州	551.17	2697.31	1255.19	402.61	1628.71	1529.42
深圳	479.72	2022.76	540.80	338.40	2501.57	1564.41
珠海	119.95	206.86	46.51	42.38	146.80	160.32
汕头	86.56	294.42	42.40	47.05	50.95	82.92
佛山	166.36	570.69	270.47	72.60	341.73	628.94
#顺德	51.77	176.91	86.66	22.69	108.71	218.47
韶关	71.64	113.91	84.13	32.23	50.69	55.69
河源	35.85	83.95	22.59	24.09	43.89	57.31
梅州	65.00	89.61	25.44	19.10	42.54	52.28
惠州	102.43	331.24	80.71	80.17	121.04	213.79
汕尾	28.70	77.44	20.93	15.71	20.60	51.77
东莞	88.81	758.33	205.90	147.04	401.37	529.25
中山	66.07	286.70	72.91	41.91	159.97	184.78
江门	62.02	189.97	85.91	32.26	126.31	128.99
阳江	55.00	107.29	81.26	22.68	34.19	73.62
湛江	115.88	204.93	118.97	39.41	76.82	122.85
茂名	99.71	263.35	80.14	30.06	62.50	122.40
肇庆	61.17	153.93	56.77	45.22	54.91	53.25
清远	48.48	108.49	85.90	21.42	61.08	82.06
潮州	30.23	99.09	22.97	8.51	40.02	39.64
揭阳	69.20	312.95	19.70	29.07	25.14	41.03
云浮	37.90	54.03	22.78	9.04	35.38	34.12
按经济区域分						
珠三角	1697.70	7217.78	2615.16	1202.58	5482.41	4993.15
东翼	214.70	783.89	105.99	100.34	136.70	215.37
西翼	270.59	575.56	280.37	92.14	173.51	318.88
山区	258.87	449.98	240.86	105.88	233.58	281.46

6-20 各市地区生产总值增长速度

2015年　　单位：%

市　别	地区生产总值	第一产业	第二产业	第三产业	#农、林、牧、渔业	#工业
广　州	8.4	2.2	6.8	9.4	2.6	6.9
深　圳	8.9	4.8	7.3	10.1	6.0	7.5
珠　海	10.0	...	10.3	10.2	0.3	9.3
汕　头	8.4	2.9	7.4	10.5	2.9	7.1
佛　山	8.5	1.5	7.5	10.7	1.7	7.6
#顺　德	8.5	1.9	7.5	10.6	2.0	7.7
韶　关	6.2	4.1	3.7	9.3	4.1	4.5
河　源	8.1	3.6	8.1	9.2	3.7	7.4
梅　州	8.6	3.5	8.7	10.6	3.6	8.9
惠　州	9.0	4.3	9.6	8.6	4.3	9.6
汕　尾	8.1	4.4	7.2	10.8	4.5	7.3
东　莞	8.0	1.9	6.1	10.2	1.9	6.3
中　山	8.4	-0.4	7.6	10.2	-0.4	7.5
江　门	8.4	3.2	8.6	8.9	3.2	8.5
阳　江	8.5	4.0	10.5	7.4	4.1	12.7
湛　江	8.5	3.0	10.0	9.2	3.1	9.5
茂　名	8.0	4.0	8.6	8.7	4.1	7.8
肇　庆	8.2	3.9	9.6	7.8	3.9	9.9
清　远	8.2	4.8	6.4	11.2	4.8	7.0
潮　州	8.3	2.7	6.8	11.5	2.9	6.5
揭　阳	8.0	3.7	7.2	11.3	3.8	6.7
云　浮	8.5	2.9	7.0	13.8	3.0	6.5
按经济区域分						
珠三角	8.6	2.7	7.5	9.8	2.9	7.6
东　翼	8.2	3.6	7.2	10.9	3.6	6.9
西　翼	8.3	3.6	9.5	8.7	3.7	9.5
山　区	7.9	3.8	6.7	10.6	3.9	6.9

6-20 续表 单位：%

市别	#建筑业	#交通运输、仓储和邮政业	#批发和零售业	#住宿和餐饮业	#金融业	#房地产业
广州	5.3	7.3	7.5	1.4	14.2	6.1
深圳	3.9	5.0	9.8	3.8	12.6	13.8
珠海	19.1	-0.7	16.3	-0.4	23.3	8.4
汕头	10.3	9.4	4.2	3.5	13.9	11.8
佛山	3.4	6.9	5.9	1.7	-7.5	22.7
#顺德	0.7	3.6	10.8	2.4	-9.0	16.1
韶关	-1.4	9.3	7.5	5.8	11.8	0.6
河源	17.5	6.1	0.6	4.1	14.8	9.5
梅州	7.6	6.9	4.2	4.0	15.0	11.3
惠州	9.2	-4.4	15.5	5.4	19.7	5.1
汕尾	5.1	12.5	16.6	7.9	15.3	2.6
东莞	-1.1	5.2	-3.2	0.3	23.4	23.4
中山	8.0	3.4	2.3	4.4	12.4	15.7
江门	10.9	2.0	14.9	-1.0	10.3	8.7
阳江	-10.7	3.3	-8.3	2.6	6.5	4.8
湛江	11.8	6.9	1.9	3.2	61.0	7.5
茂名	18.5	-3.6	2.8	4.9	28.1	10.2
肇庆	4.5	12.6	6.2	8.9	8.6	7.0
清远	1.5	3.8	4.8	1.1	15.9	13.1
潮州	12.5	6.5	14.3	6.4	22.8	9.6
揭阳	15.5	11.9	13.1	9.1	12.2	5.8
云浮	11.5	14.4	13.9	8.2	6.7	5.5
按经济区域分						
珠三角	5.8	5.4	7.5	2.4	12.5	12.9
东翼	11.5	10.3	10.5	6.2	16.4	8.2
西翼	8.8	0.6	0.6	3.8	36.5	7.6
山区	5.6	7.5	5.9	4.3	13.2	8.1

6-21 各市地区生产总值产业构成

2015年 单位：%

市别	地区生产总值	第一产业	第二产业	第三产业	#工业
广州	100.0	1.3	31.6	67.1	28.6
深圳	100.0	…	41.2	58.8	38.5
珠海	100.0	2.2	49.7	48.1	44.1
汕头	100.0	5.2	51.5	43.3	47.0
佛山	100.0	1.7	60.5	37.8	58.4
#顺德	100.0	1.6	58.4	40.0	56.4
韶关	100.0	13.2	37.5	49.3	31.3
河源	100.0	11.6	45.7	42.7	41.3
梅州	100.0	19.6	36.7	43.7	30.0
惠州	100.0	4.8	55.0	40.2	51.7
汕尾	100.0	15.5	45.8	38.7	42.0
东莞	100.0	0.3	46.6	53.1	45.3
中山	100.1	2.2	54.3	43.5	52.1
江门	100.0	7.8	48.4	43.8	45.7
阳江	100.0	16.4	45.1	38.5	40.7
湛江	100.0	19.1	38.2	42.7	33.5
茂名	100.0	15.8	40.9	43.3	36.8
肇庆	100.0	14.6	50.3	35.1	47.2
清远	100.0	15.1	37.9	47.0	34.2
潮州	100.0	7.1	53.2	39.7	49.9
揭阳	100.0	8.9	59.6	31.5	56.2
云浮	100.0	20.9	42.6	36.5	37.3
按经济区域分					
珠三角	100.0	1.8	43.6	54.6	40.9
东翼	100.0	8.2	53.8	38.0	50.0
西翼	100.0	17.2	40.7	42.1	36.3
山区	100.0	15.8	39.5	44.7	34.3

6-22 各市人均地区生产总值

单位：元

市别	2000	2005	2010	2011	2012	2013	2014	2015
广州	25626	53809	87458	97588	105909	120294	128478	136188
深圳	32800	60801	96184	110520	123451	137632	149495	157985
珠海	27770	45320	78030	90140	95819	105834	116537	124706
汕头	9741	12883	21330	23658	26336	28804	31201	33732
佛山	20231	42066	79902	85650	90792	96317	101617	108299
#顺德	22213	42382	74475	78677	85225	93491	96722	102538
韶关	7028	11608	24050	28760	31702	35239	38386	39380
河源	3826	7483	15592	17961	20344	22828	25208	26401
梅州	4728	7670	14447	16346	17536	18742	20529	22155
惠州	13877	21909	38650	45371	51130	57716	63657	66231
汕尾	5262	7419	15487	18261	20576	22560	23928	25283
东莞	13679	33287	53193	57913	60907	66440	70605	75616
中山	15077	36435	60888	70063	77694	83804	88682	94030
江门	12851	19546	35622	41063	42028	44546	46237	49608
阳江	7377	12717	26525	31508	36164	42413	46938	49894
湛江	6231	10243	20110	24414	26408	28999	31420	32933
茂名	7981	12729	25154	29400	32344	36243	38951	40324
肇庆	7422	11890	28052	33754	36999	41811	45795	48670
清远	5003	9079	23665	27119	27537	29217	31477	33392
潮州	7444	11215	21136	24212	26296	28981	31301	33954
揭阳	6001	7417	17191	20746	23469	26867	29600	31255
云浮	6399	8664	17079	20274	22197	25111	27252	29078
按经济区域分								
珠三角	20280	40336	69002	77689	84434	93548	100448	107011
东翼	7294	9729	18829	21792	24327	27070	29393	31426
西翼	7099	11608	23060	27446	30231	33908	36770	38461
山区	5344	8838	18872	21882	23530	25745	28047	29583

注：2009年以后区域人均生产总值增速由广东省统计局统一调整核算，以往年份增速由分市汇总计算。

6-23 各市人均生产总值指数

上年 =100

市别	2000	2005	2010	2011	2012	2013	2014	2015
广州	108.3	114.3	106.1	107.5	110.0	110.8	107.6	106.0
深圳	105.2	111.6	107.8	107.3	109.1	109.7	107.6	105.2
珠海	104.9	110.3	111.1	110.4	106.6	110.1	109.3	108.6
汕头	104.5	110.3	107.8	108.0	108.9	109.3	108.3	107.7
佛山	106.3	117.8	109.0	108.5	107.6	109.3	107.7	107.5
#顺德	108.0	116.4	102.4	109.4	111.0	109.7	107.4	107.6
韶关	111.8	108.7	113.2	112.1	109.3	111.3	108.8	105.5
河源	111.9	118.3	110.7	110.7	110.7	111.1	109.9	107.4
梅州	108.9	106.4	112.9	112.4	109.5	110.6	108.2	108.2
惠州	107.7	113.0	112.5	111.2	111.8	113.0	109.4	108.4
汕尾	110.2	113.3	116.6	113.3	112.8	111.6	108.3	107.4
东莞	106.6	119.4	105.4	105.4	105.7	109.4	107.4	108.4
中山	105.4	120.6	108.3	109.9	110.7	109.4	107.4	107.8
江门	108.8	112.1	112.4	111.7	107.7	109.4	107.5	108.1
阳江	109.6	112.7	114.9	113.2	111.8	114.5	109.9	107.8
湛江	106.0	111.3	113.5	111.7	108.8	111.2	109.2	108.0
茂名	110.5	112.0	115.1	110.8	109.3	111.9	109.7	107.4
肇庆	109.9	114.1	115.3	113.0	110.2	110.5	109.3	107.7
清远	108.8	124.8	112.3	107.4	104.2	107.5	107.1	107.6
潮州	104.3	110.7	112.5	111.7	110.0	110.5	107.8	109.8
揭阳	103.0	110.2	118.5	113.6	110.6	113.8	109.9	107.5
云浮	105.1	111.9	113.3	113.0	111.7	112.2	109.6	107.8
按经济区域分								
珠三角	107.2	114.6	107.3	107.1	107.4	108.6	107.0	107.1
东翼	104.7	110.6	112.6	110.3	109.5	109.9	108.5	107.9
西翼	108.6	111.8	113.9	110.4	109.0	111.0	109.3	107.7
山区	109.2	113.4	112.3	109.4	107.8	107.6	108.2	107.3

注 :2009 年起区域人均生产总值增速由广东省统计局统一调整核算，以往年份增速由分市汇总计算。

6-24 各市人均生产总值指数

2000年=100

市别	2000	2005	2010	2011	2012	2013	2014	2015
广州	100.0	194.0	285.1	306.4	336.9	373.4	401.8	426.0
深圳	100.0	174.5	261.4	280.4	305.9	335.6	361.2	379.9
珠海	100.0	163.0	262.9	290.3	309.3	340.4	372.2	404.1
汕头	100.0	130.5	203.3	219.5	239.2	261.5	283.1	305.0
佛山	100.0	191.4	332.3	360.7	387.9	424.2	456.8	491.0
#顺德	100.0	189.1	294.9	322.6	357.9	392.8	421.8	454.0
韶关	100.0	155.9	289.6	324.6	354.8	395.0	429.7	453.5
河源	100.0	179.3	361.6	400.2	443.1	492.1	541.0	581.2
梅州	100.0	147.9	245.6	276.0	302.1	334.0	361.2	390.8
惠州	100.0	156.7	262.6	292.0	326.4	368.8	403.5	437.3
汕尾	100.0	158.1	318.8	361.2	407.2	454.6	492.1	528.7
东莞	100.0	230.2	350.5	369.4	390.4	427.1	458.9	497.5
中山	100.0	228.6	348.6	383.2	424.2	464.2	498.5	537.4
江门	100.0	153.4	263.2	294.0	316.7	346.3	372.3	402.5
阳江	100.0	163.5	304.5	344.6	385.2	441.2	484.7	522.4
湛江	100.0	146.8	258.6	288.8	314.3	349.6	381.6	412.1
茂名	100.0	158.9	280.2	310.5	339.4	379.9	416.6	447.4
肇庆	100.0	160.3	319.1	360.7	397.4	439.2	480.0	517.0
清远	100.0	181.2	394.2	423.4	441.1	474.0	507.9	546.4
潮州	100.0	151.6	267.0	298.3	328.3	362.8	391.1	429.2
揭阳	100.0	125.8	261.8	297.5	328.9	374.2	411.3	442.1
云浮	100.0	139.9	254.8	288.0	321.7	360.9	395.7	426.5
按经济区域分								
珠三角	100.0	187.6	291.1	311.8	335.0	363.7	389.4	416.9
东翼	100.0	135.3	239.4	264.1	289.1	317.7	344.8	372.1
西翼	100.0	154.9	273.3	301.6	328.6	364.8	398.7	429.4
山区	100.0	158.5	299.7	327.8	353.5	380.5	411.7	441.6

6-25 各县（市）区地区生产总值

2015 年　　　　单位：万元

县（市）区	地区生产总值	第一产业	第二产业	第三产业
广州市	**181004136**	**2268409**	**57260783**	**121474944**
深圳市	**175028634**	**66486**	**72079359**	**102882789**
珠海市	**20254111**	**451080**	**10072992**	**9730039**
汕头市				
市　区	18522561	927612	9564278	8030671
南澳县	157690	39440	52718	65532
佛山市	**80039186**	**1364495**	**48394687**	**30280004**
韶关市				
市　区	5504968	286513	2037165	3181290
乐昌市	1070896	215510	276529	578856
南雄市	1262695	258583	506909	497204
仁化县	933991	185411	358413	390167
始兴县	750661	169148	301334	280179
翁源县	890104	216156	286771	387177
新丰县	740313	114291	343727	282295
乳源县	666490	73206	313355	279929
河源市				
市　区	3024181	27337	1686796	1310048
东源县	934040	153812	396533	383695
和平县	918633	146933	417067	354633
龙川县	1224473	248433	369225	606814
紫金县	1166522	260875	421798	483849
连平县	832945	102752	411736	318457
梅州市				
市　区	3769883	521267	1696209	1552407
兴宁市	1533660	414624	386273	732763
平远县	685676	114207	259619	311850
蕉岭县	671065	113933	202459	354673
大埔县	720922	189334	210887	320701
丰顺县	947271	219606	414829	312836
五华县	1269305	291642	348064	629599

单位：万元

县（市）区	地区生产总值	第一产业	第二产业	第三产业
惠州市				
市区	19627380	407920	11481307	7738153
惠东县	5202897	426805	2435857	2340235
博罗县	5471179	459038	2961702	2050439
龙门县	1586316	198048	745382	642886
汕尾市				
市区	2107054	228358	1123081	755615
陆丰市	2317165	491262	1048885	777018
海丰县	2637640	357142	1214114	1066384
陆河县	483081	104239	89337	289505
东莞市	**62750737**	**210250**	**29220473**	**33320014**
中山市	**30100326**	**664811**	**16327001**	**13108514**
江门市				
市区	12138715	505335	6548437	5084943
台山市	3287153	560966	1736301	989886
开平市	2879164	281200	1432838	1165126
鹤山市	2607187	197177	1406000	1004010
恩平市	1505308	200362	515142	789804
阳江市				
市区	6748714	860834	3486682	2401198
阳春市	3697417	656028	1403850	1637539
阳西县	2053946	536414	750337	767195
湛江市				
市区	10805357	701927	5033761	5069669
雷州市	2543950	953191	380690	1210069
廉江市	4163578	947463	1800219	1415897
吴川市	2209300	280913	953563	974824
遂溪县	2630748	985833	772958	871957
徐闻县	1447310	677421	139438	630451
茂名市				
市区	12193932	1249515	6143969	4800448
信宜市	3668601	801808	1181217	1685576
高州市	4568117	1009944	1411572	2146601
化州市	4025663	812787	1264733	1948143

6-25 续表 2 单位：万元

县（市）区	地区生产总值	第一产业	第二产业	第三产业
肇庆市				
市　区	4618962	141510	1887454	2589998
四会市	5437299	459926	3460130	1517243
广宁县	1307415	308309	466058	533048
德庆县	1207508	271762	456960	478786
封开县	1344777	379691	456138	508947
怀集县	2185627	666109	639107	880411
清远市				
市　区	6876542	588563	3033610	3254369
英德市	2374232	511654	767620	1094958
连州市	1256292	308296	280473	667523
佛冈县	1045999	104686	493356	447957
连山县	293948	65226	92696	136026
连南县	365691	57444	118409	189838
阳山县	872555	276834	197093	398628
潮州市				
市　区	7211912	244794	4215545	2751573
饶平县	2261296	397902	980189	883205
揭阳市				
市　区	8653390	468702	5479690	2704998
普宁市	5964849	368997	3902476	1693376
揭西县	2149976	321646	1180426	647904
惠来县	2450996	513259	1379828	557909
云浮市				
市　区	1403329	155047	677411	570871
罗定市	1777821	392366	706142	679313
新兴县	2215145	523019	897416	794710
郁南县	980432	274871	330830	374731

注：1、本表按当年价格计算。
2、2015 年，高要市撤市设区，下表同。

6-26 各县（市）区地区生产总值增长速度

2015年

单位：%

县（市）区	地区生产总值	第一产业	第二产业	第三产业
广州市	**8.4**	**2.2**	**6.8**	**9.4**
深圳市	**8.9**	**4.8**	**7.3**	**10.1**
珠海市	**10.0**	**0.0**	**10.3**	**10.2**
汕头市				
市区	8.4	2.9	7.3	10.5
南澳县	7.8	3.5	9.1	9.6
佛山市	**8.5**	**1.5**	**7.5**	**10.7**
韶关市				
市区	4.1	4.3	-1.9	8.9
乐昌市	6.6	4.3	7.5	6.8
南雄市	10.9	4.1	15.8	9.1
仁化县	6.9	5.0	3.2	12.6
始兴县	8.8	5.1	11.1	8.6
翁源县	8.3	4.3	5.3	13.0
新丰县	8.5	5.8	6.9	11.7
乳源县	10.4	4.5	6.2	17.3
河源市				
市区	11.9	1.1	14.5	8.0
东源县	3.2	3.7	-1.5	11.0
和平县	9.8	4.8	13.2	7.2
龙川县	6.1	3.6	0.9	11.6
紫金县	8.1	4.0	9.6	8.5
连平县	2.3	3.5	-1.8	10.9
梅州市				
市区	8.3	3.8	7.1	11.3
兴宁市	8.7	4.2	8.3	11.3
平远县	10.2	4.3	11.4	11.2
蕉岭县	10.1	2.8	13.0	9.1
大埔县	9.7	4.4	12.2	9.6
丰顺县	10.5	3.4	14.2	7.9
五华县	9.7	3.0	12.1	11.0

6-26 续表 1 单位：%

县（市）区	地区生产总值	第一产业	第二产业	第三产业
惠州市				
市　　区	6.5	2.9	4.9	9.7
惠东县	14.5	5.5	18.6	10.7
博罗县	14.1	3.1	20.7	5.7
龙门县	15.0	5.0	23.0	8.7
汕尾市				
市　　区	0.5	4.4	-4.8	10.4
陆丰市	9.0	4.4	11.6	7.3
海丰县	12.1	4.4	16.2	8.3
陆河县	8.2	4.3	12.8	6.6
东莞市	**8.0**	**1.9**	**6.1**	**10.2**
中山市	**8.4**	**-0.4**	**7.6**	**10.2**
江门市				
市　　区	9.6	1.6	7.3	15.0
台山市	6.5	4.8	6.0	8.6
开平市	8.2	3.3	8.5	8.8
鹤山市	9.0	9.6	8.8	9.2
恩平市	4.8	5.3	0.7	7.3
阳江市				
市　　区	8.7	3.6	11.7	5.5
阳春市	7.9	4.0	6.8	11.3
阳西县	8.6	4.6	12.3	6.7
湛江市				
市　　区	7.8	-0.2	8.2	8.4
雷州市	7.7	3.5	5.1	11.9
廉江市	13.1	3.7	20.9	8.2
吴川市	8.4	3.4	7.9	10.5
遂溪县	7.1	3.2	5.5	11.8
徐闻县	6.5	4.8	4.0	8.8
茂名市				
市　　区	8.2	3.9	8.2	9.3
信宜市	10.3	3.5	14.2	9.4
高州市	10.7	4.5	22.2	5.7
化州市	10.3	4.6	11.1	11.5

6-26 续表 2

单位：%

县（市）区	地区生产总值	第一产业	第二产业	第三产业
肇庆市				
市　　区	6.5	2.7	6.4	6.8
四 会 市	9.0	3.1	8.2	13.2
广 宁 县	7.2	4.7	10.7	5.3
德 庆 县	7.2	4.1	7.7	8.2
封 开 县	7.9	4.0	10.8	7.9
怀 集 县	6.8	5.5	7.7	6.9
清远市				
市　　区	8.4	3.5	8.3	9.4
英 德 市	8.6	4.5	7.0	11.8
连 州 市	8.2	5.5	6.1	10.2
佛 冈 县	8.8	6.5	10.1	7.5
连 山 县	5.4	4.4	-1.3	12.2
连 南 县	7.3	6.6	1.8	13.1
阳 山 县	6.9	5.0	7.3	7.9
潮州市				
市　　区	8.3	4.0	7.4	10.2
饶 平 县	8.6	5.5	6.5	12.2
揭阳市				
市　　区	8.6	2.8	8.5	9.7
普 宁 市	8.6	4.8	7.3	12.5
揭 西 县	8.1	3.5	7.6	11.1
惠 来 县	7.1	2.7	7.5	10.0
云浮市				
市　　区	11.3	1.0	11.2	13.9
罗 定 市	8.7	3.9	7.5	12.8
新 兴 县	8.7	3.1	5.0	18.5
郁 南 县	8.5	3.6	2.5	20.3

6-27 各县（市）区人均地区生产总值及增长速度

县（市）区	绝对数（元/人）		增长速度（%）	
	2014	2015	2014	2015
广 州 市	**128478**	**136188**	**7.6**	**6.0**
深 圳 市	**149495**	**157985**	**7.6**	**5.2**
珠 海 市	**116537**	**124706**	**9.3**	**8.6**
汕 头 市				
市　　区	31284	33825	8.3	7.7
南 澳 县	23916	25496	6.8	7.2
佛 山 市	**101617**	**108299**	**7.7**	**7.5**
韶 关 市				
市　　区	52267	53361	6.0	2.6
乐 昌 市	24853	26116	3.9	6.0
南 雄 市	34631	38380	10.9	10.2
仁 化 县	43736	45197	6.6	6.4
始 兴 县	32697	35425	8.4	8.1
翁 源 县	24147	26004	7.7	7.5
新 丰 县	32961	34789	13.7	7.8
乳 源 县	33308	36351	8.9	9.6
河 源 市				
市　　区	57538	62535	13.2	11.2
东 源 县	21103	20412	10.5	2.6
和 平 县	21284	23600	9.8	9.1
龙 川 县	16214	16938	4.8	5.5
紫 金 县	16516	17552	8.9	7.5
连 平 县	25349	23771	7.4	1.7
梅 州 市				
市　　区	36822	39382	7.2	7.9
兴 宁 市	14308	15591	11.1	8.3
平 远 县	26756	29365	7.7	9.8
蕉 岭 县	29421	32032	11.0	9.7
大 埔 县	17470	18927	11.0	9.3
丰 顺 县	18042	19385	11.6	10.0
五 华 县	10863	11769	9.3	9.2

6-27 续表 1

县（市）区	绝对数（元/人）		增长速度（%）	
	2013	2014	2013	2014
惠州市				
市　　区	79380	80779	6.2	5.7
惠 东 县	47510	55957	13.7	14.1
博 罗 县	47262	51365	13.5	13.5
龙 门 县	44594	50144	14.2	14.7
汕尾市				
市　　区	40968	40365	4.6	…
陆 丰 市	15827	16684	10.2	8.3
海 丰 县	29630	32334	10.3	11.5
陆 河 县	15946	16803	6.8	7.6
东莞市	**70605**	**75616**	**7.4**	**8.4**
中山市	**88682**	**94030**	**7.4**	**7.8**
江门市				
市　　区	61502	65348	9.6	9.2
台 山 市	34084	34603	6.2	6.3
开 平 市	37908	40750	6.2	7.9
鹤 山 市	46092	51941	6.6	8.8
恩 平 市	28271	30139	6.2	4.5
阳江市				
市　　区	54740	57879	9.0	8.0
阳 春 市	39573	42290	9.2	7.2
阳 西 县	41225	44166	14.9	7.9
湛江市				
市　　区	64927	64710	8.8	7.2
雷 州 市	15743	17260	9.2	7.2
廉 江 市	24468	27976	14.8	12.6
吴 川 市	21458	23042	10.2	7.8
遂 溪 县	27077	28714	6.6	6.6
徐 闻 县	19078	20104	-0.5	6.1
茂名市				
市　　区	47076	48632	7.8	7.8
信 宜 市	36666	38141	12.5	9.5
高 州 市	32563	33761	11.9	10.0
化 州 市	31235	32398	12.7	9.5

6-27 续表 2

县（市）区	绝对数（元／人）		增长速度（%）	
	2013	2014	2013	2014
肇庆市				
市　　区	66734	69599	7.0	6.0
四会市	89955	94917	10.8	8.3
广宁县	28414	30014	10.5	6.7
德庆县	32622	34412	9.6	6.7
封开县	30986	32904	9.6	7.5
怀集县	25048	26077	9.6	6.4
清远市				
市　　区	41145	43994	9.3	7.7
英德市	23092	24357	11.3	8.0
连州市	30801	33030	9.3	7.6
佛冈县	30424	33376	11.3	8.2
连山县	29540	31405	5.3	4.9
连南县	25004	27382	7.2	6.7
阳山县	22145	23704	6.1	6.3
潮州市				
市　　区	36855	40189	8.1	9.6
饶平县	23339	25527	7.7	10.2
揭阳市				
市　　区	41872	44340	10.6	8.0
普宁市	26813	28226	11.8	8.0
揭西县	24010	25301	10.0	7.4
惠来县	20614	21641	9.0	6.6
云浮市				
市　　区	40232	40389	7.8	3.9
罗定市	16664	18216	10.7	10.3
新兴县	46735	49784	11.0	8.0
郁南县	22707	24274	9.6	7.7

七、农村经济综合

7-1 主要年份农林牧渔业总产值指数

年　份	农林牧渔业总产值	农　业产　值	林　业产　值	牧　业产　值	渔　业产　值	农林牧渔服务业产值
1949	100.0	100.0	100.0	100.0	100.0	
1952	133.7	128.5	340.0	147.0	200.0	
1957	179.1	169.9	1720.0	160.0	342.0	
1962	150.8	145.6	2220.0	118.4	202.0	
1965	226.0	202.9	3360.0	281.6	320.0	
1970	260.1	233.7	4320.0	299.5	412.0	
1975	278.9	243.4	4410.0	367.5	483.1	
1978	323.8	288.8	5566.9	398.2	445.6	
1980	356.7	322.8	6029.7	415.9	458.1	
1985	510.8	420.2	8617.3	805.0	963.2	
1990	741.2	581.9	12007.2	1219.3	1912.9	
1995	980.3	684.6	13336.0	1766.1	3563.5	
1996	1039.9	707.5	13733.2	1934.9	3934.5	
1997	1110.6	761.3	13884.3	2028.7	4249.3	
1998	1164.4	787.4	14381.2	2133.7	4606.9	
1999	1228.4	828.3	15146.5	2245.5	4911.0	
2000	1261.2	833.3	15679.4	2308.2	5278.6	
2003	1419.4	957.5	15485.7	2448.3	6094.0	100.0
2004	1483.4	1011.6	16006.0	2492.9	6384.7	107.8
2005	1554.5	1046.3	16475.0	2630.0	6748.0	120.5
2006	1616.7	1083.5	15652.7	2710.7	7153.1	132.3
2007	1669.7	1112.8	16237.7	2791.8	7446.1	143.1
2008	1735.7	1130.5	16759.2	2986.5	7795.9	155.0
2009	1822.5	1193.5	18043.9	3100.1	8193.6	163.2
2010	1900.2	1250.3	18848.7	3198.1	8560.5	171.4
2011	1974.5	1319.1	20384.8	3162.8	9008.2	180.8
2012	2048.2	1369.8	21659.9	3225.0	9451.6	191.1
2013	2093.5	1409.6	22862.4	3165.9	9831.7	203.1
2014	2156.1	1470.3	23970.5	3130.2	10177.9	213.5
2015	2222.2	1528.7	25370.4	3115.9	10513.9	224.6

注：指数按可比价格计算。

7-2 农林牧渔业总产值主要指标

项　　目	按现行价格计算（亿元）		2015比2014增长（%）
	2015年	2014年	
农林牧渔业总产值	**5520.03**	**5234.21**	**3.1**
一、农业产值	**2793.76**	**2613.18**	**4.0**
（一）谷物及其他作物	784.35	747.63	0.7
1. 谷　物	375.53	355.45	
稻　谷	340.39	321.51	
2. 薯　类	135.89	131.89	
3. 油　料	89.82	81.56	
4. 豆　类	16.33	15.45	
大　豆	12.08	11.73	
5. 生　麻	2.02	1.94	
6. 糖　料	72.14	74.24	
7. 烟　草	12.70	12.42	
8. 其他农作物	79.91	74.70	
（二）蔬菜、食用菌及花卉盆景园艺产品	1301.37	1205.25	5.3
1. 蔬菜（含菜用瓜）	1168.96	1079.95	
2. 食用菌	19.96	19.85	
3. 花卉	80.39	74.83	
4. 盆景及园艺产品	32.06	30.63	
（三）水果、坚果、茶、饮料和香料	665.87	621.47	5.0
1. 水果	627.59	587.24	
2. 坚果	3.44	2.30	
3. 茶及饮料原料	30.41	27.28	
4. 香料原料	4.43	4.65	
（四）中草药材	42.17	38.82	9.8
二、林业产值	**296.75**	**279.83**	**5.8**
（一）林木的培育和种植	38.66	36.86	9.3
（二）竹木采运	96.84	92.37	4.0
（三）林产品	161.25	150.60	6.1
三、牧业产值	**1117.15**	**1077.37**	**-0.5**
（一）牲畜饲养	41.61	37.43	-1.3
1. 牛的饲养	26.59	22.38	
2. 羊的饲养	4.00	3.83	
3. 奶产品	11.02	11.21	
（二）猪的饲养	595.71	573.77	-3.0
（三）家禽饲养	397.93	391.83	2.1
1. 肉禽	357.58	351.71	
2. 禽蛋	40.35	40.12	
（四）狩猎和捕捉动物	2.69	2.04	28.1
（五）其他畜牧业	79.21	72.31	5.4
四、渔业产值	**1117.16**	**1080.31**	**3.3**
（一）海水产品	551.79	520.10	3.1
其中：养殖	416.60	385.39	
（二）淡水产品	565.37	560.21	3.5
其中：养殖	549.26	544.80	
五、农林牧渔服务业	**195.21**	**183.53**	**5.2**

注：2015比2014年增长（%）按可比价格计算。

7-3 各市农林牧渔业总产值及发展速度

2015年　　单位：亿元，%

市别	产值						农林牧渔业总产值发展速度
	合计	农业	林业	牧业	渔业	农林牧渔服务业	
广东省	5520.03	2793.76	296.75	1117.15	1117.16	195.21	103.1
广州市	413.46	226.05	4.22	61.80	75.13	46.25	102.2
深圳市	15.95	3.28	0.20	2.24	9.55	0.68	108.6
珠海市	85.62	12.95	0.34	12.01	52.21	8.12	99.8
汕头市	177.68	89.86	0.71	29.19	53.84	4.07	102.9
佛山市	275.69	95.15	1.33	53.51	110.31	15.39	101.4
韶关市	243.35	172.99	19.18	39.77	7.58	3.84	103.8
河源市	151.71	88.35	21.80	32.00	4.19	5.36	103.6
梅州市	304.95	201.57	14.62	70.69	10.23	7.84	103.3
惠州市	245.30	169.05	4.85	46.61	20.30	4.49	104.2
汕尾市	197.20	84.56	4.46	27.66	71.47	9.06	104.3
东莞市	34.35	21.97	0.37	3.69	7.32	1.00	99.8
中山市	112.84	39.58	0.02	8.05	63.83	1.35	99.7
江门市	319.88	105.17	8.25	76.02	125.17	5.27	103.2
阳江市	345.02	104.98	16.76	53.23	150.23	19.83	104.1
湛江市	723.88	399.73	20.77	103.31	182.75	17.32	103.0
茂名市	618.31	321.20	34.87	165.91	74.41	21.93	103.9
肇庆市	435.59	214.25	63.28	108.98	44.74	4.33	103.7
清远市	296.40	178.97	28.20	66.57	15.63	7.03	104.4
潮州市	111.67	55.20	3.06	18.46	29.80	5.15	103.0
揭阳市	258.58	163.14	21.71	45.66	19.56	8.51	103.7
云浮市	238.81	96.84	33.43	92.89	10.16	5.51	103.1

注：指数按可比价格计算。

7-4 各县（市）区现行价农林牧渔业总产值

2015 年　　单位：万元

县（市）区别	合计	农业	林业	牧业	渔业	农林牧渔服务业
广州市	**4134561.39**	**2260493.07**	**42178.33**	**618007.35**	**751349.27**	**462533.36**
海珠区	40876.05	11729.85			26774.20	2372.00
天河区	58899.40	11364.78	149.00	2544.74	9272.87	35568.00
白云区	617294.33	377443.34	1605.34	110841.77	37397.88	90006.00
黄埔区	142677.86	61368.63	3728.32	47520.68	6576.23	23484.00
荔湾区	75892.68	64892.04			6755.64	4245.00
花都区	559687.31	282897.25	3133.12	149193.50	76168.45	48295.00
从化区	427107.84	266686.93	12605.63	79362.98	20931.31	47521.00
增城区	916853.90	550242.92	20807.44	101956.15	65087.40	178760.00
番禺区	455061.54	199647.09	139.64	56950.23	176456.59	21868.00
南沙区	840210.87	434220.24	9.84	69638.08	325928.70	10414.00
深圳市	**159515.06**	**32799.26**	**1975.26**	**22422.33**	**95487.21**	**6831.00**
福田区	50980.62				50980.62	
罗湖区	11343.71	325.21	112.45		10906.05	
南山区	10616.99	916.99			5000.00	4700.00
宝安区	47260.47	19490.22		15830.06	11940.19	
龙岗区	38252.59	11744.81	323.10	6572.40	17481.28	2131.00
盐田区	1602.10	783.08	667.27		151.75	
珠海市	**856235.42**	**129515.26**	**3374.72**	**120104.19**	**522068.25**	**81173.00**
香洲区	58414.09	5190.08	366.41	8595.99	39029.61	5232.00
金湾区	131180.28	39133.29	243.80	22859.34	43509.85	25434.00
斗门区	666639.92	85191.91	2764.55	88647.68	439528.79	50507.00
汕头市	**1776834.89**	**898628.15**	**7111.77**	**291926.98**	**538447.82**	**40720.18**
金平区	58246.75	26097.79	287.36	17293.83	13816.13	751.64
龙湖区	127526.95	71675.68	126.50	38989.47	14116.30	2619.00
澄海区	590687.47	336727.97	361.24	115420.24	137033.02	1145.00
濠江区	118097.03	30994.06	375.90	10116.15	75840.38	770.54
潮阳区	414024.33	218757.33	1928.14	55987.94	124150.92	13200.00
潮南区	280263.18	202501.31	2541.26	44341.40	26506.21	4373.00
南澳县	163259.41	10308.99	1372.32	9528.39	135889.72	6160.00
佛山市	**2756919.58**	**951516.26**	**13298.07**	**535070.90**	**1103107.45**	**153926.89**
禅城区	10921.26	2754.07		3072.27	4260.26	834.66
南海区	851950.68	447650.24	1475.38	50264.02	297231.04	55330.00
顺德区	860188.80	192174.33	52.52	47274.75	573727.20	46960.00
高明区	364811.94	113422.04	9514.07	139572.69	85466.91	16836.23
三水区	669525.18	197401.84	2386.82	294880.42	140890.10	33966.00
韶关市	**2433499.22**	**1729862.76**	**191787.45**	**397660.99**	**75822.85**	**38365.16**
浈江区	105044.78	60699.32	13343.20	20298.59	9472.87	1230.79
武江区	100762.08	68023.15	8753.77	18408.40	3601.03	1975.72
曲江区	262220.35	177609.53	14932.65	49036.68	18233.18	2408.31
南雄市	423793.67	285668.26	30755.20	83684.14	15775.08	7911.00
始兴县	273405.20	191055.88	21937.65	49977.62	6518.05	3916.00
翁源县	340031.03	266873.25	20534.51	40905.74	6395.53	5322.00
仁化县	297562.63	201778.06	39185.07	43050.57	8066.93	5482.00
新丰县	180295.25	138999.70	12580.13	21807.65	4262.53	2645.24
乳源自治县	117804.56	73492.31	21313.57	18525.21	2140.48	2333.00

7-4 续表 1

单位：万元

县(市)区别	合计	农业	林业	牧业	渔业	农林牧渔服务业
乐昌市	342652.80	267164.87	13934.45	52247.56	4159.67	5146.24
河源市	**1517110.29**	**883492.18**	**218024.04**	**320049.52**	**41917.50**	**53627.05**
源城区	48835.22	23845.96	815.35	21757.02	1531.89	885.00
东源县	253582.21	143464.90	31095.76	58377.87	9400.55	11243.13
和平县	238965.72	138557.83	35703.16	51493.26	3194.63	10016.84
龙川县	399168.42	204096.72	82161.85	88823.81	13101.04	10985.00
紫金县	411973.27	261858.88	59265.65	65717.74	9316.00	15815.00
连平县	164585.45	111667.89	8982.27	33879.82	5373.39	4682.08
梅州市	**3049495.64**	**2015702.04**	**146189.34**	**706854.60**	**102313.26**	**78436.39**
梅江区	154159.86	89082.71	3194.43	52508.83	7013.60	2360.28
梅县区	688253.54	534913.33	10058.37	106463.52	26594.75	10223.56
蕉岭县	190592.09	96536.41	29770.96	55042.48	5296.24	3946.00
大埔县	303103.78	226977.78	10767.25	50432.80	5965.18	8960.77
丰顺县	372968.07	190026.81	30159.26	126891.05	14989.03	10901.92
五华县	506519.94	293378.97	27894.73	141421.72	16391.12	27433.40
兴宁市	666759.15	480784.83	14775.57	144392.53	18179.46	8626.76
平远县	190209.49	126610.70	9044.64	34710.71	9313.44	10530.00
惠州市	**2452980.77**	**1690488.33**	**48466.35**	**466107.71**	**202987.48**	**44930.90**
惠城区	417307.46	274747.59	7211.73	97381.47	31595.67	6371.00
惠东县	698547.25	455340.21	12747.66	94423.93	110660.55	25374.90
惠阳区	240294.63	184816.32	1767.01	27833.06	21993.24	3885.00
博罗县	759623.54	475824.08	22823.38	220108.69	31567.38	9300.00
龙门县	337207.89	299760.13	3916.57	26360.56	7170.63	
汕尾市	**1971973.20**	**845575.54**	**44556.81**	**276555.07**	**714653.78**	**90632.00**
汕尾城区	273721.58	35352.31	1522.58	22424.84	213263.85	1158.00
红海湾区	80574.05	16590.89	642.38	1949.48	61391.30	
海丰县	608962.77	308216.39	15375.96	66842.76	171269.66	47258.00
陆河县	176568.42	103712.76	18198.43	45100.55	3730.68	5826.00
陆丰市	832771.87	381703.00	8817.46	140229.04	265632.37	36390.00
东莞市	**343471.21**	**219725.27**	**3650.71**	**36912.16**	**73179.67**	**10003.40**
中山市	**1128400.34**	**395837.78**	**242.90**	**80528.26**	**638298.66**	**13492.74**
江门市	**3198758.04**	**1051652.77**	**82505.91**	**760224.66**	**1251696.94**	**52677.77**
蓬江区	151334.15	22758.55	859.77	95388.72	30886.00	1441.10
江海区	89962.06	24058.73	92.11	17007.50	46743.72	2060.00
新会区	692079.17	200797.94	7495.50	130443.00	344742.74	8600.00
台山市	1028976.12	284523.60	12615.80	97064.00	615892.72	18880.00
开平市	509205.92	225217.80	25902.22	199692.42	52393.48	6000.00
恩平市	360750.19	157900.25	19230.30	77240.57	94815.41	11563.67
鹤山市	366450.52	136395.91	16310.50	143388.19	66222.93	4133.00
阳江市	**3450222.18**	**1049769.12**	**167565.40**	**532310.11**	**1502313.29**	**198264.26**
江城区	436978.59	82844.92	2991.17	33082.44	305490.06	12570.00
阳东县	715016.33	203501.63	17072.30	93421.15	388256.25	12765.00
阳西县	839379.51	215159.24	31306.80	77288.60	501065.87	14559.00
阳春市	1182704.19	557744.21	126867.72	321041.20	48534.80	128516.26
海陵区	277206.63	13662.64	2371.83	7730.54	223587.62	29854.00
湛江市	**7238832.13**	**3997332.51**	**207686.71**	**1033107.57**	**1827490.33**	**173215.00**
赤坎区	31890.05	11189.24	2.23	5930.45	14570.13	198.00
霞山区	33061.64	9807.68		3886.13	18567.83	800.00

7-4 续表2 单位：万元

县（市）区别	合计	农业	林业	牧业	渔业	农林牧渔服务业
坡头区	250065.75	92118.05	8015.43	55246.30	90456.97	4229.00
麻章区	295161.21	108760.87	4035.91	32595.56	146016.87	3752.00
东海区	494719.13	83103.25	475.25	16840.82	376547.81	17752.00
吴川市	461898.53	178692.83	6333.76	121345.29	146975.65	8551.00
徐闻县	1045805.51	843362.99	6611.43	56236.83	128540.26	11054.00
雷州市	1508379.96	1007318.25	51676.38	137182.73	265140.60	47062.00
遂溪县	1567334.08	813819.03	58014.72	279583.95	392521.38	23395.00
廉江市	1550524.85	849160.45	72521.71	324267.80	248152.89	56422.00
茂名市	**6183091.66**	**3211973.24**	**348716.77**	**1659062.95**	**744080.69**	**219258.00**
茂南区	332672.24	150655.05	1125.82	144594.92	20479.44	15817.00
电白区	1728174.33	655787.30	70945.36	350755.57	574389.10	76297.00
信宜市	1251050.58	725253.02	98702.11	362742.03	25391.42	38962.00
高州市	1569041.03	1005688.44	97341.01	368721.61	48310.70	48979.26
化州市	1290625.82	678796.44	98474.01	397859.18	76346.85	39149.33
肇庆市	**4355917.95**	**2142530.66**	**632842.49**	**1089827.74**	**447416.86**	**43300.20**
端州区	7110.23	5241.83	772.63	731.92	355.84	8.00
鼎湖区	265811.19	84452.44	4818.42	121659.29	54589.39	291.65
高要市	1009292.18	514532.76	88550.62	232707.03	154329.44	19172.33
广宁县	423569.45	219457.11	124927.10	71907.67	6565.58	712.00
四会市	729709.92	243571.73	37862.92	286380.42	157968.85	3926.00
德庆县	419095.29	293287.51	58614.14	49358.83	15533.81	2301.00
封开县	588250.63	362227.24	97600.93	90401.32	33813.91	4207.22
怀集县	916524.29	420040.88	222206.39	236842.40	24752.62	12682.00
清远市	**2963956.65**	**1789670.86**	**282005.98**	**665670.17**	**156291.43**	**70318.21**
清城区	415959.11	220136.87	16651.65	124458.50	45446.09	9266.00
英德市	776695.98	461811.41	103605.43	164958.85	30202.29	16118.00
佛冈县	154288.76	109989.46	13533.31	23282.63	5919.36	1564.00
连山自治县	107592.94	57835.81	17865.01	17526.64	1797.48	12568.00
连南自治县	86056.51	47618.37	17909.73	17027.62	1452.79	2048.00
连州市	466783.21	344359.96	16195.18	90165.62	6863.45	9199.00
阳山县	426004.08	265173.58	37250.82	110905.89	5540.79	7133.00
清新区	515458.50	274969.46	51997.49	116429.50	57465.05	14597.00
潮州市	**1116743.76**	**552009.06**	**30614.05**	**184559.90**	**298044.72**	**51516.03**
湘桥区	105482.17	82577.09	1951.96	13532.22	5660.90	1760.00
饶平县	722257.06	287670.68	16517.55	122122.86	272346.18	23599.79
潮安区	288635.74	179256.60	12582.04	49413.82	21227.04	26156.24
揭阳市	**2585792.99**	**1631430.67**	**217115.65**	**456565.43**	**195554.12**	**85127.12**
榕城区	236158.03	155100.60	11108.52	38135.02	26008.29	5805.60
揭东区	517334.13	357839.78	50748.81	68992.60	19494.61	20258.33
惠来县	740344.02	402867.07	78141.81	107973.29	131064.03	20297.81
普宁市	582332.13	428919.59	28935.42	104023.82	11167.92	9285.38
揭西县	511443.10	289949.14	40501.28	132223.29	19289.39	29480.00
云浮市	**2388149.18**	**968354.13**	**334265.87**	**928852.59**	**101613.96**	**55062.63**
云城区	245030.59	101284.73	46052.16	82106.31	8897.39	6690.00
新兴县	890290.84	219354.18	93909.47	539202.13	28038.95	9786.11
郁南县	415904.64	265878.94	22070.92	106960.24	13599.54	7395.00
罗定市	616730.97	247158.83	146040.15	159394.06	39932.41	24205.52
云安区	220192.14	134677.45	26193.17	41189.85	11145.67	6986.00

7-5 农林牧渔业生产中间消耗主要指标

2015 年　　单位：亿元

指 标 名 称	金 额	指 标 名 称	金 额
农林牧渔业中间消耗总计	2093.91	8. 其　他	12.18
一、农业中间消耗合计	844.01	（二）生产服务支出	17.69
（一）物质消耗	627.86	三、牧业中间消耗合计	610.43
(1) 用种量	180.85	（一）物质消耗	554.90
(2) 役畜用饲料、饲草	22.30	1. 用种量	23.92
(3) 肥料	260.84	2. 饲料、饲草	488.40
(4) 燃料	37.89	3. 燃　料	18.79
(5) 农药	20.42	4. 用电量	5.33
(6) 农用塑料薄膜	6.56	5. 畜牧用药品	12.34
(7) 用电量	36.57	6. 其　他	6.13
(8) 小农具购置	12.53	（二）生产服务支出	55.53
(9) 办公用品购置	7.99	四、渔业中间消耗合计	449.20
(10) 其　他	41.90	（一）物质消耗	350.97
（二）生产服务支出	216.15	1. 饲　料	178.99
二、林业中间消耗合计	75.64	2. 燃　料	42.30
（一）物质消耗	57.95	3. 用电量	12.89
1. 用种量	16.57	4. 办公用品购置	1.81
2. 肥　料	7.10	5. 其　他	114.99
3. 燃　料	1.59	（二）生产服务支出	98.23
4. 农　药	1.44	五、农林牧渔服务业中间消耗合计	114.64
5. 用电量	0.76	（一）物质消耗	93.67
6. 小农机具购置	16.89	（二）生产服务支出	20.97
7. 办公用品购置	1.42		

7-6 农林牧渔业增加值

2015 年

项　　目	合计	农业	林业	牧业	渔业	服务业
一、农林牧渔业总产值						
按当年价格计算（亿元）	**5520.03**	**2793.76**	**296.75**	**1117.15**	**1117.16**	**195.21**
比 2014 年增长（%）	3.1	4.0	5.8	-0.5	3.3	5.2
二、农林牧渔业中间消耗（亿元）	**2093.91**	**844.01**	**75.64**	**610.43**	**449.20**	**114.64**
三、农林牧渔业增加值（亿元）	**3426.12**	**1949.75**	**221.11**	**506.72**	**667.96**	**80.57**
比 2014 年增长（%）	3.4	4.0	6.0	-0.3	3.3	5.2

注：比 2014 年增长按可比价格计算。

7-7 各市农林牧渔业生产中间消耗

2015 年　　　　单位：亿元

市　　别	合　计	农　业	林　业	牧　业	渔　业	农林牧渔服务业
广 东 省	2093.91	844.01	75.64	610.43	449.20	114.64
广 州 市	167.54	69.78	1.31	36.60	32.67	27.17
深 圳 市	9.02	1.51	0.11	1.26	5.74	0.40
珠 海 市	37.17	4.11	0.08	6.82	21.39	4.77
汕 头 市	79.30	34.06	0.40	16.30	26.15	2.39
佛 山 市	132.89	31.51	0.29	33.32	58.73	9.04
韶 关 市	90.08	54.32	6.46	23.79	3.26	2.25
河 源 市	55.48	25.86	6.04	18.89	1.54	3.15
梅 州 市	113.23	63.23	3.70	38.11	3.58	4.61
惠 州 市	91.91	54.89	2.12	24.20	8.06	2.64
汕 尾 市	75.42	27.53	1.80	14.73	26.03	5.32
东 莞 市	12.91	6.15	0.14	2.38	3.65	0.59
中 山 市	45.80	13.28	0.02	4.27	27.45	0.79
江 门 市	143.20	34.18	4.01	42.37	59.54	3.09
阳 江 市	131.52	34.38	5.33	27.57	52.58	11.65
湛 江 市	262.06	128.55	6.03	53.34	63.96	10.18
茂 名 市	221.86	87.78	6.97	84.48	29.74	12.88
肇 庆 市	145.51	59.13	12.66	55.53	15.65	2.54
清 远 市	100.97	49.88	6.01	34.83	6.13	4.13
潮 州 市	45.29	18.27	0.82	9.06	14.10	3.04
揭 阳 市	87.38	44.52	6.62	23.44	7.80	5.00
云 浮 市	87.46	25.53	9.65	45.08	3.94	3.27

7-8 各县（市）区农林牧渔业生产中间消耗

2015 年　　单位：万元

县（市）区别	合　计	农　业	林　业	牧　业	渔　业	农林牧渔服务业
广州市	**1675357.52**	**697814.20**	**13134.35**	**365983.95**	**326686.66**	**271738.36**
海珠区	16655.97	3621.00			11641.42	1393.55
天河区	29989.74	3508.31	46.40	1506.99	4031.84	20896.20
白云区	251796.28	116516.76	499.90	65640.49	16260.60	52878.53
黄埔区	64903.45	18944.50	1161.00	28141.74	2859.34	13796.85
荔湾区	25463.46	20032.17			2937.35	2493.94
花都区	238149.77	87330.38	975.65	88352.39	33118.04	28373.31
从化区	170269.69	82326.25	3925.40	46998.30	9100.93	27918.80
增城区	370039.36	169859.99	6479.44	60378.43	28300.00	105021.50
番禺区	184971.24	61631.06	43.48	33725.92	76723.33	12847.45
南沙区	323118.56	134043.79	3.07	41239.67	141713.80	6118.23
深圳市	**90210.04**	**15097.07**	**1080.51**	**12632.44**	**57387.81**	**4012.21**
福田区	30639.35				30639.35	
罗湖区	6765.74	149.69	61.51		6554.54	
南山区	5850.57	177.39			2912.40	2760.78
宝安区	25094.70	8971.31		8947.34	7176.05	
龙岗区	21096.35	5406.14	176.74	3755.47	10506.25	1251.75
盐田区	758.69	327.56	364.98		66.15	
珠海市	**371671.71**	**41121.10**	**786.97**	**68183.15**	**213891.36**	**47689.14**
香洲区	29718.67	1660.33	115.08	8380.46	16591.16	2971.64
金湾区	59694.37	14878.59	161.51	9577.56	20921.01	14155.70
斗门区	284259.81	26582.24	510.37	50226.00	176379.40	30561.80
汕头市	**792985.57**	**340580.08**	**4004.62**	**162953.65**	**261524.10**	**23923.12**
金平区	25008.02	10543.51	112.93	7965.54	6327.79	58.25
龙湖区	60184.55	33881.09	89.06	15985.68	8712.58	1516.14
澄海区	261253.45	123141.42	131.56	72714.75	64419.22	846.50
濠江区	32946.98	7441.67	143.11	2944.81	22145.39	272.00
潮阳区	179141.94	82165.25	1790.66	40070.57	48394.03	6721.44
潮南区	125449.57	90761.09	1203.29	19323.97	12590.44	1570.78
南澳县	121521.84	5036.97	746.13	6942.38	104934.05	3862.32
佛山市	**1328929.67**	**315142.19**	**2872.38**	**333188.65**	**587294.40**	**90432.05**
禅城区	5583.78	912.15		1913.10	2268.16	490.37
南海区	370631.96	148261.76	319.28	31299.43	158245.92	32505.57
顺德区	426138.83	63648.14	11.34	29437.99	305452.36	27589.00
高明区	181926.20	37565.38	2055.04	86911.91	45502.58	9891.29
三水区	344482.00	65379.49	515.55	183622.03	75009.89	19955.03
韶关市	**900840.57**	**543176.90**	**64594.03**	**237880.80**	**32649.31**	**22539.53**
浈江区	40963.26	19148.61	4512.73	12199.36	4376.45	726.12
武江区	38818.68	21254.51	3607.43	11194.33	1577.25	1185.16
曲江区	99449.18	55808.65	5028.06	29328.27	7865.82	1418.38
南雄市	161947.82	90072.38	10232.42	49825.53	7169.78	4647.71
始兴县	102623.59	60050.04	7502.17	29921.57	2867.17	2282.64
翁源县	121680.26	84315.55	6940.66	24543.45	2753.92	3126.68
仁化县	109890.25	63620.63	13189.69	26308.20	3551.06	3220.68
新丰县	64928.87	44207.57	4238.50	13045.67	1866.72	1570.40
乳源自治县	43636.43	23083.94	7178.38	11081.77	921.69	1370.64

单位：万元

县（市）区别	合计	农业	林业	牧业	渔业	农林牧渔服务业
乐昌市	125011.79	84210.39	4717.88	31270.85	1796.97	3015.70
河源市	**554846.73**	**258598.16**	**60370.85**	**188925.23**	**15446.60**	**31505.89**
源城区	21133.10	6979.71	225.77	12843.17	564.50	519.94
东源县	95132.49	41992.18	8610.42	34460.46	3464.10	6605.34
和平县	87900.67	40555.88	9886.21	30396.47	1177.22	5884.89
龙川县	146203.83	59739.10	22750.61	52432.70	4827.74	6453.69
紫金县	144574.18	76646.09	16410.66	38793.18	3432.95	9291.31
连平县	59902.46	32685.19	2487.19	19999.26	1980.10	2750.72
梅州市	**1132253.36**	**632325.73**	**36971.27**	**381065.33**	**35809.64**	**46081.39**
梅江区	62170.25	28052.15	1991.73	28160.49	2472.29	1493.59
梅县区	253604.07	181603.08	2689.61	55627.19	7965.13	5719.06
蕉岭县	75150.65	31615.67	9788.69	29381.68	1926.77	2437.84
大埔县	109386.17	75470.11	2451.70	24838.15	2049.04	4577.17
丰顺县	147906.14	62974.88	8176.18	65831.08	5478.49	5445.50
五华县	199994.46	99631.50	8187.10	74684.81	4940.28	12550.77
兴宁市	247649.18	162889.90	4414.94	70117.01	6086.48	4140.84
平远县	71154.53	40604.05	1999.77	19608.08	3260.64	5682.00
惠州市	**919051.97**	**548901.56**	**21184.64**	**242003.12**	**80565.74**	**26396.91**
惠城区	159206.54	89210.54	3152.25	50560.46	12540.33	3742.97
惠东县	261274.80	147848.96	5572.00	49024.90	43921.17	14907.77
惠阳区	86244.73	60009.87	772.35	14450.92	8729.12	2282.47
博罗县	296749.47	154500.08	9976.10	114280.43	12529.10	5463.76
龙门县	115576.48	97332.11	1711.94	13686.40	2846.03	
汕尾市	**754212.72**	**275319.39**	**18005.42**	**147293.23**	**260348.37**	**53246.31**
汕尾城区	102441.79	11510.71	615.27	11943.47	77692.02	680.33
红海湾区	29064.12	5401.89	259.09	1038.29	22364.85	
海丰县	232326.80	100355.30	6213.43	35600.45	62393.54	27764.08
陆河县	69925.97	33768.95	7353.99	24020.55	1359.72	3422.76
陆丰市	320454.76	124282.54	3564.35	74690.50	96538.24	21379.13
东莞市	**129094.61**	**61457.15**	**1398.61**	**23837.87**	**36523.97**	**5877.01**
中山市	**458023.60**	**132803.59**	**168.76**	**42655.82**	**274468.42**	**7927.00**
江门市	**1431988.16**	**341787.17**	**40147.36**	**423673.20**	**595432.24**	**30948.18**
蓬江区	76914.03	7401.02	418.51	53163.21	15084.39	846.89
江海区	41341.95	7821.25	44.59	9478.61	22787.25	1210.25
新会区	304793.02	64677.02	3648.06	72695.89	158719.56	5052.50
台山市	460221.94	100901.83	6138.85	54093.77	287995.49	11092.00
开平市	225530.82	73194.26	12604.33	111285.07	24922.16	3525.00
恩平市	155618.41	51318.07	9357.02	43046.07	45103.69	6793.56
鹤山市	167567.99	36473.72	7936.00	79910.58	40819.69	2428.00
阳江市	**1315162.02**	**343799.40**	**53336.07**	**275736.63**	**525809.66**	**116480.25**
江城区	168080.18	27100.60	952.10	18719.26	113923.22	7385.00
阳东县	272796.72	68580.05	6077.74	50447.42	140160.51	7531.00
阳西县	296960.14	70073.91	9723.63	40149.76	168459.34	8553.50
阳春市	473660.76	174020.98	40370.14	166779.44	16987.20	75503.00
海陵区	103907.48	4469.06	754.87	4015.87	77129.68	17538.00
湛江市	**2620633.21**	**1285542.13**	**60312.21**	**533393.45**	**639621.61**	**101763.81**
赤坎区	11785.86	3517.99	0.62	3051.41	5099.53	116.31
霞山区	12110.84	3134.53		2007.57	6498.74	470.00

县（市）区别	合　计	农　业	林　业	牧　业	渔　业	农林牧渔服务业
坡头区	94132.76	29136.94	2327.68	28523.66	31659.94	2484.54
麻章区	105701.51	34390.19	1172.03	16829.09	51105.90	2204.30
东海区	177859.81	26800.80	138.01	8699.97	131791.73	10429.30
吴川市	177457.75	56502.67	1839.32	62650.57	51441.48	5023.71
徐闻县	354169.92	271731.56	1919.96	29035.08	44989.09	6494.23
雷州市	535776.20	329493.80	15006.82	70827.44	92799.21	27648.93
遂溪县	571850.59	259526.89	16847.47	144349.19	137382.48	13744.56
廉江市	579787.97	271306.76	21060.30	167419.47	86853.51	33147.93
茂名市	**2218593.65**	**877832.29**	**69743.36**	**844794.85**	**297409.06**	**128814.09**
茂南区	132505.03	41174.02	225.16	73627.73	8185.63	9292.49
电白区	643792.37	179226.67	14543.80	175728.54	229583.33	44710.04
信宜市	433170.85	197486.74	19533.26	183111.78	10148.88	22890.20
高州市	538893.43	282588.00	19467.10	188753.00	19309.81	28775.52
化州市	462688.83	185888.07	19694.80	202589.89	30515.84	24000.23
肇庆市	**1455119.49**	**591338.45**	**126568.50**	**555267.23**	**156506.42**	**25438.88**
端州区	2649.27	1773.61	299.70	387.49	186.27	2.20
鼎湖区	128660.21	38535.64	1447.94	60318.66	28162.68	195.29
高要市	343543.33	141033.43	16249.04	134271.97	40650.37	11338.52
广宁县	114932.87	67109.98	16865.16	28015.22	2558.60	383.91
四会市	267031.88	60048.13	12812.83	128428.25	63408.27	2334.40
德庆县	146812.64	101653.47	13786.03	23504.69	6087.71	1780.74
封开县	206454.57	113884.26	31095.66	48825.74	10546.56	2102.35
怀集县	245034.66	67299.92	34012.12	131515.18	4905.97	7301.47
清远市	**1009721.01**	**498781.27**	**60067.27**	**348278.64**	**61281.88**	**41311.95**
清城区	153278.82	61352.15	3546.80	65116.68	17819.41	5443.78
英德市	258392.93	128706.85	22067.95	86306.48	11842.32	9469.33
佛冈县	48957.96	30654.06	2882.59	12181.48	2320.98	918.85
连山自治县	37182.52	16118.84	3805.25	9169.94	704.79	7383.70
连南自治县	27767.71	13271.24	3814.78	8908.86	569.63	1203.20
连州市	154692.91	95973.12	3449.57	47174.65	2691.16	5404.41
阳山县	146227.44	73903.88	7934.42	58025.96	2172.54	4190.64
清新区	179733.16	76633.99	11075.46	60915.92	22532.05	8575.74
潮州市	**452938.96**	**182715.01**	**8201.51**	**90637.37**	**140975.16**	**30409.91**
湘桥区	39920.45	30881.18	839.20	4933.63	2198.15	1068.29
饶平县	312429.46	102308.29	2983.51	62595.73	132867.72	11674.21
潮安区	100589.06	49525.54	4378.90	23108.02	5909.29	17667.31
揭阳市	**873813.62**	**445217.43**	**66241.99**	**234355.03**	**77986.98**	**50012.2**
榕城区	79104.85	45048.16	4508.03	15022.10	11335.85	3190.71
揭东区	195400.47	114516.09	18661.75	39777.27	11027.97	11417.39
惠来县	245374.79	73180.03	18574.33	90272.94	51521.29	11826.20
普宁市	188875.44	90478.27	17655.54	70068.38	4664.26	6008.99
揭西县	187934.45	98838.33	12341.03	46222.69	11223.07	19309.32
云浮市	**874609.51**	**255258.15**	**96535.99**	**450772.16**	**39385.56**	**32657.65**
云城区	87261.18	26698.65	13299.86	39846.20	3448.63	3967.84
新兴县	363289.65	57821.76	27121.05	261674.80	10867.90	5804.14
郁南县	138024.73	70085.69	6374.08	51907.80	5271.18	4385.98
罗定市	214515.50	65151.07	42176.40	77353.94	15477.80	14356.29
云安区	71518.45	35500.98	7564.59	19989.42	4320.06	4143.40

7-9 各市农林牧渔业增加值

2015 年　　单位：亿元

市　　别	合　计	农　业	林　业	牧　业	渔　业	农林牧渔服务业
广 东 省	3426.12	1949.75	221.11	506.72	667.96	80.57
广 州 市	245.92	156.27	2.90	25.20	42.47	19.08
深 圳 市	6.93	1.77	0.09	0.98	3.81	0.28
珠 海 市	48.46	8.84	0.26	5.19	30.82	3.35
汕 头 市	98.38	55.80	0.31	12.90	27.69	1.68
佛 山 市	142.80	63.64	1.04	20.19	51.58	6.35
韶 关 市	153.27	118.67	12.72	15.98	4.32	1.58
河 源 市	96.23	62.49	15.77	13.11	2.65	2.21
梅 州 市	191.72	138.34	10.92	32.58	6.65	3.24
惠 州 市	153.39	114.16	2.73	22.41	12.24	1.85
汕 尾 市	121.78	57.03	2.66	12.93	45.43	3.74
东 莞 市	21.44	15.83	0.23	1.31	3.67	0.41
中 山 市	67.04	26.30	0.01	3.79	36.38	0.56
江 门 市	176.68	70.99	4.24	33.66	65.63	2.17
阳 江 市	213.51	70.60	11.42	25.66	97.65	8.18
湛 江 市	461.82	271.18	14.74	49.97	118.79	7.15
茂 名 市	396.45	233.41	27.90	81.43	44.67	9.04
肇 庆 市	290.08	155.12	50.63	53.46	29.09	1.79
清 远 市	195.42	129.09	22.19	31.74	9.50	2.90
潮 州 市	66.38	36.93	2.24	9.39	15.71	2.11
揭 阳 市	171.20	118.62	15.09	22.22	11.76	3.51
云 浮 市	151.35	71.31	23.77	47.81	6.22	2.24

7-10 各县（市）区农林牧渔业增加值

2015 年　　单位：万元

县（市）区别	合　计	农　业	林　业	牧　业	渔　业	农林牧渔服务业
广　州　市	**2459203.87**	**1562678.87**	**29043.98**	**252023.40**	**424662.61**	**190795.00**
海　珠　区	24220.08	8108.85			15132.78	978.45
天　河　区	28909.66	7856.47	102.60	1037.75	5241.03	14671.80
白　云　区	365498.05	260926.58	1105.44	45201.28	21137.28	37127.47
黄　埔　区	77774.41	42424.13	2567.32	19378.94	3716.89	9687.15
荔　湾　区	50429.22	44859.87			3818.29	1751.06
花　都　区	321537.54	195566.87	2157.47	60841.11	43050.41	19921.69
从　化　区	256838.15	184360.68	8680.23	32364.68	11830.38	19602.20
增　城　区	546814.54	380382.93	14328.00	41577.72	36787.40	73738.50
番　禺　区	270090.30	138016.03	96.16	23224.31	99733.26	9020.55
南　沙　区	517092.31	300176.45	6.77	28398.41	184214.90	4295.77
深　圳　市	**69305.03**	**17702.20**	**894.75**	**9789.89**	**38099.40**	**2818.79**
福　田　区	20341.27				20341.27	
罗　湖　区	4577.97	175.52	50.94		4351.51	
南　山　区	4766.42	739.60			2087.60	1939.22
宝　安　区	22165.77	10518.91		6882.72	4764.14	
龙　岗　区	17156.24	6338.67	146.36	2816.93	6975.03	879.25
盐　田　区	843.41	455.52	302.29		85.60	
珠　海　市	**484563.71**	**88394.16**	**2587.75**	**51921.04**	**308176.89**	**33483.86**
香　洲　区	28695.42	3529.75	251.33	215.53	22438.45	2260.36
金　湾　区	71485.91	24254.70	82.29	13281.78	22588.84	11278.30
斗　门　区	382380.11	58609.67	2254.18	38421.68	263149.39	19945.20
汕　头　市	**983849.32**	**558048.07**	**3107.15**	**128973.33**	**276923.71**	**16797.06**
金　平　区	33238.73	15554.28	174.43	9328.29	7488.34	693.39
龙　湖　区	67342.40	37794.59	37.44	23003.79	5403.72	1102.86
澄　海　区	329434.02	213586.55	229.68	42705.49	72613.80	298.50
濠　江　区	85150.05	23552.39	232.79	7171.34	53694.99	498.54
潮　阳　区	234882.39	136592.08	137.48	15917.37	75756.89	6478.56
潮　南　区	154813.61	111740.22	1337.97	25017.43	13915.77	2802.22
南　澳　县	41737.57	5272.02	626.19	2586.01	30955.67	2297.68
佛　山　市	**1427989.91**	**636374.07**	**10425.69**	**201882.25**	**515813.05**	**63494.84**
禅　城　区	5337.48	1841.92		1159.17	1992.10	344.29
南　海　区	481318.72	299388.48	1156.10	18964.59	138985.12	22824.43
顺　德　区	434049.97	128526.19	41.18	17836.76	268274.84	19371.00
高　明　区	182885.74	75856.66	7459.03	52660.78	39964.33	6944.94
三　水　区	325043.18	132022.35	1871.27	111258.39	65880.21	14010.97
韶　关　市	**1532658.65**	**1186685.86**	**127193.42**	**159780.19**	**43173.55**	**15825.63**
浈　江　区	64081.52	41550.71	8830.47	8099.23	5096.42	504.67
武　江　区	61943.40	46768.64	5146.34	7214.07	2023.78	790.56
曲　江　区	162771.17	121800.88	9904.59	19708.41	10367.36	989.93
南　雄　市	261845.85	195595.88	20522.78	33858.61	8605.30	3263.29
始　兴　县	170781.61	131005.84	14435.48	20056.05	3650.88	1633.36
翁　源　县	218350.77	182557.70	13593.85	16362.29	3641.61	2195.32
仁　化　县	187672.38	138157.43	25995.38	16742.37	4515.87	2261.32
新　丰　县	115366.38	94792.13	8341.63	8761.98	2395.81	1074.84
乳源自治县	74168.13	50408.37	14135.19	7443.44	1218.79	962.36

7-10　续表 1　　　　单位：万元

县（市）区别	合　　计	农　　业	林　　业	牧　　业	渔　　业	农林牧渔服务业
乐　昌　市	217641.01	182954.48	9216.57	20976.71	2362.70	2130.54
河　源　市	**962263.55**	**624894.02**	**157653.19**	**131124.29**	**26470.90**	**22121.16**
源　城　区	27702.12	16866.25	589.58	8913.85	967.39	365.06
东　源　县	158449.72	101472.72	22485.34	23917.41	5936.45	4637.79
和　平　县	151065.05	98001.95	25816.95	21096.79	2017.41	4131.95
龙　川　县	252964.59	144357.62	59411.24	36391.11	8273.30	4531.31
紫　金　县	267399.09	185212.79	42854.99	26924.56	5883.05	6523.69
连　平　县	104682.99	78982.70	6495.08	13880.56	3393.29	1931.36
梅　州　市	**1917242.28**	**1383376.31**	**109218.07**	**325789.27**	**66503.62**	**32355.00**
梅　江　区	91989.61	61030.56	1202.70	24348.34	4541.31	866.69
梅　县　区	434649.47	353310.25	7368.76	50836.33	18629.62	4504.50
蕉　岭　县	115441.44	64920.74	19982.27	25660.80	3369.47	1508.16
大　埔　县	193717.61	151507.67	8315.55	25594.65	3916.14	4383.60
丰　顺　县	225061.93	127051.93	21983.08	61059.97	9510.54	5456.42
五　华　县	306525.48	193747.47	19707.63	66736.91	11450.84	14882.63
兴　宁　市	419109.97	317894.93	10360.63	74275.52	12092.98	4485.92
平　远　县	119054.96	86006.65	7044.87	15102.63	6052.80	4848.00
惠　州　市	**1533928.80**	**1141586.77**	**27281.70**	**224104.59**	**122421.74**	**18533.99**
惠　城　区	258100.92	185537.05	4059.48	46821.01	19055.34	2628.03
惠　东　县	437272.45	307491.25	7175.66	45399.03	66739.38	10467.13
惠　阳　区	154049.90	124806.45	994.66	13382.14	13264.12	1602.53
博　罗　县	462874.07	321324.00	12847.28	105828.26	19038.28	3836.24
龙　门　县	221631.41	202428.02	2204.63	12674.16	4324.60	
汕　尾　市	**1217760.48**	**570256.15**	**26551.39**	**129261.84**	**454305.41**	**37385.69**
汕尾城区	171279.79	23841.60	907.31	10481.37	135571.83	477.67
红海湾区	51509.93	11189.00	383.29	911.19	39026.45	
海　丰　县	376635.97	207861.09	9162.53	31242.31	108876.12	19493.92
陆　河　县	106642.45	69943.81	10844.44	21080.00	2370.96	2403.24
陆　丰　市	512317.11	257420.46	5253.11	65538.54	169094.13	15010.87
东　莞　市	**214376.60**	**158268.11**	**2252.10**	**13074.29**	**36655.70**	**4126.39**
中　山　市	**670376.74**	**263034.18**	**74.14**	**37872.44**	**363830.24**	**5565.74**
江　门　市	**1766769.87**	**709865.60**	**42358.54**	**336551.45**	**656264.69**	**21729.59**
蓬　江　区	74420.12	15357.53	441.26	42225.51	15801.61	594.21
江　海　区	48620.11	16237.48	47.52	7528.89	23956.47	849.75
新　会　区	387286.15	136120.92	3847.44	57747.11	186023.18	3547.50
台　山　市	568754.18	183621.77	6476.95	42970.23	327897.23	7788.00
开　平　市	283675.10	152023.54	13297.89	88407.35	27471.32	2475.00
恩　平　市	205131.78	106582.18	9873.28	34194.50	49711.72	4770.11
鹤　山　市	198882.53	99922.19	8374.50	63477.61	25403.24	1705.00
阳　江　市	**2135060.17**	**705969.72**	**114229.34**	**256573.48**	**976503.63**	**81784.01**
江　城　区	268898.41	55744.32	2039.07	14363.18	191566.84	5185.00
阳　东　县	442219.61	134921.58	10994.56	42973.73	248095.74	5234.00
阳　西　县	542419.37	145085.33	21583.17	37138.84	332606.53	6005.50
阳　春　市	709043.43	383723.23	86497.58	154261.76	31547.60	53013.26
海　陵　区	173299.15	9193.58	1616.96	3714.67	146457.94	12316.00
湛　江　市	**4618198.92**	**2711790.38**	**147374.50**	**499714.13**	**1187868.73**	**71451.19**
赤　坎　区	20104.19	7671.25	1.61	2879.04	9470.60	81.69
霞　山　区	20950.80	6673.15		1878.56	12069.09	330.00

县（市）区别	合计	农业	林业	牧业	渔业	农林牧渔服务业
坡头区	155932.99	62981.11	5687.75	26722.64	58797.03	1744.46
麻章区	189459.70	74370.68	2863.88	15766.47	94910.97	1547.70
东海区	316859.32	56302.45	337.24	8140.85	244756.08	7322.70
吴川市	284440.78	122190.16	4494.44	58694.72	95534.17	3527.29
徐闻县	691635.59	571631.43	4691.47	27201.75	83551.17	4559.77
雷州市	972603.76	677824.45	36669.56	66355.29	172341.39	19413.07
遂溪县	995483.49	554292.14	41167.25	135234.76	255138.90	9650.44
廉江市	970736.88	577853.69	51461.41	156848.33	161299.38	23274.07
茂名市	**3964498.01**	**2334140.96**	**278973.41**	**814268.10**	**446671.63**	**90443.91**
茂南区	200167.21	109481.03	900.66	70967.19	12293.81	6524.51
电白区	1084381.96	476560.63	56401.56	175027.03	344805.77	31586.96
信宜市	817879.73	527766.28	79168.85	179630.25	15242.54	16071.80
高州市	1030147.60	723100.44	77873.91	179968.61	29000.89	20203.74
化州市	827936.99	492908.37	78779.21	195269.29	45831.01	15149.10
肇庆市	**2900798.47**	**1551192.21**	**506273.99**	**534560.51**	**290910.43**	**17861.32**
端州区	4460.96	3468.22	472.93	344.43	169.57	5.80
鼎湖区	137150.98	45916.80	3370.48	61340.63	26426.71	96.36
高要市	665748.85	373499.33	72301.58	98435.06	113679.07	7833.81
广宁县	308636.58	152347.13	108061.94	43892.45	4006.98	328.09
四会市	462678.04	183523.60	25050.09	157952.17	94560.58	1591.60
德庆县	272282.65	191634.04	44828.11	25854.14	9446.10	520.26
封开县	381796.06	248342.98	66505.27	41575.58	23267.35	2104.87
怀集县	671489.63	352740.96	188194.27	105327.22	19846.65	5380.53
清远市	**1954235.63**	**1290889.59**	**221938.70**	**317391.53**	**95009.55**	**29006.26**
清城区	262680.29	158784.72	13104.85	59341.82	27626.68	3822.22
英德市	518303.05	333104.56	81537.48	78652.37	18359.97	6648.67
佛冈县	105330.80	79335.40	10650.72	11101.15	3598.38	645.15
连山自治县	70410.42	41716.97	14059.76	8356.70	1092.69	5184.30
连南自治县	58288.80	34347.13	14094.95	8118.76	883.16	844.80
连州市	312090.30	248386.84	12745.61	42990.97	4172.29	3794.59
阳山县	279776.64	191269.70	29316.40	52879.93	3368.25	2942.36
清新区	335725.34	198335.47	40922.03	55513.58	34933.00	6021.26
潮州市	**663804.80**	**369294.05**	**22412.54**	**93922.52**	**157069.56**	**21106.12**
湘桥区	65561.72	51695.91	1112.76	8598.59	3462.75	691.71
饶平县	409827.60	185362.39	13534.04	59527.13	139478.46	11925.58
潮安区	188046.68	129731.06	8203.14	26305.80	15317.75	8488.93
揭阳市	**1711979.37**	**1186213.24**	**150873.67**	**222210.40**	**117567.14**	**35114.92**
榕城区	157053.18	110052.44	6600.49	23112.92	14672.44	2614.89
揭东区	321933.66	243323.69	32087.06	29215.33	8466.64	8840.94
惠来县	494969.23	329687.04	59567.48	17700.35	79542.74	8471.61
普宁市	393456.69	338441.32	11279.88	33955.44	6503.66	3276.39
揭西县	323508.65	191110.81	28160.25	86000.60	8066.32	10170.68
云浮市	**1513539.67**	**713095.98**	**237729.89**	**478080.42**	**62228.39**	**22404.98**
云城区	157769.41	74586.08	32752.30	42260.11	5448.76	2722.16
新兴县	527001.19	161532.42	66788.42	277527.33	17171.05	3981.97
郁南县	277879.91	195793.25	15696.84	55052.44	8328.36	3009.02
罗定市	402215.47	182007.76	103863.75	82040.12	24454.61	9849.23
云安区	148673.69	99176.47	18628.58	21200.43	6825.61	2842.60

7-11 农产品生产者价格指数

（上年 =100）

项　　目	2005	2010	2014	2015
农产品生产者价格指数	**103.5**	**107.9**	**102.2**	**102.3**
农业产品	**104.5**	**113.4**	**102.4**	**103.2**
谷物	99.7	107.8	103.4	106.3
# 稻谷	99.8	107.7	103.5	106.4
薯类	103.2	109.5	106.1	104.0
油料	102.9	114.4	101.9	105.3
豆类	107.1	117.6	107.3	100.6
糖料	107.3	131.1	99.2	99.4
未加工烟草	86.7	106.8	99.6	103.3
蔬菜及食用菌	108.0	115.6	99.4	103.7
# 叶菜类蔬菜			101.7	100.9
# 白菜类蔬菜			98.2	103.2
# 芥菜类蔬菜			97.6	100.0
# 甘蓝类蔬菜			97.8	109.6
# 根茎类蔬菜			111.5	106.3
# 瓜菜类蔬菜			94.6	106.5
# 豆类蔬菜			106.5	103.4
# 茄果类蔬菜			96.7	101.7
# 莴苣及菊苣类蔬菜			93.6	102.4
# 葱蒜类蔬菜			100.7	111.7
花卉	96.0	97.3	103.1	99.7
盆景及园艺产品			104.2	96.8
水果及坚果	103.1	113.9	103.7	103.9
茶及饮料原料	104.7	99.6	116.7	102.7
林业产品	**103.9**	**116.9**	**103.6**	**99.9**
育种和育苗			106.8	96.0
木材采伐产品	104.2	113.1	101.3	101.6
竹材采伐产品	101.2	115.7	101.6	100.4
林产品	105.5	132.1	105.8	100.2
饲养动物及其产品	**100.8**	**99.2**	**98.6**	**103.1**
活牲畜	100.5	95.6	93.9	107.0
# 猪	97.1	96.8	93.5	107.0
活家禽	105.3	104.0	104.4	100.3
# 鸡	105.2	102.1	103.6	98.9
# 鸭	104.7	106.0	102.7	99.8
畜禽产品			102.3	98.1
# 鸡蛋	103.3	102.1	103.3	98.3
# 鸭蛋	119.9	100.0	99.7	97.5
渔业产品	**104.6**	**107.9**	**105.4**	**101.1**
海水养殖产品			101.5	103.0
# 海水养殖鱼			100.8	101.2
# 海水养殖虾			109.7	102.4
海水捕捞产品			104.1	103.5
# 海水捕捞鲜鱼			105.2	103.4
# 海水捕捞虾			103.8	108.2
淡水养殖产品			107.9	98.4
# 养殖淡水鱼			105.0	96.5
# 淡水养殖虾			116.7	105.2
淡水捕捞产品			107.7	100.1
# 捕捞淡水鱼			108.4	104.7
# 淡水捕捞鲜虾			101.5	97.8

注：2011 年开始农产品生产者价格调查制度变更，部分分类指标以前年份没数据。

7-12 农业生产资料价格分类指数

（上年 =100）

项　　目	2005	2010	2014	2015
农业生产资料价格指数	**105.8**	**101.7**	**99.9**	**101.2**
农用手工工具	102.4	101.7	103.9	101.5
饲料	104.2	102.1	104.7	99.0
混合饲料	103.8	101.5	103.6	99.8
其他	104.6	103.4	107.2	97.2
产品畜	105.6	95.9	94.0	112.0
半机械化农具	102.3	100.9	100.1	99.8
机械化农具	102.0	100.6	99.8	99.5
化学肥料	108.0	101.7	97.5	102.0
氮肥	105.9	101.9	97.2	102.0
磷肥	112.6	102.0	97.9	102.6
钾肥	119.0	99.8	98.9	100.4
复合肥料	105.5	101.8	97.4	102.2
农药及农药械	101.7	100.0	101.0	101.0
化学农药	101.4	99.8	101.0	100.8
杀虫剂	101.3	100.8	99.4	100.6
杀菌剂	100.8	98.8	101.6	101.3
除草剂	102.0	98.0	103.8	100.9
农药器械	103.7	101.3	101.0	102.0
农用机油	107.7	108.4	98.2	88.3
其他农业生产资料	110.7	104.0	102.5	102.6
农用种子	111.9	103.6	103.8	104.1
农用薄膜	108.9	105.7	100.3	100.1
农业生产服务		103.2	103.2	102.8
排灌费		99.9	100.0	100.0
机械作业费		101.6	105.2	102.6
农业用电			100.0	100.0
农业用工			105.4	107.9

八、种植业

3月4日，省政府在海丰县召开全省春耕备耕暨农业科技、放心农资、农业机械三下乡现场活动，邓海光副省长及相关省直机关单位、科研高校等部门负责人出席参加会议。

12月22日，省农业厅在湛江遂溪召开农业救灾复产暨冬种生产现场会

郑伟仪厅长向种植户了解灾后复产情况

湛江冬种马铃薯现场

暴雨洪涝造成玉米受淹倒伏

雷州半岛旱情造成早稻受灾

7月19日，袁隆平、谢华安、罗锡文3位院士参加我厅组织的“华南双季稻年亩产3000斤技术模式攻关”项目验收

种植业

【概况】 2015年全省种植业系统认真贯彻省委、省政府的决策部署和厅党组的工作安排，落实各项扶持农业生产的政策，有效应对极端天气等多种自然灾害，有效推动种植业生产保持稳定增长、产业结构优化、种植效益提升，为保障农产品有效供给、保持经济平稳较快发展提供了支撑。

一是粮食生产保持稳定。全年粮食播种面积3758.7万亩，比2014年减少1.8万亩，总产量1358.1万吨，比2014年增加0.8万吨，完成省政府年初下达的3750万亩，1313万吨的生产指标。粮食结构进一步调整优化，水稻播种面积2831万亩，下降0.3%，总产量1089万吨，与上年持平。豆类面积121万亩，增长2.7%；薯类种植中，番薯种植面积减少，马铃薯面积增加。薯类面积527万亩，增长0.6%，其中马铃薯面积70万亩，增长3.5%。玉米种植面积268万亩，增长1.0%。

二是主要经济作物总体向好。除甘蔗因糖价下跌和雷州半岛干旱导致面积和产量减少外，其他大宗经济作物面积稳中有进，产量再创新高。2015年全省蔬菜种植面积2073万亩，总产量3439万吨，比2014年分别增长2.3%、5.0%。花生种植面积548.9万亩，总产量109万吨，比2014年分别增长2.4%、4.5%。茶叶种植面积74.1万亩，总产量7.9万吨，比2014年分别增长2.4%、7.3%。水果种植面积1704.9万亩，总产量1519.9万吨，比2014年分别增长1.3%、5.7%。甘蔗种植面积243.5万亩，总产量1452.9万吨，比2014年分别减少3.7%、3.4%。

三是种植效益稳步提高。据各地农情调查，2015年我省种粮成本与往年持平，由于优质稻比重逐年增加，优质稻谷收购价格普遍在150—180元/50公斤，个别品种达到200元/50公斤以上，高于国家公布的早稻135元/50公斤、晚稻138元/50公斤的最低收购价，种粮扭亏转盈，每亩净收益约150元。蔬菜总产值达到1169亿元，比去年增加8.25%，平均每亩年产值5639元；春茧统茧效益良好，普遍价格在1450元-1500元/50公斤；甘蔗2015/16榨季收购价428元/吨，比上一榨季增加59元/吨。全年水果价格上涨3.9%，大宗品种水果价格均呈现不同程度的上涨，其中柑橘、菠萝、李子价格分别上涨5.5%、5.0%和6.1%。

【主要措施和成效】

一是抓好政策落实。省政府对各地级以上市实行粮食考评制度，将全省粮食播种面积3750万亩、总产量1313万吨的粮食工作考评指标下达各市，逐级落实任务和责任。会同省粮食局等部门完成对各地级以上市政府粮食安全届满考核，提高各地重农抓粮的积极性。2015年核定种粮补贴面积3168.6万亩，会同财政部门下达种粮直补资金1.26亿元、农资综合补贴资金19.32亿元，平均每户种粮农民得到280元的实惠，降低种粮成本，提高种粮收益，稳定了农民种粮信心，确保我省粮食播种面积保持稳定。2015年开始，在中央统一部署安排下，我省逐步实行“三补合一”改革，引导粮食生产由分散经营导向适度规模经营转型。

二是抓好高产创建。在全省30个农业大县创建粮油糖高产万亩示范片220片，其中水稻184片，薯类8片，玉米8片。集成推广区域性、标准化成熟技术模式，落实抗灾增产技术，促进农良种良法配套，进一步挖掘粮食增产潜力，持续提升我省粮食综合生产能力。重点抓好高州整县整建制推进试点和兴宁粮食增产模式攻关试点。组织华南农业大学、广东省农业科学院水稻研究所与国家杂交水稻工程技术研究中心展开合作，开展优质超高产双季水稻年亩产3000斤绿色模式攻关，经验收测产，部分试验田块接近或达到目标产量。

三是转变发展方式。开展粮食绿色增产模式攻关，重点开展粮食作物化肥农药“零增长”等6大行动，集成推广高产高效、资源节约、环境友好的技术模式，促进生产与生态协调发展。加快推进雷州东西洋、汕尾海丰、云浮罗定等3个现代粮食产业示范区建设，探索标准化生产、规模化种植、全程机械化耕作、组织化经营和产业化开发的“五化”现代粮食产业模式，辐射带动全省粮食生产转型升级。

四是优化园艺产业结构。开展水果产业转型升级专题调研，深入分析和研究我省水果产业现状、发展优势、存在问题及下一步转型升级的方向，组织制定全省水果产业发展规划，为我省种植业转方式、调结构和提质增效、创新驱动发展，做强做大优势水果产业提供支撑。启动实施现代农业产业发展专项（特色种植业），安排资金3800万元扶持建设16个特色水果生产加工示范基地，重点解决水果生产加工过程中的关键环节和突出问题，示范推动我省特色水果产业加快转变发展方式，增强产品竞争力。实施现代农业“五位一体”示范项目建设，制定现代农业“五位一体”示范基地建设实施方案与专家指导工作对接方案，扶持38个县各建一个“五位一体”示范基地。推进柑桔黄龙病防控改种工作，制定印发了实施方案、资金管理办法、无病毒苗木补贴指导意见、技术规程、柑橘无病苗圃认定管理办法等指导文件，开展了技术培训了督导检查。

五是抓好基础设施建设。截至2015年12月底，全省已建成高标准基本农田913.43万亩，占“十二五”期间任务1510万亩的60%。各地加大力度建设高标准农田，采取得力措施，加快推进建设进度，力争“十二五”期间全省新建高标准农田1510万亩以上，全面提高农田抗灾能力和生产能力。

六是抓好防灾减灾。今年我省先后遭受局部持续干旱、风雹、暴雨洪涝和台风等多种自然灾害的袭击，农业直接经济损失近60亿元。面对灾情，我厅及早部署，迅速行动，积极应对，组织开展农业抗灾救灾复产工作。提前发布预防灾害预警，加强农情调度，及时做好灾情统计上报工作，实行24小时值班，灾情每天一报。深入灾区指导开展救灾复产工作，指导灾区农业灾后复产。会省财政厅向农业部、财政部申请下拨中央农业救灾资金7000万元，启动省级粮食应急种子储备，调拨应急救灾种子7.4万公斤。灾区各级农业部门在当地党委和政府的领导下，全力开展农业救灾复产工作，指导农民搞好改种补种，加强灾后作物管理，最大限度减轻灾害的损失。

8-1 主要年份农作物播种面积及构成

年 份	农作物播种面积	一、粮食作物	稻谷	薯类	二、大豆	三、经济作物
一、绝对数（千公顷）						
1949	5285.95	4782.8	4126.2	495.8	92.58	155.04
1952	5608.83	4942.6	4053.6	665.6	93.81	239.9
1957	6326.93	5386.67	4040.93	817.45	95.87	401.94
1962	5687.57	4767.53	3655.8	787.5	77.33	313.47
1965	5799.75	4589.6	3609.07	655.65	75.33	629.45
1970	6254.66	4638.8	3771.79	601.62	77.63	726.08
1975	6836.83	5037.54	3914.25	612.29	131.73	815.45
1978	6641.64	5068.98	3860.66	582.01	109.14	851.52
1980	5969.89	4605.35	3730.73	533.78	132.12	809.32
1985	5357.88	3833.84	3210.54	487.22	116.81	945.12
1990	5671.56	3881.37	3175.78	501.13	114.96	892.28
1995	5304.8	3368.16	2701.42	515.01	103.9	790.11
2000	5156.9	3099.89	2412.7	426.76	96.97	728.7
2005	4815.37	2786.5	2137.6	386.5	83.8	667.7
2010	4524.51	2531.93	1952.75	329.11	63.58	665.73
2014	4744.95	2507.01	1893.28	349.17	62.63	735.33
2015	4784.72	2505.84	1887.3	351.24	63.57	742.99
二、构成（%）						
1949	100	90.5	78.1	9.4	1.8	2.9
1952	100	88.1	72.3	11.9	1.7	4.3
1957	100	85.1	63.9	12.9	1.5	6.4
1962	100	83.8	64.3	13.8	1.4	5.5
1965	100	79.1	62.2	11.3	1.3	10.9
1970	100	74.2	60.3	9.6	1.2	11.6
1975	100	73.7	57.3	9	1.9	11.9
1978	100	76.3	58.1	8.8	1.7	12.8
1980	100	77.1	62.5	8.9	2.2	13.6
1985	100	71.6	59.9	9.1	2.2	17.6
1990	100	68.5	56	8.8	2	15.7
1995	100	63.5	50.9	9.7	2	14.8
2000	100	60.1	46.8	8.3	1.9	14.1
2005	100	57.9	44.4	8	1.7	13.9
2010	100	56	43.2	7.3	1.4	14.7
2014	100	52.8	39.9	7.4	1.3	15.5
2015	100	52.4	39.4	7.3	1.3	15.5

8-1 续表

年份	经济作物					四、其他作物
	糖蔗	花生	黄红麻	红（土）烟	黄（烤）烟	
一、绝对数（千公顷）						
1949	28.93	75.33	3.72	5	3	255.53
1952	59.93	133.58	8.07	10.87	4.82	332.52
1957	96.95	201.69	22.5	16.07	6.69	442.45
1962	61.49	195.95	12.89	15.54	4.13	529.24
1965	148.55	287.89	17.31	15.07	5.12	505.37
1970	170.03	310.05	23.09	14.09	7.67	812.15
1975	184.28	316.87	46.21	22.85	15.35	852.11
1978	172.64	324.41	63.29	18.17	27.96	612
1980	145.71	368.83	28.03	14.58	11.17	423.11
1985	295.22	363.85	38.87	19.13	17.71	462.11
1990	279.82	323.97	4.84	14.59	31.11	782.95
1995	213.45	330.07	2.7	5.62	23.93	1042.63
2000	159.74	331.07	1.03	5.32	25.78	1231.34
2005	125.39	309.41	0.53	5.1	26.54	1361.17
2010	136.41	328.51	0.21	2.3	21.57	1326.85
2014	148.51	357.36	0.15	1.58	21.15	1502.61
2015	141.5	365.91	0.11	1.98	20.55	1537
二、构成（%）						
1949	0.5	1.4	0.1	0.1	0.1	4.8
1952	1.1	2.4	0.1	0.2	0.1	5.9
1957	1.5	3.2	0.4	0.3	0.1	7
1962	1.1	3.4	0.2	0.3	0.1	9.3
1965	2.6	5	0.3	0.3	0.1	8.7
1970	2.7	5	0.4	0.2	0.1	13
1975	2.7	4.6	0.7	0.3	0.2	12.5
1978	2.6	4.9	1	0.3	0.4	9.2
1980	2.4	6.2	0.5	0.2	0.2	7.1
1985	5.5	6.8	0.7	0.4	0.3	8.6
1990	4.9	5.7	0.1	0.3	0.5	13.8
1995	4	6.3	0.1	0.2	0.5	19.7
2000	3.1	6.4	...	0.1	0.5	23.9
2005	2.6	6.4	...	0.1	0.6	28.3
2010	3	7.3	...	0.1	0.5	29.3
2014	3.1	7.5	...	...	0.4	31.7
2015	3	7.6	...	...	0.4	32.1

8-2 主要年份农作物产量及指数

年份	粮食			大豆	糖蔗	花生	黄红麻	红(土)烟	黄(烤)烟
		稻谷	薯类						
一、绝对数(万吨)									
1949	685.85	621.35	55.85	4.62	66.91	6.63	0.48	0.58	0.23
1952	797.4	707.15	76.5	5.41	265.47	13.2	1.44	1.29	0.34
1957	1007.15	849.1	130.15	4.39	429.72	16.86	3.98	1.63	0.49
1962	929.6	820.25	89.15	3.84	180.6	15.6	2.22	1.15	0.26
1965	1227.65	1098.6	106.9	4.74	637.93	25.97	3.99	1.49	0.59
1970	1283.82	1157.04	103.1	5.79	656.93	32.16	6.24	1.6	0.7
1975	1464.58	1301.35	122.27	9.13	711.61	31.84	13.77	2.52	1.54
1978	1509.51	1328.56	121.04	7.99	835.42	35.17	18.07	1.97	2.76
1980	1681.91	1523.92	123.68	11.47	734.73	50	10.18	1.68	1.04
1985	1604.37	1454.29	131.88	11.32	1831.4	57.07	11.3	2.6	2.29
1990	1896.29	1687	167.05	13.87	2093.46	57.95	1.04	2.44	4.64
1995	1803.33	1553.9	209.4	16.5	1472.21	69.98	0.79	1.08	3.96
2000	1822.33	1528.53	199.05	18.73	1137.59	77.68	0.27	1.26	4.95
2005	1394.97	1116.99	185.48	18.87	946.03	75.86	0.14	1.24	5.06
2010	1316.5	1060.6	162.32	14.7	1134.35	87.13	0.05	0.58	4.93
2014	1357.34	1091.64	165.16	16.27	1308.84	104.31	0.04	0.51	5.07
2015	1358.13	1088.42	167.73	16.66	1250.93	109.04	0.03	0.59	4.98
二、构成(%)									
1949	100	100	100	100	100	100	100	100	100
1952	116.3	113.8	137	117.1	396.8	199.1	300	222.4	147.8
1957	146.8	136.7	233	95	642.2	254.3	829.2	281	213
1962	135.5	132	159.6	83.1	269.9	235.3	462.5	198.3	113
1965	179	176.8	191.4	102.6	953.4	391.7	831.3	256.9	256.5
1970	187.2	186.2	184.6	125.3	981.8	485.1	1300	275.9	304.3
1975	213.5	209.4	218.9	197.6	1063.5	480.2	2868.8	434.5	669.6
1978	220.1	213.8	216.7	172.9	1248.6	530.5	3764.6	339.7	1200
1980	245.2	245.3	221.5	248.3	1247.5	754.1	2120.8	289.7	452.2
1985	233.9	234.1	236.1	245	2737.1	860.8	2354.2	448.3	995.7
1990	276.5	271.5	299.1	300.2	3128.8	874.1	216.7	420.7	2017.4
1995	262.9	250.1	374.9	357.1	2100.3	955.5	164.6	186.2	1721.7
2000	265.7	246	356.4	405.4	1700.2	1171.6	56.3	217.2	2152.2
2005	203.4	179.8	332.1	408.4	1413.9	1144.2	29.2	213.8	2200
2010	192	170.7	290.6	318.2	1695.3	1314.2	10.4	100	2143.5
2014	197.9	175.7	295.7	352.2	1956.1	1573.3	7.7	87.1	2203.9
2015	198	175.2	300.3	360.6	1869.6	1644.6	6.3	101.7	2165.2

8-3 主要农作物播种面积、单产及总产量

单位：千公顷、千克、万吨

项 目	2013年			2014年			2015年		
	面积	亩产	总产量	面积	亩产	总产量	面积	亩产	总产量
农作物总播种面积	4698.08			4744.95			4784.72		
一、粮食作物	**2507.62**	**350**	**1315.9**	**2507.01**	**361**	**1357.34**	**2505.84**		**1358.13**
1. 稻谷	1908.79	365	1045	1893.28	384	1091.64	1887.3	384	1088.42
早稻	905.36	384	521.06	893.2	390	523.19	889.4	394	524.97
晚稻	1003.43	348	523.94	1000.08	379	568.45	997.9	376	563.45
2. 小麦	0.93	229	0.32	0.93	212	0.3	0.91	220	0.3
3. 旱粮	200.93	295	88.79	201.01	279	83.97	202.82	279	85.02
其中：玉米	176.65	308	81.62	177.18	289	76.86	178.96	290	77.85
4. 薯类（五折一）	334.5	331	165.89	349.17	315	165.16	351.24	318	167.73
番薯	288.09	330	142.43	304.39	312	142.26	304.89	316	144.61
马铃薯	46.41	337	23.46	44.78	341	22.9	46.35	333	23.12
5. 大豆	62.47	170	15.9	62.63	173	16.27	63.57	175	16.66
二、经济作物	**727.57**			**735.33**			**742.99**		
1. 甘蔗	172.99	5986	1553.23	168.51	5953	1504.67	162.36	5966	1452.8542
糖蔗	152.85	5926	1358.77	148.51	5876	1308.84	141.50	5894	1250.933
果蔗	20.13	6439	194.46	20.01	6525	195.83	20.86	6452	201.92
2. 油料作物	360.16	187	101.01	366.78	192	105.48	375.58	196	110.3355
其中：花生	351.01	190	99.85	357.36	195	104.31	365.91	199	109.0407
芝麻	2.53	99	0.37	2.82	89	0.38	2.97	101	0.45
油菜籽	6.62	79	0.79	6.6	80	0.79	6.70	85	0.85
3. 麻类	0.16	161	0.04	0.15	163	0.04	0.11	182	0.03
其中：黄红麻	0.16	161	0.04	0.15	163	0.04	0.11	182	0.03
4. 烟叶	23.55	161	5.7	22.73	164	5.58	22.526	165	5.57
烤烟	21.41	159	5.12	21.15	160	5.07	20.549	164	5.07
红烟	2.14	180	0.58	1.58	214	0.51	1.977	172	0.51
5. 木薯	82.25	1295	159.78	82.69	1325	164.29	81.8	1369	167.97
6. 药材	17.94			20.37			22.37		
7. 其他经济作物	70.52			74.09			77.86		
三、其他作物	**1462.9**			**1502.61**			**1535.88**		
蔬菜（含菜用瓜）	1306.93	1604	3144.47	1350.4	1617	3274.75	1381.98	1659	3438.78

8-4 各市粮食作物播种面积和产量

2015 年　　单位：公顷、千克、吨

市别	粮食作物			#稻谷			#晚稻		
	播种面积	亩产	总产量	播种面积	亩产	总产量	播种面积	亩产	总产量
全　省	2505840	361	13581331	1887300	5767	10884200	997900	376	5634500
广州市	89634	328	440898	59778	346	310138	29102	344	150365
深圳市	10	412	63						
珠海市	7039	394	41552	4422	436	28901	2166	394	12799
汕头市	71088	441	470349	47911	453	325670	23762	439	156624
佛山市	20633	317	98208	9520	361	51618	5230	348	27295
韶关市	157777	377	892525	123498	414	766551	75372	414	468329
河源市	163638	372	912228	134324	406	817808	68605	406	417761
梅州市	214652	385	1238428	172129	412	1064382	87488	409	536845
惠州市	116594	341	597234	80312	349	420099	42291	354	224256
汕尾市	95101	317	452864	68976	332	343597	35290	320	169391
东莞市	2806	301	12675	737	371	4106	365	371	2033
中山市	14918	348	77882	5160	386	29890	2672	402	16111
江门市	190873	334	955729	171242	345	886067	89400	333	446554
阳江市	145998	324	709626	105012	354	556978	57289	353	303713
湛江市	287281	334	1441318	208539	354	1108410	118602	334	593392
茂名市	248320	389	1448716	198438	411	1222005	106443	385	615433
肇庆市	202195	382	1159255	164949	409	1011061	84280	406	513867
清远市	179136	297	798781	134135	323	650789	68836	322	332025
潮州市	44270	413	274455	32233	441	213096	15390	436	100586
揭阳市	136609	419	858655	77184	414	478984	39404	407	240572
云浮市	117267	398	699891	88803	446	594050	45914	445	306549

8-5 各市农作物播种面积和产量

2015 年　　　　单位：公顷、千克、吨

市别	小麦			旱粮			薯类			大豆		
	播种面积	亩产	总产量	播种面积	亩产	总产量	播种面积	亩产	总产量	播种面积	亩产	总产量
全　省	907	221	3000	202827	279	850222	351240	318	8386545	63567	175	166600
广州市				16704	290	72571	11503	303	261730	1649	236	5843
深圳市				7	490	50	3	252	63			
珠海市				1475	343	7585	1054	290	22941	88	362	478
汕头市				2434	361	13177	20490	426	654923	253	136	517
佛山市				4462	295	19748	6337	274	130038	313	178	834
韶关市				12329	256	47332	13053	265	259380	8898	201	26766
河源市				9396	236	33243	9533	244	174175	10384	169	26342
梅州市	11	327	55	14806	245	54368	18768	340	478062	8938	179	24011
惠州市				22308	346	115895	11660	322	282026	2314	139	4835
汕尾市	7	200	20	2219	279	9290	21926	292	480736	1973	129	3810
东莞市				516	286	2214	1412	285	30150	141	153	325
中山市				5080	313	23881	3936	368	108544	741	216	2402
江门市				4860	255	18585	12385	242	224688	2386	172	6139
阳江市				11425	272	46582	22393	269	452067	7168	146	15653
湛江市	233	198	690	23450	258	90590	53507	296	1186514	1553	186	4325
茂名市	656	227	2235	16540	320	79274	31083	301	700944	1603	208	5013
肇庆市				12563	273	51434	22631	269	456481	2052	177	5464
清远市				23326	231	80791	16416	223	275074	5260	154	12186
潮州市				3990	315	18874	7684	362	208446	364	146	796
揭阳市				3610	343	18598	52754	447	1766905	3061	168	7692
云浮市				11326	272	46140	12712	244	232658	4425	198	13169

市别	甘蔗			糖蔗			油料			花生		
	播种面积	亩产	总产量	播种面积	亩产	总产量	播种面积	亩产	总产量	播种面积	亩产	总产量
全　省	162360	5966	14528542	141499	5894	12509330	375577	196	1103355	365910	199	1090407
广州市	6912	8157	845730	54	6613	5370	7111	178	18980	7041	178	18824
深圳市							1	556	5	1	556	5
珠海市	78	4864	5672	35	3426	1802	306	263	1206	306	263	1206
汕头市	44	5800	3857				1286	176	3387	1286	176	3387
佛山市	38	5235	3010	2	2690	78	1655	209	5190	1655	209	5190
韶关市	5516	6959	575846	2781	5216	217558	46802	208	145928	40688	227	138386
河源市	879	3366	44398	407	4158	25359	26266	205	80618	26170	205	80426
梅州市	663	2184	21702				15314	178	40779	15266	178	40714
惠州市	1235	5482	101556	840	5062	63804	23477	179	63032	23439	179	62995
汕尾市	315	4198	19819	67	5000	5000	13527	144	29279	12260	150	27612
东莞市	87	5367	6982				61	219	202	61	219	202
中山市	45	5163	3449	29	3868	1667	108	247	399	108	247	399
江门市	3824	5968	342345	2016	6245	188897	12456	172	32213	12450	172	32204
阳江市	2087	4473	140037	1024	4231	64999	25383	150	57128	25293	150	57027
湛江市	128216	5974	11488851	125675	5980	11272595	59757	233	209176	58699	235	207195
茂名市	5168	4783	370781	4547	4885	333170	46296	205	142085	46279	205	142047
肇庆市	1627	4374	106741	547	4945	40577	25393	192	73124	25352	192	73082
清远市	4395	5563	366765	3265	5498	269287	41301	187	115644	40598	188	114725
潮州市	168	7583	19078	72	8100	8789	1501	162	3654	1473	163	3600
揭阳市	339	5125	26080	126	5039	9544	7607	218	24860	7607	218	24860
云浮市	724	3302	35843	11	5180	834	19971	188	56466	19878	189	56321

8-5 续表

市别	麻类			烟叶			木薯			药材面积
	播种面积	亩产	总产量	播种面积	亩产	总产量	播种面积	亩产	总产量	
全　省	109	172	282	22526	165	55704	82193	1362	1679654	22367
广州市				…	167	1	71	1260	1344	758
深圳市										
珠海市							28	1942	806	2
汕头市							33	3434	1700	29
佛山市				…	167	1	131	1781	3503	
韶关市				13312	166	33050	1981	1410	41905	1004
河源市							2828	949	40243	470
梅州市	6	232	22	4863	147	10753	9508	1108	157985	3541
惠州市							93	1554	2165	10
汕尾市							1600	2260	54236	20
东莞市										5
中山市							2	720	18	
江门市				3	120	6	2539	1494	56890	372
阳江市				50	178	134	3976	993	59218	1236
湛江市				507	218	1658	10631	2002	319192	4400
茂名市	40	184	111	954	205	2940	6674	1189	119012	4288
肇庆市	16	129	31	1634	173	4243	16174	1227	297611	2558
清远市				1059	163	2594	8657	1175	152610	1673
潮州市							304	1414	6453	200
揭阳市	25	219	82	3	306	15	1188	1274	22702	896
云浮市	21	112	36	139	149	309	15775	1446	342061	904

市别	其他经济作物播种面积	蔬菜			瓜类			青饲料面积	绿肥面积
		播种面积	亩产	总产量	播种面积	亩产	总产量		
全　省	77861	1381980			48265			59319	31710
广州市	18254	145580	1690	3690969	368	1489	8232	1187	183
深圳市	446	4350	966	63030	17	1059	270		
珠海市	1511	7472	1409	157953	635	1226	11679	477	35
汕头市	91	49465	2395	1776778	390	2212	12952	126	
佛山市	11976	49046	1722	1267044	2308	1414	48959	9073	3
韶关市	2056	94500	1555	2204779	6632	2020	200946	4708	7121
河源市	259	38645	1247	722882	836	1199	15038	1385	2107
梅州市	1160	76426	2005	2298181	6612	1169	115896	12141	5297
惠州市	634	117852	1569	2773793	2255	1617	54701	1514	122
汕尾市	115	53269	1502	1200385	2273	2191	74701	330	207
东莞市	883	20901	1312	411247	223	1274	4265		
中山市	6477	23493	1547	545101	276	1870	7751	219	2
江门市	8718	61479	1412	1302156	1520	1677	38253	4062	117
阳江市	488	61407	1098	1011822	2425	1473	53581		215
湛江市	11425	152966	1589	3645581	9202	2041	281659	1395	16
茂名市	777	107113	1731	2781850	560	1440	12097	1362	1844
肇庆市	7552	80346	1999	2409578	6410	2229	214302	6415	3687
清远市	2263	130634	1490	2919713	2716	1868	76130	7416	7590
潮州市	608	14593	2200	481523	115	1787	3095	2026	19
揭阳市	1113	65974	2227	2204187	446	2395	16015	2696	501
云浮市	1054	26469	1308	519269	2042	1172	35900	2788	2647

8-6 各县（市）区粮食作物播种面积和产量

2015 年　　　　单位：公顷、千克、吨

县（市）区别	粮食作物			稻谷			薯类		
	播种面积	亩产	总产量	播种面积	亩产	总产量	播种面积	亩产	总产量
广 州 市	**89634**	**328**	**440898**	**59778**	**346**	**31138**	**11503**	**303**	**52346**
海 珠 区									
天 河 区									
白 云 区	6400	332	31862	3721	345	19252	742	328	3652
黄 埔 区	3029	298	13555	1875	315	8862	1053	262	4137
荔 湾 区									
花 都 区	14668	332	73014	5927	381	33901	2964	309	13737
从 化 区	23383	337	118350	20925	345	108352	1427	317	6778
增 城 区	32935	316	155981	25649	340	130890	3406	247	12641
番 禺 区	2674	350	14036	376	338	1905	1004	358	5391
南 沙 区	6545	347	34100	1306	356	6976	907	442	6010
深 圳 市	**10**	**412**	**63**				**3**	**252**	**13**
福 田 区									
罗 湖 区									
南 山 区									
宝 安 区									
龙 岗 区	10	412	63				3	252	13
盐 田 区									
珠 海 市	**7039**	**394**	**41552**	**4422**	**436**	**28901**	**1054**	**290**	**4588**
香 洲 区	73	423	463	22	410	133	32	266	129
金 湾 区	524	358	2815	20	366	112	136	253	517
斗 门 区	6442	396	38274	4380	436	28656	886	297	3942
汕 头 市	**71088**	**441**	**470349**	**47911**	**453**	**325670**	**20490**	**426**	**130985**
金 平 区	1405	425	8966	1365	424	8678	40	477	288
龙 湖 区	2821	437	18502	2033	452	13771	437	460	3017
澄 海 区	13813	451	93443	10427	470	73477	1460	426	9326
濠 江 区	2308	424	14674	1135	448	7624	1076	419	6768
潮 阳 区	26353	449	177437	17160	469	120774	9074	412	56069
潮 南 区	23880	428	153309	15482	427	99072	8221	437	53884
南 澳 县	508	527	4019	310	489	2274	182	600	1634
佛 山 市	**20633**	**317**	**98208**	**9520**	**361**	**51618**	**6337**	**274**	**26008**
禅 城 区									
南 海 区	1409	331	7001	221	332	1101	1130	320	5426
顺 德 区	83	245	304				29	87	37
高 明 区	11800	315	55679	8583	362	46584	2175	202	6590
三 水 区	7340	320	35224	717	366	3933	3003	310	13955
韶 关 市	**157777**	**377**	**892525**	**123498**	**414**	**766551**	**13053**	**265**	**51876**
浈 江 区	4414	384	25423	3620	401	21775	441	325	2152
武 江 区	4947	367	27200	4407	380	25096	200	279	837
曲 江 区	14900	390	87236	13010	413	80589	864	235	3039
南 雄 市	36085	395	213809	29944	430	193048	2816	232	9808
始 兴 县	14520	411	89558	12360	430	79782	1201	316	5693
翁 源 县	19708	354	104731	16564	383	95193	493	221	1634
仁 化 县	16564	417	103554	12573	450	84808	1757	330	8684
新 丰 县	11970	315	56492	7875	377	44490	976	227	3321
乳源自治县	12088	332	60181	8133	393	47931	1560	222	5202
乐 昌 市	22582	367	124342	15012	417	93839	2745	279	11507

8-6 续表 1

县（市）区别	粮食作物			稻谷			薯类		
	播种面积	亩产	总产量	播种面积	亩产	总产量	播种面积	亩产	总产量
河源市	**163638**	**372**	**912228**	**134324**	**406**	**817808**	**9533**	**244**	**34835**
源城区	2405	349	12590	1935	387	11228	134	130	262
东源县	31337	367	172352	25677	404	155544	2450	255	9369
和平县	25411	348	132598	20310	366	111479	1175	288	5068
龙川县	44002	417	275258	35548	474	252908	1998	227	6808
紫金县	40400	366	221700	35116	378	198950	2366	299	10598
连平县	20083	324	97731	15738	372	87699	1411	129	2731
梅州市	**214652**	**385**	**1238428**	**172129**	**412**	**1064382**	**18768**	**340**	**95612**
梅江区	4322	380	24604	3227	409	19818	302	466	2110
梅县区	31557	411	194396	23404	468	164127	3002	269	12103
蕉岭县	11675	368	64496	9685	405	58898	589	254	2241
大埔县	19827	331	98350	15459	365	84612	2263	242	8208
丰顺县	24040	343	123688	17766	354	94218	4867	333	24335
五华县	54934	367	302701	46153	405	280607	4181	83	5221
兴宁市	52134	437	341588	42865	446	286742	3062	814	37382
平远县	16164	365	88607	13569	370	75360	502	533	4014
惠州市	**116594**	**341**	**597234**	**80312**	**349**	**420099**	**11660**	**322**	**56405**
惠城区	19158	359	103266	10915	355	58175	928	332	4620
惠东区	38322	332	191078	26005	346	135098	7243	338	36673
惠阳区	7729	370	42839	5233	361	28305	589	297	2629
博罗县	31440	344	162101	20736	355	110526	1512	291	6595
龙门县	19945	327	97951	17422	337	87995	1388	283	5889
汕尾市	**95101**	**317**	**452864**	**68976**	**332**	**343597**	**21926**	**292**	**96147**
汕尾城区	3682	315	17405	2987	315	14101	695	317	3304
红海湾区	1733	339	8810	907	356	4842	827	320	3968
海丰县	34574	326	169103	30253	329	149385	3570	332	17777
陆河县	12527	315	59278	8353	333	41704	3002	307	13826
陆丰市	42584	310	198268	26477	336	133565	13831	276	57272
东莞市	**2806**	**301**	**12675**	**737**	**371**	**4106**	**1412**	**285**	**6030**
中山市	**14918**	**348**	**77882**	**5160**	**386**	**29890**	**3936**	**368**	**21709**
江门市	**190873**	**334**	**955729**	**171242**	**345**	**886067**	**12385**	**242**	**44938**
蓬江区	1068	298	4776	694	324	3369	172	225	580
江海区	247	504	1866	206	540	1665	16	281	66
新会区	31421	310	146054	26707	325	130388	2936	211	9305
台山市	69027	350	362652	64793	357	346533	2589	263	10197
开平市	45221	333	225565	40195	345	207917	3074	254	11714
恩平市	28013	318	133594	24625	329	121597	2262	264	8944
鹤山市	15875	341	81221	14022	355	74598	1336	206	4131
阳江市	**145998**	**324**	**709626**	**105012**	**354**	**556978**	**22393**	**269**	**90413**
江城区	19934	286	85445	15818	309	73273	2974	198	8850
阳东县	32980	314	155200	23432	340	119424	5139	271	20889
阳西县	28600	346	148332	20563	377	116327	5016	270	20315
阳春市	61833	332	308287	43470	367	239117	8561	294	37737
海陵区	2651	311	12362	1730	341	8837	703	249	2622
湛江市	**287281**	**334**	**1441318**	**208539**	**354**	**1108410**	**53507**	**296**	**237303**
赤坎区	618	332	3080	412	378	2335	203	241	734
霞山区	1395	351	7342	1113	376	6277	234	257	903

县（市）区别	粮食作物			稻谷			薯类		
	播种面积	亩产	总产量	播种面积	亩产	总产量	播种面积	亩产	总产量
坡头区	15742	293	69289	10565	318	50396	4680	250	17521
麻章区	9568	333	47855	8035	341	41085	808	362	4392
东海区	8348	299	37483	5176	326	25333	1669	244	6100
吴川市	30076	353	159410	24758	359	133321	4158	348	21675
徐闻县	26383	317	125554	12138	365	66544	3229	315	15254
雷州市	63682	348	332123	54343	360	293240	6411	286	27496
遂溪县	47002	342	241153	32074	353	169618	12498	327	61255
廉江市	84467	330	418028	59925	356	320261	19616	279	81972
茂名市	**248320**	**389**	**1448716**	**198438**	**411**	**1222005**	**31083**	**301**	**140189**
茂南区	20308	320	97631	16354	328	80502	2058	276	8522
电白区	57776	373	323641	46220	388	268904	8624	323	41802
信宜市	52396	409	321271	34833	451	235477	7889	328	38867
高州市	58224	435	379669	52568	449	354358	4378	294	19317
化州市	59616	365	326505	48463	389	282764	8133	260	31682
肇庆市	**202195**	**382**	**1159255**	**164949**	**409**	**1011061**	**22631**	**269**	**91296**
端州区	99	348	514	93	364	510	5	34	2
鼎湖区	7003	394	41360	5714	417	35738	497	262	1950
高要市	38199	411	235653	32342	422	204719	4475	373	25015
广宁县	28514	372	159100	22114	421	139622	4100	209	12857
四会市	20973	387	121677	15216	415	94709	3943	322	19053
德庆县	23361	350	122786	20675	365	113214	1621	182	4432
封开县	34407	396	204297	27498	425	175313	3768	257	14517
怀集县	49640	368	273868	41298	399	247236	4222	213	13470
清远市	**179136**	**297**	**798781**	**134135**	**323**	**650789**	**16416**	**223**	**55015**
清城区	18069	258	69803	17062	260	66525	429	230	1479
英德市	49610	300	223404	37709	323	182418	4524	225	15272
佛冈县	13069	308	60283	11962	308	55271	576	336	2902
连山自治县	8080	337	40828	6993	339	35564	538	323	2601
连南自治县	8206	246	30301	4464	289	19375	241	189	683
连州市	27814	314	131202	19064	351	100277	4014	229	13777
阳山县	26086	269	105105	12899	333	64453	3977	221	13212
清新区	28202	326	137855	23981	353	126906	2117	160	5089
潮州市	**44270**	**413**	**274455**	**32233**	**441**	**213096**	**7684**	**362**	**41689**
湘桥区	3947	460	27253	2989	477	21398	431	451	2917
饶平县	25308	370	140358	17848	406	108740	5061	311	23622
潮安区	15016	474	106845	11396	485	82958	2192	461	15151
揭阳市	**136609**	**419**	**858655**	**77184**	**414**	**478984**	**52754**	**447**	**353381**
榕城区	9934	495	73701	7233	480	52062	2344	568	19964
揭东区	25476	498	190132	13990	500	104939	9038	553	74977
惠来县	36716	368	202807	16454	375	92633	18582	381	106271
普宁市	34622	415	215518	20901	391	122659	12862	465	89730
揭西县	29861	394	176497	18606	382	106691	9927	419	62439
云浮市	**117267**	**398**	**699891**	**88803**	**446**	**594050**	**12712**	**244**	**46532**
云城区	10406	389	60712	7773	441	51418	1532	244	5600
新兴县	23878	409	146611	19923	446	133198	2155	215	6939
郁南县	24367	395	144534	18234	427	116808	2912	290	12674
罗定市	42346	407	258579	33212	458	228395	3317	199	9892
云安区	16269	367	89454	9661	443	64231	2796	272	11426

8-7 各县（市）区农作物播种面积和产量

2015 年　　单位：公顷、千克、吨

县（市）区别	糖蔗			花生			蔬菜			瓜类		
	播种面积	亩产	总产量	播种面积	亩产	总产量	播种面积	亩产	总产量	播种面积	亩产	总产量
广州市				**7041**	**178**	**18824**	**145580**	**1690**	**3690969**	**368**	**1489**	**8232**
海珠区							941	1273	17971			
天河区							1483	1283	28536			
白云区				374	168	942	37088	1501	834931	37	1224	677
黄埔区	3	5500	275	93	204	284	5069	1179	89629	30	1353	605
荔湾区							301	985	4452			
花都区	49	6717	4957	1219	176	3223	13186	1688	333808	191	1736	4966
从化区				3292	178	8814	15917	1541	367902	7	582	57
增城区				1980	175	5199	43134	1898	1227853	75	1345	1517
番禺区	2	5750	138	18	300	83	8532	1485	190106	19	781	228
南沙区				64	292	279	19929	1993	595781	10	1230	182
深圳市				**1**	**556**	**5**	**4350**	**966**	**63030**	**17**	**1059**	**270**
福田区												
罗湖区												
南山区												
宝安区							2149	1171	37744			
龙岗区				1	556	5	2201	766	25286	17	1059	270
盐田区												
珠海市	**35**	**3426**	**1802**	**306**	**263**	**1206**	**7472**	**1409**	**157953**	**635**	**1226**	**11679**
香洲区	27	3000	1200	10	2548	400	671	838	8442	3	1620	81
金湾区				85	152	193	2478	1406	52243	340	984	5019
斗门区	8	4778	602	211	194	613	4323	1500	97268	292	1503	6579
汕头市				**1286**	**176**	**3387**	**49465**	**2395**	**1776778**	**390**	**2212**	**12952**
金平区							1714	2086	53628	10	2291	339
龙湖区				92	241	332	5498	2696	222318			
澄海区				132	246	486	19743	2657	786862	347	2195	11430
濠江区				363	154	840	1907	2107	60267	15	2377	523
潮阳区				80	258	310	10674	1958	313464	2	1433	43
潮南区				589	148	1304	9582	2246	322886			
南澳县				30	253	115	347	3335	17353	17	2468	617
佛山市	**2**	**2690**	**78**	**1655**	**209**	**5190**	**49046**	**1722**	**1267044**	**2308**	**1414**	**48959**
禅城区							485	759	5525			
南海区	2	2690	78	41	220	135	21665	1569	509761	152	1244	2829
顺德区				1	500	5	5623	1194	100724	3	1600	80
高明区				767	229	2631	9349	1717	240713	230	1284	4430
三水区				846	191	2419	11923	2294	410321	1924	1442	41620
韶关市	**2781**	**5216**	**217558**	**40688**	**227**	**138386**	**94500**	**1555**	**2204779**	**6632**	**2020**	**200946**
浈江区				1834	255	7026	3735	1960	109809	126	2037	3847
武江区				1209	212	3852	3862	2100	121685	240	1633	5883
曲江区				5039	248	18747	9888	1787	264996	247	2804	10374
南雄市				7549	228	25854	10637	1717	274024	381	1685	9625
始兴县				3376	236	11953	8534	1916	245240	1266	1823	34621
翁源县	2696	5283	213680	4614	277	19151	16755	1311	329547	53	1173	937
仁化县				8457	259	32810	8958	1652	221984	1867	2241	62737
新丰县	28	2604	1086	3549	110	5862	11497	1308	225493	84	1327	1669
乳源自治县				1896	141	4017	4885	1125	82456	282	1659	7028
乐昌市	57	3285	2792	3164	192	9114	15751	1395	329545	2086	2052	64225

8-7 续表 1

县（市）区别	糖蔗			花生			蔬菜			瓜类		
	播种面积	亩产	总产量	播种面积	亩产	总产量	播种面积	亩产	总产量	播种面积	亩产	总产量
河源市	**407**	**4158**	**25359**	**26170**	**205**	**80426**	**38645**	**1247**	**722882**	**836**	**1199**	**15038**
源城区	30	5800	2610	671	252	2536	2259	1122	38013	1	2500	50
东源县	189	3364	9530	7411	188	20955	6860	858	88292	95	1545	2213
和平县				2392	201	7229	6124	1648	151400	102	1176	1795
龙川县				5008	168	12605	7962	1110	132613	100	1912	2864
紫金县	188	4694	13219	5625	226	19067	9522	1575	224969	355	1030	5478
连平县				5063	237	18034	5918	987	87595	183	960	2638
梅州市				**15266**	**178**	**40714**	**76426**	**2005**	**2298181**	**6612**	**1169**	**115896**
梅江区				392	172	1011	5276	1545	122277	178	1596	4265
梅县区				3830	195	11213	13317	2456	490521	1837	1726	47574
蕉岭县				1441	146	3149	5200	1396	108896	167	1280	3200
大埔县				1338	153	3068	8997	1396	188399	1224	2181	40062
丰顺县				1935	209	6060	7828	1998	234635	111	2398	3976
五华县				2785	182	7582	12167	1991	363385	2500	63	2364
兴宁市				2049	153	4693	19065	2508	717323	74	3032	3347
平远县				1496	175	3938	4577	1060	72745	521	1422	11108
惠州市	**840**	**5062**	**63804**	**23439**	**179**	**62995**	**117852**	**1569**	**2773793**	**2255**	**1617**	**54701**
惠城区	19	4390	1273	4631	188	13027	19453	1771	516825	201	1651	4974
惠东县	12	5795	1072	6738	189	19117	36616	1457	800149	1197	1443	25899
惠阳区				2321	176	6120	17119	1542	395903	304	1647	7519
博罗县	780	5093	59584	6784	167	17007	33340	1611	805542	496	2040	15160
龙门县	29	4360	1875	2966	174	7724	11324	1503	255374	58	1322	1149
汕尾市	**67**	**5000**	**5000**	**12260**	**150**	**27612**	**53269**	**1502**	**1200385**	**2273**	**2191**	**74701**
汕尾城区				465	151	1054	2258	1426	48312	73	2581	2844
红海湾区				401	137	823	1174	1537	27076			
海丰县	67	5000	5000	2806	141	5931	18300	1755	481677	1334	2202	44071
陆河县				1200	195	3509	4117	1249	77143	153	1522	3500
陆丰市				7389	147	16295	27420	1377	566177	712	2273	24286
东莞市				**61**	**219**	**202**	**20901**	**1312**	**411247**	**223**	**1274**	**4265**
中山市	**29**	**3868**	**1667**	**108**	**247**	**399**	**23493**	**1547**	**545101**	**276**	**1870**	**7751**
江门市	**2016**	**6245**	**188897**	**12450**	**172**	**32204**	**61479**	**1412**	**1302156**	**1520**	**1677**	**38253**
蓬江区				65	230	224	3155	1238	58580	11	1012	170
江海区							2328	1275	44545	154	1589	3661
新会区	104	3096	4827	334	292	1464	7149	1447	155134	62	1128	1046
台山市	849	5757	73356	5547	168	13966	16150	1272	308034	875	1713	22491
开平市	125	2716	5106	2729	147	5999	15137	1297	294525	42	1432	902
恩平市	938	7509	105608	2510	154	5800	5709	1703	145839			
鹤山市				1266	250	4751	11851	1662	295499	376	1768	9983
阳江市	**1024**	**4231**	**64999**	**25293**	**150**	**57027**	**61407**	**1098**	**1011822**	**2425**	**1473**	**53581**
江城区				1867	157	4397	6155	1105	102031	97	1247	1820
阳东区	696	3955	41280	7069	142	15104	12997	1161	226431	221	1266	4196
阳西县				5001	148	11102	14590	1183	258924	2107	1505	47565
阳春市	328	4817	23719	10790	155	25121	26623	1017	406301			
海陵区				567	153	1303	1043	1159	18135			
湛江市	**125675**	**5980**	**11272595**	**58699**	**235**	**207195**	**152966**	**1589**	**3645581**	**9202**	**2041**	**281659**
赤坎区	15	3987	897	88	181	237	1180	1377	24368	4	1600	96
霞山区	62	3580	3329				1110	993	16525			

8-7 续表2

县（市）区别	糖蔗			花生			蔬菜			瓜类		
	播种面积	亩产	总产量	播种面积	亩产	总产量	播种面积	亩产	总产量	播种面积	亩产	总产量
坡头区	249	4875	18203	3252	109	5340	4238	1346	85548	42	1556	991
麻章区	4772	4515	323192	1451	187	4063	4561	1079	73809	53	1044	835
东海区	14	5000	1050	1155	130	2244	3062	935	42938	486	1049	7641
吴川市	431	5572	36038	6511	236	23074	7317	1238	135845	102	1373	2105
徐闻县	18584	4423	1232963	6097	189	17275	34194	1474	755850	391	2119	12436
雷州市	49135	6035	4448252	14234	306	65247	30295	1637	743933	6223	2038	190271
遂溪县	44657	7101	4756401	11106	242	40365	24347	1990	726606	1624	2348	57211
廉江市	7756	3887	452270	14805	222	49350	42663	1625	1040159	276	2429	10073
茂名市	**4547**	**4885**	**333170**	**46279**	**205**	**142047**	**107113**	**1731**	**2781850**	**560**	**1440**	**12097**
茂南区	196	3645	10730	3893	195	11399	8565	1784	229254	2	1129	35
电白区	37	5751	3215	17607	196	51856	35107	1625	855610	51	1513	1156
信宜市				5556	203	16960	15733	1702	401661	262	1348	5300
高州市	129	3718	7202	7638	232	26616	23305	2084	728407	138	1733	3592
化州市	4184	4972	312023	11584	203	35216	24403	1549	566918	107	1256	2014
肇庆市	**547**	**4945**	**40577**	**25352**	**192**	**73082**	**80346**	**1999**	**2409578**	**6410**	**2229**	**214302**
端州区				11	141	24	360	2174	11740			
鼎湖区				409	221	1356	4126	1841	113937	245	2441	8978
高要区				3676	224	12356	31375	1863	876623	2361	2242	79403
广宁县				3107	149	6949	6831	1847	189300	828	1935	24043
四会市				4535	200	13607	8155	1955	239119	200	1435	4304
德庆县				3690	193	10702	6653	1871	186742	123	2493	4614
封开县	489	4999	36668	5593	211	17683	8932	1999	267842	1162	2222	38744
怀集县	58	4488	3909	4330	160	10405	13914	2512	524275	1490	2426	54216
清远市	**3265**	**5498**	**269287**	**40598**	**188**	**114725**	**130634**	**1490**	**2919713**	**2716**	**1868**	**76130**
清城区	21	11006	3456	4839	197	14308	13186	1743	344708	103	1107	1712
英德市	3170	5478	260500	12627	172	32576	25352	1879	714696	694	1918	19969
佛冈县				2289	188	6471	7653	1027	117933	5	936	73
连山自治县				1186	255	4540	4513	1250	84586	60	1525	1362
连南自治县				2001	244	7324	6409	548	52711	3	2327	121
连州市				5221	204	15994	29099	1585	691700	1188	2153	38349
阳山县	6	3000	270	6526	179	17482	29451	1129	498844	460	1209	8333
清新区	68	4957	5061	5910	181	16030	14972	1846	414535	204	2034	6211
潮州市	**72**	**8100**	**8789**	**1473**	**163**	**3600**	**14593**	**2200**	**481523**	**115**	**1787**	**3095**
湘桥区				132	210	415	2221	2112	70345			
饶平县	72	8100	8789	1110	151	2514	7275	2231	243451	109	1835	2995
潮安区				231	193	671	5097	2194	167727	7	1000	100
揭阳市	**126**	**5039**	**9544**	**7607**	**218**	**24860**	**65974**	**2227**	**2204187**	**446**	**2395**	**16015**
榕城区				228	376	1288	7536	2148	242786			
揭东区	93	4826	6704	1846	360	9967	18251	2255	617246	1	300	3
惠来县				4149	140	8701	13642	2523	516181	425	2419	15435
普宁市				603	170	1534	18170	1956	533076	3	2100	105
揭西县	34	5624	2840	781	288	3370	8375	2347	294898	17	1903	472
云浮市	**11**	**5180**	**834**	**19878**	**189**	**56321**	**26469**	**1308**	**519269**	**2042**	**1172**	**35900**
云城区				1288	166	3215	2322	1340	46676	142	1341	2856
新兴县				2878	243	10505	10109	1624	246307	7	429	45
郁南县				4367	205	13428	3640	1055	57600	961	951	13710
罗定市				8078	175	21173	7199	1020	110095	324	1334	6491
云安区	11	5180	834	3266	163	8000	3198	1221	58591	607	1405	12798

8-8 主要年份茶叶、桑叶、水果面积及产量

项　　目	单位	1990	1995	2000	2005	2010	2013	2014	2015	2015年比上年增长（%）
一、茶叶年末实有面积	**千公顷**	**42.95**	**45.83**	**43.2**	**36.03**	**40.82**	**44.24**	**48.24**	**49.38**	**2.4**
茶叶总产量	万吨	2.59	3.96	4.21	4.45	5.33	6.98	7.39	7.93	7.4
二、桑叶年末实有面积	**千公顷**	**19.81**	**25.17**	**17.93**	**29.67**	**31.82**	**34.38**	**34.47**	**34.17**	**-0.9**
桑叶总产量	万吨			51.25	81.34	94.35	105.13	111.39	113.54	1.9
三、水果年末实有面积	**千公顷**	**644.74**	**735.64**	**1001.56**	**996.91**	**1084.81**	**1119.83**	**1121.85**	**1136.62**	**1.3**
水果总产量	万吨	328.58	414.51	643.52	831.69	1128.73	1368.73	1438.49	1519.89	5.7
# 柑桔橙年末实有面积	千公顷	192.66	113.23	82.23	166.02	250.04	259.37	259.51	259.42	
柑桔橙总产量	万吨	151.42	107.43	81.06	143.02	293.07	377.36	390.42	403.60	3.4
香（大）蕉年末实有面积	千公顷	68.73	87.61	101.01	128.39	125.48	127.84	127.89	131.14	2.5
香（大）蕉总产量	万吨	105.39	157.6	235.3	330.23	371.27	420.29	426.32	451.67	5.9
菠萝年末实有面积	千公顷	34.1	25.74	29.72	27.13	27.51	34.65	33.25	33.73	1.4
菠萝总产量	万吨	21.47	26.3	47.53	52.1	67.55	88.95	91.76	96.86	5.6
荔枝年末实有面积	千公顷	119.33	196.11	316.56	278.14	273.12	272.81	273.76	273.89	
荔枝总产量	万吨	9.73	26.91	64.75	86.21	100.83	111.91	124.05	128.05	3.2

8-9 水果、桑叶和茶叶生产情况

2015 年　　单位：千公顷、万吨

项　　目	年末实有面积	总产量
一、水果	**1136.62**	**1519.89**
1. 柑桔橙	259.42	403.60
2. 香（大）蕉	131.14	451.67
3. 菠萝	33.73	96.86
4. 荔枝	273.89	128.05
5. 龙眼	125.16	82.60
6. 梨	8.67	11.27
7. 柿子	16.05	15.57
8. 李子	57.21	63.90
9. 番石榴	10.16	28.12
10. 芒果	18.38	22.11
11. 柚子	45.35	89.20
12. 杨桃	7.20	10.51
13. 其他杂果	150.25	116.44
二、桑叶	**34.17**	**113.54**
三、茶叶	**49.38**	**7.93**
1. 绿茶		3.03
2. 青茶（乌龙茶）		3.72
3. 红茶		0.47
4. 黄茶		
5. 其他茶		0.70

8-10 各市水果、桑叶和茶叶生产情况

2015 年　　单位：公顷、吨

市别	一、水果合计		1. 柑、桔、橙		2. 香（大）蕉	
	年末实有面积	总产量	年末实有面积	总产量	年末实有面积	总产量
全　省	1136621	15198897	259421	4035973	131137	4516748
广州市	62540	485817	3504	54516	5051	177132
深圳市	2365	4014	13	26	5	36
珠海市	6404	78421	258	7904	1299	34057
汕头市	13007	208954	822	22590	2379	62241
佛山市	2766	41670	190	2663	1160	31215
韶关市	36894	499987	17753	255472	304	4249
河源市	38474	396672	9599	109744	971	13177
梅州市	88373	1416598	9445	182099	4418	80642
惠州市	58130	729147	24168	392747	5787	138294
汕尾市	38442	299388	1436	40273	2632	46133
东莞市	13059	62981	6	81	2069	43019
中山市	6310	182141	211	6420	3015	109159
江门市	20672	257317	4384	80774	4021	109878
阳江市	81048	638897	21870	337564	3914	67960
湛江市	103764	2832365	2905	37806	37001	1517372
茂名市	237328	3087628	2138	23823	42063	1766862
肇庆市	80925	1486899	62946	1200757	5513	117431
清远市	65138	828027	45278	615116	776	16700
潮州市	16860	238539	1712	41007	682	20076
揭阳市	81396	613796	5053	72153	4314	102541
云浮市	82727	809639	45730	552438	3763	58574

市别	3. 菠萝		4. 荔枝		5. 龙眼	
	年末实有面积	总产量	年末实有面积	总产量	年末实有面积	总产量
全　省	33727	968580	273893	1280494	125157	825984
广州市	86	806	30589	67225	7783	41139
深圳市			2044	2901	291	909
珠海市	2	2	2949	5015	405	2137
汕头市	70	741	2501	7985	394	3692
佛山市	9	371	255	1522	602	1724
韶关市			1	24	187	1256
河源市	63	322	4560	6316	1320	5901
梅州市	173	1570	4332	23941	4194	34774
惠州市	359	4691	16251	89108	7064	53998
汕尾市	1501	10224	17073	106924	2832	26293
东莞市			9218	11280	1279	3436
中山市	206	2794	777	6911	586	4191
江门市	23	368	6005	20386	4151	21021
阳江市	213	1654	30600	98744	14670	68526
湛江市	26430	864405	17772	129661	7814	60631
茂名市	220	2718	93335	513492	51962	365696
肇庆市	403	4521	1743	23029	2095	20079
清远市	10	65	1447	8753	1500	12094
潮州市	676	11985	2808	24154	2964	27187
揭阳市	3064	58119	17827	87880	7177	32640
云浮市	216	3224	11806	45243	5886	38660

8-10 续表

市　别	6. 梨		7. 柿子（鲜）		8. 李子	
	年末实有面积	总产量	年末实有面积	总产量	年末实有面积	总产量
全　省	8669	112710	16053	155661	57215	639001
广州市	14	7	2218	13701	2629	9650
深圳市					2	25
珠海市					39	262
汕头市	11	32	555	3184	37	467
佛山市	3	21	2	22	9	30
韶关市	735	10420	667	3028	9667	122336
河源市	359	4236	3510	32516	10667	121700
梅州市	1162	7698	3617	37049	6679	94395
惠州市	1	4	198	2053	696	6053
汕尾市	241	879	992	5270	1719	15764
东莞市			2	2		
中山市			...	3		
江门市			4	26	14	15
阳江市	181	518	194	1050	1500	7693
湛江市	...	2	3	86	40	397
茂名市	623	5239	1298	21869	16396	175024
肇庆市	727	15622	886	20540	1801	27431
清远市	3856	63402	706	5391	1375	16231
潮州市	96	552	197	1482	105	1101
揭阳市	489	2570	596	4755	2463	26103
云浮市	171	1508	409	3634	1379	14324

市　别	9. 其他		二、桑叶		三、茶叶	
	年末实有面积	总产量	年末实有面积	总产量	年末实有面积	总产量
全　省	231350	2663746	34166	1135378	49380	79344
广州市	10665	121641	10	45	123	40
深圳市	9	117			23	2
珠海市	1452	29044				
汕头市	6238	108022			394	366
佛山市	534	4102			34	40
韶关市	7580	103202	4750	85084	3644	4321
河源市	7426	102760	21	532	5660	5355
梅州市	54352	954430	64	530	12056	14183
惠州市	3605	42199			519	293
汕尾市	10016	47628			757	1770
东莞市	485	5163			37	1
中山市	1515	52663	3	20	3	45
江门市	2070	24849	21	222	634	547
阳江市	7906	55188	5959	178773	162	483
湛江市	11799	222005	3462	159149	1760	5711
茂名市	29293	212905	5954	330750	449	849
肇庆市	4812	57489	644	17853	2140	5730
清远市	10191	90275	4869	117774	5071	4998
潮州市	7619	110995			9239	15487
揭阳市	40413	227035			4708	15928
云浮市	13368	92034	8410	244646	1966	3195

8-11 各县（市）区水果、桑叶和茶叶生产情况

2015年　　单位：公顷、千克、吨

县（市）区别	一、水果合计		1. 柑、桔、橙		2. 香（大）蕉		3. 菠萝	
	年末实有面积	总产量	年末实有面积	总产量	年末实有面积	总产量	年末实有面积	总产量
广州市	**62540**	**485817**	**3504**	**54516**	**5051**	**177132**	**86**	**806**
海珠区	984	9987			22	1074		
天河区	81	177						
白云区	1689	7195	48	300	40	1405	11	40
黄埔区	3213	11553	49	545	265	4001	8	22
荔湾区								
花都区	3581	21090	57	384	149	2489		
从化区	25674	107168	2058	19757	107	1025	9	46
增城区	21675	157541	1162	30761	1430	42153	58	698
番禺区	605	15923			181	5830		
南沙区	5038	155183	131	2769	2856	119152		
深圳市	**2365**	**4014**	**13**	**26**	**5**	**36**		
福田区								
罗湖区	68	32						
南山区	1200	535						
宝安区	410	400	10	8				
龙岗区	687	3047	3	18	5	36		
盐田区								
珠海市	**6404**	**78421**	**258**	**7904**	**1299**	**34057**	**2**	**2**
香洲区	749	2961	7	145	57	863	2	2
金湾区	2729	37223	82	1227	735	13663		
斗门区	2926	38237	169	6532	507	19531		
汕头市	**13007**	**208954**	**822**	**22590**	**2379**	**62241**	**70**	**741**
金平区	43	1400	3	50	3	50		
龙湖区								
澄海区	2221	92807	48	4045	324	14329		
濠江区	35	443			1	13		
潮阳区	5614	88656	342	10640	1581	40096	70	741
潮南区	4578	21025	321	6652	402	6822		
南澳县	516	4623	108	1203	67	931		
佛山市	**2766**	**41670**	**190**	**2663**	**1160**	**31215**	**9**	**371**
禅城区								
南海区	105	648			39	307		
顺德区	261	8340			249	8246		
高明区	1240	11266	176	2252	247	4893	9	371
三水区	1159	21416	13	411	625	17769		
韶关市	**36894**	**499987**	**17753**	**255472**	**304**	**4249**		
浈江区	563	13010	171	3724	21	341		
武江区	745	10715	342	5373	3	88		
曲江区	2750	40668	1391	19019	39	374		
南雄市	3114	31569	1968	17567	1	7		
始兴县	5083	67701	2997	37435	8	114		
翁源县	3020	58537	954	19423	3	44		
仁化县	5055	57698	2905	37540	151	2640		
新丰县	6457	38844	2078	10601	23	106		
乳源自治县	1673	9774	519	2456				
乐昌市	8434	171471	4429	102334	55	535		

8-11　续表 1

县（市）区别	一、水果合计		1. 柑、桔、橙		2. 香（大）蕉		3. 菠萝	
	年末实有面　积	总产量	年末实有面　积	总产量	年末实有面　积	总产量	年末实有面　积	总产量
河　源　市	**38474**	**396672**	**9599**	**109744**	**971**	**13177**	**63**	**322**
源　城　区	932	3818	19	828	20	200	1	7
东　源　县	4125	34640	760	7042	163	1426		
和　平　县	4064	41113	1086	10189	53	1529		
龙　川　县	6515	81756	2094	30465	121	1982		
紫　金　县	16025	142148	4342	47506	583	7821	62	315
连　平　县	6813	93197	1298	13714	31	219		
梅　州　市	**88373**	**1416598**	**9445**	**182099**	**4418**	**80642**	**173**	**1570**
梅　江　区	2360	39473	406	6887	58	1016		
梅　县　区	30516	739159	3055	74702	1235	24367		
蕉　岭　县	3286	42498	318	4969	258	5003		
大　埔　县	14630	181254	237	3710	828	12155	64	880
丰　顺　县	7599	73331	216	3115	870	14672	47	560
五　华　县	16593	81063	1495	16444	628	8112	62	130
兴　宁　市	6659	169212	539	23582	193	11473		
平　远　县	6730	90608	3179	48690	349	3844		
惠　州　市	**58130**	**729147**	**24168**	**392747**	**5787**	**138294**	**359**	**4691**
惠　城　区	5412	37475	206	4837	629	7557	42	276
惠　东　县	9424	86507	1410	16676	875	11075	268	3904
惠　阳　区	7784	37973	269	1826	446	7422	31	255
博　罗　县	11810	162292	1954	27933	2250	66677	18	234
龙　门　县	23700	404900	20329	341475	1587	45563	1	22
汕　尾　市	**38442**	**299388**	**1436**	**40273**	**2632**	**46133**	**1501**	**10224**
汕尾城区	1271	10764	21		41	396	1	8
红海湾区	143	585			15	116		
海　丰　县	7753	90481	657	14711	939	17516	166	2433
陆　河　县	14355	96804	520	24150	1070	20150	263	1950
陆　丰　市	14920	100754	237	1412	567	7955	1071	5833
东　莞　市	**13059**	**62981**	**6**	**81**	**2069**	**43019**		
中　山　市	**6310**	**182141**	**211**	**6420**	**3015**	**109159**	**206**	**2794**
江　门　市	**20672**	**257317**	**4384**	**80774**	**4021**	**109878**	**23**	**368**
蓬　江　区	75	1463	3	31	54	1211		
江　海　区	157	3981	45	697	62	2269		
新　会　区	4197	86660	2239	46232	848	26605	10	221
台　山　市	5408	42701	448	4414	580	18477		
开　平　市	4051	40681	644	8576	759	19008		
恩　平　市	4783	73837	882	18072	1636	40979	1	21
鹤　山　市	2000	7994	124	2752	80	1329	11	126
阳　江　市	**81048**	**638897**	**21870**	**337564**	**3914**	**67960**	**213**	**1654**
江　城　区	4103	12672	73	338	93	496	80	700
阳　东　区	24491	74066	1157	15325	734	8892	27	216
阳　西　县	12728	61695	989	5638	428	7428	107	738
阳　春　市	39662	489416	19651	316263	2659	51144		
海　陵　区	63	1048						
湛　江　市	**103764**	**2832365**	**2905**	**37806**	**37001**	**1517372**	**26430**	**864405**
赤　坎　区	22	395			8	154		
霞　山　区	11	518			7	296		

8-11 续表 2

县（市）区别	一、水果合计		1. 柑、桔、橙		2. 香（大）蕉		3. 菠萝	
	年末实有面积	总产量	年末实有面积	总产量	年末实有面积	总产量	年末实有面积	总产量
坡头区	1554	37516	12	768	994	32404		
麻章区	863	12324	4	55	456	5683	13	306
东海区	2183	132734			1632	112332		
吴川市	4071	101739	22	323	2619	89165		
徐闻县	30334	1145189			12824	534087	16468	590283
雷州市	23833	739882	190	2220	9702	421857	9689	261496
遂溪县	8241	218133	114	2169	3764	150453	222	10887
廉江市	32652	443935	2564	32271	4995	170941	38	1433
茂名市	**237328**	**3087628**	**2138**	**23823**	**42063**	**1766862**	**220**	**2718**
茂南区	3123	19355			141	3061		
电白区	43096	378839	147	620	2997	127116		
信宜市	54906	820240	1788	21272	10629	382749	137	1921
高州市	90730	1313171	75	224	22331	934547	9	70
化州市	45474	556023	127	1707	5965	319389	75	727
肇庆市	**80925**	**1486899**	**62946**	**1200757**	**5513**	**117431**	**403**	**4521**
端州区	20	263	2	21	17	232		
鼎湖区	1380	30277	389	5111	736	22283		
高要区	10688	185016	5930	108466	1152	27934	371	4187
广宁县	13578	152016	12064	137721	253	4895	17	173
四会市	9628	127214	6530	75010	2135	41282		
德庆县	21216	412261	19200	401023	207	2181	12	127
封开县	16246	337373	12361	265003	558	9816	4	34
怀集县	8169	242479	6470	208402	457	8808		
清远市	**65138**	**828027**	**45278**	**615116**	**776**	**16700**	**10**	**65**
清城区	7384	146481	5916	124989	149	3284	5	44
英德市	18379	192890	16822	180544	116	1229		
佛冈县	10277	93698	6840	76130	233	2356	6	21
连山自治县	1359	26792	418	8509	4	32		
连南自治县	658	6389	95	1141				
连州市	11216	111795	2222	22717				
阳山县	5157	57638	3951	44543				
清新区	10708	192344	9015	156543	274	9799		
潮州市	**16860**	**238539**	**1712**	**41007**	**682**	**20076**	**676**	**11985**
湘桥区	2132	86324	105	5852	193	7784	1	8
饶平县	9865	107436	1327	29324	182	2967	166	2466
潮安区	4864	44779	280	5831	307	9325	509	9511
揭阳市	**81396**	**613796**	**5053**	**72153**	**4314**	**102541**	**3064**	**58119**
榕城区	4718	72173	107	1761	1888	61729	76	1724
揭东区	5123	40737	135	1790	742	11433	180	1829
惠来县	25640	158022	125	1363	787	13190	2262	50197
普宁市	32970	237619	3849	52093	225	1978	368	976
揭西县	12946	105245	838	15146	672	14211	178	3393
云浮市	**82727**	**809639**	**45730**	**552438**	**3763**	**58574**	**216**	**3224**
云城区	12801	133900	11370	120180	292	1927	6	106
新兴县	10898	110560	1398	22461	1282	23782	37	712
郁南县	38243	354591	23159	295940	800	8648	59	740
罗定市	8947	84853	1831	16561	958	16824	59	1084
云安区	11838	125735	7971	97296	431	7393	55	582

8-11　续表3

县（市）区别	4. 荔枝		5. 龙眼		6. 梨		7. 柿子（鲜）	
	年末实有面积	总产量	年末实有面积	总产量	年末实有面积	总产量	年末实有面积	总产量
广州市	**30589**	**67225**	**7783**	**41139**	**14**	**7**	**2218**	**13701**
海珠区	32	380	332	1437				
天河区	30	60	26	47				
白云区	741	2187	495	1440				
黄埔区	1877	2633	635	1267			2	31
荔湾区								
花都区	1717	7210	1277	6817			12	173
从化区	13598	35937	2071	14484	14	7	1698	9638
增城区	11542	15479	2610	10835			505	3856
番禺区	14	102	131	2554				
南沙区	1038	3237	207	2258				
深圳市	**2044**	**2901**	**291**	**909**				
福田区								
罗湖区	67	20	1	12				
南山区	1167	485	33	50				
宝安区	327	277	72	115				
龙岗区	483	2119	184	732				
盐田区								
珠海市	**2949**	**5015**	**405**	**2137**				
香洲区	349	765	147	616				
金湾区	830	746	83	383				
斗门区	1770	3504	175	1138				
汕头市	**2501**	**7985**	**394**	**3692**	**11**	**32**	**555**	**3184**
金平区	7	500	3	300				
龙湖区								
澄海区	213	2988	143	2437			3	29
濠江区	8	61	2	20				
潮阳区	129	1085	31	285		4	481	2843
潮南区	2067	3030	112	260	7	8	68	265
南澳县	77	321	103	390	4	20	4	47
佛山市	**255**	**1522**	**602**	**1724**	**3**	**21**	**2**	**22**
禅城区								
南海区								
顺德区	1	2	3	31				
高明区	165	685	258	840	3	21	2	22
三水区	89	835	335	845				
韶关市	**1**	**24**	**187**	**1256**	**735**	**10420**	**667**	**3028**
浈江区								
武江区								
曲江区			1	9	22	293	10	110
南雄市					88	1180	3	53
始兴县					43	789	10	110
翁源县	1	24	128	1081	54	731	25	303
仁化县					2	16		
新丰县			58	166	60	288	437	1194
乳源自治县					5	46	145	757
乐昌市					462	7077	35	501

县（市）区别	4. 荔枝		5. 龙眼		6. 梨		7. 柿子（鲜）	
	年末实有面积	总产量	年末实有面积	总产量	年末实有面积	总产量	年末实有面积	总产量
河源市	**4560**	**6316**	**1320**	**5901**	**359**	**4236**	**3510**	**32516**
源城区	496	943	297	968				
东源县	105	440	202	707	82	796	499	5517
和平县					86	1045	798	7023
龙川县	21	365	131	977	74	1386	1881	16353
紫金县	3938	4568	689	3249	77	643	276	3037
连平县					39	366	56	586
梅州市	**4332**	**23941**	**4194**	**34774**	**1162**	**7698**	**3617**	**37049**
梅江区	...	1	56	950	6	48	90	2165
梅县区	209	3246	562	7206	108	1955	536	10870
蕉岭县	61	405	497	3709	6	97	74	1388
大埔县	132	1269	91	749	90	1082	444	5404
丰顺县	896	7407	794	10870	18	168	89	890
五华县	2738	9417	277	2246	839	3445	1724	8147
兴宁市	296	2196	1918	9044	68	594	312	4476
平远县					26	309	348	3709
惠州市	**16251**	**89108**	**7064**	**53998**	**1**	**4**	**198**	**2053**
惠城区	2676	10209	1191	7185	1	4	16	121
惠东县	4158	28118	1225	15927			138	1572
惠阳区	5065	16316	1475	6203			4	18
博罗县	3814	30626	2386	18081			11	71
龙门县	539	3839	787	6602			29	271
汕尾市	**17073**	**106924**	**2832**	**26293**	**241**	**879**	**992**	**5270**
汕尾城区	1032	8486	134	1385	2	2	1	4
红海湾区	79	345	10	16				
海丰县	3046	19296	582	5990	50	149	47	282
陆河县	2010	9816	785	6619	150	660	943	4984
陆丰市	10906	68981	1322	12283	40	68		
东莞市	**9218**	**11280**	**1279**	**3436**			**2**	**2**
中山市	**777**	**6911**	**586**	**4191**				**3**
江门市	**6005**	**20386**	**4151**	**21021**			**4**	**26**
蓬江区	5	46	7	84				
江海区		1		1				
新会区	619	4708	250	2246			1	23
台山市	3137	8638	869	6671				
开平市	945	1486	855	2000				
恩平市	603	4888	1556	9409				
鹤山市	696	619	614	610			3	3
阳江市	**30600**	**98744**	**14670**	**68526**	**181**	**518**	**194**	**1050**
江城区	2194	7321	1476	2675				
阳东区	15513	31976	5804	13399				
阳西县	8740	28282	1958	8535				
阳春市	4109	30469	5418	43609	181	518	194	1050
海陵区	43	696	15	308				
湛江市	**17772**	**129661**	**7814**	**60631**		**2**	**3**	**86**
赤坎区	2	12						
霞山区		14						

8-11 续表 5

县（市）区别	4. 荔枝		5. 龙眼		6. 梨		7. 柿子（鲜）	
	年末实有面　积	总产量	年末实有面　积	总产量	年末实有面　积	总产量	年末实有面　积	总产量
坡　头　区	271	1096	139	832				
麻　章　区	129	1560	8	162				
东　海　区	8	160	11	179				
吴　川　市	349	2897	737	2129				
徐　闻　县	43	208	107	787				
雷　州　市	533	6552	513	5435			3	86
遂　溪　县	1591	15200	681	6598				
廉　江　市	14846	101962	5619	44506		2		
茂　名　市	**93335**	**513492**	**51962**	**365696**	**623**	**5239**	**1298**	**21869**
茂　南　区	1604	6894	1097	7467				
电　白　区	26636	164559	6788	45317				
信　宜　市	9225	71961	8882	79814	623	5239	1243	21700
高　州　市	38877	199573	21370	134254			56	169
化　州　市	16993	70505	13825	98844				
肇　庆　市	**1743**	**23029**	**2095**	**20079**	**727**	**15622**	**886**	**20540**
端　州　区								
鼎　湖　区	60	631	74	638	32	192	3	68
高　要　区	843	14885	646	9068			65	747
广　宁　县	38	450	18	116	78	1093	105	1465
四　会　市	158	2393	333	3073			24	348
德　庆　县	523	2734	474	1332	73	335	65	994
封　开　县	119	1923	497	5387	462	11555	497	13165
怀　集　县	1	13	54	465	82	2447	127	3753
清　远　市	**1447**	**8753**	**1500**	**12094**	**3856**	**63402**	**706**	**5391**
清　城　区	322	3540	512	4802			25	123
英　德　市	37	265	445	3778	7	58	100	718
佛　冈　县	1079	4897	485	3157	307	511	99	534
连山自治县					...	21	10	56
连南自治县					47	549	44	472
连　州　市					3380	60897	316	2252
阳　山　县					115	1366	42	509
清　新　区	9	51	58	357			69	727
潮　州　市	**2808**	**24154**	**2964**	**27187**	**96**	**552**	**197**	**1482**
湘　桥　区	134	7176	68	1262			6	180
饶　平　县	2112	11554	2773	24939	59	355	129	1017
潮　安　区	563	5424	124	986	37	197	62	285
揭　阳　市	**17827**	**87880**	**7177**	**32640**	**489**	**2570**	**596**	**4755**
榕　城　区	277	2965	1720	1745	42	43	7	38
揭　东　区	898	10666	2343	8822	22	217	11	123
惠　来　县	11984	37899	1127	8567	395	1942	331	2411
普　宁　市	2973	17629	880	3298	25	92	121	707
揭　西　县	1695	18721	1108	10208	6	276	126	1476
云　浮　市	**11806**	**45243**	**5886**	**38660**	**171**	**1508**	**409**	**3634**
云　城　区	283	2291	350	2218			8	123
新　兴　县	2319	12246	1133	8793	21	413	33	439
郁　南　县	6760	14795	1534	6990	9	53	110	460
罗　定　市	1613	10389	1637	12800	113	823	102	1203
云　安　区	831	5522	1231	7859	27	212	156	1409

县（市）区别	8. 李子		9. 其他		二、桑叶		三、茶叶	
	年末实有面　积	总产量	年末实有面　积	总产量	年末实有面　积	总产量	年末实有面　积	总产量
广　州　市	**2629**	**9650**	**10665**	**121641**	**10**	**45**	**123**	**40**
海　珠　区			598	7096				
天　河　区			25	67				
白　云　区			348	1812				
黄　埔　区			377	3054				
荔　湾　区								
花　都　区	6	49	363	3968	10	45		
从　化　区	2571	9079	3548	17195			119	29
增　城　区	47	514	4321	53245			4	11
番　禺　区			279	7437				
南　沙　区			806	27767				
深　圳　市	**2**	**25**	**9**	**117**			**23**	**2**
福　田　区								
罗　湖　区								
南　山　区								
宝　安　区								
龙　岗　区	2	25	9	117				
盐　田　区							23	2
珠　海　市	**39**	**262**	**1452**	**29044**				
香　洲　区			187	570				
金　湾　区			998	21204				
斗　门　区	39	262	267	7270				
汕　头　市	**37**	**467**	**6238**	**108022**			**394**	**366**
金　平　区			27	500				
龙　湖　区								
澄　海　区	1	21	1489	68958			3	1
濠　江　区			24	349				
潮　阳　区	13	314	2966	32648				
潮　南　区	13	52	1587	3936			247	200
南　澳　县	10	80	144	1631			144	165
佛　山　市	**9**	**30**	**534**	**4102**			**34**	**40**
禅　城　区								
南　海　区			60	333				
顺　德　区	...	1	8	60				
高　明　区	9	29	370	2153			34	40
三　水　区			96	1556				
韶　关　市	**9667**	**122336**	**7580**	**103202**	**4750**	**85084**	**3644**	**4321**
浈　江　区	60	713	311	8232	24	447		
武　江　区	197	4046	203	1208	53	450		
曲　江　区	199	2597	1087	18266			590	482
南　雄　市	835	11290	219	1472	60	301	95	268
始　兴　县	759	17195	1266	12058	1854	28561	96	299
翁　源　县	602	3079	1254	33852	2024	40678	207	106
仁　化　县	183	2605	1814	14897	522	8640	1574	2138
新　丰　县	3585	25580	217	909	6	16	271	303
乳源自治县	540	3988	464	2527	154	4979	486	382
乐　昌　市	2706	51243	746	9781	53	1012	326	343

县（市）区别	8. 李子		9. 其他		二、桑叶		三、茶叶	
	年末实有面积	总产量	年末实有面积	总产量	年末实有面积	总产量	年末实有面积	总产量
河源市	**10667**	**121700**	**7426**	**102760**	**21**	**532**	**5660**	**5355**
源城区	46	337	52	535			21	11
东源县	1394	10398	919	8314			3106	2355
和平县	975	8611	1066	12716			559	953
龙川县	1650	21435	543	8793			600	950
紫金县	4808	62669	1250	12340			666	655
连平县	1794	18250	3596	60062	21	532	708	431
梅州市	**6679**	**94395**	**54352**	**954430**	**64**	**530**	**12056**	**14183**
梅江区	139	2019	1606	26387			290	333
梅县区	2167	44169	22644	572644			985	942
蕉岭县	354	3552	1717	23375			683	1972
大埔县	694	5233	12050	150772	6	80	2948	4483
丰顺县	27	200	4642	35449			3399	2339
五华县	928	3803	7903	29319			1224	1012
兴宁市	983	19366	2349	98481	58	450	1740	2350
平远县	1388	16053	1441	18003			788	752
惠州市	**696**	**6053**	**3605**	**42199**			**519**	**293**
惠城区	53	449	599	6837			23	20
惠东县	282	1493	1068	7742			97	71
惠阳区	129	1502	365	4431			92	3
博罗县	169	2147	1208	16523			267	184
龙门县	62	462	366	6666			39	15
汕尾市	**1719**	**15764**	**10016**	**47628**			**757**	**1770**
汕尾城区	2	24	38	459				
红海湾区	1	4	38	104				
海丰县	927	12042	1340	18062			569	744
陆河县	602	2813	8011	25662				
陆丰市	187	881	590	3341			188	226
东莞市			**485**	**5163**			**37**	**1**
中山市			**1515**	**52663**	**3**	**20**	**3**	**45**
江门市	**14**	**15**	**2070**	**24849**	**21**	**222**	**634**	**547**
蓬江区			5	91				
江海区			51	1013				
新会区			230	6625	21	222	18	51
台山市			373	4501			237	26
开平市			848	9611			142	129
恩平市			105	468			78	197
鹤山市	14	15	458	2540			159	144
阳江市	**1500**	**7693**	**7906**	**55188**	**5959**	**178773**	**162**	**483**
江城区	1	22	185	1120				
阳东区	2	8	1254	4250	23	243	7	10
阳西县	20	300	487	10774		4546	14	10
阳春市	1476	7363	5975	39000	5936	173984	142	463
海陵区			5	44				
湛江市	**40**	**397**	**11799**	**222005**	**3462**	**159149**	**1760**	**5711**
赤坎区			12	229				
霞山区			4	205				

8-11 续表 8

县（市）区别	8. 李子		9. 其他		二、桑叶		三、茶叶	
	年末实有面积	总产量	年末实有面积	总产量	年末实有面积	总产量	年末实有面积	总产量
坡头区			138	2416				
麻章区			254	4558				
东海区			532	20063				
吴川市			344	7225				
徐闻县			892	19824	1168	62233	249	400
雷州市	3	45	3200	42191	432	4832	3	120
遂溪县			1870	32826	946	48897		
廉江市	37	352	4553	92468	916	43187	1499	5182
茂名市	**16396**	**175024**	**29293**	**212905**	**5954**	**330750**	**449**	**849**
茂南区			281	1933				
电白区			6528	41227				
信宜市	16278	174368	6101	61216	73	320	257	642
高州市	53	231	7959	44103	261	9196	29	10
化州市	64	425	8425	64426	5619	321234	163	197
肇庆市	**1801**	**27431**	**4812**	**57489**	**644**	**17853**	**2140**	**5730**
端州区			1	10				
鼎湖区	6	53	81	1301			31	37
高要区	71	1516	1611	18213			261	882
广宁县	100	1062	906	5041	93	5934	262	1567
四会市	9	131	439	4977			219	429
德庆县	407	2078	254	1457	533	11784	201	191
封开县	763	13752	987	16738	3	20	430	1014
怀集县	445	8839	534	9752	15	115	736	1610
清远市	**1375**	**16231**	**10191**	**90275**	**4869**	**117774**	**5071**	**4998**
清城区	7	95	448	9604	207	3390	28	
英德市	216	1593	636	4705	3187	87753	3434	3709
佛冈县	188	1884	1041	4208	43	2600	120	
连山自治县	171	4626	756	13548			156	119
连南自治县	21	104	450	4123	859	12887	336	550
连州市	538	3410	4760	22519	44	671	107	96
阳山县	201	3479	848	7741	529	10473	290	104
清新区	32	1040	1251	23827			600	420
潮州市	**105**	**1101**	**7619**	**110995**			**9239**	**15487**
湘桥区	6	380	1619	63682			623	1629
饶平县	79	530	3037	34284			4832	9045
潮安区	20	191	2963	13029			3784	4813
揭阳市	**2463**	**26103**	**40413**	**227035**			**4708**	**15928**
榕城区	4	113	598	2055				
揭东区	171	630	621	5227			1008	1972
惠来县	916	14893	7713	27560			302	1571
普宁市	537	1445	23992	159401			1165	1699
揭西县	835	9022	7489	32792			2233	10686
云浮市	**1379**	**14324**	**13368**	**92034**	**8410**	**244646**	**1966**	**3195**
云城区	43	309	447	6739			128	112
新兴县	330	2838	4344	38876	2	45	142	105
郁南县	568	7052	5243	19913	3583	43115	39	82
罗定市	330	3475	2304	21694	2968	158221	1448	2718
云安区	107	650	1030	4812	1857	43265	209	178

8-12 全省水稻品种种植面积

2015 年　　单位：万亩

品　　种	面积（早稻）	品　　种	面积（晚稻）
总面积	1443.7	总面积	1521.5
1. 常规稻	628.0	1. 常规稻	627.7
其中：合美占	32.0	其中：美香占 2 号	45.4
华航 31 号	31.3	华航 31 号	35.9
金农丝苗	30.5	五山丝苗	28.3
粤晶丝苗 2 号	29.0	金农丝苗	27.4
美香占 2 号	28.9	粤晶丝苗 2 号	25.0
五山丝苗	23.4	合美占	23.1
合丰占	18.4	银晶软占	22.5
黄华占	17.5	粤农丝苗	17.2
玉香油占	17.0	玉香油占	16.7
粤农丝苗	16.9	野丝占	16.7
2. 杂交稻	815.7	2. 杂交稻	893.8
其中：深优 9516	53.8	其中：深两优 5814	52.5
五优 308	46.8	深优 9516	42.8
内香 8518	25.7	广 8 优 169	39.4
五丰优 615	25.1	广 8 优 165	34.8
特优 524	24.0	五丰优 615	22.2
恒丰优 387	20.5	双优 2088	18.4
五丰优 2168	17.7	永丰优 9802	17.7
广 8 优 2168	16.9	深两优 870	17.0
特优 816	14.4	丰田优 9802	16.3
天优 998	13.2	博Ⅱ优 15	16.1
3. 优质稻（含国标、省标优质，以及外观一级以上品种）	1041.3	3. 优质稻（含国标、省标优质，以及外观一级以上品种）	1143.1
其中：深优 9516	53.8	其中：深两优 5814	52.5
五优 308	46.8	美香占 2 号	45.4
合美占	32.0	深优 9516	42.8
华航 31 号	31.3	广 8 优 169	39.4
金农丝苗	30.5	华航 31 号	35.9
粤晶丝苗 2 号	29.0	五山丝苗	28.3
美香占 2 号	28.9	金农丝苗	27.4
五山丝苗	23.4	粤晶丝苗 2 号	25.0
合丰占	18.4	合美占	23.1
五丰优 2168	17.7	银晶软占	22.5

8-13 主要农作物病虫草鼠螺发生、防治面积及挽回损失

2015　　单位：万亩次；吨

项　　目	发生面积	防治面积	挽回损失	实际损失	发生程度
生物灾害总计	**34662.34**	**45444.61**	**4492440.22**	**832732.38**	**3**
一、病虫害合计	**25816.81**	**34979.1**	**3027549.58**	**544523.64**	**3**
1. 病害小计	7342.21	10073.84	1010889.84	197805.71	2
2. 虫害小计	18474.6	24905.26	2016659.74	346717.93	4
二、农田草害合计	**5464.62**	**6565.59**	**729301.39**	**86740.88**	**3**
三、农田鼠害合计	**2472.89**	**2785.65**	**585200.38**	**176452.67**	**3**
四、农田螺害合计	**907.86**	**1114.04**	**150037.67**	**24974.69**	**1**

注：发生程度：1——轻发生；2——中偏轻；3——中等；4——中等偏重；5——大发生，下同。

8-14 各市农作物病虫草鼠螺发生面积、防治面积及挽回损失

2015

单位：万亩次；吨

市别	病虫草鼠螺总计					病虫害合计				
	发生面积	防治面积	挽回损失	实际损失	发生程度	发生面积	防治面积	挽回损失	实际损失	发生程度
广东省	34662.34	45444.61	4492440.22	832732.38	3	25816.81	34979.1	3027549.58	544523.64	3
广州	1776.01	2405.88	148581.54	20538.62	3	1197.05	1776.51	92795.1	11162.11	3
韶关	2726.05	3804.54	187425.73	38540.32	3	2062.34	2970.28	109632.76	13445.56	3
深圳	44.68	88.81	105	1.05	1	18.68	60.81			1
珠海	42.51	83.65	5589	1929	1	37.66	64.05	4589	1669	1
汕头	624.46	1256.51	76334.75	13930.77	2	423.98	950	40150.82	5293.76	2
佛山	851.17	853.25	44169.18	6526.7	3	579.09	622.83	16885.18	2439.54	3
江门	2215.21	3053.83	533805.09	72541.85	4	1505.27	2128.3	361730.8	56215.64	4
湛江	3419.33	3913.4	485891.11	117823.67	4	2296.29	2526.57	332438.9	54365.66	4
茂名	3810.59	3592.16	274039.13	62838.93	4	2957.51	2799.99	223811.84	47095.57	4
肇庆	1787.9	3277.51	412568.3	26137.09	3	1306.21	2533.23	340395.3	12201.33	3
惠州	2022.43	2526.15	194899.77	39381.65	3	1516.78	1932.17	153423.22	33588.45	3
梅州	1655.17	2607.72	469841.21	20926.75	3	1264.35	2081.76	208407.38	16985.42	3
汕尾	1381.63	1876.44	173940.26	27565.33	2	995.31	1419.49	105434.11	18614.66	2
河源	2246.51	3014.89	263387.3	107427.93	3	1881.5	2593.05	216863.7	87336.64	3
阳江	2652.85	3312.84	273402.92	116810.89	3	2027.6	2610.59	209949.66	90813.51	3
清远	3657.06	4542.48	386431.25	40791.27	3	2867.45	3682.35	232343.69	23723.48	3
东莞	322.3	301.43	12440	926	2	215.1	220.13	2490	338	2
中山	302.81	393.62	61748.33	38372.5	2	160.76	208.98	24500.93	15077.5	2
潮州	434.75	582.57	66245.19	17578.38	2	323.33	464.76	42689.06	13534.18	2
揭阳	1430.94	1938.54	248371.48	41946.42	3	1149.75	1595.7	179218.25	29344.27	3
云浮	1257.98	2018.39	173223.68	20197.26	3	1030.8	1737.55	129799.88	11279.36	3

市别	病害合计					虫害合计				
	发生面积	防治面积	挽回损失	实际损失	发生程度	发生面积	防治面积	挽回损失	实际损失	发生程度
广东省	7342.21	10073.84	1010889.84	197805.71	2	18474.6	24905.26	2016659.74	346717.93	4
广州	275.17	491.14	22061.45	3244.48	2	921.88	1285.37	70733.65	7917.63	4
韶关	660.39	897.81	33476.73	5220.72	3	1401.95	2072.47	76156.03	8224.84	4
深圳	3.83	12.4				14.85	48.41			1
珠海	10.24	16.4	1618	640		27.42	47.65	2971	1029	1
汕头	78.89	173.95	10354.65	1526.52	2	345.09	776.05	29796.17	3767.24	2
佛山	172.56	165.6	4077	583.5	2	406.53	457.23	12808.18	1856.04	3
江门	427.37	647.77	100664.69	12491.46	2	1077.9	1480.53	261066.11	43724.18	4
湛江	785.61	982.86	173178.22	25958.05	3	1510.68	1543.71	159260.68	28407.61	4
茂名	864.34	810.42	110550.22	22503.73	3	2093.17	1989.57	113261.62	24591.84	4
肇庆	382.46	751.47	70543.77	4686.46	2	923.75	1781.76	269851.53	7514.87	4
惠州	470.02	644.48	54002.76	11531.57	2	1046.76	1287.69	99420.46	22056.88	3
梅州	385.89	671.46	73557.82	8100.37	2	878.46	1410.3	134849.56	8885.05	3
汕尾	296.59	434.16	47270.45	9140.44	2	698.72	985.33	58163.66	9474.22	2
河源	568.07	794.55	70401.25	25783.36	2	1313.43	1798.5	146462.45	61553.28	4
阳江	484.01	631.77	60161.92	27697.59	2	1543.59	1978.82	149787.74	63115.92	4
清远	736.31	894.74	69436.59	10539.68	2	2131.14	2787.61	162907.1	13183.8	4
东莞	61.9	66.23	500	88	2	153.2	153.9	1990	250	2
中山	38.47	50.01	7364.5	4532	1	122.29	158.97	17136.43	10545.5	2
潮州	91.51	127.41	14906.24	7563.38	2	231.82	337.35	27782.82	5970.8	2
揭阳	241.12	357.21	52976.38	12181.77	2	908.63	1238.49	126241.87	17162.5	3
云浮	307.46	452	33787.2	3792.63	2	723.34	1285.55	96012.68	7486.73	3

8-14 续表 1　　　　　　　　　　　　　　　　　　　　　　　　单位：万亩次；吨

市　别	农田草害合计					农田鼠害合计				
	发生面积	防治面积	挽回损失	实际损失	发生程度	发生面积	防治面积	挽回损失	实际损失	发生程度
广东省	5464.62	6565.59	729301.39	86740.88	2	2472.89	2785.65	585200.38	176452.67	3
广　州	321.1	327.73	22452.81	3754.04	2	207.06	248.84	25445.63	5071.97	3
韶　关	460.38	583.85	30274.65	4789.36	3	112.77	126.01	43324.04	19527.42	2
深　圳	10	10				15	15	100	1	
珠　海	0.45	7	500	50		4	12	400	180	2
汕　头	89.73	95.96	4916.33	910.71	2	109.25	208.45	31062.3	7669.8	2
佛　山	122.08	107.04	1014	90.41	2	135.3	109.48	25170	3446.75	3
江　门	372.03	445.79	95496.5	3574.63	3	199.25	270.15	59590.86	10862.22	3
湛　江	520.95	808.24	29830.13	5075.33	3	486.36	454.11	117568.92	56675.98	3
茂　名	573.78	552.87	23876.09	9390.16	3	219.5	186.7	20815	4190	3
肇　庆	375.42	562.73	43426.84	11580.26	3	76.03	119.04	20746.68	1818.9	2
惠　州	324.95	390.48	8842.96	2070.36	2	113.6	123	19510.75	2274.29	2
梅　州	250.94	346.33	227353.67	929.14	3	88.02	114.71	32249.62	2059	2
汕　尾	295.29	338.36	56731.25	4645.74	2	77.07	101.89	10066.48	4094.18	2
河　源	249.65	291.81	22439.6	9504.66	2	67.23	72.05	13812	5741.75	2
阳　江	406.86	464.55	36668.87	15932.38	3	139.02	148.08	16319.16	6604.47	3
清　远	541.57	614.83	78702.12	5289.75	2	160.84	151.48	26646.65	7838.69	3
东　莞	87.4	55.6	410	108	2	19	25	9400	400	2
中　山	41.15	53.49	4459.4	3115	1	98.4	127.92	31980	19680	3
潮　州	83.71	83.6	10463.27	1468.35	2	17.76	21.58	9734.16	2103	2
揭　阳	198.84	248.51	15511.1	1165.9	2	66.91	74.82	50385.13	11104.25	2
云　浮	138.34	176.82	15931.8	3296.7	2	60.52	75.34	20873	5109	2

市　别	农田螺害合计					水稻病虫害合计				
	发生面积	防治面积	挽回损失	实际损失	发生程度	发生面积	防治面积	挽回损失	实际损失	发生程度
广东省	907.86	1114.04	150037.67	24974.69	1	11205.01	15580.07	2671974.78	465182.83	3
广　州	50.8	52.8	7888	550.5	1	306.51	446.85	82739.99	9281.12	3
韶　关	90.56	124.4	4194.28	777.98	1	803.82	1300.31	91053.8	11430.8	3
深　圳	1	3	5	0.05						
珠　海	0.4	0.6	100	30		21.08	31	3416	1054	1
汕　头	1.5	2.1	205.3	56.5	1	231.91	570.11	37970.7	4898.73	2
佛　山	14.7	13.9	1100	550	1	103.82	143.22	13487.9	1335.9	2
江　门	138.66	209.59	16986.93	1889.36	2	1011.34	1466.1	345498.56	54527.09	4
湛　江	115.57	124.25	5701.96	1666.2	2	1077.41	1182.06	289567.23	45332.91	4
茂　名	59.8	52.6	5536.2	2163.2	1	1304.8	1308.21	191446.45	38089.7	4
肇　庆	30.24	62.51	7999.48	536.6	1	483.36	837.37	325995.62	10481.31	3
惠　州	67.1	80.5	13122.84	1448.55	1	494.94	605.97	110270.51	25343.26	3
梅　州	51.86	64.92	1830.54	953.19	1	743.41	1305.84	203273.77	15959.81	3
汕　尾	13.96	16.7	1708.42	210.75	1	431.6	620.34	69229.01	11548.95	2
河　源	48.13	57.98	10272	4844.88	1	1046.16	1541.19	196760.8	80629.66	3
阳　江	79.37	89.62	10465.23	3460.53	1	707.97	924.5	186391.8	85250.03	3
清　远	87.2	93.82	48738.79	3939.35	1	1230.57	1481.48	205529.03	19055.4	3
东　莞	0.8	0.7	140	80		4.8	6.1	1525	210	1
中　山	2.5	3.23	808	500		33.98	44.18	11043.5	6796	1
潮　州	9.95	12.63	3358.7	472.85		203.08	305.85	35688.81	11724.13	2
揭　阳	15.44	19.51	3257	332		511.44	735.71	144966.5	21556.5	3
云　浮	28.32	28.68	6619	512.2	1	453.01	723.68	126119.8	10677.53	3

8-14 续表 2

单位：万亩次；吨

市别	水稻病害小计					水稻稻瘟病				
	发生面积	防治面积	挽回损失	实际损失	发生程度	发生面积	防治面积	挽回损失	实际损失	发生程度
广东省	3281.14	4728.97	866434.99	161466.71	2	425.12	745.97	113532.16	21880.41	2
广州	85.41	142.25	18904.43	2560.64	2	2.41	10.62	254.05	20.17	2
韶关	245.04	375.85	28052.1	4754.55	2	47.91	65.97	9036.75	1801.03	3
深圳										
珠海	5.08	6.6	1110	350		0.08	0.1	140	60	
汕头	58.54	134.7	9304.65	1411.52	2	0.05	5.3	47	3.8	
佛山	22.5	34.6	3817	383.5	2	6.7	19	57	2.5	
江门	278.52	439.77	94322.87	11844.85	2	18.8	28.7	7198.17	802.59	2
湛江	347.3	439.76	152231.93	22040.21	3	15.96	16.76	5105.24	1021.67	3
茂名	367.23	358.55	96045.85	19493.85	3	70.47	70.09	19356.8	2610.15	3
肇庆	160.63	265.33	64519.1	3983.08	2	17.94	41.33	10918.75	630.75	2
惠州	140.55	193.23	34657.72	6947.21	2	16.3	42.2	7061.24	640.25	2
梅州	241.18	443.09	70612.3	7390.19	2	21.18	91.79	4773.99	413.42	2
汕尾	131.87	196.59	36310.94	5677.52	2	8.11	14.37	3035.52	229.79	2
河源	297.91	479.16	62328.6	23528.51	2	73.13	151.61	17392.1	6153.22	2
阳江	189.5	251.47	49000.29	24939.11	2	32.58	42.33	10001.8	4734.88	2
清远	356.31	406.98	59151.27	7739.8	2	58.73	66.22	5880.52	477.54	2
东莞	1.3	1.7	425	56						
中山	3.55	4.62	1153.75	710						
潮州	63.4	88.97	13595.69	7113.27	2	11.45	21.63	3463.23	1355.85	2
揭阳	134.25	206.36	39026.5	7084	2	1.29	2.42	1038	177	2
云浮	151.07	259.39	31865	3458.9	2	22.03	55.53	8772	745.8	2

市别	水稻纹枯病					水稻白叶枯病				
	发生面积	防治面积	挽回损失	实际损失	发生程度	发生面积	防治面积	挽回损失	实际损失	发生程度
广东省	2299.85	3089.61	616778.59	113003.2	3	113.47	184.93	47925.5	7566.06	2
广州	79.37	124.47	17475.38	2332.76	2	1.48	2.5	395	86	2
韶关	136.06	191.49	17252.35	2595.2	3	1.5	2	88	45	
深圳										
珠海	4.6	6	720	200		0.4	0.5	250	90	
汕头	52.05	102.52	8408	1309.72	2	0.51	14.32	374.2	86.55	2
佛山	15.8	15.6	3760	381	2					
江门	242.74	303.54	76574.1	10133.25	3	3.75	20.2	5269.6	465.26	2
湛江	249.06	312.22	99994.94	15096.15	3	33.38	38.49	20401.61	2177.53	3
茂名	214.8	211.7	63490.2	12290.8	3	15.35	14.65	4793.7	1266.4	3
肇庆	128.52	189.53	49978.16	2976.66	3	4.36	11.03	1380.82	40.64	2
惠州	105.95	127.88	25489.69	6004.07	3	2	2.6	165.12	33.73	2
梅州	179.87	276.2	59919.33	6187.13	3	4.26	7.16	810.85	50.59	2
汕尾	86.7	137.51	28094.15	4618.15	2	10.82	17.45	1707.98	315.64	2
河源	174.52	251.01	35647	14444.18	3	8.27	14.25	1157	637.04	2
阳江	123.04	165.24	30013.73	15386.18	3	9.63	12.49	2599.46	1409.05	2
清远	219.37	257.56	39087.02	5776.23	3	11.06	14.61	4913.16	348.53	2
东莞	1.3	1.7	425	56						
中山	3.55	4.62	1153.75	710						
潮州	47.52	58.12	9260.29	5421.72	2	0.11	2	115	19	2
揭阳	116.63	177.82	31139.5	4858	3	2.13	0.95	392	109	2
云浮	118.4	174.88	18896	2226	3	4.46	9.73	3112	386.1	2

8-14 续表 3　　　　　　　　　　　　　　　　　　　　　　　单位：万亩次；吨

市　别	水稻虫害小计					水稻三化螟				
	发生面积	防治面积	挽回损失	实际损失	发生程度	发生面积	防治面积	挽回损失	实际损失	发生程度
广东省	7923.87	10851.1	1805539.79	303716.12	3	839.02	1221.58	193782.91	33702.78	2
广　州	221.1	304.6	63835.56	6720.48	3	4.75	7.56	1329.5	126.71	1
韶　关	558.78	924.46	63001.7	6676.25	3	39.81	86.37	11560.2	1163.21	2
深　圳										
珠　海	16	24.4	2306	704	1	1.3	1.8	300	90	
汕　头	173.37	435.41	28666.05	3487.21	2	10.29	38.07	711.5	18.82	2
佛　山	81.32	108.62	9670.9	952.4	3	9	17.5	20.1	12.6	2
江　门	732.82	1026.33	251175.69	42682.24	3	8.1	16.15	4758.88	1381.39	2
湛　江	730.11	742.3	137335.3	23292.7	3	86.19	87.76	13146.95	2739.45	2
茂　名	937.57	949.66	95400.6	18595.85	3	111.05	107.75	7497.2	1765.25	2
肇　庆	322.73	572.04	261476.52	6498.23	3	34.32	78.54	12767.54	1098.11	2
惠　州	354.39	412.74	75612.79	18396.05	3	13.22	19.8	2736.97	813.37	2
梅　州	502.23	862.75	132661.47	8569.62	3	106.88	190.25	31954.65	1421.91	2
汕　尾	299.73	423.75	32918.07	5871.43	3	39	65.6	3167.8	713.2	2
河　源	748.25	1062.03	134432.2	57101.15	3	94.45	120.94	16854.3	7222.25	2
阳　江	518.47	673.03	137391.51	60310.92	3	49.27	61.66	12083.56	6592.12	2
清　远	874.26	1074.5	146377.76	11315.6	3	164.77	201.89	53065.56	2873.7	2
东　莞	3.5	4.4	1100	154	1					
中　山	30.43	39.56	9889.75	6086	1	18	23.4	5850	3600	2
潮　州	139.68	216.88	22093.12	4610.86	2	6.3	15.59	330.2	45.69	
揭　阳	377.19	529.35	105940	14472.5	3	33.27	52.45	12788	1583	2
云　浮	301.94	464.29	94254.8	7218.63	3	9.05	28.5	2860	442	2

市　别	水稻稻纵卷叶螟					水稻稻飞虱				
	发生面积	防治面积	挽回损失	实际损失	发生程度	发生面积	防治面积	挽回损失	实际损失	发生程度
广东省	2551.36	3435.25	560230.41	107766.42	3	3382.39	4577.43	893337.29	131700.56	3
广　州	94.59	130.4	29657.78	2860.9	3	112.3	145.92	30895.78	3457.9	3
韶　关	175.84	305.89	14989.79	1922	3	276.29	426.9	31555.45	2904.2	3
深　圳										
珠　海	7.5	12	960	250		6.5	9.7	880	238	
汕　头	65.74	161.49	13856.2	1127.42	2	49.5	123.19	6383.45	1512.07	2
佛　山	32.3	32.9	3994.2	429.4	3	29	38.4	5426.6	491.4	3
江　门	301.46	453.44	110046.31	22626.67	3	335.39	432.1	120163.63	15867.48	3
湛　江	269.03	284.03	51367.14	9134.58	3	296.77	305.47	54838.86	7766.83	3
茂　名	328.9	346.1	34848.1	8168.3	3	376.8	391	45941	6830	3
肇　庆	96.72	151.13	77517.07	1052.96	3	167.37	294.35	162100.5	3698.4	3
惠　州	107.06	130.96	25783.23	6395.85	3	138.1	177.19	40524.62	9682.4	3
梅　州	125.88	165.55	9132.65	585.78	3	212.86	301.92	86969.42	5775.11	3
汕　尾	67.95	92.11	8152.87	1533.51	3	80.75	108.85	12554.32	2186.64	3
河　源	207.85	272.96	36503.5	16955.62	3	332.23	510.6	62563.4	25885.77	3
阳　江	196.28	249.08	49756.15	21218.4	3	235.74	308.23	66107	28253.5	3
清　远	193.08	264.22	24625.67	1846.35	3	303.22	359.38	41426.89	4143.74	3
东　莞	1.8	2.3	575	80		1.7	2.1	525	74	
中　山	5.33	6.93	1732.25	1066		7.1	9.23	2307.5	1420	
潮　州	39.45	48.8	8944	1403.08	2	64	114.2	10626.87	2510.12	2
揭　阳	132.25	178.27	33871	5767	3	173.4	240.14	45596	5687	3
云　浮	102.35	146.69	23917.5	3342.6	3	183.37	278.56	65951	3316	3

8-14 续表 4 单位：万亩次；吨

市别	花生病虫害合计					柑桔病虫害合计				
	发生面积	防治面积	挽回损失	实际损失	发生程度	发生面积	防治面积	挽回损失	实际损失	发生程度
广东省	1390.03	1546.53	152806.92	36468.52	2	2523.46	4014.53	881269.44	130878.57	3
广州	20.78	24.93	2871.9	555.8	2	21.87	29.67	4087.79	1303.69	2
韶关	154.85	186.13	20033.88	1611.72	2	220.46	307.61	68119.89	13664.59	3
深圳										
珠海	0.75	1.2	93	44.5						
汕头	2.13	2.3	192.42	10.17	2	22.24	50.53	8336.12	210.64	2
佛山	10.51	9.15	263	195	2	1.2	1.8	720	39.71	
江门	52.5	71.73	2154.04	294.54	2	46.95	60.45	26562.89	10797.37	3
湛江	174.56	179.92	25430.81	4201.98	2	50.61	50.61	3185	470.8	2
茂名	187.38	169.39	17749.42	10230.9	2	27.03	27.02	1820.5	278	2
肇庆	45.86	85.9	13312.62	915.08	2	378.36	853.11	129873.24	10155.45	3
惠州	98.4	136.45	11543.77	2407.88	2	267.39	286.51	75179.69	4653.64	3
梅州	35.37	40.84	2025.41	668.43	2	215.03	346.71	43228.88	5879.82	3
汕尾	50.62	64.22	6244.07	1228.65	2	10.49	15.3	6799.63	1174.85	2
河源	132.63	134.78	19040.48	6797.7	2	235.55	310.86	73093	27871.03	2
阳江	137.43	174.33	13016.03	3798.92	2	175.37	228.27	22638	7708	3
清远	163.16	176.06	9709.71	1354.27	2	589.93	813.83	343637.6	28703.09	3
东莞										
中山						7.5	9.75	6093.75	3750	2
潮州	5.09	6.19	1074.54	361.72	2	15.75	23.08	8329.76	2364.31	2
揭阳	35.49	36.46	3519.72	676.56	2	16.42	28.9	16553.7	4112.28	2
云浮	82.52	46.55	4532.1	1114.7	2	221.31	570.52	43010	7741.3	3

市别	蔬菜病虫害合计				
	发生面积	防治面积	挽回损失	实际损失	发生程度
广东省	6094.69	8238.36	2609836.87	481573.17	4
广州	627.26	970.93	194180.11	49190.28	3
韶关	462.18	677.12	365745.77	55774.08	4
深圳	10.04	34.06	1625	40.59	2
珠海	12.85	25.75	5160	2400	2
汕头	140.3	278.57	34926.91	2170.22	3
佛山	424.03	435.6	230361.5	37997.59	3
江门	261.18	339.83	71422.22	11192.18	4
湛江	493.64	573.49	202367.19	26605.26	4
茂名	294.02	258.13	99260.1	44909.8	4
肇庆	305.46	560.25	197184.63	18018.33	3
惠州	414.91	532.64	97768.51	18157.44	4
梅州	190.52	301.93	113138.28	8670.65	3
汕尾	150.29	206.6	104218.43	22845.93	3
河源	253.82	325.81	83570.7	22133.31	3
阳江	650.38	832.96	131224.48	44005.83	4
清远	695.87	993.42	276803.17	28908.19	3
东莞	150.3	178.23	64570	14637	3
中山	91.51	118.96	74351.88	45755	3
潮州	54.75	76.28	27658.16	1949.35	3
揭阳	240.67	293.21	185834.73	13183.74	3
云浮	170.71	224.59	48465.1	13028.4	3

九、林　业

中央政治局委员、广东省委书记胡春华参加义务植树活动

厅长陈俊光、原厅长张育文陪同朱小丹省长、邓海光副省长调研“新一轮绿化广东大行动”

良好的生态环境

飞来湖湿地

十日画廊

造　林

林业产业发展带动山区群众致富

森林消防演练

林 业

2015年，全省各地紧紧围绕省委、省政府关于“全面推进新一轮绿化广东大行动”决定，按照“创新、协调、绿色、开放、共享”五大发展理念，扎实推进生态景观林带、森林碳汇、森林进城围城、乡村绿化美化四大重点生态工程建设，不断加大森林资源培育，提升森林资源管护水平，全省森林资源继续保持稳步健康增长势头。2015年全省完成了以消灭宜林荒山，改造残次林、纯松林和布局不合理桉树林为重点的森林碳汇造林217.5万亩，建设生态景观林带1800公里，新建森林公园301个，湿地公园66个，绿化美化村庄2874个。目前，全省森林面积已达1.64亿亩，森林覆盖率58.88%，覆盖率提高0.19个百分点。森林蓄积量5.66亿立方米，增加2600万立方米。全省大力发展绿色产业，林业产业总产值达7150亿元，增长9.7%，惠民效益进一步显现。

一、生态建设与保护

（一）营造林总体状况

2015年，全省完成人工造林118,463公顷，新封山（沙）育林124,885公顷，森林改培76,846公顷，森林抚育577,505公顷，人工更新81,137公顷。其中人工造林按区域划分：珠三角九市完成人工造林面积8,337公顷，占全省7.03%。山区五市完成人工造林面积77,741公顷，占全省65.62%。东翼完成人工造林面积54,986公顷，占全省23.40%。西翼完成人工造林面积54,986公顷，占全省3.94%。2015年全省各地在进一步巩固原有绿化成绩的基础上，着力加大了森林抚育管理、技术指导和检查验收，推动全省造林绿化工作从数量型向质量型转变。按林种用途划分。在全部人工造林面积中，用材林造林25,894公顷，经济林造林7,407公顷，防护林造林84,891公顷，特种用途林造林271公顷。所占比重分别是21.86%、6.25%、71.66 %、0.23%。其中防护林比重最高，进一步增强了我省林业生态效能和抗灾能力，特别是在涵养水源、保持水土、防风固沙等方面作用显著。

（二）林业重点工程

1、三北及长江流域等防护林体系建设工程。2015年我省继续推进国家重点工程建设，共完成营造林面积131,354公顷。其中人工造林28,599公顷，当年新封山育林63,633公顷，森林改培5,421公顷，森林抚育33,701公顷。分工程项目看，沿海防护林体系工程20,988公顷，珠江流域防护林体系工程7,611公顷。

2、动植物保护及自然保护区建设工作持续加强。截至2015年底，全省林业部门已建立各种类型、不同级别的自然保护区270个，总面积124.5万公顷，约占全省国土面积的6.93%。其中国家级自然保护区8个，面积16.27万公顷。

2015年末野生植物就地保护小区18个，实有保护小区41,990公顷。国际重要湿地4个，面积32,304公顷。野生植物种源培育基地12个，野生动物种源繁育基地（不含观赏展演单位）74个。野生动物观赏展演单位22个。野生动植物保护管理站80个，鸟类环志中心（站）9个。野生动物疫源疫病监测站29个数，野生动植物科研及监测机构25个。全省从事野生动植物及自然保护区建设的职工人1,149人，其中各类专业技术人员418人。

二、林业产业发展

2015年，在全球经济低迷不振，国内经济艰难转型的背景下，我省林业产业发展克服重重困难，取得较好的成绩。

（一）林业产业总产值稳定增长。按照现行价格统计，2015年全省林业产业总产值为7,150亿元，比上年增加650亿元，增幅9.7%。其中第一产业产值825亿元，占全部林业产值的11.53%；第二产业产值4,828亿元，占全部林业产值的67.52%；第三产业产值1,497亿元，占全部林业产值的20.95%。在全省林业产业总产值中，包括干鲜果品、茶、中药材以及森林食品等在内的经济林产品的种植与采集业的产值为474亿元，占第一产业产值的57.5%，是第一产业的龙头行业；在第二产业中，所占比重较大的是木材加工、家具和造纸业，三者产值合计为4,099亿元，占第二产业产值的84.9%；第三产业的龙头是林业旅游与休闲服务业，产值为1,369亿元，占第三产业产值的90.8%。

分地区看，珠三角地区林业产业产值为5,539.8亿元，占全省林业产业产值的77.5%，同比增长11.4%；山区5市林业产业产值为676.9亿元，占全省林业产业产值的9.7%，同比增长0.27%；东西两翼地区林业产业产值为933.4亿元，占全省林业产业产值的13.1%，同比增长9.7%。2015年，林业产业产值超过300亿元的市共有8个（分别是广州、深圳、佛山、东莞、中山、肇庆、江门、湛江），比2014年新增江门和湛江2个市。8市林业产业产值合计5,499亿元，占全省林业产业总产值的77%。

（二）2015年全省人造板产量1,816万立方米，比上年增加 680 万立方米，增长 59.9%。

（三）林产化工产品产量平稳增长。2015 年全省松香及其深加工产品产量 140007 吨，比上年增长 30.4%；松节油产量 25,800 吨，比上年增长 561.9%；紫胶产量 1,119 吨，比上年减少 60%；木炭产量 10,345 吨，比上年减少 3.7%。

（四）2015 年全省商品材总产量 790.83 万立方米，比上年减少 6.02%。其中原木 711.74 万立方米，减少 4.97%；薪材 79.09 万立方米，减少 14.53%。2015 年全省锯材产量 172.2 万立方米，比上年增长 2.29；木片产量 251.46 万立方米，比上年增长 85.62%。

商品材产量按生产单位分类，林业系统内生产的商品材为 5.4 万立方米，较上一年减少 95.36%，其中系统内国有林场、事业单位生产商品材 92.08 万立方米，减少 20.1%；系统外企事业单位采伐自营地的商品材 75.83 万立方米，增加 30.1%；乡镇集体企业及单位生产的商品材 42.43 万立方米，减少 44.39%；村及村以下各级组织和农民个人生产的商品材 575.1 万立方米，增长 2.6%。

（五）经济林产品总量平稳增长，竹产业产量略有提高。2015 年全省各类经济林产品总量达到 852.76 万吨，比上年增长 1.99%。其中水果产量为 775.44 万吨，比上年增长 1.31%；干果产量为 6.0 万吨，比上年减少 1.68%；林产饮料产品产量为 6.54 万吨，比上年增长 2.01%；林产调料产品产量 4.23 万吨，比上年减少 47%；林产工业原料产量 24.91 万吨，比上年增长 11.01%；木本油料产量 15.41 万吨，比上年增长 71.42%；竹笋干、食用菌等森林食品产量 7.27 万吨，比上年增长 15.06%；木本药材产量 2.82 万吨，比上年增长 14.07%。

2015 年全省大径竹产量为 1.28 亿根，比上年减少 12.04%。其中毛竹 4094 万根，其他竹 8660 万根，分别占全部大径竹产量的 32%和 68%。村及村以下各级组织和农民所生产的大径竹占全部大径竹产量的比例为 49.4%，依然是大径竹生产的主要力量，共达 6302 万根。

（六）油茶与花卉产业平稳发展。近年来国家和省不断加大对油茶产业的扶持力度，油茶产业发展具备了良好的政策环境，群众积极参与油茶产业的发展，种植油茶热情持续高涨，种植面积稳步增长。2015 年全省油茶种植面积达 171,374 公顷，面积增加 11.27%。油茶籽产量 149,374 吨，比上年增长 75.03%。其中当年新造油茶林面积 12,680 公顷，低产林改造面积 7,783 公顷。

2015 年末全省实有花卉种植面积 6.26 万公顷，较上年减少 14.78%。其中切花切叶产量 21.12 亿支，盆栽植物 2.61 亿盆，观赏苗木 1.43 亿株，草坪 3132 万平方米。我省现有花卉市场 101 个，花卉企业 9175 个，花卉从业人员 15.23 万人，花农 5.8 万户，控温温室面积 147 万平方米，日光温室面积 1078 万平方米，繁殖圃 22 个。

林业旅游与休闲产业发展良好。随着全省生态工程建设的逐步推进，林业生态旅游资源的数量和品质都得到了提升。2015 年，我省参加林业旅游与休闲的人次达到 2.33 亿人次，比上年增加 16.83%；旅游收入达到 1369 亿元，比上年增加 23.15%；直接带动其他产业产值 254.24 亿元。

三、林业投资

全省各级政府积极贯彻落实国家加快林业生态建设与保护的战略决策，在持续性加大政府资金投入的前提下，积极引导各类社会资金投入，促进我省林业建设的可持续发展。

（一）林业建设资金来源情况。2015 年，全省林业各类建设实际到位资金合计为 976,822 万元，其中：上年末结余资金 46,817 万元；国家预算内资金 829,512 万元；国内贷款 8,789 万元；利用外资 6,525 万元；自筹资金 48,091 万元；其他资金 37,088 万元。

在林业各类建设资金来源中，国家预算内资金所占的比重最大，占资金到位总量的 84.92%，较 2014 年增加 6.64 个百分点。

（二）林业投资完成情况。2015 年，我省全部林业投资完成额达到 967,229 万元。按建设内容分，用于造林与保护方面的投资为 654,459 万元，占全部林业投资完成额的 67.66%；用于林木种苗、森林防火、有害生物防治等林业支撑与保障方面的投资为 104,612 万元，占全部林业投资完成额的 10.82%；用于林业产业发展方面的资金为 25,918 万元，占全部林业投资完成额的 2.68%；用于林业民生工程方面的资金为 22,545 元，占全部林业投资完成额的 2.33%；其他资金为 159,695 万元，占全部林业投资完成额的 16.51%；。

分区域看，2015 年珠三角地区累计完成林业投资额 383,373 万元，占全部林业投资完成额 39.64%；山区市县林业投资完成额 425,210 万元，占全部林业投资完成额 43.96%；东翼林业投资完成额 65,946 万元，占全部林业投资完成额 6.82%；西翼林业投资完成额 92,700 万元，占全部林业投资完成额 9.58%。

（三）林业利用外资情况。2015 年，我省林业利用外资项目 1 个，为毛里求斯留关桉树工业原料林项目，实际利用外资规模达 993 万美元。较 2014 年减少 237 万美元，减少 19.27%。

四、林业系统从业人员和安全生产情况

截至 2015 年底，我省林业系统各种经济类型单位共计 1810 个，其中企业 40 家、事业单位 1508 个家、机关 262 家。事业单位为主力军，占单位总数的 83.31%。

2015 年林业系统年末实有人数 30,424 人，单位从业人员 29,491 人。按照性质分，事业单位职工人数最多，达到 20498 人，占 69.5%；按照所属行业分，农林牧渔业年末实有人数 14,597 人，制造业 142 人，包括自然保护区和机关在内的服务业 14,589 人，其他行业 163 人。

全省全年林业系统在岗职工年平均工资 57,231 元，比上年增长 4.79%；离退休人员年生活费为 28,645 元，增长 10.4%。分行业看，林业工程技术与规划管理年平均工资最高，为 101,487 元，制造业年平均工资最低，为 14,979 元。

2015 年，全省林业系统全年因公造成死亡 1 人，轻伤 5 人。

五、几点建议

2015 年全省林业主动适应经济发展新常态，积极有效应对各种困难和挑战，全省林业发展稳中有进、稳中提质。从总体情况看，全省森林质量和造林成效还有待提高；林业产业转型升级有待加快，林业休闲旅游和林下经济仍有较大的发展空间；林业投资方面，林业建设资金不足，仍以各级财政投入为主，筹措渠道狭窄，社会资金参与度较小。为此，提出如下建议：

一是转变绿色化发展理念与定位。在完成新一轮绿化广东大行动各项任务的基础上，应牢固树立创新、协调、绿色、开放、共享发展理念，积极把林业融入经济、政治、社会、文化、生态文明建设的全过程，把握我省现代林业发展新常态。要从大规模造林向高标准管护转变，要从植树造林提高绿化率向为公众提供优质生态服务转变，充分满足社会各界对林业生态成果和生态产品的需求，努力实现生态服务功能全面提升和林业绿色生态成果全民共享。

二是优化林业产业结构，大力发展绿色产业，努力把我省林业的生态优势转化为经济优势。随着全球经济下滑和全国经济转型的不断深入，在面对新问题、新困难，我省要积极引导林业产业转型升级，优化产业结构，按“做大一产，优化二产，促进三产”的思路，充分发挥资源优势，加大优质资源的开发力度，不断完善产业链条。通过大力培育功能和效益多样的森林资源，扩大特色林业种植面积，大力发展林下经济，培育和壮大森林旅游业，促进林业产业持续健康发展。

三是积极拓宽社会资金渠道。在积极争取各级财政加大对林业建设投入的同时，要以深化集体林权制度改革为契机，进一步盘活森林资源，拓宽融资平台，鼓励和引导林业企业和林农开展林权抵押贷款，积极申报政策性贴息贷款。充分发挥国家投资放大带动效应，确定利益分配模式，大力发展非公有制林业，多渠道筹集林业发展资金，形成全社会办林业的良好格局。

四是完善基础设施建设，提高林业治理能力。目前我省基层林业单位基础设施设备落后，建议实施现代林业固本强基工程，系统解决基层林业部门防火、防虫和国有林场、“两站一所”、“两园一区”等管护设施不足问题，外树形象，内强素质，同步提升与全国绿色生态第一省相适应的现代林业治理体系和治理能力。

9-1 主要年份林业主要指标

年　份	林业用地面积（千公顷）	有林地面积（千公顷）	活立木总蓄积量（万 m^3）	森林覆盖率（%）
1950	10899	3231	13230	18.7
1957	10284	3503	14878	20.2
1965	10855	4214	15186	24.1
1975	10973	5198	16737	29.9
1978	10518	5165	16894	30.2
1980	10518	5165	16894	30.2
1985	10204	4638	14983	27.2
1990	10713	7998	21243	48.4
1995	10848	9083	27313	55.9
2000	10823	9226	31634	56.9
2005	11022	9212	36459	59.1
2010	10981	9532	43936	57.0
2013	10967	9849	52425	58.2
2014	10963	9884	54679	58.7
2015	10959	9954	56636	58.9

年份	造林面积（千公顷）	人工造林	飞机造林	迹地更新面积（千公顷）	人工更新	低产林改造面积（千公顷）
1950	10	10				
1952	55	55				
1957	242	242				
1962	110	110		7	6	9
1965	419	411	8	21	15	4
1970	474	279	195	11	7	1
1975	359	288	71	35	34	8
1978	301	301		41	38	17
1980	371	201	170	46	39	23
1985	612	353	259	77	64	33
1990	312	259	53	52	51	113
1995	21	21		87	83	109
2000	17	17		106	97	125
2005	18	18		96	92	46
2010	95	92		48	48	19
2013	139	119		84	84	50
2014	151	133		68	68	49
2015	123	118		81	81	71

年份	育苗面积（本年新育）（千公顷）	幼林抚育实际面积（千公顷）	幼林抚育作业面积（千公顷）	成林抚育面　积（千公顷）	零星植树（万株）
1950	0.06				
1952	0.07				
1957	1.84	97	115		
1962	1.79	95	108	43	3969
1965	6.24	226	389	114	1202
1970	1.60	281	339	147	1120
1975	2.85	331	390	96	5384
1978	2.57	439	506	123	6975
1980	1.82	314	367	159	5425
1985	3.19	331	403	152	8252
1990	5.47	536	652	268	8834
1995	1.88	390	453	274	8232
2000	1.83	222	294	288	6653
2005	1.00	146	175	122	6201
2010	0.96	173	207	182	6923
2013	1.05				9361
2014	1.31				7538
2015	7.93				8066

注：1.从 2002 年起，森林资源数据包括红树林。2.从 2006 年起，森林覆盖率采用新的计算方法。

9-1 续表

年 份	油桐籽（吨）	油茶籽（吨）	棕片（吨）	松脂（吨）	竹笋干（吨）	板栗（吨）	乌桕籽（吨）
1950							
1952							
1957							
1962	3435	6854					4
1965	5831	6868					
1970	3001	30649					
1975	1780	17985	327	90654	74	245	108
1978	1231	11721	381	96680	55	303	39
1980	976	13109	340	119829	125	400	20
1985	865	16303	248	95917	249	589	68
1990	2622	23736	466	100230	2770	1614	5
1995	3536	24997	606	114568	9004	3577	59
2000	3817	26268	663	110877	14132	5440	70
2005	5193	30470	1640	154593	17825	8637	253
2010	6050	82417	2536	181141	30291	10616	527
2013	7650	83547	2714	216098	38220	13274	576
2014	7720	85341	2579	210552	41602	14439	697
2015	7500	149374	3463	235109	39805	21229	900

年 份	木材总产量（万立方米）			人造板产量（万立方米）				松香类产品（万吨）
		原木	薪材		胶合板	纤维板	刨花板	
1950	0.60	0.60						0.53
1952	20.10	20.10						1.09
1957	203.30	203.30						4.50
1962	155.30	115.40	39.90	0.19	0.03	0.16		1.21
1965	234.70	190.40	44.30	0.11		0.11		5.72
1970	213.90	173.50	40.40	1.21	0.73	0.48		7.11
1975	252.00	217.10	34.90	2.70	0.94	1.56	0.20	8.63
1978	305.80	240.80	65.00	4.06	1.05	2.90	0.11	8.97
1980	306.40	259.50	46.90	5.23	1.39	3.53	0.31	10.18
1985	403.90	314.40	89.50	6.10	1.26	4.60	0.24	8.89
1990	211.60	188.00	23.60	21.39	7.80	4.30	9.30	9.42
1995	306.70	275.40	31.30	89.06	24.99	27.09	23.38	11.11
2000	250.50	231.80	18.70	144.51	65.61	50.77	28.12	9.44
2005	362.15	323.97	38.18	340.05	58.55	261.60	15.69	7.38
2010	654.91	611.56	43.35	784.11	208.53	387.48	94.65	12.91
2013	809.15	717.30	91.85	980.48	248.17	513.65	136.85	11.03
2014	841.47	748.93	92.54	1136.81	332.71	570.06	159.15	11.98
2015	790.83	711.74	79.09	1815.92	1108.4	552.01	138.30	15.62

9-2 林业主要指标

项　　目	计算单位	1980	1985	1990	1995	2000	2005	2010	2013	2014	2015	2015比2014增长%
一、森林资源												
有林地面积	千公顷	5165	4638	7998	9083	9226	9212	9532	9849	9884	9954	0.71
活立木总蓄积量	万 m^3	16894	14983	21243	27313	31634	36459	43936	5242	54679	56636	3.58
森林覆盖率	%	30.2	27.2	48.4	55.9	56.9	59.1	57.0	58.2	58.7	58.9	0.32
二、营林生产												
造林面积	千公顷	371.0	612.0	312.0	21.00	17.00	18.00	95.10		151.47	123.0	-18.80
人工造林	千公顷	201.0	353.0	259.0	21.00	17.00	18.00	91.95		133.22	118.4	-11.08
飞播造林	千公顷	17	259.0	53.00								
新育苗面积	千公顷	1.82	3.19	5.47	1.90	1.90	1.00	0.96		1.31		
幼林抚育实际面积	千公顷	314	330	536	390	236	146	173				
成林抚育面积	千公顷	159	152	268	274	289	122	182				
迹地更新面积	千公顷	46	77	52	87	115	96	48		68	81	19.12
其中：人工更新	千公顷	39	64	51	83	106	92	48		68	81	19.12
低产林改造面积	千公顷	23	33	113	109	127	46	19		49	71	44.90
三、主要林产品产量												
油桐籽	吨	976	865	2622	3536	3817	5193	6050		7720	7500	-2.85
油茶籽	吨	13109	16303	23736	24997	26268	30407	82417		85341	14937	75.03
松脂	吨	119829	95917	100230	114568	113118	154593	181141		210552	23510	11.66
竹笋干	吨	125	248	2770	9004	14132	17825	30291		41602	39805	-4.32
板栗	吨	400	589	1614	3936	5440	8637	10616		14439	21229	47.03
四、森工主要产品产量												
木材	万 m^3	306	404	212	307	275	362	655		841	791	-5.95
原木	万 m^3	260	314	188	275	256	324	612		749	712	-4.94
薪材	万 m^3	47	90	24	31	19	38	43		93	79	-15.05
竹材	万根	289	888	4823	7180	6809	11180	13252		14475	12754	-11.89
毛竹	万根			2072	2451	2889	2669	3478		6657	4094	-38.50
篙竹	万根			2751	4729	3921	8510	9774		7818	8660	10.77
人造板	万 m^3	5	6	21	89	145	340	784		1137	1816	59.72
胶合板	万 m^3	1	1	8	25	66	59	209		333	1108	232.73
纤维板	万 m^3	3	5	4	27	51	262	387		570	552	-3.16
刨花板	万 m^3			9	23	28	16	95		159	138	-13.21
松香类产品	万吨	10	9	9	11	10	7	13		12	14	16.67
紫胶	吨	104	80	179	395		20	357		2800	1119	-60.04
五、林业系统机构人员												
单位个数	个		1302	1932	2062	2002	1871	2159		1693	1810	6.91
在岗职工人数	人		95148	90661	79952	52227	37232	3591		29685	30424	2.49

9-3 各市全部林业生产情况

2015年　　单位：公顷

市别	当年造林、迹地更新、低产林改造面积				
	总计	荒山造林（人工造林）	迹地更新	人工更新	低产林改造
全省	270632	118,463	81,137	81,137	71,032
广州	1011				1011
深圳	1754	143	20	20	1591
珠海	1680	1569	109	109	2
汕头	2128	1266			862
佛山	493				493
韶关	37090	20141	10797	10797	6152
河源	34713	22235	2692	2692	9786
梅州	41856	25349	1099	1099	15408
惠州	6012	1465	2881	2881	1666
汕尾	14161	14091	70	70	
东莞	446				446
中山	167				167
江门	15400	2310	12713	12713	377
阳江	4322	467	2534	2534	1321
湛江	11755	556	10003	10003	1196
茂名	15011	3645	3868	3868	7498
肇庆	16272	2717	6785	6785	6770
清远	20977	7988	10603	10603	2386
潮州	5622	4367			1255
揭阳	7993	7993			
云浮	10610	1557	3470	3470	5583
雷州林业局	14609		10883	10883	3726
省直属林场	6417	471	2610	2610	3336
国家级保护区	133	133			

9-3 续表 1 单位：公顷

市别	封山育林面积	无林地和疏林地新封	有林地和灌木林地新封	零星(四旁)植树(万株)	林木种子采集量(吨)	育苗面积	本年新育	未成林抚育作业面积	中、幼龄林抚育
全省	124885	4541	120344	8066.21	3060	7934			577505
广州	1008		1008	169.31		782			
深圳				10.80					12477
珠海	893		893	95.03		200			3619
汕头	2266		2266	162.72		123			3866
佛山	333		333	89.57		24			3334
韶关	16099		16099	464.45	2	990			78657
河源	19582		19582	411.40	3	96			59215
梅州	21770	2000	19770	736.00	3015	1139			66135
惠州	3185	133	3052	461.78		151			18214
汕尾	11553		11553	65.00		324			33190
东莞	794		794	320.01		64			2121
中山						40			673
江门	3414		3414	194.61	2	122			28728
阳江	1361		1361	502.10		47			19300
湛江	3252		3252	926.05		2801			45378
茂名	6033	667	5366	1337.31	1	49			26187
肇庆	2132		2132	383.70		96			36663
清远	9096	1667	7429	227.80	1	144			50619
潮州	8393		8393	319.00	10	111			7066
揭阳	8100		8100	875.00	26	332			17489
云浮	1620	74	1546	314.01		156			37658
雷州林业局						76			9092
省直属林场	3541		3541	0.15		67			17824
国家级保护区	460		460	0.40					

9-3 续表 2

单位：公顷

市别	义务植树（万株,包面折株数）	主要林产品产量（吨）					
		1. 油桐籽	2. 油茶籽	3. 棕　片	4. 松　脂	5. 竹笋干	6. 板 栗
全省		7500	149374	3463	235109	39805	21229
广州			3			10	8
深圳							
珠海							
汕头			226			225	
佛山							
韶关		1251	9039	162	20467	6219	1019
河源		3204	78994	8	3425	560	2377
梅州		593	30264	15	30	317	334
惠州						91	
汕尾			4		361	142	
东莞							
中山							
江门					1663		5
阳江					1850	1260	
湛江			113		1387	66	
茂名		210	2486		32867	251	
肇庆		591	4044		95823	3380	4832
清远		1635	20841	3225	6906	18629	7259
潮州						140	
揭阳		6	358	40	191	5704	
云浮		10	2983	13	69989	2811	5395
雷州林业局							
省直属林场			19		150		
省农垦总局							

9-4 各县（市）区造林更新低产林改造面积

2015 年　　单位：公顷

县（市）区别	荒山造林（人工造林）	人工更新	森林改培	无林地和疏林地新封	有林地和灌木林地新封
广东省	**118,463.00**	**81,137.00**	**76,846.00**	**4,541.00**	**120,344.00**
广州市			**1011.00**		**1008**
市辖区					
天河区					
白云区					
黄埔区					
番禺区					
花都区					
南沙区农林局					
萝岗区					
增城市			775		
从化区			236		1008
流溪河林场					
大岭山林场					
增城林场					
梳脑林场					
深圳市	**143**	**20**	**1591**		
市局本部					
大鹏新区	9				
龙华新区	13				
罗湖区	1				
福田区	5				
南山区	7				
宝安区	15		1496		
龙岗区	20	20			
盐田区	2		95		
光明新区	15				
坪山新区	40				
市绿化管理处	16				
市公园管理中心					
内伶仃福田国家级自然保护区					
珠海市	**1569**	**109**	**2**		**893**
市辖区					
香洲区					
斗门区	871				893
金湾区	400	42	2		
万山海洋开发实验区	1				
高新技术产业开发区	76				
高栏港经济区					
横琴新区	220				
淇澳一担杆岛自然保护区	1				
汕头市	**1266**		**862**		**2266**
龙湖区					
金平区					
濠江区	200		120		360
潮阳区	533		272		953
潮南区	533		470		953

9-4　续表 1　　　　单位：公顷

县（市）区别	荒山造林（人工造林）	更新造林	低产林改造	无林地和疏林地新封	有林地和灌木林地新封
澄海区					
南澳县					
市局本部					
佛山市			**493**		**333**
市局本部					
禅城区					
南海区			45		
顺德区			7		
三水区			80		
高明区			318		333
云勇林场			43		
市林科所					
韶关市	**20141**	**10797**	**6152**		**16099**
武江区	515	773			
浈江区	600	687			
曲江区	1133	267			5459
始兴县	1085	640			
仁化县	1320	647	573		713
翁源县	5275	2433	2842		1333
乳源瑶族自治县	3701	267			2820
新丰县	233	2173			807
乐昌市	4882	1600			2300
南雄市	1397	740	2465		2667
韶关林场		52	134		
曲江林场		131			
仁化林场		205			
河口林场		62			
九曲水林场		73	138		
华溪林场		47			
华南虎自然保护区					
市林科所					
市野生动植物和自然保护区办					
市局本部					
市属国营林场管理处					
市属国营林场管理处					
河源市	**22235**	**2692**	**9786**		**19582**
市辖区					
源城区			333		
紫金县	2000		6123		6900
龙川县	11008				2300
连平县	2691	2638	604		3333
和平县	6173				4667
东源县			1533		
新丰江林管局			753		2000
牛岭水林场	54	54	54		
下石林场			33		
黎明林场	273		273		
桂山林场	36				382
红星林场			80		
坪山林场					

9-4 续表 2 单位：公顷

县（市）区别	荒山造林（人工造林）	更新造林	低产林改造	无林地和疏林地新封	有林地和灌木林地新封
梅州市	**25349**	**1099**	**15408**	**2000**	**19770**
市辖区					
梅江区	286	333	333		
梅县区	3860	453	1106	2000	
大埔县	667	113	3333		2000
丰顺县	5886		4673		6433
五华县	10923				7217
平远县	1727				667
蕉岭县			750		
兴宁市	2000	200	5213		3453
梅南林场					
洲瑞林场					
大埔林场					
水口林场					
七畲径林场					
市林科所					
惠州市	**1465**	**2881**	**1666**	**133**	**3052**
市辖区					
惠城区	108	9	216		180
惠阳区	233	869	608		1113
大亚湾区					
仲恺区	179			133	
博罗县		1630	577		333
惠东县	800				1426
龙门县	145		234		
梁化林场		43			
九龙峰林场			31		
罗浮山林场					
象头山林场		47			
汤泉林场					
平安林场		51			
鸡笼山林场		80			
水东陂林场		84			
油田林场		68			
东江林场					
市林科所					
汕尾市	**14091**	**70**			**11553**
城区	800				1427
红海湾开发区	955				
海丰县	3396				2980
市林科所					
红海湾开发区	955				
海丰县	3396				2980

9-4 续表 3 单位：公顷

县（市）区别	荒山造林（人工造林）	更新造林	低产林改造	无林地和疏林地新封	有林地和灌木林地新封
陆河县	2078	70			1193
陆丰市	6133				4760
黄羌林场					
吉溪林场	267				473
红岭林场	100				180
罗经嶂林场	67				120
东海岸林场	195				240
湖东林场	100				180
市局本部					
东莞市			**446**		**794**
市自然保护区森林公园管理办公室					
银瓶山森林公园					200
大岭山森林公园			30		
大屏嶂森林公园			13		
市林科所					
市公安局森林分局					
市局本部			403		594
中山市			**167**		
江门市	**2310**	**12713**	**377**		**3414**
蓬江区	53	180			247
江海区					
新会区		1693			2194
台山市	171	3500			
开平市	180	2667			333
鹤山市	126	1673			307
恩平市	606	1711			
古兜山林场	125				
大沙林场	140	376			
狮山林场	101	74			
河排林场	543	420	357		333
西坑林场	113	153	20		
古斗林场	102	171			
四堡林场	50	95			
市林科所					
市局本部					
阳江市	**467**	**2534**	**1321**		**1361**
江城区					
海陵岛实验区					
高新区					

9-4 续表 4 单位：公顷

县（市）区别	荒山造林（人工造林）	更新造林	低产林改造	无林地和疏林地新封	有林地和灌木林地新封
阳西县	60	667			
阳东县	200	667			360
阳春市	207	1000	867		667
阳江林场		67	367		167
湛江市	**556**	**10003**	**1196**		**3252**
雷州市	133	1000			240
坡头区		33	100		180
麻章区		133			
湛江经济技术开发区	133	33		621	
遂溪县		402			262
徐闻县	157	509	643		1427
廉江市	236	1737			333
吴川市		408	379		60
防护林场		187			
国营东海林场	**30**				**129**
国营吴川林场		**114**	**41**		
市林业良种场					
市林科所					
市局本部		**5347**			
茂名市	**3645**	**3868**	**7498**	**667**	**5366**
市辖区	60		73		
茂南区		103			
电白县	314	53	1283	667	
高州市	2460	2267	1780		3313
化州市	207	667	333		
信宜市		67	3723		1333
八一林场		55			
厚元林场	133	34			240
大雾岭林场					
东镇林场	18				
新田林场	133		133		240
荷塘林场	67				
文楼林场	100	75			
播扬林场		120			
平定林场		87			
丽岗林场	153	213			240
电白林场		127	40		
河尾山林场			133		
市野生动物救护中心					

 单位：公顷

县（市）区别	荒山造林（人工造林）	更新造林	低产林改造	无林地和疏林地新封	有林地和灌木林地新封
肇庆市	**2717**	**6785**	**6770**		**2132**
广宁县		153	2433		
怀集县	520	3333			333
封开县	1417		2667		333
德庆县	380		1000		333
高要市		2167			
四会市	67	733	137		
北岭山林场	333	60	180		1133
清桂林场		73	67		
葵洞林场		13	46		
大南山林场		13	67		
大水口林场		33	67		
大坑山林场		40	33		
新岗林场		167	73		
清远市	**7988**	**10603**	**2386**	**1667**	**7429**
清城区	100	313	33		333
佛冈县	167	1335			333
阳山县	1347	1193			1333
连山壮族瑶族自治县		867			667
连南瑶族自治县	667	693		1000	
清新区	1987	2333	133	667	
英德市	2727	883	240		3333
连州市	993	1600	867		1000
银盏林场		170	124		
笔架林场		80			
天堂山林场		21			
英德林场		281			
长江坝林场		40			
金鸡林场		75	245		
铁溪林场		110	67		
羊角山林场		97	44		97
小龙林场		125	267		
龙坪林场			166		333
杨梅林场		387	200		
潮州市	**4367**		**1255**		**8393**
市辖区					
湘桥区	167				300
枫溪区					
潮安区	1867		270		3333
饶平县	2333		985		4760

9-4 续表 6　　　　单位：公顷

县（市）区别	荒山造林（人工造林）	更新造林	低产林改造	无林地和疏林地新封	有林地和灌木林地新封
凤凰山自然保护区					
市野生动物救护中心					
市林业科技推广中心					
揭阳市	**7993**				**8100**
市辖区					
榕城区	260				
青坑林场					
普侨区					
普宁市	800				1193
蓝城区					
空港经济区					
揭西县	3366				2380
揭东区	1000				1787
惠来县	2367				2380
后溪林场	200				360
大南山侨区					
大北山林场					
云浮市	**1557**	**3470**	**5583**	**74**	**1546**
市局本部					
新兴县	200	1333			333
郁南县	213	333	2007		
云安区	333	1000	980		667
罗定市	560	307	2100		
大云雾林场		59	67		
市国有龙埇林场		20	100		
飞马林场		13	146		
同乐林场		15	3		
水台林场		23			
雷州林业局		**10883**	**3726**		
省直属林场					
东江林场		342	263		
九连山林场		200	131		233
乐昌林场	133				460
连山林场	100	127	463		347
龙眼洞林场		4			
乳阳			7760		1008
沙头角林场					
天井山林场	105	266	533		233
西江	133	1456			460
樟木头林场		215			800
国家级自然保护局	**133**				**460**
南岭国家级自然保护区					
湛江红树林国家级自然保护区					
车八岭国家级自然保护区	133				460
象头山国家级自然保护区					
石门台国家级自然保护区					

9-5 主要经济林产品及花卉生产情况

2015 年　　　　单位：吨

项　　目	本年实际	项　　目	本年实际
主要经济林产品生产情况		3. 山野菜	261
一、水果产量	**7855914**	4. 其他森林食品	294
1. 苹果		**六、森林药材**	**28165**
2. 柑橘	2761507	1. 银杏（白果）	774
3. 梨	85832	2. 山杏仁（苦杏仁）	17
4. 葡萄	1305	3. 厚朴	283
5. 桃	57137	4. 五味子	26
6. 杏		5. 山茱萸	
7. 荔枝	1176109	6. 其他木本药材	27065
8. 龙眼	727627	**七、木本油料**	**154110**
9. 猕猴桃	3870	1. 油茶籽	149374
10. 其他水果	3042527	2. 油橄榄	450
二、干果产量	**59975**	3. 文冠果	
1. 核桃		4. 其他木本油料	4286
2. 板栗	21229	**八、林产工业原料**	**249103**
3. 枣（干重）	3300	1. 生漆	705
4. 柿子（干重）	28728	2. 油桐籽	7500
5. 仁用杏		3. 乌桕籽	900
6. 山杏仁		4. 五倍子	291
7. 银杏（白果）		5. 棕片	3463
8. 榛子		6. 松脂	235109
9. 松子		7. 紫胶(原胶)	1135
10. 其他干果	6718	**花卉生产情况**	
三、林产饮料产品（干重）	**65386**	**一、年末实有花卉种植面积（公顷）**	**62636**
1. 毛茶	51307	**二、切花切叶产量（支）**	**2111869507**
2. 可可豆		**三、盆栽植物产量（盆）**	**260732584**
3. 咖啡		**四、观赏苗木产量（株）**	**142919101**
4. 其他林产饮料产品	14079	**五、草坪产量（平方米）**	**31323982**
四、林产调料产品（干重）	**42261**	**六、花卉市场（个）**	**101**
1. 花椒		**七、花卉企业（个）**	**9175**
2. 八角	4900	其中:大中型企业（个）	957
3. 桂皮	37361	**八、花农（户）**	**57979**
4. 其他林产调料产品		**九、花卉从业人员（人）**	**152286**
五、森林食品（干重）	**72718**	其中:专业技术人员（人）	9869
1. 竹笋干	39805	**十、控温温室面积（平方米）**	**1466557**
2. 食用菌	32358	**十一、日光温室面积（平方米）**	**10779593**

9-6 全部林业产业产值

2015 年　　　　单位：万元

指　　标	总 产 值
林业产业产值	**71500458**
一、第一产业	**8253893**
1、林木育种和育苗	92033
(1)林木育种	8600
(2)林木育苗	83433
2、营造林	371770
3、森林经营和管护	
4、木材和竹材采运	783324
(1)木材采运	559376
(2)竹材采运	223948
5、经济林产品的种植与采集	4738769
(1)水果种植	3112159
(2)坚果、含油果和香料作物种植	194741
(3)茶及其他饮料作物的种植	257652
(4)森林药材种植	143644
(5)森林食品种植	319466
(6)林产品采集	711107
6、花卉及其他观赏植物种植	2052437
7、陆生野生动物繁育与利用	93384
8、林业系统非林产业	122176
二、第二产业	**48281531**
1.木材加工及木、竹、藤、棕、苇制品制造	7256123
（1）木材加工	1041797
（2）人造板制造	4343380
（3）木制品制造	1496630
（4）竹、藤、棕、苇制品制造	374316
2.木、竹、藤家具制造	16245857
3.木、竹、苇浆造纸和纸制品	17487862
4.其他	7291689
三、第三产业	**14965034**
1.林业旅游与休闲服务	13692271
2.林业生态服务	269230
3.林业专业技术服务	2466
4.林业公共管理及其他组织服务	434112
5.林业生产服务	50958

9-7 各市全部林业产业产值

2015 年　　　　单位：万元

市　　　别	林业产业产值	第一产业	第二产业	第三产业
全　　　省	71500458	8253893	48281531	14965034
广　　　州	7406577	725965	4095593	2585019
深　　　圳	8513031	889420	4205669	3417942
珠　　　海	1652990	15390	1016500	621100
汕　　　头	623448	36689	512555	74204
佛　　　山	11696700	299654	11376314	20732
韶　　　关	1643490	646900	325908	670682
河　　　源	1276344	353187	254829	668328
梅　　　州	1252871	446647	425690	380534
惠　　　州	2153190	443811	1083809	625570
汕　　　尾	639559	99990	442945	96624
东　　　莞	10951479	31915	10039609	879955
中　　　山	5502103	200000	4619404	682699
江　　　门	3030229	339052	2051297	639880
阳　　　江	1833721	121954	1281420	430347
湛　　　江	3242947	200487	2777457	265003
茂　　　名	1730301	1014385	348233	367683
肇　　　庆	4467661	999534	2317437	1150690
清　　　远	1915891	571465	660975	683451
潮　　　州	370364	138179	17701	214484
揭　　　阳	815008	184963	278437	351608
云　　　浮	654571	422950	136198	95423
雷 州 林 业 局	79059	40612	8678	29769
省 直 属 林 场	48717	30669	4873	13175
国家级自然保护区	207	75		132
省　直　单　位				

9-8 各市商品材产量

2015 年　　单位：立方米

市别	总产量	林业系统内产量	国有企业	国有林场事业单位	系统外企事业单位产量	乡镇集体企业单位	村及村以下组织和农民生产
全省	7908295	974830	54007	920823	758300	424312	5750853
广州	217034	6757		6757		19472	190805
深圳	27	27		27			
珠海	9275						9275
汕头	4696						4696
佛山	105187					3000	102187
韶关	916422	100692	14581	86111	121640	186043	508047
河源	702161				64320	48023	589818
梅州	384484	243		243	212468	3664	168109
惠州	299534	19776	553	19223			279758
汕尾	43849	9700	4300	5400	5008	29141	
东莞	2977	2977		2977			
中山							
江门	733018	117624		117624	5027		610367
阳江	298624	26116		26116	3816		268692
湛江	346354	10663		10663	9362		326329
茂名	171955	27970		27970			143985
肇庆	1779809	131441		131441	241576	58003	1348789
清远	1040087	101136	25645	75491	69258	73814	795879
潮州	44731	9810		9810		3152	31769
揭阳	30536				13533		17003
云浮	397460	29823	8928	20895	12292		355345
雷州林业局	182180	182180		182180			
省直属林场	197895	197895		197895			
国家级保护区							

9-8　续表

市别	商品材总产量		
	合计	原木	薪材
全省	7908295	7117400	790895
广州	217034	216329	705
深圳	27	27	
珠海	9275	9275	
汕头	4696		4696
佛山	105187	24187	81000
韶关	916422	774165	142257
河源	702161	564425	137736
梅州	384484	374184	10300
惠州	299534	299534	
汕尾	43849	37594	6255
东莞	2977		2977
中山			
江门	733018	733018	
阳江	298624	290162	8462
湛江	346354	253056	93298
茂名	171955	171955	
肇庆	1779809	1590785	189024
清远	1040087	983659	56428
潮州	44731	37032	7699
揭阳	30536	28505	2031
云浮	397460	384930	12530
雷州林业局	182180	149388	32792
省直属林场	197895	195190	2705
国家级保护区			

9-9 各市大径竹生产情况

2015年　　单位：根

市　　别	大径竹总产量		
	合　计	毛　竹	其　他
全　　省	127536952	40938338	86598614
广　　州	2074113	1030552	1043561
深　　圳			
珠　　海			
汕　　头	136000	136000	
佛　　山			
韶　　关	7194747	6447957	746790
河　　源	1686000	1686000	
梅　　州	1608000	1608000	
惠　　州	7750461	3466300	4284161
汕　　尾	463805	352259	111546
东　　莞			
中　　山			
江　　门	300000	300000	
阳　　江	1171529	294618	876911
湛　　江	7404744	1473562	5931182
茂　　名	44101039	9225771	34875268
肇　　庆	39352115	8907894	30444221
清　　远	8401890	2499801	5902089
潮　　州	61000	61000	
揭　　阳	4750083	2801511	1948572
云　　浮	1081426	647113	434313
省直属林场			
国家级保护区			

9-10 林产工业主要产品产量

2015 年

项　　目	计量单位	全部产量	项　　目	计量单位	全部产量
木材加工及竹藤棕草制品			4、竹地板（含竹木复合地板）	平方米	43500
一、锯材	立方米	1721969	5、其他木地板（含软木地板、集成材地板等）	平方米	2533000
1、普通锯材	立方米	1717009	**林产化学产品**		
2、特种锯材	立方米	1860	一、松香类产品	吨	140007
3、枕木及其他锯材	立方米	3100	1、松香	吨	92782
二、木片、木粒加工产品	实积立方米	2154575	2、松香深加工产品	吨	47225
三、人造板	立方米	18159182	二、松节油类产品	吨	25800
（一）胶合板	立方米	11083978	1、松节油	吨	24497
1、木胶合板	立方米	10997748	2、松节油深加工	吨	1303
2、竹胶合板	立方米	27100	三、樟脑	吨	
3、其他胶合板	立方米	59130	其中：合成樟脑	吨	
（二）纤维板	立方米	5520195	四、冰片	吨	
1、木质纤维板	立方米	5520195	其中：合成冰片	吨	
(1)硬质纤维板	立方米	595403	五、栲胶类产品	吨	
(2)中密度纤维板	立方米	4924792	1、栲胶	吨	
(3)软质纤维板	立方米		2、栲胶深加工产品	吨	
2、非木质纤维板	立方米		六、紫胶类产品	吨	1119
（三）刨花板	立方米	1382925	1、紫胶	吨	1119
1、木制刨花板	立方米	1254575	2、紫胶深加工产品	吨	
2、非木制刨花板	立方米	128350	七、木材热解产品	吨	10345
（四）其它人造板	立方米	172084	1、木炭	吨	9376
其中：细木工板	立方米	121698	2、竹炭	吨	
五、木竹地板	平方米		3、木质活性炭	吨	969
1、实木木地板	平方米	12844610	4、其他	吨	
2、实木复合木地板	平方米	6984825	八、木质生物质成型燃料	吨	85
3、浸渍纸层压木质地板（强化木地板）	平方米	3283285			

9-11 各市林产工业主要产品产量

2015 年

单位：立方米

市别	锯材	木片、木粒加工	人造板					实木地板	实木复合木地板
			合计	胶合板	纤维板	刨花板	其它		
全省	1721969	2154575	18159182	11083978	5520195	1382925	172084	6984825	3283285
广州			372796	204908	163056		4832	3404734	1293723
深圳	8718		77809	23598	5584	14273	34354		630000
珠海									
汕头								3450000	
佛山	16000	1800	8607094	8308433	149448	30489	118724		1329562
韶关	80630	155450	911810	96300	91010	724500			
河源	79173		355585	36625	310460	8100	400	50000	30000
梅州	44066		130347	101450	11869	17028			
惠州	190187		298231		98231	200000			
汕尾	12437		71390		71390				
东莞			272482	57830	127985	80875	5792	9091	
中山									
江门	658944	140854	1187831	282000	874581	31250		71000	
阳江		9600	1722497	5600	1716897				
湛江	206454	1351684	2347592	1736730	382275	228587			
茂名	23560	257750	504587	99940	380997	23650			
肇庆	204347	62611	706948	13444	664036	24173	5295		
清远	94185	20000	383063		382376		687		
潮州	17085		15000	13000			2000		
揭阳	18833		34120	34120					
云浮	67350		160000	70000	90000				
雷州林业局		154826							

市别	松香类产品（吨）	松香	松节油类产品（吨）	松节油	樟脑（吨）	冰片（吨）	木炭（吨）
全省	140007	92782	25800	24497			9376
广州							
深圳							
珠海							
汕头							
佛山							
韶关	12772	12772	153	153			
河源	3542	3542					5
梅州							
惠州							
汕尾							
东莞							
中山							
江门	1000	1000	280	280			
阳江	1920	1920	212	212			660
湛江							7796
茂名	2893	2893					875
肇庆	86526	44361	24627	23627			
清远	5096	5096	96	96			
潮州							
揭阳							40
云浮	26258	21198	432	129			
雷州林业局							

9-12 各县（市）区主要林产品产量

2015 年

县（市）区别	商品材（立方米）			大径竹（根）			松香类产品（吨）	松节油类产品（吨）
	合计	原木	薪材	合计	毛竹	其他		
广东省	**7908295**	**7117400**	**790895**	**127536952**	**40938338**	**86598614**	**140007**	**25800**
广州市	**217034**	**216329**	**705**	**2074113**	**1030552**	**1043561**		
市辖区	12079	12079		1981283	993722	987561		
天河区	403	403						
白云区	3217	3217						
黄埔区								
番禺区								
花都区	19069	19069		32000	32000			
南沙区								
萝岗区	2013	1308	705	56000		56000		
增城市	96547	96547						
从化区	76949	76949						
流溪河林场				4830	4830			
大岭山林场								
增城林场	4199	4199						
梳脑林场	2558	2558						
深圳市	**27**	**27**						
宝安区	27	27						
珠海市	**9275**	**9275**						
斗门区	9275	9275						
汕头市	4696		4696	136000	136000			
潮阳区				136000	136000			
潮南区	1328		1328					
澄海区	1068		1068					
南澳县	2300		2300					
佛山市	**105187**	**24187**	**81000**					
南海区	7085	7085						
三水区	12102	12102						
高明区	86000	5000	81000					
韶关市	**916422**	**774165**	**142257**	**7194747**	**6447957**	**746790**	**12772**	**153**
武江区	68845	51820	17025	348500	348500			
浈江区	110823	89718	21105	12000	12000			
曲江区	104089	91008	13081	1149935	682733	467202		
始兴县	53545	53545		388404	232380	156024	2500	150
仁化县	59523	59523		1970000	1970000			
翁源县	182582	149830	32752	214754	214754			
乳源瑶族自治县	76520	68430	8090	124184	56464	67720		
新丰县	121518	83479	38039	128872	73700	55172		
乐昌市	46316	46316		963840	963840			
南雄市	43683	31518	12165	1882446	1881774	672	10207	
韶关林场	4687	4687						
曲江林场	11928	11928					65	3
仁化林场	18020	18020						
河口林场	8262	8262		11812	11812			
九曲水林场	4381	4381						
华溪林场	1700	1700						
河源市	**702161**	**564425**	**137736**	**1686000**	**1686000**		**3542**	
源城区	3626	2535	1091					

9-12　续表 1

县（市）区别	商品材（立方米）			大径竹（根）			松香类产品（吨）	松节油类产品（吨）
	合计	原木	薪材	合计	毛竹	其他		
紫金县	376100	297260	78840	11000	11000			
龙川县	57200	55100	2100	350000	350000		1800	
连平县	32060	32060						
和平县	50723	48023	2700	1303000	1303000		1602	
东源县	157700	112900	44800	22000	22000		140	
新丰江林管局	22507	14302	8205					
牛岭水林场	34	34						
下石林场								
黎明林场								
桂山林场	2211	2211						
梅州市	**384484**	**374184**	**10300**	**1608000**	**1608000**			
梅江区	3664	3664						
梅县区	63000	63000		280000	280000			
大埔县	75190	64890	10300	648000	648000			
丰顺县	49800	49800						
五华县	124188	124188						
平远县	14399	14399						
蕉岭县	8729	8729		680000	680000			
兴宁市	45514	45514						
梅南林场								
大埔林场								
惠州市	**299534**	**299534**		**7750461**	**3466300**	**4284161**		
惠城区	32662	32662		159266	159266			
惠阳区	10116	10116						
大亚湾区								
仲恺区	2300	2300						
博罗县	123620	123620		4900000	2550000	2350000		
惠东县	69525	69525		690975	478574	212401		
龙门县	42283	42283		2000220	278460	1721760		
梁化林场								
象头山林场	4234	4234						
平安林场								
鸡笼山林场	1980	1980						
水东陂林场	3028	3028						
油田林场	9786	9786						
汕尾市	**43849**	**37594**	**6255**	**463805**	**352259**	**111546**		
海丰县	16704	16704						
陆河县	12437	8402	4035	204000	107500	96500		
陆丰市	5008	5008		259805	244759	15046		
黄羌林场	5400	3780	1620					
吉溪林场	4300	3700	600					
红岭林场								

9-12 续表 2

县（市）区别	商品材（立方米)			大径竹（根）			松香类产品（吨）	松节油类产品（吨）
	合计	原木	薪材	合计	毛竹	其他		
东莞市	**2977**		**2977**					
市局本部	2977		2977					
中山市								
江门市	**733018**	**733018**		**300000**	**300000**		**1000**	**280**
蓬江区	8549	8549						
江海区								
新会区	76769	76769						
台山市	136361	136361					1000	280
开平市	148297	148297		300000	300000			
鹤山市	185551	185551						
恩平市	73107	73107						
古兜山林场								
大沙林场	22665	22665						
狮山林场	6531	6531						
河排林场	32001	32001						
西坑林场	8726	8726						
古斗林场	1219	1219						
四堡林场	33242	33242						
阳江市	**298624**	**290162**	**8462**	**1171529**	**294618**	**876911**	**1920**	**212**
江城区	6180	6180						
海陵岛实验区								
高新区								
阳西县	31946	31946					1110	110
阳东县	30057	30057						
阳春市	204325	204325		1171529	294618	876911	810	102
阳江林场	18116	12654	5462					
花滩林场	8000	5000	3000					
湛江市	**346354**	**253056**	**93298**	**7404744**	**1473562**	**5931182**		
雷州市	112454	89417	23037	1495000	996000	499000		
坡头区	3907	2094	1813					
麻章区	2363	2363		43400		43400		
湛江经济技术开发区	4000	3000	1000					
遂溪县	18757	18757		735344		735344		
徐闻县	69289	49516	19773					
廉江市	85528	53611	31917	5131000	477562	4653438		
吴川市	39393	23635	15758					
防护林场	743	743						
东海林场	1720	1720						
吴川林场	8200	8200						
茂名市	**171955**	**171955**		**44101039**	**9225771**	**34875268**	**2893**	
茂南区	3345	3345		33992	22857	11135		
电白县	15776	15776		10587989	4960173	5627816		
高州市	29725	29725		6382026	1406209	4975817		
化州市	44367	44367		2237032	1776532	460500	93	
信宜市	52406	52406		24860000	1060000	23800000	2800	

9-12 续表 3

县（市）区别	商品材（立方米）			大径竹（根）			松香类产品（吨）	松节油类产品（吨）
	合计	原木	薪材	合计	毛竹	其他		
八一林场	557	557						
厚元林场	1188	1188						
东镇林场								
新田林场	3598	3598						
荷塘林场	1773	1773						
文楼林场	4919	4919						
播扬林场	3446	3446						
平定林场	5904	5904						
丽岗林场	3923	3923						
电白林场	1028	1028						
肇庆市	**1779809**	**1590785**	**189024**	**39352115**	**8907894**	**30444221**	**86526**	**24627**
肇庆高新区	72	72						
端州区	2842	2842						
鼎湖区	9650	7830	1820	763620	120010	643610		
广宁县	242477	242477		3506291	3506291			
怀集县	555974	404762	151212	28834604	5281593	23553011	23009	
封开县	225418	225418					11672	571
德庆县	270216	270216					42500	22000
高要市	265723	265723					9345	2056
四会市	105280	81794	23486	5756500		5756500		
北岭山林场	10795	10795						
清桂林场	6531	6531						
葵洞林场	4631	4631						
大南山林场	10396	8314	2082					
大水口林场	15500	13500	2000					
大坑山林场	15885	15159	726	491100		491100		
新岗林场	38419	30721	7698					
清远市	**1040087**	**983659**	**56428**	**8401890**	**2499801**	**5902089**	**5096**	**96**
清城区	73814	73814		749330	188351	560979		
佛冈县	107644	107644		561481	327977	233504	148	
阳山县	27996	27996		1909097	651935	1257162		
连山壮族瑶族自治县	23408	23408		244402	234767	9635	4463	
连南瑶族自治县	25645	25645		414449	414449			
清新区	274039	249447	24592					
英德市	359755	359755		4013269	224506	3788763		
连州市	85200	63419	21781	509862	457816	52046	485	96
银盏林场	8591	7321	1270					
笔架林场	9774	9774						
天堂山林场	1965	1649	316					
英德林场	19332	13173	6159					
长江坝林场	23		23					

9-12 续表 4

县（市）区别	商品材（立方米）			大径竹（根）			松香类产品（吨）	松节油类产品（吨）
	合计	原木	薪材	合计	毛竹	其他		
金鸡林场	4832	4101	731					
铁溪林场	5189	5189						
羊角山林场	2896	1606	1290					
小龙林场	9663	9397	266					
龙坪林场	321	321						
杨梅林场								
潮州市	**44731**	**37032**	**7699**	**61000**	**61000**			
湘桥区	3152	3152		55000	55000			
枫溪区	300	189	111	6000	6000			
潮安区	12184	12184						
饶平县	19285	15428	3857					
韩江林场	9810	6079	3731					
揭阳市	**30536**	**28505**	**2031**	**4750083**	**2801511**	**1948572**		
揭东区	10242	10242						
揭西县	6761	5530	1231	1973477	28300	1945177		
惠来县				2416606	2413211	3395		
普宁市	13533	12733	800	360000	360000			432
云浮市	**397460**	**384930**	**12530**	**1081426**	**647113**	**434313**	**26258**	
云城区	41580	41580		654481	309752	344729	9618	
新兴县	121839	121839					580	432
郁南县	70736	58206	12530	13500		13500	11000	
云安区	59203	59203		413445	337361	76084	5060	
罗定市	88867	88867						
大云雾林场	2928	2928						
龙墉林场	3204	3204						
飞马林场	3717	3717						
同乐林场	4331	4331						
水台林场	1055	1055						
雷州林业局	**182180**	**149388**	**32792**					
省直属林场	**197895**	**195190**	**2705**					
西江林业局	137249	137249						
龙眼洞林场								
天井山林场	8073	8073						
樟木头林场	5450	5450						
乐昌林场	9133	6428	2705					
连山林场	12063	12063						
东江林场	14769	14769						
九连山林场	11158	11158						

9-13 各市生态公益林重点工程建设投资完成情况

2015年　　单位:万元

	合　计	沿海防护林工程	珠江流域防护林工程	平原绿化工程
全　　省	27647	21498	6149	
广　　州				
深　　圳				
珠　　海				
汕　　头	1714	1714		
佛　　山				
韶　　关	1384		1384	
河　　源	3346		3346	
梅　　州	720	720		
惠　　州	1576	1576		
汕　　尾	7233	7233		
东　　莞				
中　　山				
江　　门				
阳　　江	815	815		
湛　　江	1351	1351		
茂　　名	1880	1880		
肇　　庆				
清　　远	212		212	
潮　　州	3149	2775	374	
揭　　阳	3264	3264		
云　　浮	613	170	443	
雷州林业局				
省直属林场	277		277	
国家级保护区	113		113	

9-14 林业投资完成与资金来源情况

单位:万元

项　　　目	2014 年	2015 年	2015 比 2014 增长%
一、本年计划投资	**732897**	**646880**	**-11.7**
二、自年初累计完成投资	**732897**	**967229**	**31.9**
其中：国家投资	391588	590053	50.7
1. 生态建设与保护	447850	654459	46.1
(1)造林与更新	171701	310948	81.1
(2)森林抚育	79231	26058	-67.1
(3)野生动植物保护及自然保护区	5495	443	-91.9
(4)湿地恢复与保护	2865	11670	307.3
(5)森林生态效益补偿	133451	239813	79.7
(6)其他（含生态工程补助资金）	55107	65527	18.9
2. 林业支撑与保障	72347	104612	44.6
(1)林木种苗	8910	13241	48.6
(2)森林防火与森林公安	25085	30628	22.1
(3)林业有害生物防治	7425	11027	48.5
(4)科技教育	2561	2325	-9.2
(5)林业信息化	1875	4881	160.3
(6)其他	26491	42510	60.5
3. 林业产业发展	37323	25918	-30.6
(1)工业原料林	5208	10895	109.2
(2)特色经济林（不含木本油料）	680	959	41.0
(3)木本油料	6848	852	-87.6
其中：油茶示范基地建设			
核桃示范基地建设			
(4)花卉	1218	477	-60.8
(5)林下经济	8012	3650	-54.4
(6)其他	15357	9085	-40.8
4. 林业民生工程	23780	22545	-5.2
(1)棚户区（危旧房）改造	4078	426	-89.6
(2)社会性基础设施	14655	14306	-2.4
(3)其他	5047	7813	54.8
5. 其他投资	151597	159695	5.3
其中：财政事业费	114667	116485	1.6
三、本年实际到位资金合计	**717870**	**976822**	**36.1**
1.上年末结余资金	35139	46817	33.2
2.本年实际到位资金小计	682731	930005	36.2
(1)国家预算资金	534426	829512	55.2
①中央资金	80930	102761	26.2
②地方资金			
(2)国内贷款	7160	8789	22.8
(3)债券			
(4)利用外资	7627	6525	-14.5
(5)自筹资金	58851	48091	-18.3
(6)其他资金	74667	37088	-50.3

9-15 林业系统从业人员与劳动报酬

2015 年

项目	单位个数（个）	单位从业人员（人）				离岗仍保留劳动关系的职工（人）	年末离退休人员（人）	在岗职工年平均人数（人）	在岗职工年劳动报酬（千元）	在岗职工年平均工资（元/人）	离退休人员年生活费（千元）
		合计	在岗职工		其他从业人员（人）						
			小计	其中：专业技术人员							
总　计	**1810**	**29491**	**27897**	**4102**	**1594**	**933**	**29943**	**28403**	**1625539**	**57231**	**873302**
一、企业	40	2572	2522	384	50	91	4388	2561	72146	28171	40102
二、事业	1508	20498	19177	3696	1321	790	21167	19679	1049685	53340	602008
三、机关	262	6421	6198	22	223	52	4388	6163	503707	81731	231192
按行业分：											
（一）农林牧渔业	627	14597	13842	1929	755	785	21570	14329	663227	46286	520001
1、林木育种育苗	49	654	643	160	11	6	805	653	32810	50245	21431
2、造林与经营管护	320	9495	8818	1179	677	618	16298	9368	404904	43222	377222
3、木竹采运	27	904	886	129	18	91	1319	853	33290	39027	21704
4、经济林产品种植与采集	12	109	99	5	10	3	74	107	5003	46754	1904
5、花卉及其他观赏植物种植	1	1	1			3	1	1	36	36000	
6、陆生野生动物繁育与利用	5	127	127	7			101	127	3618	28490	76
7、林业有害生物防治											
8、森林防火											
9、其他	213	3307	827	449	39	64	2972	3220	183566	57008	97664
（二）制造业	18	142	142			64	237	142	2916	20534	3385
1、木材加工及木、竹、藤、棕、苇制品业	8	91	91			8	177	91	1363	14979	2377
2、木、竹、藤家具制造业											
3、木、竹、苇浆造纸业											
4、林产化学产品制造											
5、其他	10	51	51			56	60	51	1553	30446	1008
（三）服务业	1149	14589	13750	2144	839	84	8106	13764	950801	69079	349012
1、林业生产服务	117	965	926	180	39	2	326	896	42379	47298	11943
2、野生动植物保护和自然保护区管理	107	1124	907	250	217	2	172	911	66873	73406	6729
3、林业工程技术与规划管理	15	319	261	175	58		177	261	26488	101487	699
4、林业科技交流和推广服务	73	1202	1175	516	27	20	996	1190	78285	65785	36443
5、林业公共管理和社会组织	412	7855	7553	298	302	52	5008	7506	600225	79966	252333
①林业行政管理、公安及监督检查机构	346	7006	6730	61	276	52	4514	6623	523645	79065	235880
②林业专业性、行业性团体	66	849	823	237	26		494	883	76580	86727	16454
6、其他	425	3124	2928	725	196	8	1427	3000	136551	45517	40864
（四）其他行业	16	163	163	29			30	168	8595	51161	904

9-16 各市林业系统从业人员与劳动报酬

2015 年

市　　别	单位个数（个）	年末单位从业人员（人）	在岗职工	专业技术人员	离岗仍保留劳动关系的职工（人）	年末离退休人员（人）	在岗职工年平均人数（人）	在岗职工年劳动报酬（千元）	在岗职工年平均工资（元/人）	离退休人员年生活费（千元）
全　　省	1810	29491	27897	4102	933	29943	28403	1625539	57231	873302
广　　州	63	2223	2164	103	36	1885	2103	160960	76538	91400
深　　圳	18	277	200	16		18	119	8724	73309	1834
珠　　海	27	416	413	5		37	395	20640	52252	2549
汕　　头	55	391	391	44	3	120	390	19381	49696	5557
佛　　山	20	313	313	61		264	313	19817	63312	6935
韶　　关	261	3419	3258	596	160	3255	3518	149749	42567	77895
河　　源	202	1955	1907	346	5	2105	1875	87598	46719	48482
梅　　州	135	1524	1449	265	2	1191	1448	85855	59292	40312
惠　　州	106	1706	1642	71	267	1542	1684	119799	71139	59801
汕　　尾	49	857	845	103	35	689	792	27711	34989	5913
东　　莞	7	750	722	71	1	304	718	49318	68688	17256
中　　山	4	119	79	15		75	80	11690	146123	5180
江　　门	49	830	732	101	1	1356	767	59401	77446	48054
阳　　江	66	956	949	84	187	1059	950	45551	47948	32298
湛　　江	121	845	784	145	18	804	789	38433	48711	15534
茂　　名	64	1252	1188	121	84	1876	1200	56559	47133	48109
肇　　庆	124	1815	1451	215	46	2098	1586	98866	62337	56134
清　　远	145	2818	2686	283	24	2310	2721	153982	56590	68345
潮　　州	49	468	468	34		506	468	19365	41379	8035
揭　　阳	97	1045	1045	110		595	1045	38245	36598	28408
云　　浮	92	761	733	97		769	737	58732	79691	35454
雷州林业局	1	1566	1566	293		2972	1611	42960	26667	17286
省直属林场	33	2163	1944	415	64	3531	2058	123232	59879	127370
国家级保护	5	160	115	36		8	114	11110	97452	448
省直单位	17	862	853	472		574	922	117861	138	24714

9-17 林业系统职工伤亡事故情况

2015 年

项　　目	轻伤（人次）	重伤（人次）	死亡（人）
合　　计	3	2	1
一、农、林、牧、渔业	3	2	1
其中：国有林场			
木材及竹材采运业		2	1
二、采矿业			
三、制造业			
1. 木材加工及竹藤棕草制品业			
2. 林产化学产品制造业			
3. 机械制造及修理业			
4. 建筑材料制造加工业			
5. 其他制造业			
四、建筑业			
五、其他			

十、畜牧业与饲料工业

畜牧业与饲料工业

一、畜牧业生产

（一）畜禽生产。2015年，全省畜牧业生产形势总体稳定，肉类总产量424.2万吨、同比减少1.2%，禽蛋33.8万吨、增长2.6%，奶类12.9万吨、减少6.2%，出栏生猪3663.4万头、减少3.4%，出栏家禽9.7亿只、增长2.4%。全省年末肉牛存栏132.2万头、山羊存栏41.5万只，分别比去年同期增长了4.8%、4.2%。全省没有发生区域性重大动物疫病和畜产品质量安全事件。

2015年初受国内宏观经济下行压力加大影响，畜产品消费不旺，生猪出场价格持续深度下跌，二季度低谷反弹，较快上升，下半年高位逐步回落，总体稳定；家禽生产进一步恢复，养殖进入新的供需平衡，家禽市场基本平稳，价格随着供求变动及生猪价格而不断波动。玉米、豆粕等大宗饲料原料价格持续下跌，养殖饲料成本大幅下降，养殖效益良好。

（二）饲料生产。2015年，全省饲料企业1097家，工业饲料总产量2573.02万吨，同比增长7.26%，再创历史新高。总产量连续13年稳居全国首位，占全国1/8强，在饲料总产量中，配合饲料2464.41万吨、增长7.74%，浓缩料43.82万吨、下降2.55%，添加剂预混合饲料64.79万吨，下降2.57%。在配合饲料产量中，猪料1042.50万吨、蛋禽料168.34万吨、肉禽料803.61万吨、水产料434.67万吨、其它饲料15.29万吨，分别比上年增长1.42%、30.42%、14.48%、4.13%、40.15%。饲料添加剂产量5.94万吨、产值35.54亿元，产量同比增长4.48%。

主要特点:一是饲料产品质量安全水平良好。全省饲料行业总体素质较高，饲料产品质量安全例行监测抽检合格率99.7%，饲料中“瘦肉精”等违禁添加物保持“零检出”。二是饲料产业规范发展转型升级加快。大型企业强强联合及产业链发展进程明显加快，行业发展主体力量不断壮大，规模化现代化水平进一步提高。全省饲料产量超过10万吨的企业共有80个、产量占全省总量的63%，行业集中度进一步提高；三是产业技术不断创新，行业品牌显佳绩。饲料企业积极进行设备改造更新和产品升级，科技投入稳步增加，技术和经营模式创新能力明显增强，努力打造终端产品品牌。2015年，全省共有150个饲料产品为广东省名牌产品，占农业名牌产品的16%；四是行业自律日益加强。充分发挥行业协会的桥梁与纽带作用，通过组织举办培训班、饲料发展论坛、学术交流等，增强了行业凝聚力和约束力，有力地促进了饲料业健康发展。

（三）兽药生产。兽药GMP生产企业103家，其中，生物制品企业6家，中化药企业97家。年产兽药约30亿元，是全国兽药产值的1/11，年销售额30多亿元。兽药GSP经营企业（店）6074家，其中生物制品企业434家，中化药企业5640家。

二、畜牧业扶持政策政策

2015年中央和省投入扶持畜牧业的专项有畜牧良种补贴、畜禽良种工程、畜禽标准化健康养殖、南方草地畜牧业、特色畜牧业、优质后备母牛饲养补贴等，资金达2.54亿元。结合实施中央畜禽标准化扶持项目，积极开展畜牧业金融创新试点，探索实行财政补贴资金与贷款担保、贴息等结合，鼓励引导金融资本投入畜牧业，为畜牧业转型升级提供更多的资金支持。各级全面加强项目资金监督检查，省先后组织开展了草地畜牧业、国家畜禽标准化健康养殖、国家生猪奶牛标准化规模养殖场建设等项目的监督检查和考核工作，有效促进了扶持资金和项目建设落实到位。

三、畜牧业转型升级

（一）标准化规模养殖。开展标准化示范创建活动，推进以畜禽良种化、养殖设施化、生产规范化、防疫制度化及粪污无害化等“五化”为主要内容的标准化养殖，新增农业部授牌畜禽标准化示范场18家，其中生猪11个，肉鸡5个，蛋鸡2个，总数达到190家，数量位居全国前列。举办了第39、40届养猪产业博览会，推动养猪产业健康发展。

（二）发展草食畜牧业。实施中央和省草食畜牧业项目23个、共3065万元，推动种草养畜，建设全省肉牛、肉羊等草食动物标准化规模养殖示范基地，示范带动全省肉牛、肉羊等草食动物规模化养殖。抓好草食畜牧业基础建设，统一采购肉牛冻精7万支，在广州、梅州、湛江三市建立省级冻精供应点，分片区免费供应；举办多期肉牛养殖技术和肉牛冻精使用技术培训班，开展对肉牛养殖大县畜牧局局长、养殖大户等进行培训，促进了草食动物发展。

（三）现代畜禽种业。组织实施国家畜牧良种补贴、畜禽良种工程和省特色畜禽品种保护开发利用等项目，扎实推进畜禽遗传资源保护，不断完善保护机制，健全保护体系，加强国家级和省级地方特色优质畜禽品种资源场建设，新增3家国家生猪核心育种场、总数达到11家；创建7家国家肉鸡核心育种场和5家国家肉鸡良种扩繁推广基地；建立了省级畜禽遗传资源保种场 18 个，国家级保种场总数增至 10 个；积极开展品种提纯和遗传改良，新增 4 个畜禽新品种配套系通过国家审定，总数达到 31 个；各项数据均位居全国前列。推进地方特色优良畜禽品种产业化开发利用，有 20 个产品被评为广东省十大名牌系列农产品的“名猪”、“名鸡”、“名鸭”、“名鹅”。

四、畜牧投入品及畜产品质量安全监管

（一）强化饲料行业管理。认真贯彻实施饲料管理新规，严把饲料生产许可准入关，加快推进实施《饲料质量安全管理规范》；加强日常监管，认真组织实施 2015 年饲料质量安全和生猪养殖场（户）“瘦肉精”专项监测计划，突出抓好“瘦肉精”等违禁添加剂物整治及重金属超标整治监测工作，加大对违法案件的查处力度。督导检查企业建立并落实粉尘防爆安全管理责任制，强化企业责任意识和提高管理水平，保障安全生产。全省出动执法检查人员 35203 人次，检查饲料生产企业 2059 个次、饲料经营店 5330 个次、养殖场（户）22224 个次，检测饲料和饲料添加剂样品 2156 个，合格率为 99.73 %；全年省级对 448 家饲料生产、经营企业及养殖场（户）的饲料产品进行质量安全监督检查，监测饲料产品 511 个，合格率为 100%，其中“瘦肉精”检测 95 个，合格率 100%；全省累计查处饲料及饲料添加剂生产及经营企业 55 家，其中无证生产 2 家，行政立案 53 起、涉案金额 366473 元、无害化处理饲料 34 吨。

（二）强化兽药行业监管。全省检查兽药生产经营企业 2436 家次，查处问题 1 起，责令整改 1 起，立案查处 11 起。省级开展兽药监督抽检 406 批次，合格率 98.52%；兽药残留监控抽检样品 323 批次，合格率 99.7%。认真做好农业部下放兽药 GMP 和生产许可证管理工作，推进兽药二维码信息追溯系统建设。

（三）生猪屠宰专项整治。与公安、食药部门建立了联合协作机制，公布了举报电话。各级开展生猪屠宰执法检查 6133 次，出动执法人员数量 48593 人次，检查屠宰企业 2478 家次，排查出问题 800 起；捣毁窝点 293 个，查处违法案件 858 件，移送公安机关 75 件，涉及金额 257 万元。

（四）“瘦肉精”专项整治。各级累计出动监督执法人员 95293 人（次），检查饲料生产经营企业 5448 个次、养殖场 31565 个次、活畜收购贩运企业 2213 个次、检查屠宰企业（场、点）14341 个次，监督抽查企业及养殖场户 62645 个次，抽检样品数为 2033975 个次，抽检合格率为 99.99%以上，饲料中“瘦肉精”保持“0”检出；全年省级对 600 个生猪养殖场进行生猪尿样“瘦肉精”现场筛查 1200 批次，无检出阳性，全部合格。在“瘦肉精”专项整治中，立案查处 6 起，并移送司法机关。

（五）生鲜乳专项整治。全省共监督检查生鲜乳收购站、奶畜养殖场 36 家，责令改正问题约 30 处；开展生鲜乳质量安全监测，抽检生鲜乳样品 165 批次，监测三聚氰胺、革皮水解蛋白等多个指标，抽检样品 100%合格。

五、重大动物疫病防控

（一）全面落实动物疫病防控措施。按照农业部的部署要求，全力抓好动物疫病春防、秋防各项工作的落实，被农业部评为“2014 年加强重大动物疫病防控延伸绩效管理优秀单位”，这是我省连续第三年在农业部绩效考核中评为优秀，朱小丹省长、邓海光副省长作出批示，给予充分肯定。组织开展了对各地市重大动物疫病防控延伸绩效管理考核，有力促进各地落实重大动物疫病防控工作。加强疫苗计划、调拨、调控管理，落实疫苗补助，为动物疫病防控提供保障。

（二）积极开展动物疫病净化工作。实施疫病净化示范场、创建场验收挂牌活动，有 4 家种畜禽场分别通过国家首批“猪伪狂犬病净化示范场”、“动物疫病净化创建场”评估认证，截至年底共有 20 家畜禽场通过省的验收挂牌，示范带动全省种畜禽场开展疫病净化工作。

（三）重点做好 H7N9 禽流感防控。严格实施企业定点联系和“五日一报，即报即按规范处置”，督促家禽交易场所严格执行“1110”制度。组织开展全省 H7N9 流感防控和病死动物无害化处理督查，有效处置了清远市佛冈县 H5N6 禽流感疫情，积极应对香港等地人感染 H7N9 流感病例，对广州、潮州、梅州等多个家禽交易市场检出 H7N9 病原阳性进行跟踪并按照相关规范进行了处置。

六、畜禽无害化处理体系建设

各级畜牧兽医部门深入考察调研，认真谋划病死畜禽无害化处理长效机制建设思路，全省病死畜禽无害化处理工作取得突破性进展。省政府出台了《关于建立病死畜禽无害化处理机制的实施意见》，省农业厅印发了《关于贯彻落实〈广东省人民政府办公厅关于建立病死畜禽无害化处理机制的实施意见〉的通知》，省农业厅前期统筹安排 1000 万元择优扶持 6 个市开展病死畜禽无害化处理体系试点建设，省政府一次性安排 2 亿元用于支持 10 个县（市、区）建设病死畜禽无害化处理中心示范工程。各级农牧部门广泛开展舆论宣传，深入进行调查研究，认真谋划建设方案，积极推进项目实施，省畜牧兽医局建立了病死畜禽无害化处理体系建设情况月报制和通报制度，督促、推动病死畜禽无害化处理工作落实。

七、动物防疫体系建设

启动建设省动物疫病控制中心，在强化动物疫病监控体系上迈出了里程碑式的一步。大力推广应用广东省动物防疫监督管理系统（省动物溯源数据管理系统），落实动物检疫证明电子出证，推动兽医卫生监督网络化、信息化管理。推广新型动物卫生风险监管机制建设，在中山市试点构建新型动物卫生风险监管机制。积极推动家禽生鲜上市动物产品检疫工作，加强生鲜上市家禽产品检疫监管，确保生鲜上市家禽可追溯、质量有保障。在深圳市开展激光灼刻生猪屠宰检疫验讫印章试点。在全省组织开展“动物防疫消毒灭原日”活动，举办了全省动物检疫职业技能竞赛，纳入 2015 年度广东省职工技术大赛范围，竞赛前五名由省总工会、省人社厅、省经信委、省科技厅联合授予广东省技能选手称号，第一名由省总工会按程序颁发广东省五一劳动奖章。切实加强从化无疫区维护，组织相关市、县开展动物疫病调查、免疫监测、虫媒和野生动物调查防范、检疫监督、动物疫病风险分析等工作，建立香港马会支持缓冲区建设新模式，积极同农业部、香港渔护署、香港马会沟通协调马匹快速通关和马匹监测等事宜。

八、畜禽屠宰管理工作

（一）推进管理职能划转。至 2015 年 12 月底，省、市、县各级全部按要求完成了职能划转交接。

（二）深入调研谋划工作思路。深入调研，完成了《全省畜禽屠宰监管工作调研报告》，在此基础上着手研究制定《全省畜禽屠宰行业发展规划》和《加强畜禽屠宰监管的工作意见》。

（三）大力开展行业队伍培训。省举办了 11 期培训班，分别对省市县三级畜禽屠宰监管人员、统计信息员、屠宰厂负责人及肉品质检员等进行业务培训，对经培训并考试合格的 1100 名肉品品质检验人员核发了资格证书。促进了监管机构人员执法懂法、依法行政，质检人员持证上岗，屠宰企业负责人懂法守法，推进畜禽屠宰管理顺利开展。

（四）切实抓好屠宰环节病死猪无害化处理。与财政厅联合下发文件，明确了屠宰环节病害猪无害化处理工作要求及补贴资金申报使用程序，严格了监督管理。下达了 2014 年屠宰环节病死猪无害化处理补贴专项资金，补贴无害化处理生猪及产品折算合计 71562.70 头，预拨了 2015 年（第一批）补贴资金。

（五）组织开展屠宰企业审核清理。按照农业部部署要求，组织开展屠宰企业资格审核清理，进一步规范生猪定点屠宰证章标志印制和使用管理，推动建立猪肉产品可追溯制度，维护屠宰行业秩序。

（六）配合推进家禽集中屠宰、冷链配送和生鲜上市。积极开展家禽集中屠宰、冷链配送和生鲜上市“一令三规范”的宣传贯彻工作，印发宣传资料，组织开展“屠宰场开放日”和“生鲜鸡品尝”活动，营造了良好的社会氛围。着力推进家禽集中屠宰厂设置、家禽批发市场代宰点改造和落实生鲜鸡供应渠道等工作，加强家禽集中屠宰检验检疫，确保生鲜家禽产品有效安全供给。《农民日报》专题报道了我省推进家禽集中屠宰的经验。

10-1 种畜禽场情况

2015 年

项　　目	场个数(个)	单位	年末存栏	能繁母畜	当年出场种畜禽	当年生产胚胎(枚)	当年生产冻精(万份)
一、种畜禽场总数	**627**						
（一）种牛场	5	头	4669	2339		763	
1. 种乳牛场	2	头	2694	1450		763	
2. 种肉牛场	3	头	1975	889			
3. 种水牛场		头					
4. 种牦牛场		头					
（二）种马场		匹				…	
（三）种猪场	405	头	2164620	486347	2308809	…	
（四）种羊场	8	只	10803	7353	7503	1780	
1. 种绵羊场		只					
其中:种细毛羊场		只					
2. 种山羊	8	只	10803	7353	7503	1780	
其中：种绒山羊场		只					
（五）种禽场	188						
1. 种蛋鸡场	16	套	1016208				
其中:祖代蛋鸡场	2	套	115000		1052326		
父母代蛋鸡场	14	套	901208				
2. 种肉鸡场	123	套	11291226				
其中:祖代肉鸡场	18	套	1973183		10213736		
父母代肉鸡场	105	套	9318043				
3. 种鸭场	19	只	316882				
4. 种鹅场	30	只	281550				
（六）种兔场	4	只	23663				
（七）种蜂场	1	箱	280				
（八）其它	16						
二、种畜站总数	**31**						
1. 种公牛站		头					
2. 种公羊站		只					
3. 种公猪站	31	头	2806				1774469

注：1. 本表只统计已颁发许可证的种畜场、站。

2. 凡已颁发许可证且未列入的第一类（一）至（七）项中的种畜场均列入其它，如种鹿场、种鹌场、种鸽场、种犬场、种狐狸场、种貂场、种鸵鸟场等。

10-2 省、市、县畜牧技术机构基本情况

2015 年

指　标　名　称	计算单位	畜牧站	家畜繁育改良站	草原工作站	饲料监察所
一、省级机构	**个**	**1**			**1**
在编干部职工	人	18			16
其中按职称分					
高级技术	人	8			9
中级技术	人	3			6
初级技术	人	3			1
其中按学历	人				
研究生	人	9			5
大学本科	人	5			10
大学专科	人	2			1
中专	人				
离退休人员	人	11			12
二、地（市）级机构	**人**	**10**	**1**		**1**
在编干部职工	人	163	84		8
其中按职称分	人				
高级技术	人	22	8		1
中级技术	人	39	5		2
初级技术	人	36	10		4
其中按学历					
研究生	人	16	1		
大学本科	人	76	9		7
大学专科	人	33	18		1
中专	人	9	9		
离退休人员	人	69	173		
三、县市级机构	**人**	**108**	**19**	**1**	**8**
在编干部职工	人	1416	360	5	115
其中按职称分					
高级技术	人	29	1		9
中级技术	人	249	29	1	36
初级技术	人	463	152	1	31
其中按学历	人				
研究生		16			1
大学本科	人	285	9		21
大学专科	人	503	54	3	48
中专	人	298	145		22
离退休人员	人	1019	219		70

10-3 乡镇畜牧兽医机构基本情况

2015 年

项　　目	计算单位	畜牧兽医站	项　　目	计算单位	畜牧兽医站
一、畜牧兽医站站数	**个**	**1086**	**四、经营情况**		
二、畜牧兽医站职工总数	**人**	**7029**	畜牧兽医站盈余站数	个	161
畜牧兽医站在编人数	人	5149	畜牧兽医站盈余金额	万元	326.00
畜牧兽医站离退休人员	人	3419	畜牧兽医站亏损站数	个	253
三、技术职称状况			畜牧兽医站亏损金额	万元	714.99
畜牧兽医站高级技术职称	人	18	**五、畜牧兽医站全年总收入**	**万元**	**43562.16**
畜牧兽医站中级技术职称	人	460	其中：畜牧兽医站经营服务收入	万元	553.07
畜牧兽医站初级技术职称	人	1888	**六、畜牧兽医站全年总支出**	**万元**	**43951.15**
畜牧兽医站技术员	人	1170	其中：畜牧兽医站工资总额	万元	22677.30

10-4 全省生猪饲养规模情况

2015 年　　计量单位：个、头

项　　目	场（户）数	年出栏数
年出栏数 1---49 头	631926	7499678
年出栏数 50---99 头	42391	2920759
年出栏数 100---499 头	33718	7038887
年出栏数 500---999 头	8057	5108239
年出栏数 1000---2999 头	3525	5503461
年出栏数 3000---4999 头	800	3008613
年出栏数 5000---9999 头	498	3246973
年出栏数 10000---49999 头	316	5293628
年出栏数 50000 头以上	22	1752657
合　计	721253	41372895

10-5 全省肉鸡饲养规模情况

2015 年　　计量单位：个、只

项　　目	场（户）数	年出栏数
年出栏数 1----1999 只	2107087	165401883
年出栏数 2000----9999 只	20015	99863569
年出栏数 10000---49999 只	10060	183406711
年出栏数 50000---99999 只	3279	127514270
年出栏数 100000--499999 只	1360	88335355
年出栏数 500000--999999 只	347	58232288
年出栏数 100 万只以上	23	15219510
合　计	2142183	758915328

10-6 全省蛋鸡饲养规模情况

2015 年　　计量单位：个、只、吨

项　　目	场（户）数	年存栏数	鸡蛋产量
年存栏数 499 只以下	291778	3358757	40645.29
年存栏数 500--1999 只	493	503405	5496.2
年存栏数 2000--9999 只	197	860778	10407.8
年存栏数 10000--49999 只	112	2411828	28159.17
年存栏数 50000--99999 只	48	3046938	33820.77
年存栏数 100000--499999 只	24	3966920	46770.5
年存栏数 500000 只以上	1	1386815	16308.0
合　计	292653	15535441	181607.73

10-7 全省奶牛饲养规模情况

2015 年　　计量单位：个、头、吨

项　　目	场（户）数	年存栏数	牛奶产量
年存栏数 1---4 头	524	1200	2502
年存栏数 5---9 头	107	693	1523
年存栏数 10---19 头	33	464	1098
年存栏数 20---49 头	37	1105	4092
年存栏数 50---99 头	58	3795	11197
年存栏数 100---199 头	23	3146	8635
年存栏数 200---499 头	18	6258	15418
年存栏数 500---999 头	6	4444	13219
年存栏数 1000 头以上	14	28207	93468
合　计	820	49312	151151.66

10-8 全省肉牛饲养规模情况

2015 年　　计量单位：个、头

项　　目	场（户）数	年出栏数
年出栏数 1---9 头	229635	538649
年出栏数 10---49 头	2441	67490
年出栏数 50---99 头	348	24951
年出栏数 100---499 头	107	22596
年出栏数 500---999 头	5	3405
年出栏数 1000 头以上	1	1276
合　计	232537	658367

10-9 全省养羊饲养规模情况

2015 年　　计量单位：个、只

项　　目	场（户）数	年出栏数
年出栏数 1---29 只	15359	213115
年出栏数 30---99 只	2928	169825
年出栏数 100---499 只	735	128554
年出栏数 500---999 只	29	17967
年出栏数 1000 只以上	10	12614
合　计	19061	542075

10-10 主要年份畜牧业生产情况

单位：万头、万只

年 份	黄水牛年末存栏头数	奶牛年末存栏头数	山羊年末存栏只数	生猪年末存栏量	能繁殖母猪	三鸟饲养量
1949						
1952	303.42		3.73	477.86	34.45	
1957	331.28		11.98	721.78	50.52	
1962	270.46		14.7	543.22	38.03	
1965	298.61		17.16	161.82	83.57	
1970	314.82	1.21	11.72	1425.24	123.27	773
1975	309.9	1.18	13.7	1757.38	143.52	1034.38
1978	295.67	1.51	16.38	1777.39	135.8	7192.7
1980	306.02	1.52	13.38	1704.59	115.7	13337.2
1985	414.58	2.01	10.23	1884.02	154.49	31646.5
1990	473.55	2.95	14.21	2058.89	141.98	53199.88
1995	468.97	2.56	27.3	2183.95	137.25	100729.14
2000	416.92	3.72	29.33	2034.79	143.75	124800.95
2005	367.43	4.83	39.2	2143.50	162.77	127070.31
2010	223.82	5.36	37.01	2253.29	252.73	144382.73
2015	237.03	5.31	41.50	2135.85	224.38	122264.05

注：2006 年起以第二次全国农业普查数据为基数。以下各表同。

10-11 主要年份畜牧业主要产品产量

单位：万头、万吨

年 份	生猪出栏头数	猪肉产量	出售和自宰的肉用牛	牛肉产量	羊肉产量	牛奶产量
1949	196.73	8.09				
1952	282.54	11.62			0.01	
1957	429.63	19.6	22.9	1.75	0.02	
1962	324.57	11.02	7.64	0.59	0.03	
1965	677.66	24.71	8.49	0.64	0.04	
1970	919.55	40.17	6.91	0.51	0.01	1.36
1975	956	45.47	5.95	0.43	0.01	1.33
1978	942.7	48.09	3.17	0.34	0.02	1.66
1980	1026.1	62.62	7.41	0.55	0.03	2.18
1985	1285.2	97.59	17.36	1.46	0.09	4.09
1990	1792.85	145.35	28.21	2.88	0.16	5.51
1995	2395.21	188.75	51.85	5.68	0.44	5.49
2000	2954.98	206.85	47.64	5.17	0.43	9.19
2005	3616.74	256.28	67.08	7.21	0.71	11.64
2010	3732.02	275.46	53.48	6.27	0.91	14.23
2015	3663.44	274.15	58.27	6.97	0.91	12.95

10-12 主要年份畜禽头数及肉类产量

项目	单位	1990	1995	2000	2005	2010	2014	2015	2015年比上年增长（%）
一、黄、水牛年末存栏头数	**万头**	**473.54**	**468.97**	**416.92**	**367.43**	**223.82**	**236.54**	**237.03**	**0.2**
二、奶牛年末存栏头数	**万头**	**2.95**	**2.56**	**3.72**	**4.83**	**5.36**	**5.42**	**5.31**	**-2.0**
牛奶产量	万吨	5.51	5.49	9.19	11.64	14.23	13.51	12.95	-4.2
三、山羊年末存栏只数	**万只**	**14.21**	**27.3**	**29.33**	**39.2**	**37.01**	**39.84**	**41.50**	**4.2**
四、生猪年末存栏头数	**万头**	**2058.89**	**2183.95**	**2034.79**	**2143.5**	**2253.29**	**2130.10**	**2135.85**	**0.3**
# 能繁殖母猪	万头	141.98	137.25	143.75	162.77	252.73	227.50	224.38	-1.4
肉猪出栏头数	万头	1792.85	2395.21	2954.98	3616.74	3732.02	3790.78	3663.44	-3.4
五、肉类产量	**万吨**	**202.45**	**305.06**	**324.48**	**384.31**	**441.1**	**429.43**	**424.25**	**-1.2**
猪肉	万吨	145.35	188.75	206.85	256.28	275.46	282.64	274.15	-3.0
牛肉	万吨	2.88	5.68	5.17	7.21	6.27	6.97	6.97	0.0
羊肉	万吨	0.15	0.44	0.43	0.71	0.91	0.90	0.91	1.1
禽肉	万吨	54.02	109.94	111.5	113.66	152.99	131.86	134.80	2.2
兔肉	万吨	0.05	0.24	0.53	0.64	0.65	0.91	0.90	-1.0
六、三鸟饲养量	**万只**	**53199.88**	**100729.1**	**124800.9**	**127070.3**	**144382.7**	**120671.54**	**122264.05**	**1.3**
鸡	万只	36964.58	76349.95	92969.13	93681.21	107643.59	88296.05	89279.20	1.1
鸭	万只	12073.08	19458.22	25682.07	27111.68	29704.78	25335.06	25739.68	1.6
鹅	万只	4162.22	4920.97	6149.74	6277.42	7034.37	7040.44	7245.17	2.9
七、禽蛋产量	**万吨**	**18.76**	**31.11**	**33.08**	**33.19**	**34.41**	**32.97**	**33.84**	**2.6**

10-13 各市畜牧业生产情况

2015年　　单位：万头、万只

市别	一、大牲畜年末存栏头数	1. 牛	（1）役用牛	（2）肉用牛
全省	242.35	242.34	104.82	132.21
广州市	4.20	4.20	0.62	1.74
深圳市	0.37	0.37		
珠海市	0.17	0.17		0.02
汕头市	1.00	1.00	0.39	0.54
佛山市	0.53	0.53	0.31	0.18
韶关市	12.80	12.80	8.02	4.74
河源市	14.47	14.47	6.78	7.69
梅州市	16.12	16.12	6.03	9.97
惠州市	11.54	11.54	6.48	4.50
汕尾市	11.43	11.43	3.10	8.32
东莞市	0.12	0.12	0.02	0.10
中山市	0.05	0.05	0.01	0.04
江门市	4.45	4.45	2.66	1.68
阳江市	14.30	14.30	3.96	10.15
湛江市	61.03	61.03	21.75	39.07
茂名市	36.24	36.24	21.85	14.37
肇庆市	22.77	22.77	11.66	10.67
清远市	14.16	14.16	5.79	7.53
潮州市	1.77	1.77	0.81	0.94
揭阳市	6.08	6.08	1.60	4.17
云浮市	8.75	8.75	2.97	5.79

单位：万头、万只

市别	（3）奶牛	二、山羊年末存栏只数	三、猪年末存栏头数	
				能繁殖母畜
全省	5.31	41.50	2135.85	224.38
广州市	1.84	0.76	50.15	5.17
深圳市	0.37		1.56	0.19
珠海市	0.15	0.10	37.45	3.89
汕头市	0.07	0.26	45.01	2.68
佛山市	0.05	0.37	81.55	10.21
韶关市	0.04	2.94	105.13	10.60
河源市		0.74	75.03	7.92
梅州市	0.11	5.56	158.86	14.17
惠州市	0.56	0.57	109.13	12.24
汕尾市		2.06	41.75	2.44
东莞市		0.09	6.30	0.10
中山市		0.10	15.75	1.74
江门市	0.10	1.69	172.88	24.32
阳江市	0.18	1.50	131.17	21.45
湛江市	0.22	9.72	194.13	19.64
茂名市	0.02	1.46	307.40	33.11
肇庆市	0.43	4.04	232.78	19.02
清远市	0.84	5.86	143.72	14.22
潮州市	0.01	0.24	39.91	3.30
揭阳市	0.31	1.34	94.63	8.88
云浮市		2.09	91.56	9.08

市别	四、家禽年末存栏只数	鸡	鸭	鹅	五、兔年末存栏只数
全省	32457.45	23231.52	6298.45	1904.87	153.43
广州市	2685.40	1552.80	758.41	153.62	1.74
深圳市	35.46	6.86	0.09	0.01	
珠海市	230.24	88.49	53.09	8.60	0.05
汕头市	853.86	370.64	186.78	187.82	
佛山市	1815.43	1091.47	469.06	196.21	0.41
韶关市	661.72	508.60	139.51	12.18	3.27
河源市	1078.07	956.83	92.14	10.66	8.51
梅州市	1736.85	1459.28	234.84	42.72	51.12
惠州市	1204.65	816.13	273.59	73.52	
汕尾市	743.17	556.23	155.02	31.92	1.10
东莞市	127.28	88.17	18.61	5.13	
中山市	238.82	108.87	101.74	4.22	0.11
江门市	2593.65	1678.33	566.78	250.36	4.07
阳江市	635.99	381.83	56.91	166.07	0.49
湛江市	2440.83	1777.06	581.70	48.92	1.85
茂名市	4900.97	3863.99	990.28	46.71	31.42
肇庆市	2046.95	1321.20	485.86	193.92	14.10
清远市	1728.53	1125.79	311.40	272.57	4.15
潮州市	582.00	282.45	167.69	131.86	0.61
揭阳市	885.09	489.17	343.93	45.70	1.18
云浮市	5232.48	4707.31	311.03	22.16	29.26

10-14 各县（市）区畜牧业生产情况

2015 年

单位：头、只

县（市）区别	大牲畜年末存栏头数	牛			
		合计	役用牛	肉用牛	奶牛
广州市	**41973**	**41963**	**6164**	**17360**	**18439**
天河区	999	999			999
白云区	1388	1388	80		1308
黄埔区	1142	1142	302	40	800
花都区	3567	3567	355	26	3186
从化区	4291	4291	408	262	3621
增城区	26391	26381	4603	17000	4778
番禺区	1896	1896	260		1636
南沙区	2299	2299	156	32	2111
深圳市	**3656**	**3656**			**3656**
宝安区	3656	3656			3656
龙岗区					
珠海市	**1698**	**1698**	**24**	**154**	**1520**
香洲区					
金湾区	30	30	24	6	
斗门区	1668	1668		148	1520
汕头市	**10024**	**10024**	**3902**	**5400**	**722**
金平区	109	109	109		
龙湖区	303	303	250		53
澄海区	1152	1152	570	529	53
濠江区	1464	1464	749	99	616
潮阳区	2074	2074	786	1288	
潮南区	2582	2582	1123	1459	
南澳县	2340	2340	315	2025	
佛山市	**5348**	**5348**	**3137**	**1753**	**458**
禅城区					
南海区	278	278	127	88	63
顺德区	119	119			119
高明区	1065	1065	548	517	
三水区	3886	3886	2462	1148	276
韶关市	**127960**	**127960**	**80237**	**47367**	**356**
浈江区	6818	6818	4155	2566	97
武江区	3624	3624	1720	1654	250
曲江区	9992	9992	6879	3113	
南雄市	26036	26036	16861	9175	
始兴县	9196	9196	3683	5513	
翁源县	16766	16766	11451	5315	
仁化县	8665	8665	3333	5332	
新丰县	16823	16823	10229	6585	9
乳源自治县	14584	14584	11986	2598	
乐昌市	15456	15456	9940	5516	
河源市	**144706**	**144706**	**67843**	**76863**	
源城区	736	736		736	
东源县	26404	26404	12314	14090	
和平县	22710	22710	8060	14650	
龙川县	36957	36957	27038	9919	
紫金县	41102	41102	12562	28540	
连平县	16797	16797	7869	8928	

县（市）区别	大牲畜年末存栏头数	牛			
		合计	役用牛	肉用牛	奶牛
梅州市	**161150**	**161150**	**60342**	**99678**	**1130**
梅江区	2105	2105	789	1298	18
梅县区	13906	13906	7161	6500	245
蕉岭县	8415	8415	3265	4974	176
大埔县	19710	19710	4636	15005	69
丰顺县	28753	28753	8739	19859	155
五华县	72773	72773	28086	44587	100
兴宁市	7504	7504	3185	3975	344
平远县	7984	7984	4481	3480	23
惠州市	**115431**	**115431**	**64803**	**45027**	**5601**
惠城区	19755	19755	12017	6941	797
惠东县	47942	47942	29680	18262	
惠阳区	7256	7256	4532	2724	
博罗县	36041	36041	17025	14803	4213
龙门县	4437	4437	1549	2297	591
汕尾市	**114251**	**114251**	**31034**	**83217**	
汕尾城区	2281	2281	776	1505	
红海湾区	1153	1153	330	823	
海丰县	22476	22476	5347	17129	
陆河县	27879	27879	7461	20418	
陆丰市	60462	60462	17120	43342	
东莞市	**1164**	**1164**	**150**	**1014**	
中山市	**527**	**511**	**64**	**441**	**6**
江门市	**44494**	**44494**	**26617**	**16831**	**1046**
蓬江区	258	258	13	245	
江海区	267	267		267	
新会区	271	271	111		160
台山市	16187	16187	10808	5379	
开平市	10672	10672	7653	2175	844
恩平市	11103	11103	5103	6000	
鹤山市	5736	5736	2929	2765	42
阳江市	**142989**	**142989**	**39647**	**101543**	**1799**
江城区	11253	11253	1729	9524	
阳东区	34392	34392	12567	20026	1799
阳西县	34826	34826	6455	28371	
阳春市	58103	58103	16807	41296	
海陵区	4415	4415	2089	2326	
湛江市	**610344**	**610344**	**217473**	**390664**	**2207**
赤坎区	512	512	11	501	
霞山区	865	865	400	465	
坡头区	15145	15145	11535	3610	
麻章区	13004	13004	9290	3563	151
东海区	12558	12558	7015	5543	
吴川市	33116	33116	5995	26961	160

10-14 续表 2

单位：头、只

县（市）区别	大牲畜年末存栏头数	牛			
		合计	役用牛	肉用牛	奶牛
徐闻县	58447	58447	26196	32251	
雷州市	231292	231292	53726	177566	
遂溪县	85848	85848	37279	46673	1896
廉江市	159557	159557	66026	93531	
茂名市	**362448**	**362442**	**218524**	**143691**	**227**
茂南区	15405	15405	10332	5073	
电白区	86620	86620	59337	27283	
信宜市	73197	73197	40924	32150	123
高州市	88232	88232	44524	43685	23
化州市	98994	98988	63407	35500	81
肇庆市	**227665**	**227665**	**116648**	**106717**	**4300**
端州区					
鼎湖区	6002	6002	124	1578	4300
高要市	10631	10631	4835	5796	
广宁县	18843	18843	12076	6767	
四会市	14652	14652	6199	8453	
德庆县	15225	15225	8480	6745	
封开县	43988	43988	21876	22112	
怀集县	118324	118324	63058	55266	
清远市	**141623**	**141623**	**57858**	**75347**	**8418**
清城区	6380	6380	2321	1670	2389
英德市	53714	53714	18498	29211	6005
佛冈县	3763	3763	1396	2349	18
连山自治县	13624	13624	5183	8441	
连南自治县	9402	9402	5522	3874	6
连州市	12322	12322	4284	8038	
阳山县	28731	28731	11960	16771	
清新区	13687	13687	8694	4993	
潮州市	**17665**	**17665**	**8081**	**9444**	**140**
湘桥区	1651	1651	638	1013	
饶平县	10724	10724	5829	4755	140
潮安区	5290	5290	1614	3676	
揭阳市	**60832**	**60803**	**16000**	**41738**	**3065**
榕城区	1818	1818	363	1052	403
揭东区	3380	3351	1022	1853	476
惠来县	20207	20207	6843	13364	
普宁市	25367	25367	5130	18400	1837
揭西县	10060	10060	2642	7069	349
云浮市	**87517**	**87517**	**29666**	**57851**	
云城区	6027	6027	1390	4637	
新兴县	17168	17168	7360	9808	
郁南县	3488	3488	1560	1928	
罗定市	48258	48258	15589	32669	
云安区	12576	12576	3767	8809	

县（市）区别	山羊年末存栏只数	猪年末存栏头数	能繁殖母畜	家禽年末存栏只数	鸡	鸭	鹅	兔年末存栏只数
广州市	**7643**	**501516**	**51747**	**26853992**	**15527973**	**7584061**	**1536246**	**17363**
天河区								
白云区	615	60118	8321	5911817	4418110	761200	229500	80
黄埔区	416	87165	9322	1554480	1297400	16580	12700	
花都区	689	134411	13527	7191790	2674435	4205897	147457	4370
从化区	1491	133999	13684	2593441	2082762	266301	56954	11000
增城区	4332	17311	210	5595633	3706124	490351	383271	1823
番禺区		2896	158	2714554	900750	1085921	633948	90
南沙区	100	65616	6525	1292277	448392	757811	72416	
深圳市		**15559**	**1929**	**354618**	**68628**	**857**	**119**	
宝安区		3120	147	207000	59000			
龙岗区		12439	1782	147618	9628	857	119	
珠海市	**1041**	**374515**	**38949**	**2302415**	**884909**	**530868**	**85992**	**500**
香洲区		2130		176760	174230	2530		
金湾区	250	55985	4700	164475	75325	31100	32250	500
斗门区	791	316400	34249	1961180	635354	497238	53742	
汕头市	**2613**	**450111**	**26781**	**8538575**	**3706446**	**1867791**	**1878156**	
金平区	200	28952	1093	310399	85816	160123	64460	
龙湖区	16	55114	1235	1947539	293083	261253	645570	
澄海区	414	100488	9884	4287703	2088539	805510	1055274	
濠江区	57	11058	497	164218	132057	25588	6403	
潮阳区	651	140653	4928	1253784	758786	437082	57917	
潮南区	165	94064	7744	463080	252205	163373	47502	
南澳县	1110	19782	1400	111852	95960	14862	1030	
佛山市	**3710**	**815473**	**102105**	**18154303**	**10914709**	**4690605**	**1962079**	**4136**
禅城区		9462	322	11849	11849			
南海区		109492	7461	1803960	725050	743098	327372	
顺德区	200	64525	7335	1559953	1437253	8650		
高明区	88	295769	33518	5560314	4217930	393157	484807	1136
三水区	3422	336225	53469	9218227	4522627	3545700	1149900	3000
韶关市	**29413**	**1051296**	**106013**	**6617170**	**5086035**	**1395068**	**121789**	**32657**
浈江区	4697	47358	4671	378642	369260	9382		
武江区	1295	54340	5778	238907	193569	36684	6000	
曲江区	3270	171719	15741	1150599	1044884	102020	1516	1865
南雄市	2903	227076	26201	1061958	788793	266327	6838	
始兴县	1221	65279	6628	451223	342509	102225	4171	
翁源县	4458	79845	7390	1098695	802936	288181	6978	8699
仁化县	4357	106169	10028	883537	623396	244236	11906	480
新丰县	2770	64167	6103	603210	338409	178651	84030	19041
乳源自治县	1835	78623	7517	243191	179308	63533	350	46
乐昌市	2607	156720	15956	507208	402971	103829		2526
河源市	**7375**	**750297**	**79154**	**10780737**	**9568253**	**921358**	**106612**	**85091**
源城区		42683	7082	1081571	1058223	17171	6177	
东源县	2473	83590	11013	1873187	1623114	203791	12837	5928
和平县	1790	62045	8475	1754404	1547203	97958	14915	6521
龙川县	2307	236772	33282	2803594	2413682	352660	37252	57428
紫金县		125433	12764	1976916	1727846	165768	26561	6812
连平县	805	199774	6538	1291065	1198185	84010	8870	8402

10-14 续表 4 单位：头、只

县（市）区别	山羊年末存栏只数	猪年末存栏头数		家禽年末存栏只数				兔年末存栏只数
			能繁殖母畜		鸡	鸭	鹅	
梅州市	**55643**	**1588564**	**141738**	**17368491**	**14592833**	**2348411**	**427247**	**511167**
梅江区	1224	63712	7345	629373	577406	46659	5308	6398
梅县区	11474	216425	11921	2317562	1933844	348236	35482	165205
蕉岭县	6510	109739	14051	594813	378044	212917	3852	20336
大埔县	4624	125809	5612	1073822	761021	288353	24448	38745
丰顺县	6286	183057	16512	4159351	3464261	620427	74663	25856
五华县	11981	447963	42138	3291654	2577998	456261	257395	177034
兴宁市	7928	338584	32565	4511684	4300972	201154	9558	21803
平远县	5616	103275	11594	790232	599287	174404	16541	55790
惠州市	**5681**	**1091271**	**122408**	**12046505**	**8161320**	**2735885**	**735160**	
惠城区	549	222221	23149	3429588	1437058	1462281	253597	
惠东县	2737	309135	33434	2010821	1613770	371363	25688	
惠阳区	598	21728	3101	1173695	911727	173615	68673	
博罗县	1367	465807	56655	4650960	3600803	561445	371005	
龙门县	430	72380	6069	781441	597962	167181	16197	
汕尾市	**20591**	**417543**	**24396**	**7431716**	**5562304**	**1550230**	**319182**	**11047**
汕尾城区	700	39543	1018	199228	138543	55145	5540	
红海湾区		2020	338	15009	8659	4025	2325	
海丰县	690	81606	7609	1660462	857298	754355	48809	
陆河县	3190	80144	7007	488301	280231	113793	94277	9530
陆丰市	16011	214230	8424	5068716	4277573	622912	168231	1517
东莞市	**853**	**63005**	**1021**	**1272794**	**881748**	**186110**	**51317**	
中山市	**958**	**157530**	**17429**	**2388240**	**1088718**	**1017444**	**42177**	**1053**
江门市	**16921**	**1728820**	**243231**	**25936503**	**16783277**	**5667762**	**2503621**	**40676**
蓬江区		238768	30688	922107	537847	20750	8110	583
江海区		45190	6924	58185	28755	27730	1700	
新会区	932	284392	38100	5964490	3599574	1739769	368727	721
台山市	6824	202610	33442	4091902	2649245	906351	536306	9025
开平市	6146	286551	34786	9913679	6450051	1946938	1146667	14347
恩平市	2113	172278	27733	1601128	868793	606224	126111	
鹤山市	906	499031	71558	3385012	2649012	420000	316000	16000
阳江市	**15035**	**1311706**	**214540**	**6359903**	**3818276**	**569147**	**1660684**	**4861**
江城区	459	83189	16945	557192	259840	52295	245057	
阳东县	11659	338385	44505	1679685	774251	208161	694155	
阳西县	540	174477	25898	1251920	455056	34158	464268	905
阳春市	2041	709355	126371	2740221	2208484	274533	257204	3956
海陵区	336	6300	821	130885	120645			
湛江市	**97195**	**1941314**	**196389**	**24408264**	**17770647**	**5816956**	**489239**	**18479**
赤坎区	200	6148	661	85530	84611			
霞山区		9055	505	95400	67584	23459	4357	
坡头区		76108	7329	1002711	666399	312055	16905	
麻章区	2050	79250	8815	676900	461519	202678	12703	98
东海区	3395	32367	2371	658235	330743	314201	13291	
吴川市	1591	183890	21483	5166875	3751316	1150134	227533	5048

10-14 续表 5

单位：头、只

县（市）区别	山羊年末存栏只数	猪年末存栏头数	能繁殖母畜	家禽年末存栏只数	鸡	鸭	鹅	兔年末存栏只数
徐闻县	52688	121927	11337	1530916	1337911	161003	18907	580
雷州市	25565	254044	17533	3693513	2607315	873998	103281	2634
遂溪县	7846	452834	40911	6580697	5008673	1421365	43608	4162
廉江市	3860	725691	85444	4917487	3454576	1358063	48654	5957
茂名市	**14582**	**3074038**	**331080**	**49009718**	**38639864**	**9902781**	**467073**	**314193**
茂南区	545	285766	48710	4643847	3431349	1192519	19979	312
电白区	2259	809021	83268	7246339	4409093	2789574	47672	33735
信宜市	9032	484801	28701	22725657	20014684	2481727	229246	188884
高州市	2108	731027	59144	9294888	7433643	1831924	29321	65179
化州市	638	763423	111257	5098987	3351095	1607037	140855	26083
肇庆市	**40389**	**2327781**	**190175**	**20469542**	**13212033**	**4858620**	**1939173**	**141004**
端州区		2150	10	4000	1400	2600		
鼎湖区	2527	310578	16163	1000474	697902	144911	89375	
高要市	2351	321978	37337	4669363	2190077	1104318	1050604	19902
广宁县	4189	216477	20091	2187915	1768767	238382	180766	11731
四会市	4424	735232	66824	3203781	1938783	866719	375625	2063
德庆县	0	113258	4879	2526162	1941178	448501	93571	
封开县	16069	175529	15845	2465262	1850074	606997	6691	27858
怀集县	10829	452579	29026	4412585	2823852	1446192	142541	79450
清远市	**58610**	**1437183**	**142165**	**17285337**	**11257943**	**3114008**	**2725661**	**41544**
清城区	3822	129779	12455	7060868	4203368	1002071	1709817	29514
英德市	4902	315990	38033	2035686	1579013	334924	82723	2692
佛冈县	820	87845	17607	738600	608168	91404	39012	628
连山自治县	5404	28592	2882	244749	116910	119553	6355	905
连南自治县	2468	23950	2579	286002	184904	91383	9715	2000
连州市	13548	298678	23910	1047850	638524	401209	8117	2115
阳山县	20013	315540	21069	2102595	1898886	196199	6370	3690
清新区	7633	236809	23630	3768987	2028170	877265	863552	
潮州市	**2422**	**399127**	**32962**	**5820008**	**2824483**	**1676901**	**1318624**	**6128**
湘桥区	119	25525	1468	470583	167716	115460	187407	
饶平县	1435	256477	26958	3695712	1893336	1229074	573302	6128
潮安区	868	117125	4536	1653713	763431	332367	557915	
揭阳市	**13442**	**946253**	**88826**	**8850906**	**4891711**	**3439327**	**456955**	**11784**
榕城区	1625	58931	3882	697729	388502	203424	99606	
揭东区	3207	113999	20310	1559800	810383	479018	274365	6457
惠来县	5786	263776	10648	2984424	1464105	1502421	24922	
普宁市	673	255819	21730	1926260	971882	934517	16406	40
揭西县	2151	253728	32256	1682693	1256839	319947	41656	5287
云浮市	**20861**	**915647**	**90751**	**52324811**	**47073110**	**3110288**	**221564**	**292592**
云城区	372	156315	15200	3265502	2858550	333685	4550	37060
新兴县	8197	443131	50933	35947366	34255684	943086	190155	40576
郁南县	1626	79523	5055	4318700	3934300	21887	630	4250
罗定市	9324	159578	13068	7938593	5445945	1616234	21069	203921
云安区	1342	77100	6495	854650	578631	195396	5160	6785

10-15 各市畜牧业主要产品产量

2015 年　　单位：万头、万只、吨

市别	当年出栏肉猪头数	当年出售和自宰的肉用牛	当年出售和自宰的肉用羊	当年出售和自宰的肉用狗	当年出售和自宰的家禽
全省	3663.44	58.27	50.62	271.28	97423.41
广州市	111.20	0.97	0.77	5.98	11004.07
深圳市	5.15				225.18
珠海市	51.44	0.01	0.12	0.06	516.24
汕头市	90.01	0.44	0.38		2673.55
佛山市	153.65	0.08	0.40	1.55	6470.67
韶关市	164.25	1.90	2.69	7.93	1784.74
河源市	97.73	3.56	0.64	16.83	2670.34
梅州市	263.65	4.27	7.10	42.51	4989.81
惠州市	189.71	2.05	0.92	7.64	3300.41
汕尾市	81.71	5.60	3.35	7.44	2501.55
东莞市	13.66	0.08	0.09		405.06
中山市	30.12	0.02	0.10	1.07	841.98
江门市	300.73	1.05	1.85	8.07	7157.78
阳江市	193.19	4.58	1.71	8.35	1840.58
湛江市	343.73	15.14	9.71	21.30	7178.65
茂名市	574.85	4.36	2.29	42.17	13911.96
肇庆市	418.83	4.18	8.32	42.27	7347.92
清远市	215.41	3.67	5.10	18.15	4297.84
潮州市	61.22	0.68	0.26	0.29	1375.55
揭阳市	152.84	2.95	1.37	12.39	3375.21
云浮市	150.37	2.68	3.43	27.28	13554.32

市别	1. 鸡	2. 鸭	3. 鹅	4. 鸽	5. 其他家禽	当年出售和自宰的兔
全省	66047.68	19441.24	5340.30	5826.76	767.44	322.79
广州市	5591.61	2586.84	604.19	2218.28	3.15	6.81
深圳市	55.76	0.08	0.01	169.33		
珠海市	235.58	124.66	21.59	126.98	7.43	0.08
汕头市	1177.69	821.29	573.32	2.49	98.76	
佛山市	3733.76	2064.22	623.82	33.50	15.38	0.25
韶关市	1332.49	407.60	13.93	27.85	2.89	4.40
河源市	2387.21	259.90	20.49	1.66	1.08	10.62
梅州市	4358.80	466.07	43.90	53.31	67.73	89.10
惠州市	2377.91	643.47	190.90	83.42	4.71	
汕尾市	1880.63	467.84	134.15	9.59	9.34	1.75
东莞市	219.98	91.82	63.86	29.40		
中山市	342.20	363.62	26.57	106.40	3.19	0.64
江门市	4176.52	1076.25	662.95	1085.64	156.42	11.84
阳江市	1206.46	250.47	362.74	14.69	6.22	1.69
湛江市	5222.28	1761.13	98.72	64.70	31.81	3.74
茂名市	9581.24	2873.51	133.94	1278.24	45.02	55.01
肇庆市	4344.10	2088.59	616.22	225.41	73.61	64.61
清远市	3009.03	595.41	653.48	37.08	2.84	3.46
潮州市	450.46	576.07	346.95	2.06		0.85
揭阳市	1794.19	1166.83	112.31	170.25	131.64	4.42
云浮市	12569.79	755.57	36.27	86.48	106.21	63.53

10-15 续表 单位：万头、万只、吨

市别	肉类产量合计	猪肉产量	牛肉产量	羊肉产量	家禽肉产量	兔肉产量	其他肉产量
全省	4242458	2741500	69732	9081	1347971	8998	65176
广州市	228552	83297	1287	137	143042	68	721
深圳市	4597	3626			971		
珠海市	46984	39678	16	24	7256	2	8
汕头市	117679	66767	550	84	50278		
佛山市	222499	112764	93	77	109364	12	189
韶关市	150986	121606	2265	474	25097	113	1431
河源市	117931	74136	4130	117	36406	258	2884
梅州市	279516	197567	5240	1320	64169	2430	8790
惠州市	191463	143485	2156	167	44186		1469
汕尾市	104923	61156	6400	548	35154	84	1581
东莞市	15168	9907	75	18	5168		
中山市	31325	21056	25	20	10046	10	168
江门市	307880	220391	1219	310	84713	241	1006
阳江市	181617	145307	4822	297	29542	41	1608
湛江市	385508	256951	19098	1695	103536	108	4120
茂名市	629500	438482	4898	403	176815	1346	7556
肇庆市	437085	316110	5349	1447	102161	2034	9984
清远市	231822	155507	4330	907	67736	82	3260
潮州市	76810	46029	867	58	27886	27	1943
揭阳市	181886	114975	4100	310	49886	172	12443
云浮市	298727	112703	2812	668	174559	1970	6015

市别	奶类产量	蜂蜜产量	蜂蜡产量	禽蛋产量	蚕茧产量
全省	129483	20497	4815	338361	110039
广州市	48756	1407	171	25512	
深圳市	12973			27	
珠海市	5425			9074	
汕头市	2740	378		8790	
佛山市	439	1	1	7062	
韶关市	177	1583	675	10429	8272
河源市		2686	343	6902	20
梅州市	1474	4120	481	25344	22
惠州市	11458	1307	517	9700	
汕尾市		513	62	16058	
东莞市		132		573	
中山市	12	82	2	7620	
江门市	2415	159	42	34118	124
阳江市	4797	232	40	8083	23731
湛江市	3203	648	216	30454	16408
茂名市	316	570	108	51982	23067
肇庆市	10087	2666	1152	26307	884
清远市	20423	441	40	11307	19705
潮州市	55	689	58	4544	
揭阳市	4730	1210	235	29766	
云浮市	3	1673	672	14709	17806

10-16 各县（市）区畜牧业主要产品产量

2015年　　　　单位：头、只、吨

县（市）区别	当年出栏肉猪头数	当年出售和自宰的肉用牛	当年出售和自宰的肉用羊	当年出售和自宰的肉用狗	当年出售和自宰的家禽	1.鸡	2.鸭
广州市	**1111959**	**9730**	**7728**	**59798**	**110040657**	**55916071**	**25868431**
天河区		5					
白云区	90047	277	425	390	29673089	21291369	3091118
黄埔区	189544	55	1436		4949477	2954801	44904
花都区	305263	245	336	18411	25303536	12884703	9964892
从化区	260038	1283	1425	20681	7402509	4977695	1227743
增城区	39166	7162	4081	18490	25586643	9544661	1364871
番禺区	34478	499			8752334	2161834	4321594
南沙区	193423	204	25	1826	8373069	2101008	5853309
深圳市	**51528**				**2251771**	**557562**	**800**
宝安区	22159				1500690	508000	
龙岗区	29369				751081	49562	800
珠海市	**514374**	**133**	**1186**	**550**	**5162373**	**2355777**	**1246560**
香洲区	23148	58			726260	701400	24860
金湾区	89687		489	550	697928	379928	116500
斗门区	401539	75	697		3738185	1274449	1105200
汕头市	**900120**	**4355**	**3834**		**26735478**	**11776938**	**8212887**
金平区	66826		800		1335633	457654	672908
龙湖区	111328		180		3760830	1125766	825430
澄海区	228584	430			14279018	6522893	3627780
濠江区	32609	153	125		506134	405660	75298
潮阳区	210555	929	609		4583034	2005150	2163378
潮南区	204809	1027	250		2044129	1108525	781013
南澳县	45409	1816	1870		226700	151290	67080
韶关市	**1642496**	**19015**	**26940**	**79319**	**17847441**	**13324866**	**4075977**
浈江区	93377	438	4041		1001341	818926	182415
武江区	87374	1148	942	1510	699211	608563	76830
曲江区	245539	1199	3588	5059	1936587	1676003	243554
南雄市	371796	4894	1981	8035	4758121	3327618	1397544
始兴县	129175	2709	1071	6698	1906758	1230342	638366
翁源县	113490	2955	2567	31076	2200520	1781518	375457
仁化县	169200	2261	7236	6204	2321503	1691303	594038
新丰县	83162	1317	1360	9520	1154284	796463	282310
乳源自治县	73502	1043	744	5000	282089	211171	70918
乐昌市	275881	1051	3410	6217	1587027	1182959	214545
河源市	**977277**	**35602**	**6445**	**168302**	**26703444**	**23872097**	**2599034**
源城区	63887	521		400	3084626	3042883	32644
东源县	166391	8586	1772	30535	4729625	4071595	629394

县（市）区别	当年出栏肉猪头数	当年出售和自宰的肉用牛	当年出售和自宰的肉用羊	当年出售和自宰的肉用狗	当年出售和自宰的家禽	1.鸡	2.鸭
和平县	164373	4851	1541	21820	5704301	5015032	646002
龙川县	254370	7211	1728	76753	3906952	3522225	319672
紫金县	188671	9373		33902	6246130	5243518	923328
连平县	139585	5060	1404	4892	3031810	2976844	47994
梅州市	**2636478**	**42657**	**70952**	**425141**	**49898130**	**43587977**	**4660681**
梅江区	188426	1229	1241	2685	2858833	2722069	121190
梅县区	397048	3948	15704	76228	6625474	5806332	769745
蕉岭县	242446	5661	13898	8621	1782792	1189692	532754
大埔县	219835	2425	3534	23709	2906758	1830882	950262
丰顺县	270109	6230	3826	24627	17791207	16923410	797665
五华县	573838	14738	12998	232182	5107522	3649889	692839
兴宁市	595402	4660	11513	30088	11641289	10601220	522345
平远县	149374	3766	8238	27001	1184255	864483	273881
惠州市	**1897139**	**20483**	**9180**	**76398**	**33004055**	**23779102**	**6434698**
惠城区	425459	2724	501	13859	5565438	3049007	2042707
惠东县	429803	4235	2436	17221	5292208	4012408	1162617
惠阳区	80091	1393	757	2444	3801964	3181150	442745
博罗县	868832	10284	5221	38813	15863964	11796870	2088024
龙门县	92954	1847	265	4061	2480481	1739667	698605
汕尾市	**817130**	**56007**	**33528**	**74388**	**25015529**	**18806349**	**4678378**
汕尾城区	78083	876	516	1570	2139262	1547973	551050
红海湾区	5097	809			158695	113412	37381
海丰县	154395	12568	3259	37451	6406905	4711308	1513756
陆河县	153533	13047	3761	16000	2193316	1189374	532250
陆丰市	426022	28707	25992	19367	14117351	11244282	2043941
东莞市	**136568**	**767**	**912**		**4050563**	**2199803**	**918153**
中山市	**301246**	**216**	**1031**	**10675**	**8419835**	**3421970**	**3636200**
江门市	**3007282**	**10533**	**18507**	**80707**	**71577775**	**41765165**	**10762514**
蓬江区	522008	111		2500	7984936	1250665	52210
江海区	101789	238			241914	76350	49329
新会区	463511		583	2742	18031820	9267816	4130156
台山市	348009	4077	5692		9777742	6307099	1719790
开平市	600000	2200	9321	64430	23730609	16894435	2795968
恩平市	283284	1510	1926	9048	4941813	3501908	1160880
鹤山市	688681	2397	985	1987	6868941	4466892	854181
佛山市	**1536495**	**848**	**4045**	**15473**	**64706738**	**37337582**	**20642180**
禅城区	19446				38446	38446	
南海区	160196	40			6244125	3300876	2450469
顺德区	194381		50		4838361	3748095	408939
高明区	466222	177	368	2470	17715846	13982365	2500872
三水区	696250	631	3627	13003	35869960	16267800	15281900
阳江市	**1931859**	**45795**	**17121**	**83496**	**18405848**	**12064562**	**2504705**
江城区	153074	3705	461	1044	1429077	858354	166010
阳东县	384430	5307	7325	26861	4357310	1979720	648712
阳西县	288896	20231	935	2688	4603905	2984599	720875
阳春市	1080398	15435	7616	52903	7182391	5622847	800809
海陵区	25061	1117	784		833165	619042	168299
湛江市	**3437305**	**151426**	**97050**	**213024**	**71786459**	**52222827**	**17611310**
赤坎区	25462	347	555		477888	476676	1212
霞山区	12200	359			344300	232300	69600
坡头区	226657	2631			3648028	2714319	752548
麻章区	129621	2157	1654	7275	2443300	1795557	636283

单位：头、只、吨

县（市）区别	当年出栏肉猪头数	当年出售和自宰的肉用牛	当年出售和自宰的肉用羊	当年出售和自宰的肉用狗	当年出售和自宰的家禽	1.鸡	2.鸭
东海区	53799	2196	3815	3268	1732587	1100194	567685
吴川市	285488	8348	997	6366	16964247	12400279	4278126
徐闻县	173002	9325	50146	3589	1988710	1514408	443620
雷州市	322418	53555	22386	75695	9237204	5755750	3068022
遂溪县	876430	17464	9983	36476	21978640	18019461	3592203
廉江市	1332228	55044	7514	80355	12971555	8213883	4202011
茂名市	**5748472**	**43573**	**22890**	**421701**	**139119553**	**95812439**	**28735142**
茂南区	461157	1744	344	31598	18163687	8448880	6075737
电白区	1439411	9182	3588	112486	20367160	10700840	6375129
信宜市	955114	10998	15461	104478	53781996	47243463	5874314
高州市	1431115	9606	2096	135951	30540928	19215200	5251772
化州市	1461675	12043	1401	37188	16265782	10204056	5158190
肇庆市	**4188264**	**41781**	**83198**	**422654**	**73479204**	**43441010**	**20885859**
端州区	5000				9000	3000	6000
鼎湖区	560644	618	1384	4119	5555116	2640170	1413544
高要市	791351	2121	4479	36530	16241361	8070110	3607986
广宁县	225973	1892	5624	36013	8121351	6060353	1433971
四会市	1290083	3473	3312	11285	14943965	8165718	4833595
德庆县	133928	1847			5985688	4317365	1363226
封开县	213168	12522	11984	79694	8150951	6116941	2020235
怀集县	968117	19308	56415	255013	14471772	8067353	6207302
清远市	**2154087**	**36728**	**51038**	**181533**	**42978441**	**30090284**	**5954082**
清城区	186546	670	2390	18297	17334987	11367304	1491902
英德市	355842	9336	4426	29382	5036090	4331784	595540
佛冈县	69307	1104	379	5518	1275789	812989	243013
连山自治县	65580	3187	3714	25391	859620	448122	390410
连南自治县	41324	1826	925	19009	844732	625012	195122
连州市	532740	4730	11970	8446	2570355	1783616	767794
阳山县	517564	11432	14046	50365	4808627	4537731	243696
清新区	385184	4443	13188	25125	10248241	6183726	2026605
潮州市	**612176**	**6828**	**2622**	**2901**	**13755486**	**4504647**	**5760724**
湘桥区	35744	46			1269098	402532	366233
饶平县	423134	5125	2067	1021	8646394	3356127	3776225
潮安区	153298	1657	555	1880	3839994	745988	1618266
揭阳市	**1528422**	**29457**	**13712**	**123914**	**33752122**	**17941898**	**11668294**
榕城区	124875	520		11212	3253698	1495219	878346
揭东区	293788	1280	363	6373	6524120	2564872	1156777
惠来县	292661	9832	6745		9147557	4331886	4677181
普宁市	389041	6560	374	46280	5698581	2614498	3031369
揭西县	428057	11265	6230	60049	9128166	6935423	1924621
云浮市	**1503710**	**26756**	**34328**	**272797**	**135543205**	**1.26E+08**	**7555742**
云城区	216735	3777	51	20683	9837911	8846647	950181
新兴县	783782	6262	15669	92682	93375507	89755635	2456621
郁南县	97658	1200	4590	3810	14994127	14044860	941410
罗定市	289420	11461	10757	123562	15226263	11555493	2642937
云安区	116115	4056	3261	32060	2109397	1495224	564593

县（市）区别	3. 鹅	4. 鸽	5. 其他家禽	当年出售和自宰的兔	肉类产量合计	猪肉产量	牛肉产量
广　州　市	**6041913**	**22182785**	**31457**	**68091**	**228552**	**83297**	**1287**
天　河　区					1		1
白　云　区	1379501	3911101		50	43537	6745	37
黄　埔　区	34156	1915616			18494	14199	7
花　都　区	1070787	1382451	703	10659	61630	22867	32
从　化　区	174771	1004300	18000	46978	29013	19480	170
增　城　区	953613	13723498		9984	25628	2934	947
番　禺　区	2065676	202230	1000	420	20660	2583	66
南　沙　区	363409	43589	11754		29589	14489	27
深　圳　市	**100**	**1693309**			**4597**	**3626**	
宝　安　区		992690			1996	1280	
龙　岗　区	100	700619			2601	2346	
珠　海　市	**215921**	**1269785**	**74330**	**780**	**46984**	**39678**	**16**
香　洲　区					3491	2083	8
金　湾　区	37720	163500	280	780	9021	8071	
斗　门　区	178201	1106285	74050		34472	29524	8
汕　头　市	**5733156**	**24890**	**987607**		**117679**	**66767**	**550**
金　平　区	205071				7551	4993	
龙　湖　区	822027		987607		15440	8350	
澄　海　区	4103455	24890			45094	16003	77
濠　江　区	25176				3215	2477	20
潮　阳　区	414506				23671	16180	86
潮　南　区	154591				18770	15360	155
南　澳　县	8330				3938	3404	212
韶　关　市	**139253**	**278484**	**28861**	**43980**	**150986**	**121606**	**2265**
浈　江　区					8375	6913	52
武　江　区	3079	10739			7555	6469	137
曲　江　区	4706	12324		6534	21022	18179	143
南　雄　市	32959				35340	27527	583
始　兴　县	21864	9530	6656		12973	9563	323
翁　源　县	34263	9282		10346	12486	8402	352
仁　化　县	20302	15860		1032	16380	12528	269
新　丰　县	22080	53431		19302	8196	6157	157
乳源自治县					6062	5442	124
乐　昌　市		167318	22205	6766	22597	20426	125
河　源　市	**204937**	**16562**	**10814**	**106188**	**117931**	**74136**	**4130**
源　城　区	9099				8691	4792	55
东　源　县	28636			17280	21546	13163	933

县（市）区别	3. 鹅	4. 鸽	5. 其他家禽	当年出售和自宰的兔	肉类产量合计	猪肉产量	牛肉产量
和平县	26109	6344	10814	14367	21101	12894	595
龙川县	65055			51841	28341	20366	909
紫金县	70791	8493		7954	24638	13814	1076
连平县	5247	1725		14746	13614	9107	562
梅州市	**438995**	**533149**	**677328**	**891035**	**279516**	**197567**	**5240**
梅江区	5658	9657	259	5736	21361	15985	148
梅县区	33423	7160	8814	292565	42183	29039	483
蕉岭县	18468	28304	13574	48885	22494	18580	676
大埔县	65884	43693	16037	55940	21310	15781	299
丰顺县	52218	14835	3079	100668	43065	19165	765
五华县	166808	207192	390794	283699	57480	42953	1843
兴宁市	72381	215362	229981	36630	57187	44292	566
平远县	24155	6946	14790	66912	14436	11772	460
惠州市	**1909016**	**834157**	**47082**		**191463**	**143485**	**2156**
惠城区	314836	158888			40382	32275	325
惠东县	98364	18819			40406	32164	458
惠阳区	178069				11184	6047	163
博罗县	1275868	656120	47082		88692	65944	980
龙门县	41879	330			10799	7055	230
汕尾市	**1341489**	**95903**	**93410**	**17471**	**104923**	**61156**	**6400**
汕尾城区	40239				8624	5697	108
红海湾区	7902				685	381	88
海丰县	181841				23091	11465	1394
陆河县	429674	23481	18537	14700	18118	11956	1605
陆丰市	681833	72422	74873	2771	54405	31657	3205
东莞市	**638563**	**294044**			**15168**	**9907**	**75**
中山市	**265722**	**1064004**	**31939**	**6369**	**31325**	**21056**	**25**
江门市	**6629461**	**10856431**	**1564204**	**118388**	**307880**	**220391**	**1219**
蓬江区	34210	6118720	529131	626	42377	38048	14
江海区	10000	106235			7911	7643	30
新会区	991774	2668774	973300	4710	56090	33992	
台山市	1702624	48229		8616	38646	25477	456
开平市	3154783	861925	23498	77436	75215	43900	262
恩平市	279025				28565	20774	189
鹤山市	457045	1052548	38275	27000	59076	50557	268
佛山市	**6238192**	**334972**	**153812**	**2465**	**222499**	**112764**	**93**
禅城区					1401	1361	
南海区	492780				21860	12650	4
顺德区	485200	89627	106500		19731	13558	
高明区	1072112	153185	7312	465	58607	35380	20
三水区	4188100	92160	40000	2000	120900	49815	69
阳江市	**3627425**	**146910**	**62246**	**16853**	**181617**	**145307**	**4822**
江城区	404713				13635	11003	391
阳东县	1679331	43054	6493		37627	29003	580
阳西县	764253	78425	55753	1744	31178	21764	2010
阳春市	733304	25431		15109	96013	81809	1723
海陵区	45824				3164	1728	118
湛江市	**987212**	**646994**	**318116**	**37395**	**385508**	**256951**	**19098**
赤坎区					2462	1851	47
霞山区	42400				1406	889	40
坡头区	116359	64802			22231	16773	322
麻章区	11460			340	13359	9303	322

10-16 续表5 单位：头、只、吨

县（市）区别	3.鹅	4.鸽	5.其他家禽	当年出售和自宰的兔	肉类产量合计	猪肉产量	牛肉产量
东 海 区	64708				6925	4063	235
吴 川 市	211469	49301	25072	5280	47162	21198	1069
徐 闻 县	30682			420	16955	12087	1073
雷 州 市	185462	141575	86395	4105	45880	24096	6724
遂 溪 县	91984	160498	114494	8320	101127	66244	2234
廉 江 市	232688	230818	92155	18930	128001	100447	7032
茂 名 市	**1339383**	**12782374**	**450215**	**550079**	**629500**	**438482**	**4898**
茂 南 区	87530	3541476	10064		61856	36880	220
电 白 区	145970	2896782	248439	50016	140432	109838	1072
信 宜 市	500964	149952	13303	289971	144116	72850	1234
高 州 市	161399	5785840	126717	175150	149718	109274	1023
化 州 市	443520	408324	51692	34942	133378	109640	1349
肇 庆 市	**6162174**	**2254109**	**736052**	**646096**	**437085**	**316110**	**5349**
端 州 区					337	325	
鼎 湖 区	895030	341455	264917		50020	43248	75
高 要 市	2856034	1453636	253595	61215	86706	62359	265
广 宁 县	451781	20246	155000	93930	28667	16204	231
四 会 市	1550400	370899	23353	11553	123062	101306	412
德 庆 县	261588	6221	37288		18498	9674	238
封 开 县	9382	2494	1899	52663	31222	15858	1621
怀 集 县	137959	59158		426735	98573	67136	2507
清 远 市	**6534836**	**370818**	**28421**	**34646**	**231822**	**155507**	**4330**
清 城 区	4263019	186596	26166	19303	43971	13977	70
英 德 市	57552	51214		2880	34201	26903	1022
佛 冈 县	132610	87177		1103	7842	5717	129
连山自治县	11330	9758		752	7443	5345	333
连南自治县	20790	3808		1200	5558	3220	217
连 州 市	16690		2255	4305	39615	35731	541
阳 山 县	8240	18960		5103	44814	36102	1505
清 新 区	2024605	13305			48378	28512	513
潮 州 市	**3469497**	**20618**		**8472**	**76810**	**46029**	**867**
湘 桥 区	500075	258			5518	2713	5
饶 平 县	1505177	8865		8472	51250	31293	641
潮 安 区	1464245	11495			20042	12023	221
揭 阳 市	**1123097**	**1702460**	**1316373**	**44216**	**181886**	**114975**	**4100**
榕 城 区	329850	387613	162670	5800	15839	10045	93
揭 东 区	542719	1240302	1019450	17426	29103	15966	188
惠 来 县	122821	15669			39755	22493	1469
普 宁 市	52714			260	45217	33550	894
揭 西 县	74993	58876	134253	20730	51972	32921	1456
云 浮 市	**362691**	**864796**	**1062117**	**635334**	**298727**	**112703**	**2812**
云 城 区	5750	20000	15333	147190	32067	16184	390
新 兴 县	325665	494253	343333	74863	184073	62212	682
郁 南 县	975	4880	2002	12400	26784	7768	152
罗 定 市	28701	337663	661469	390061	43025	18089	1220
云 安 区	1600	8000	39980	10820	12778	8450	368

县（市）区别	羊肉产量	家禽肉产量	奶类产量	蜂蜜产量	蜂腊产量	禽蛋产量
广州市	**137**	**143042**	**48756**	**1407**	**171**	**25512**
天河区			3020			
白云区	8	36737	3710	120		1519
黄埔区	26	4262	2265	6		1828
花都区	6	38420	9547	12		2808
从化区	25	9097	10279	605	18	3028
增城区	72	21462	10772	643	153	10574
番禺区		18009	2804	21		5050
南沙区		15055	6359			705
深圳市		**971**	**12973**			**27**
宝安区		716	12973			26
龙岗区		255				1
珠海市	**24**	**7256**	**5425**			**9074**
香洲区		1400				56
金湾区	8	932				2310
斗门区	16	4924	5425			6708
汕头市	**84**	**50278**	**2740**	**378**		**8790**
金平区	20	2538				189
龙湖区	3	7087	55			1667
澄海区		29014	124			3255
濠江区	4	714	2561			382
潮阳区	12	7393				1578
潮南区	7	3248		318		1406
南澳县	38	284		60		313
韶关市	**474**	**25097**	**177**	**1583**	**675**	**10429**
浈江区	71	1339	171	290	45	200
武江区	17	902		2		838
曲江区	63	2562		94	62	1092
南雄市	35	7038		16		2827
始兴县	19	2934		286	47	909
翁源县	45	3049		96	96	883
仁化县	127	3344		53	31	1306
新丰县	24	1633		648	299	633
乳源自治县	13	394		67		429
乐昌市	60	1902		31	95	1312
河源市	**117**	**36406**		**2686**	**343**	**6902**
源城区		3840				61
东源县	24	6909		1358	137	2586

县（市）区别	羊肉产量	家禽肉产量	奶类产量	蜂蜜产量	蜂腊产量	禽蛋产量
和平县	28	7173		51	16	729
龙川县	40	5334		95		1451
紫金县		9389		1135	190	1686
连平县	25	3761		47		389
梅州市	**1320**	**64169**	**1474**	**4120**	**481**	**25344**
梅江区	36	5135	100	81		450
梅县区	313	9689	217	1293	33	2321
蕉岭县	239	2755	121	1368	281	345
大埔县	72	4554	152	432	66	1226
丰顺县	64	22369	195	452	1	2315
五华县	230	6695	196	81	4	9260
兴宁市	207	11422	415	144	27	8502
平远县	159	1550	78	269	69	925
惠州市	**167**	**44186**	**11458**	**1307**	**517**	**9700**
惠城区	11	7440	210	375	19	4857
惠东县	37	7343		215	33	1565
惠阳区	15	4913		16	7	277
博罗县	99	21063	10547	627	440	2583
龙门县	5	3427	701	74	18	418
汕尾市	**548**	**35154**		**513**	**62**	**16058**
汕尾城区	8	2787		5	3	1934
红海湾区		216				195
海丰县	64	9404		238	50	8187
陆河县	75	4008		125	5	843
陆丰市	401	18739		145	4	4899
东莞市	**18**	**5168**		**132**		**573**
中山市	**20**	**10046**	**12**	**82**	**2**	**7620**
江门市	**310**	**84713**	**2415**	**159**	**42**	**34118**
蓬江区		4293		16	1	29
江海区		238				668
新会区	11	22059	369	13	3	833
台山市	89	12615		32	32	5663
开平市	165	29960	1950	45		15302
恩平市	27	7403				10543
鹤山市	18	8145	96	53	6	1080
佛山市	**77**	**109364**	**439**	**1**	**1**	**7062**
禅城区		40				
南海区		9206	65			125
顺德区	1	6172	74			405
高明区	7	23143		1	1	389
三水区	69	70803	300			6143
阳江市	**297**	**29542**	**4797**	**232**	**40**	**8083**
江城区	9	2211				1195
阳东县	118	7418	4797	30		1602
阳西县	15	7365		22		2409
阳春市	141	11244		180	40	2859
海陵区	14	1304				18
湛江市	**1695**	**103536**	**3203**	**648**	**216**	**30454**
赤坎区	10	554				66
霞山区		477				441
坡头区		5136				3423
麻章区	30	3567	304			872

县（市）区别	羊肉产量	家禽肉产量	奶类产量	蜂蜜产量	蜂腊产量	禽蛋产量
东海区	71	2486				156
吴川市	18	24713	150	7	3	5781
徐闻县	864	2850		2	1	421
雷州市	397	13098		8	3	6523
遂溪县	177	31784	2749	126	30	6186
廉江市	128	18871		505	179	6585
茂名市	**403**	**176815**	**316**	**570**	**108**	**51982**
茂南区	6	24105		2	2	2676
电白区	64	26777		163	52	20166
信宜市	268	66843	288	69	9	6934
高州市	41	37435	15	198	22	17507
化州市	24	21655	13	138	23	4699
肇庆市	**1447**	**102161**	**10087**	**2666**	**1152**	**26307**
端州区		12				
鼎湖区	23	6572	10087	135		592
高要市	88	23085		1153	766	9498
广宁县	105	11585		820	270	965
四会市	67	20978		23	10	8140
德庆县		8586		114	28	1706
封开县	219	11274		262	37	1451
怀集县	945	20069		159	41	3955
清远市	**907**	**67736**	**20423**	**441**	**40**	**11307**
清城区	41	29526	7044	2		3945
英德市	81	5663	13370	122	14	881
佛冈县	7	1879		67	19	3718
连山自治县	78	1341		43	6	78
连南自治县	20	1654	9	60		201
连州市	196	2940		4	1	648
阳山县	241	6061		120		887
清新区	243	18672		23		949
潮州市	**58**	**27886**	**55**	**689**	**58**	**4544**
湘桥区		2800		94	33	132
饶平县	48	17316	55	413	13	2977
潮安区	10	7770		182	12	1435
揭阳市	**310**	**49886**	**4730**	**1210**	**235**	**29766**
榕城区		4018	945	99		1784
揭东区	6	8171	1111	312	46	3281
惠来县	176	14315				13556
普宁市	10	8828	1980	35	14	2688
揭西县	118	14554	694	764	175	8457
云浮市	**668**	**174559**	**3**	**1673**	**672**	**14709**
云城区	1	14866	3	10	10	1472
新兴县	334	118104		18	42	902
郁南县	81	18701		682	252	4170
罗定市	204	19465		934	344	7788
云安区	48	3423		29	24	377

10-17 全省饲料加工企业主要年份饲料生产情况

项　　目	单位	2005	2008	2010	2012	2013	2014	2015	2015 比 2014 增减（%）
生产能力	**吨/小时**	**3698**		**14126.35**	**15828**	**15828**	**15828**	**15828**	
全年实际产量	吨	12420678	16456364	18807084	23315012	22505545	23988428	25730232	7.26
配合饲料	**吨**	**11967447**	**15785000**	**17997638**	**22433348**	**21579625**	**22873804**	**24644169**	**7.74**
配合饲料家禽料	吨	6772565	8354736	8422722	9329797	7864209	8310798	9719511	16.95
蛋禽料	吨	983978	1420031	1502723	1491562	1220324	1290907	1683368	30.40
肉禽料	吨	5788588	6934706	7009366	7838236	6643885	7019891	8036144	14.48
配合饲料猪料	吨	2855709	3876237	6339038	8803096	9706576	1027947	10425051	1.42
配合饲料水产料	吨	2264139	2770699	3145836	4153006	3844199	4174404	4346688	4.13
配合饲料其他	吨	71805	783328	81315	128026	144563	108162	123578	14.25
浓缩饲料	**吨**	**186615**	**278170**	**289878**	**362184**	**355049**	**449642**	**438174**	**−2.55**
浓缩饲料猪料	吨	128704	218780	232234	318081	324565	11149692	406222	−2.58
添加剂预混料	**吨**	**266616**	**393194**	**519567**	**519479**	**570870**	**664981**	**647889**	**−2.57**
预混料猪料	吨	187067	297515	391820	375336	402138	453232	441675	−2.55
预混料禽料	吨	42122	44989	48237	50077	66405	71277	72823	2.17
全年营业收入	**亿元**	**291**	**460**	**582**	**757**	**723**	**833**	**862**	**3.55**
工业总产值	**亿元**	**300**	**472**	**593**	**728**	**703**	**863**	**962**	**11.43**

10-18 各市主要年份饲料生产总量

单位：吨

市别	1990	1995	2000	2005	2010	2013	2014	2015
合计	2853406	6223168	8507764	12420679	18807084	22505545	23988428	25730232
广州	436899	829278	1392240	2276190	2940760	3060716	3027862	3234175
深圳	557379	1103488	1023976	718856	688406	385313	332817	323968
珠海	132235	227831	183353	507512	626343	768895	766766	909826
汕头	155620	351445	357863	341779	428775	418865	445201	466057
佛山	720649	1509331	2485870	3978825	4653046	4213258	4133314	4264050
韶关	20815	69369	24535	163492	385013	525363	575670	586719
河源	1137		5589	94934	147001	178404	262820	330799
梅州	9462	31600	14867	63120	139830	302213	283921	334648
惠州	105833	98580	116222	126459	399958	871728	1000785	1276757
汕尾	4246			910	1215	7012	7060	8574
东莞	50720	199210	303211	379736	594626	964316	935931	1026796
中山	120106	116736	220899	237299	452231	392180	371197	352742
江门	301190	711549	626794	800724	2136088	3111193	3511015	3795172
阳江	7036	8632	22835	23283	22310	472671	519697	646335
湛江	103417	411309	658061	1065288	1340679	1717559	2027649	2030280
茂名	62181	156335	211229	337855	1282489	2019731	2208544	2025907
肇庆	42698	91647	56603	200247	515213	752390	775349	902746
清远	18131	8022	8602	190184	491797	564760	901997	1147692
潮州	3652	29985	16506	52620	53352	51527	86645	109835
揭阳		46303	81400	75088	261647	482419	513477	538147
云浮		221894	697109	786279	1246297	1245065	1300710	1419004

十一、水产业

联手南方网等媒体开展的“2015 年广东省十大美丽海岸”评选活动------湛江碧海银沙海岸

深圳大梅沙

江门飞沙

农业部渔业渔政管理局赵兴武局长在佛山了解水产品物流情况

国家海洋局陈连增副局长调研海洋经济创新发展区域示范点----中天启明石油技术有限公司

农业部渔业局赵兴武局长考察水产品质量安全检测实验室

广州召开的全国渔业信息化工作现场会上，全国“互联网+”现代渔业行动正式启动

省海洋渔业局文斌局长在番禺渔政大队执法码头调研

省海洋渔业局文斌局长到深圳调研项目用海规划情况

省海洋渔业局文斌局长深入了解徐闻珊瑚礁国家级自然保护区建设规划

省海洋渔业局文斌局长陪同省科技厅黄宁生厅长到广东海洋与水产高科技园调研

广东海洋与水产高科技园建设现场

省海洋渔业局洪伟东副局长、中国空间技术研究院副院长李宝忠代表双方签署合作框架协议

为“广东第一批海洋意识宣传教育基地”授牌

2015 中国海洋经济博览开幕式在湛江举行

第三届粤港澳海洋生物绘画比赛在广州市南沙湿地公园举行

渔业

2015年，广东渔业经济保持平稳增长态势。

一、渔业统计情况综述

（一）渔业产量情况

全省渔业总产量858.22万吨，比上年增长2.62%。其中：海洋捕捞156.01万吨（包括外海），减少0.12%；海水养殖303.22万吨，增长3%；淡水捕捞12.43万吨，下降1.19%；淡水养殖386.56万吨，增长3.59%。

（二）渔业产值情况

渔业经济总产值达到2535亿元，同比增长7.8%；水产品总产值1147.28亿元，占农业总产值比重超过20%，水产品产值增长3.3%；第二、第三产业产值1387.45亿元，增长11.9%。

（三）分作业生产情况

1、渔业生产船舶总计6.484万艘，104.4万吨位，2471.17万千瓦；其中，海洋渔业渔船合计万艘，海洋渔业机动渔船 万艘，万吨位，万千瓦，机动渔船中生产渔船6.13万艘，96.11万吨位，247.12万千瓦；生产渔船中捕捞渔船5.66万艘，88.41万吨位，219.81万千瓦；养殖渔船 艘，万吨位， 万千瓦；辅助渔船 艘， 万吨位， 万千瓦；非机动渔船合计3522艘，8249吨位。

2、海洋捕捞品种构成分别是：鱼类108.57万吨，增长0.37%；虾类15.55万吨，增长3.91%；蟹类8.07万吨，增长2.29%；贝类5.89万吨，增长4.39%；藻类0.78万吨，增长6.61%。

3、海水养殖面积194.86万公顷，增长0.6%，303.22万吨，增长3%；海水养殖产量品种构成：鱼类49.29万吨，增长12.56%；虾类42.27万吨，减少0.2%；蟹类6.15万吨，增长2.3%；贝类197.4万吨，增长1.68%。

4、淡水捕捞产量12.43万吨，下降1.19%。产量构成中：鱼类7.92万吨，下降0.9%；虾类0.84万吨，下降5.5%；蟹类0.35万吨，增长15.3%；贝类3.39万吨，下降6.3%。

5、淡水养殖面积37.08万公顷，减少0.48万公顷。产量386.56万吨，增长3.59%。池塘养殖面积27.83万公顷，增加0.27万公顷。

（四）水产养殖苗种

海水鱼苗产量27.55亿尾。淡水鱼苗产量8269.75亿尾，淡水鱼种31.74万吨。

（五）水产加工

水产加工产量139.64万吨，下降0.88%。

（六）渔民收入

渔民人均纯收入1.37万元，增长2.55%。

（七）进出口情况

全省水产品进出口总量58.69万吨，进出口总额35.22亿美元，同比分别增长5.52%和减少3.69%。其中：出口量48.07万吨，出口额28.08亿美元，同比分别增长6.28%和减少5.84%；进口量10.62万吨，进口额7.14亿美元，同比分别增长2.21%和5.78%。贸易顺差20.94亿美元。

（八）水产品价格情况

广东水产品价格微幅上涨，与2014年同比，总水平上涨0.13%，从我省2015年主要养殖肉类产品的价格走势来看，水产品是涨幅最为轻微的。

二、渔业经济工作情况

2015年，在省委、省政府的正确领导下，我省海洋渔业系统深入贯彻党的十八大、十八届三中、四中全会精神，积极推进海洋与渔业各项工作，全省海洋与渔业经济保持平稳健康发展的良好态势。

一是开展海岸带海岛整治以及海洋生态保护修复，率先建设美丽海湾，建设海洋生态文明示范区。省政府印发了加强海岸带保护利用工作方案。获得国家海域海岛修复资金，开展了一批海洋生态修复试点。汕尾龟龄岛生态修复、珠海三角岛开发建设进展顺利。东莞、汕尾、揭阳市分别完成品清湖、威远岛、绿洲湾等海岸景观综合整治，潮州市全面实施柘林湾生态修复。率先在全国实施美丽海湾建设，确定在汕头青澳湾、惠州考洲洋、茂名水东湾开展美丽海湾建设，为落实十八届五中全会提出的“蓝色海湾整治行动”进行了探索。在珠海万山等海域建设大型人工鱼礁示范项目。组织汕尾红海湾遮浪半岛、阳西月亮湾申报国家级海洋公园。南澎列岛海洋生态国家级自然保护区被列为国际重要湿地。制定海洋生态文明建设行动计划。惠州市、深圳大鹏新区成功纳入国家级海洋生态文明示范区，我省国家级海洋生态文明示范区达5个。惠州市建成考洲洋、范和湾海洋生态园，种植红树林4000多亩。

二是海洋综合管控能力进一步提升，海洋规划约束作用不断强化。利用无人机、卫星遥感等技术，加大对海域使用动态监测监视，及时发现未批先填、少批多填等违法违规用海行为，为海域使用管理提供了第一手现状资料。分解下达省级海洋功能区划关于围填海面积、自然岸线保有率等7项指标，实施以指标控制用海。编制全省海洋主体功能区规划，科学划定优化开发区、重点开发区、限制开发区和禁止开发区。严格把好用海必要性关口，开展海域使用论证第三方评估，加强用海平面设计指导。规范项目用海审查内容和程序，提高用海审核效率，围填海项目审批由过去的2到3年，压缩至现在的1年左右。汕头、惠州市成功开展养殖用海使用权拍卖。动建设珠江口入海污染物在线监测系统。实施海洋预警预报能力升级，柘林湾、大亚湾、流沙湾海洋观测浮标建成投入使用。完成沿海58个岸段警戒潮位核定，惠州大亚湾被列为全国首批国家海洋减灾综合示范区。

三是渔港建设取得重大突破，渔船更新改造力度加大。财政安排专项资金支持渔港和避风塘建设，这是建国以来我省渔港建设最大的一次投入。渔港和避风塘建设列入了2016年省政府“十件民生实事”。与有关市政府签订渔港建设责任状，确立了地市政府渔港建设主体责任。建立渔船更新改造审核“先建后拆”制度，全省淘汰小、旧、木质渔船938艘，新建海洋捕捞渔船871艘、南沙骨干渔船35艘。东莞市安排了贴息，争取金融机构贷款支持建造大型渔船。江门市率先出台扶持渔船更新改造政策，落实了补贴资金。阳江市推动以渔船为抵押获得金融机构的贷款支持渔船更新改造。

四是内陆渔业发展步伐加快。淡水渔业是我省的重要产业，是渔民增收的重要途径。多年来，我们坚持大力发展淡水渔业。广州、佛山市投入专项资金支持建设标准鱼塘、发展设施渔业。韶关市着力推进以“公司+合作社+基地”模式发展生态渔业。河源市着力打造“万绿湖水库鱼”生态品牌。梅州市生态甲鱼获得了供应港澳通行证。茂名市成为全国最大的罗非鱼养殖优势地区。清远市成功举办首届“稻鱼节”。东莞市成功举办中国（东莞）首届龟鳖博览会。肇庆、云浮、揭阳等地特色渔业蓬勃发展。休闲渔业发展迅猛。

五是继续稳固发展远洋渔业。广东省共有远洋渔业企业19家、在外生产远洋渔船197艘，其中深圳市有远洋渔业企业10家、远洋渔船110艘。胡春华书记在斐济出访期间，专门登船考察我省远洋渔业发展情况。

六是疫病防控和技术推广能力不断增强，水产品质量安全稳中向好。完成远程鱼病监测诊断平台升级，实现通过手机为养殖户提供鱼病视频诊断。及时应对惠州博罗、清远英德死鱼事件，维护了渔区社会稳定。成功举办渔业技能竞赛，连平、乳源等10个县级水产技术推广站，被认定为全国基层水产技术推广示范站。建成省级水生动物防疫实验室。开展水产品质量安全专项整治行动，省级抽检合格率达97.2%，全省出动执法人员超万人次，检查养殖生产和经营单位7500多个，为社会民众提供了放心水产品。佛山市将水产品质量安全监管体系建设纳入食品安全示范市建设十大工程。

七是实施信息化提升工程以及应急指挥能力得到提高。整合渔业安全生产指挥、渔船基础信息、海域动态监管、视频监控等系统，形成海洋渔业综合信息平台。建成与21个地级市海洋渔业主管部门、穗外直属单位、基层渔政队伍相连的多功能会议视频系统。建成海洋渔业科技信息服务平台。新建应急指挥中心，建成覆盖48个渔港的视频监控系统，完成渔船信息普查。推进渔船安装北斗系统，全省近70%的大中型渔船安装了北斗系统，初步解决了过去渔船数不清、看不见、连不上、叫不回的问题。启动建设珠江口白海豚、徐闻珊瑚礁、雷州白碟贝保护区离岸高清视频监控系统。广东省海洋与渔业局信息化建设走在全国渔业系统前列，得到了农业部充分肯定。

八是着力改善渔民民生，渔业安全生产监管力度加大。开展渔船安全生产大检查，联合广东海事局开展“安全生产月”活动警示教育和应急演练。严格落实渔船船东主体责任、乡镇政府和村(居)委会属地管理责任，推进实施渔船跟帮生产、渔民作业时穿着救生衣等制度。制定远洋渔船安全生产管理规定，建立远洋渔船出航检查、跟帮生产、渔船联络等制度。江门新会、惠州大亚湾、湛江廉江、阳江阳东被农业部、国家安监总局评为“全国平安渔业示范县”。主动作为，认真开展强台风“彩虹”渔业救灾复产工作。加强渔业安全生产监管，推动出台《广东省渔船安全生产管理办法》，开展渔船安全生产大检查，推动“渔村通”安全生产系统建设。加大渔业保险财政补贴力度，投保的渔船和船员数量有新增长。全省渔船安全生产事故数和死亡失踪人数分别同比下降10%和13%，全省渔政执法队伍参与海难事故救助97起，救助渔民287人、渔船97艘，挽回经济损失约1000万元。顺利完成了港澳流动渔民工作机构划转后的资产清理、审计和移交。积极争取农业部简化流动渔民渔船更新改造、油补申报和发放程序。圆满完成省政府办公厅转来十二届全国人大三次会议第4675号建议的办理工作。

九是扎实做好海洋渔业执法工作。开展“护渔2015”等系列专项执法行动，共出动船艇5369艘次、人员9万人次、查处案件2650宗。开展清理取缔涉渔“三无”船舶和绝户网行动，清理取缔“三无”船218艘，取缔禁用渔具6929张，移送司法机关41宗，涉嫌犯罪人员80人。深入推进渔船检验执法监督三大行动。有序推动海岛执法巡查工作。组织省属海警船执行维权执法任务2次，派出执法人员65名，航时44天，航程6049海里，圆满完成国家下达的维权任务。落实“两法衔接”工作机制，移送案件193宗，移送涉嫌犯罪人员321人，刑拘202人。建设海砂开采视频监控管理系统，并在1艘采砂船和4艘执法船上安装了视频监控终端。省属粤东、粤中、粤西执法基地和广州、高栏港、横琴等执法基地建设顺利推进。

11-1 主要年份水产品产量及养殖面积

年 份	水产品产量（万吨）	海水产品	捕捞	养殖	淡水产品	捕捞	养殖	养殖面积（千公顷）	海水养殖	淡水养殖
1957	49.89	34.44	32.79	1.65	15.45	1.06	14.39	142.26	25.64	116.62
1962	34.45	24.46	23.16	1.30	9.99	0.90	9.09	167.02	21.20	145.82
1965	49.49	34.85	33.23	1.62	14.64	1.76	12.88	180.95	28.94	152.01
1970	57.32	41.71	40.41	1.30	15.61	1.12	14.49			
1975	71.84	53.83	52.81	1.02	18.01	1.14	16.87	193.08	17.41	175.67
1978	65.50	46.47	45.67	0.80	19.03	0.98	18.05	187.23	16.05	171.18
1980	63.34	41.54	40.78	0.76	21.80	0.85	20.95	200.29	21.54	178.75
1985	109.44	58.74	56.26	2.48	50.70	1.93	48.77	290.16	56.13	234.03
1990	207.66	124.53	110.74	13.79	83.13	4.19	78.94	43.67	92.33	251.34
1995	449.86	189.41	178.71	10.70	164.23	14.45	149.78	445.82	116.15	329.67
2000	593.19	360.46	191.46	168.98	323.73	13.52	219.21	564.51	194.89	369.62
2005	695.23	397.75	172.05	225.70	297.29	13.03	284.26	604.65	224.40	380.25
2006	658.84	373.59	153.40	220.19	285.25	12.00	273.25	489.93	160.02	329.91
2007	664.34	373.12	150.16	222.96	291.22	11.83	279.39	489.06	159.30	329.76
2008	680.41	376.81	153.83	222.98	303.60	12.49	291.11	544.25	189.72	354.53
2009	702.81	387.15	152.53	234.62	315.44	12.65	302.79	562.16	194.77	367.39
2010	729.03	401.50	152.43	249.07	327.53	12.86	314.67	563.41	199.26	364.16
2011	762.53	418.22	152.65	265.57	344.31	12.84	331.47	573.91	203.41	370.50
2012	789.50	432.34	156.61	275.74	357.16	13.06	344.09	575.21	201.83	373.38
2013	816.13	436.08	155.40	287.00	373.72	12.98	360.74	570.14	197.20	372.94
2014	836.34	450.60	156.20	294.40	385.74	12.58	373.16	564.99	193.69	371.30
2015	858.22	459.23	156.01	303.22	398.99	12.43	386.56	565.68	194.86	370.82

注：2000年以后的水产品产量数据按照新的标准统计，2006年以后年份的数据按农普调整的数据。

11-2 水产生产概况

项　　目	计量单位	2015	2014	2015 比 2014 增长（%）
水产品总产量	万吨	858.22	836.34	2.62
海洋捕捞(包括外海）	万吨	156.01	156.20	-0.12
海水养殖	万吨	303.22	294.40	3.00
淡水捕捞	万吨	12.43	12.58	-1.19
淡水养殖	万吨	386.56	373.16	3.59
渔业总产值（按现价计算）	亿元	2,534.74	2350.17	7.85
水产品产值（不包括种苗）	亿元	1,147.28	1,110.63	3.30
海洋捕捞	亿元	416.34	386.59	7.70
海水养殖	亿元	548.93	543.61	0.98
淡水捕捞	亿元	135.45	133.51	1.45
淡水养殖	亿元	16.44	16.60	-0.94
水产种苗	亿元	30.12	30.32	-0.67
第二产业产值	亿元	361.03	362.86	-0.50
其中：水产品加工	亿元	218.73	218.91	-0.08
渔机修造	亿元	3.60	3.41	5.52
绳网制造	亿元	1.80	1.74	3.28
建筑业	亿元	5.85	5.33	9.73
第三产业产值	亿元	1026.42	876.68	17.08
出口水产品数量	万吨	48.07	45.23	6.28
创汇	亿美元	28.08	29.82	-5.84
渔民人均纯收入	元/人	13711.86	13371	2.55
人均水产品占有量	千克/人	79.1	76.5	3.4
海洋捕捞产量	万吨	150.51	149.37	0.77
其中：鱼类	万吨	108.57	108.17	0.37
虾类	万吨	15.55	14.96	3.91
蟹类	万吨	8.07	7.89	2.29
贝类	万吨	5.89	5.65	4.39
藻类	万吨	0.78	0.73	6.61
头足类	万吨	7.89	8.01	-1.50
海水养殖总面积	千公顷	194.86	193.69	0.60
产量	万吨	303.22	294.40	3.00
单产	千克/公顷	15560.80	15199.45	2.38
其中：鱼类面积	千公顷	30.97	29.44	5.20
产量	万吨	49.29	43.79	12.56
单产	千克/公顷	15916.11	14875.14	7.00
虾类面积	千公顷	60.86	61.47	-0.99
产量	万吨	42.27	42.36	-0.20
单产	千克/公顷	6945.97	6890.84	0.80
蟹类面积	千公顷	9.26	9.56	-3.14
产量	万吨	6.15	6.01	2.31
单产	千克/公顷	6637.58	6284.41	5.62
贝类面积	千公顷	85.17	84.59	0.69
产量	万吨	197.40	194.13	1.68
单产	千克/公顷	23176.74	22949.02	0.99
藻类面积	千公顷	2.95	3.02	-2.32
产量	万吨	7.52	7.49	0.43
单产	千克/公顷	25481.36	24784.77	2.81

11-2　续表

项　　目	计量单位	2015	2014	2015 比 2014 增长（%）
淡水养殖总面积	千公顷	370.82	371.30	-0.13
产量	万吨	386.56	373.16	3.59
单产	千克/公顷	10,424.57	10,050.02	3.73
其中：池塘养殖面积	千公顷	278.29	278.02	0.10
产量	万吨	353.22	340.31	3.79
单产	千克/公顷	12,692.64	12,240.49	3.69
其中：鱼类产量	万吨	351.72	339.30	3.66
虾类产量	万吨	29.47	28.35	3.92
蟹类产量	万吨	0.67	0.64	4.13
淡水捕捞产量	万吨	12.43	12.58	-1.19
其中：鱼类	万吨	7.76	7.92	-1.97
虾类	万吨	0.86	0.84	2.93
蟹类	万吨	0.35	0.35	1.79
贝类	万吨	3.36	3.39	-1.00
水产冷库数量	座	562	558	0.72
制冰能力	吨/日	17,923	16,096	11.35
冻结能力	吨/日	22,416	21,969	2.03
冷藏能力	吨/次	288,669	288,070	0.21
水产加工品数量	万吨	1,396,426	1,408,781	-0.88
其中：冷冻品	万吨	398,576	381,562	4.46
渔业乡（镇）	个	97	92	5.43
渔业村	个	1,022	1,026	-0.39
渔业人口	万人	235.08	235.24	-0.07
渔业劳力	万人	127.52	129.75	-1.72
其中：专业劳力	万人	83.71	85.16	-1.70
兼业劳力	万人	36.75	36.61	0.36
机动渔船合计艘数	艘	61,323	64,015	-4.21
吨位	吨	961,065	948,447	1.33
功率	千瓦	2,471,174	2,492,479	-0.85
其中：生产渔船艘数	艘	56,552	58,875	-3.95
吨位	吨	884,088	869,948	1.63
功率	千瓦	2,198,108	2,211,820	-0.62
非机动渔船艘数	艘	3,522	3,341	5.42
吨位	吨	8,249	8,188	0.74

11-3 各市渔业生产基本情况

2015 年

市别	水产品总产量（吨）					渔业经济总产值和增加值（万元）		水产品	
	合计	海洋捕捞(包括外海)	海水养殖	淡水捕捞	淡水养殖	产值	增加值	产值	增加值
全省	8582223	1560126	3032177	124282	3865638	25347350.66	8645308.10	11472808.35	4600827.24
广州	483925	29829	58536	44521	351039	1968302.62	1158174.34	778447.57	435090.13
深圳	40429	37975	2048		406	126855.74	41155.07	99567.74	37627.07
珠海	291551	10950	60720	1810	218071	853095.99	255888.87	697906.99	199330.87
汕头	445855	160843	201463	3792	79757	1045104.1	377458.12	506084.56	153701.12
韶关	82453			2930	79523	84320.16	37684.79	81460.09	36642.52
河源	44979			1869	43110	45372.57	15142.73	44200.93	14580.85
梅州	111076			9838	101238	180048.23	78491.16	112115.69	49688.24
惠州	166977	23064	59604	1181	83128	277267.9	78864.84	238235.9	67051.41
汕尾	632049	259568	316437	3351	52693	977713.99	166217.34	621104.99	108752.1
东莞	68946	8375	4287	1560	54724	281996.53	76143.12	72265.54	5443.03
中山	339499	2262	14236	1495	321506	819933.37	233037.28	489014.61	153087.47
江门	770952	98684	213487	11519	447262	1771530.2	638768.46	1282513.2	550190.49
佛山	615955			6428	609527	2007659.09	148104.28	1143868.63	96548.37
阳江	1215905	382531	711962	8439	112973	1854646.14	1061112.15	1436191.16	930198.04
湛江	1262195	295472	786167	5628	174928	4278001.77	2528926.39	1730642.55	899466.97
茂名	848826	161899	417298	4453	265176	1288736.26	654493	672280.26	326669.4
肇庆	424918			5297	419621	487220.03	180972.54	427692.97	138633.54
清远	124192			1875	122317	155147.56	17411.64	155147.56	17411.64
潮州	203041	21281	128031	2606	51123	261029	111916	223454	102831
揭阳	159310	57463	22096	4188	75563	264033.19	105491.78	195710.19	75982.78
云浮	106138			1502	104636	218979	42955.8	118046	20001.8
其他（省直属）	143052	9930	35805		97317				

11-3 续表

市别	水产养殖面积合计（公顷）	海水养殖	淡水养殖	渔业船舶合计 艘	总吨	千瓦
全省	565678	194861	370817	64845	104355	2471174
广州	27896.55	3382	24514.55	2495	26051	108805
深圳	308.8	265	43.8	1080	35195	98976
珠海	27258.2	13435.27	13822.93	2487	28815	87448
汕头	15641	11481	4160	2962	84080	196119
韶关	20360.97		20360.97	781	904	9871
河源	7284		7284	760	800	6953
梅州	14457.4		14457.4	466	856	5163
惠州	20962	4011	16951	2326	14258	60870
汕尾	26985	19828	7157	6443	122037	365898
东莞	8570	590	7980	427	16654	44232
中山	23092	1650	21442	1232	7839	17974
江门	65455	22909	42546	4674	82658	201325
佛山	36761		36761	1838	3148	18635
阳江	40426.3	24789.8	15636.5	5856	230850	438908
湛江	97510	64608	32902	18425	161472	416151
茂名	37374	15222	22152	3913	122608	230561
肇庆	33619.78		33619.78	1471	2108	11029
清远	17289.17		17289.17	1333	1647	13905
潮州	13779.27	7793	5986.27	1945	16550	66164
揭阳	11510	2397	9113	2135	26288	104284
云浮	9138.5		9138.5	612	1435	6204
其他	10000	2500	7500			

11-4 各市海洋捕捞产量

2015 年　　单位：吨

市　别	合　计	鱼类	甲壳类	虾	蟹	贝类	藻类	头足类	其它
全　省	1560126	1140693	236173	155479	80694	58938	7807	78867	37648
广　州	29829	18058	1745	999	746	5861		715	3450
深　圳	37975	32760	553	493	60	350	100	2053	2159
珠　海	10950	8075	1700	1061	639	667	145	302	61
汕　头	160843	126069	19449	9203	10246	3520	751	10298	756
惠　州	23064	16688	3227	2070	1157	1366	22	1430	331
汕　尾	259568	166321	45316	24753	20563	13881	1639	28220	4191
东　莞	8375	6906	1275	932	343	4		179	11
中　山	2262	1791	471	205	266				
江　门	98684	79569	14497	8877	5620	3108	213	406	891
阳　江	382531	280300	78250	57613	20637	8048	2303	8579	5051
湛　江	295472	212791	44129	28848	15281	16660	839	9348	11705
茂　名	161899	126288	15743	13620	2123	3701	1694	9696	4777
潮　州	21281	15737	1755	1306	449	1182	4	564	2039
揭　阳	57463	39410	8063	5499	2564	590	97	7077	2226
其　他	9930	9930							

市　别	合计	按捕捞渔具分					
		拖网	围网	刺网	张网	钓业	其他
全　省	1560126	797728	143104	437169	7662	107358	57175
广　州	29829	12102	1545	9753	189	4562	1678
深　圳	37975	13891	506	1975	140	15532	5931
珠　海	10950	5780	356	3106	300	782	626
汕　头	160843	106049	7668	31136	1421	10136	4433
惠　州	23064	2940	6444	12675		990	15
汕　尾	259568	181979	10224	42779	714	14796	9076
东　莞	8375	6923	225	1123	92		12
中　山	2262	12		2250			
江　门	98684	35467	16935	39810		2843	3629
阳　江	382531	136636	77328	137934		25461	5172
湛　江	295472	141278	14159	98823	2489	15518	23205
茂　名	161899	112642	4094	30729		13811	623
潮　州	21281	7948	3522	6169	618	1050	1974
揭　阳	57463	34081	98	18907	1699	1877	801
其　他	9930	9930					

11-5 各市海水养殖产量

2015 年

单位：吨

市别	合计	鱼类	甲壳类	虾	蟹	贝类	藻类	其他
全省	3032177	492922	502396	440932	61464	1955763	75170	5926
广州	58536	55212	3072	1957	1115	247		5
深圳	2048	511	15	12	3	1522		
珠海	60720	36676	9151	7693	1458	14584	140	169
汕头	201463	33221	33305	20519	12786	80750	52187	2000
惠州	59604	11459	11813	11026	787	34534	348	1450
汕尾	316437	50858	48755	36760	11995	211665	4882	277
东莞	4287	2865	642	321	321	55	725	
中山	14236	6428	2736	1462	1274	5072		
江门	213487	20977	32617	28628	3989	159609	33	251
阳江	711962	112896	93537	80290	13247	505492		37
湛江	786167	78606	184762	179583	5179	520675	617	1507
茂名	417298	42715	50641	48899	1742	315103	8839	
潮州	128031	37864	20988	16786	4202	68829	120	230
揭阳	22096	2634	10362	6996	3366	1821	7279	
其他	35805					35805		

市别	按养殖水域分			其中：养殖方式分						
	海上	滩涂	其他	深水网箱	普通网箱	工厂化	池塘	筏式	吊笼	底播
全省	1117309	1278677	636191	18337	118159	6953	602030	395762	93739	675183
广州			58536				58536			
深圳	1690	358			1200	420	85			
珠海	14011	11828	34881	7526	3000		38281	6120	1200	3924
汕头	75351	80809	45303	80	8811	1095	43835	93362	3500	19330
惠州	29637	17490	12477		6220	440	14298	17509	2959	6017
汕尾	125827	130045	60565	642	8620	1734	14803	500	8919	3890
东莞		4253	34				443			
中山		14236								
江门	23183	93923	96381		2055		51809	74275		72665
阳江	396978	202199	112785	1019	39794		82022	124414	5784	79133
湛江	259125	392637	134405	8000	26311	15	200594	68744	70717	237968
茂名	150195	228535	38568	110	11998		52267			208271
潮州	40625	62510	24896	960	10150	2381	24738	10616	660	43298
揭阳	687	4049	17360			868	20319	222		687
其他		35805								

11-6 各市海水养殖面积

2015 年

单位：公顷

市　别	合　计	鱼类	甲壳类			贝类	藻类	其他
				虾	蟹			
全　省	194861	30969.4	70124	60864.7	9259.3	85168.6	2951.6	5647.4
广　州	3382	2422	950	845	105	5		5
深　圳	265	60	12	8	4	193		
珠　海	13435.27	1488.94	3482.33	1852.33	1630	6393	71	2000
汕　头	11481	2577	3293	2223	1070	3544	2007	60
惠　州	4011	710	742	647	95	2076	36	447
汕　尾	19828	3728.7	6842.7	4985.7	1857	8554.6	460.6	241.4
东　莞	590	440	94	64	30	7	49	
中　山	1650	536	566	372	194	548		
江　门	22909	3232	6784	5714	1070	12811	7	75
阳　江	24789.8	2737.8	9520	8137.7	1382.3	12452		80
湛　江	64608	9599	30429	29599	830	21808	33	2739
茂　名	15222	1446	3333	2970	363	10381	62	
潮　州	7793	1773	2126	1966	160	3744	150	
揭　阳	2397	219	1950	1481	469	152	76	
其　他	2500					2500		

市　别	按养殖水域分			其中：养殖方式分						
	海上	滩涂	其他	深水网箱立方水体	普通网箱平方米	工厂化立方水体	池塘	筏式	吊笼	底播
全　省	59972.2	77147.6	57741.27	901773	5006375	616358	74744.57	15526.4	5035	39229.9
广　州			3382				3382			
深　圳	218	47		3600	450	59700	90			
珠　海	5736	3276	4423.27	165065	80000	0	4779.27	815	217	6840
汕　头	3584	4536	3361	600	1059490	179864	3793	2801	333	1798
惠　州	2764	684	563	22400	164850	80000	1023	576	376	2463
汕　尾	6741.4	7497.6	5589	9000	97863	53792	2985.3		456	1674
东　莞		560	30				34			
中　山		1650								
江　门	5678	5734	11497		27670		10721	4015		9029
阳　江	7763.8	13218	3808	176000	484424		9862	3158	507	2152
湛　江	16201	32620	15787	461332	892380	2	30196	3778	3111	9205
茂　名	8809	3713	2700	20000	3708		3502			3390
潮　州	2447	3370	1976	43776	2195540		2128	373.4	35	2648.9
揭　阳	30	242	2125			243000	2249	10		30
其　他			2500							

11-7 各市淡水捕捞产量

2015年　　单位：吨

市别	合计	鱼类	甲壳类	虾	蟹	贝类	其他
全省	124282	77630	12136	8605	3531	33607	909
广州	44521	24032	1915	1496	419	18356	218
珠海	1810	1726	64	40	24	20	
汕头	3792	2447	1274	613	661	71	
韶关	2930	1987	309	219	90	612	22
河源	1869	1549	244	241	3	73	3
梅州	9838	8013	940	805	135	780	105
惠州	1181	845	60	60		276	
汕尾	3351	2844	466	330	136	13	28
东莞	1560	1240	230	200	30	90	
中山	1495	1090	193	135	58	212	
江门	11519	4801	1681	1177	504	5034	3
佛山	6428	1616	951	842	109	3847	14
阳江	8439	5518	2106	1168	938	710	105
湛江	5628	4993	180	89	91	455	
茂名	4453	2523	194	172	22	1584	152
肇庆	5297	4049	316	197	119	905	27
清远	1875	1559	195	175	20	119	2
潮州	2606	2065	362	270	92	19	160
揭阳	4188	3458	308	229	79	352	70
云浮	1502	1275	148	147	1	79	

11-8 各市淡水养殖产量

2015 年

单位：吨

市　别	合 计	鱼 类	甲壳类			贝 类	藻 类	其 他
				虾	蟹			
全　省	3865638	3517173	301338	294651	6687	14279	19	32829
广　州	351039	322589	17094	15478	1616	6387		4969
深　圳	406	406						
珠　海	218071	174891	43148	43148				32
汕　头	79757	63889	13957	11095	2862	168		1743
韶　关	79523	79103	197	146	51	106		117
河　源	43110	41913	460	426	34	38		699
梅　州	101238	99996	349	289	60	422	19	452
惠　州	83128	80077	34	34		18		2999
汕　尾	52693	51277	1250	924	326	27		139
东　莞	54724	52092	1798	1756	42			834
中　山	321506	231939	86648	86648				2919
江　门	447262	333865	102991	101810	1181	2780		7626
佛　山	609527	605917	966	873	93	300		2344
阳　江	112973	109691	2862	2862		2		418
湛　江	174928	173160	1235	1059	176	366		167
茂　名	265176	258384	4836	4807	29	1820		136
肇　庆	419621	400270	16226	16192	34	1659		1466
清　远	122317	120975	218	209	9	140		984
潮　州	51123	45978	4707	4592	115			438
揭　阳	75563	69409	2246	2187	59			3908
云　浮	104636	104035	116	116		46		439
其　他	97317	97317						

市　别	合 计	按水域分					其中养殖方式		
		池 塘	湖 泊	水 库	河 沟	稻 田	围 栏	网 箱	工厂化
全　省	3865638	3532236	11710	245319	17130	2440	3145	5643	864
广　州	351039	334223		16006	91		113	150	
深　圳	406	406							
珠　海	218071	217989		82					
汕　头	79757	74642	132	1104	2913				
韶　关	79523	61021		17831		388		200	138
河　源	43110	35398		7712					
梅　州	101238	66524	1303	29875	8	102		1314	275
惠　州	83128	77929		4599	38				
汕　尾	52693	38123	1862	5877	3700	123	364		
东　莞	54724	53127		1077			1950		450
中　山	321506	321506							
江　门	447262	417245	3050	3582	224				
佛　山	609527	604148		4458	650				
阳　江	112973	93601	3019	13848	945		5		
湛　江	174928	146840	763	24835	1886		713	155	
茂　名	265176	218099		45679		186		363	
肇　庆	419621	365624	180	34046	4424	1008		1329	1
清　远	122317	109070	1401	9449	386	524		1182	
潮　州	51123	45948		2994	101				
揭　阳	75563	64508		9003	1164				
云　浮	104636	88948		13262	600	109		950	
其　他	97317	97317							

11-9 各市淡水养殖面积

2015 年

单位：公顷

市别	合计	按水域分						集约化养殖方式		
		池塘	湖泊	水库	河沟	其它	稻田	围栏（平方米）	网箱（平方米）	工厂化（立方水体）
全省	370818	278291	2989	79604	1969	7964	3364	568011	294390	17017
广州	24515	22282		2179	26	28		58000	2080	
深圳	44	44								
珠海	13823	13787		36						
汕头	4160	3642		201	167	141				
韶关	20361	9250		11047		64	1012		80000	6167
河源	7284	5661		1621		2				
梅州	14457	8015	142	5786	2	512	593		34665	4150
惠州	16951	10620		5912	98	321				
汕尾	7157	4578	304	1427	285	563	85	26		
东莞	7980	6246	17	1684		33		235		3760
中山	21442	21442								
江门	42546	33447	600	6047	156	2296				
佛山	36761	35980		670	111					1000
阳江	15637	10439	366	4385	296	151		1600		
湛江	32902	14426	587	17454	160	275		508150	53745	
茂名	22152	15274		6744		134			7246	
肇庆	33620	25255	477	5492	179	2217	66		17502	1940
清远	17289	12199	487	3828	113	662	1390		73392	
潮州	5986	4981		517	166	322				
揭阳	9113	6484		2361	130	138				
云浮	9139	6740		2213	80	105	218		25760	
其他	370818	278291	2989	79604	1969	7964	3364	568011	294390	17017

11-10 各市海淡水养殖苗

2015 年

单　　位	海水鱼苗（万尾）	虾类苗种量（亿尾）	贝类苗种量（万粒）	淡水鱼苗产量（万尾）	淡水鱼种产量（吨）	投放鱼种数量（吨）
全　　省	2854936	120672	260659	82697528	317388	190315
广　　州	49331	347		295970	34441	47392
深　　圳	1550	15	4000	8		
珠　　海	900	190		483632	3020	3020
汕　　头	581	117	16400	18489	38	57
韶　　关				147351	7666	7863
河　　源				14674	4300	4110
梅　　州				378860	6352	5856
惠　　州	100697	11	350	538559	6440	7040
汕　　尾	54580	14250	37821	11289	5	5
东　　莞		8		775538	1620	2129
中　　山		2452	35	5425	2291	4598
江　　门	421	1222		6131638	16175	8605
佛　　山				32223800	17019	9851
阳　　江	4900	73	21043	30510528	1395	1577
湛　　江	398767	1326	144686	543975	1374	289
茂　　名	2188699	224	1564	2739479	19828	20301
肇　　庆		91173		6331593	175096	52582
清　　远				449730	10228	8148
潮　　州	54510	9250	16560	10895	768	740
揭　　阳		14	18200	221310	1066	633
云　　浮				864785	8266	5519

11-11 各市水产加工

2015 年

地区或单位	一、水产加工企业数量（个）	加工能力（吨/年）	二、水产冷库座数	冻结能力（吨/日）	冻藏能力（吨/次）	制冰能力（吨/日）
全　省	1075	2328055	562	22416	288669	17923
广　州	2	25091	1	170	4029	40
深　圳	5	14618	7		52	
珠　海	9	70048	22	246	9366	579
汕　头	66	206659	77	1674	43444	3704
韶　关			3	44	85	24
河　源						
梅　州	5	1898				
惠　州	5	18650	5	335	1323	485
汕　尾	69	230193	75	650	9324	1239
东　莞	31	1990	4	8	11	5
中　山	23	141534	27	222	2803	112
江　门	94	111705	50	937	36120	1365
佛　山	11	95240	31	1745	9000	123
阳　江	36	282227	56	1670	16640	1579
湛　江	203	373521	116	7602	87307	3115
茂　名	208	541597	28	6241	46199	4286
肇　庆	10	94513	10	289	11049	35
清　远						
潮　州	13	31513	12	190	7246	632
揭　阳	283	27058	30	93	2671	560
云　浮	2	60000	8	300	2000	40

地区或单位	三、水产加工品总量（吨）	淡水加工产品	（一）水产品冷冻（吨）	冷冻加工品	（二）鱼糜制品及干腌制品（吨）	鱼糜制品	干腌品
全　省	1396426	356883	941052	542476	200519	95299	105220
广　州	9307	9307	5200		4107	4057	50
深　圳	1868	1000	1000	1000	868	868	
珠　海	30255	13255	30055	10055	200		200
汕　头	161678	12154	119556	85534	10723	10428	295
韶　关							
河　源							
梅　州	2629	2629			2619	2366	253
惠　州	9469	48	6537	944	2907	324	2583
汕　尾	188275	14135	111280	40287	57052	16108	40944
东　莞	1500	650	344	330	1156	396	760
中　山	56983	43571	33756	17017	4733		4733
江　门	74106	25707	42275	16937	4301	2189	2112
佛　山	36315	36315	16887	1439	1051	67	984
阳　江	178044	18177	127563	66044	30798	25417	5381
湛　江	273114	47260	197628	143915	34859	2107	32752
茂　名	262978	67460	165894	121999	25655	22011	3644
肇　庆	57392	57392	49752	18131	3820		
清　远							
潮　州	24882	323	16588	6388	8062	5000	3062
揭　阳	20131		9237	4956	7608	3961	3647
云　浮	7500	7500	7500	7500			

11-11 续表

地区或单位	藻类加工（吨）	（三）罐制品（吨）	（四）水产饲料（吨）	（五）鱼油制品（吨）	（六）其它水产加工品（吨）	助剂和添加剂（吨）	珍 珠（公斤）
全 省	1774	44731	90740	63	117547		4050
广 州							
深 圳							
珠 海							
汕 头	1700	439	337	19	28904		650
韶 关							
河 源							
梅 州	10						
惠 州					25		
汕 尾	1	5003	359		14580		32
东 莞							
中 山		10439	1818		6237		
江 门	50	7143			20337		
佛 山		18300		17	60		
阳 江		1416	15313		2954		
湛 江		21	37319	27	3260		3368
茂 名	13		35594		35822		
肇 庆					3820		
清 远							
潮 州					232		
揭 阳		1970			1316		
云 浮	1774	44731	90740	63	117547		4050

地区或单位	四、用于加工的水产品量（吨）	淡水产品
全 省	1792189	542496
广 州	17307	17307
深 圳	5608	0
珠 海	38251	6415
汕 头	108600	31600
韶 关		
河 源		
梅 州	3698	3698
惠 州	15541	4182
汕 尾	146957	7000
东 莞	2009	1159
中 山	78693	55001
江 门	94054	44982
佛 山	18070	18070
阳 江	252298	33349
湛 江	386594	55282
茂 名	435369	152150
肇 庆	90511	90511
清 远		
潮 州	47290	790
揭 阳	30339	
云 浮	21000	21000

11-12 各市渔业船舶拥有量

市别	总计			机动渔船								
							生产渔船					
										捕捞渔船		
	艘	总吨	千瓦	艘	总吨	千瓦	艘	总吨	千瓦	艘	总吨	千瓦
全省	64794	966319	2449584	61323	961065	2471174	56552	884088	2198108	51427	861300	2118733
广州	2541	26241	108805	2495	26051	108805	2283	22296	86240	2283	22296	86240
深圳	1080	35195	98976	1080	35195	98976	877	34210	91884	784	33950	89322
珠海	2496	31674	87448	2487	28815	87448	2143	19362	64022	1918	17549	55222
汕头	3348	84189	196119	2962	84080	196119	2549	72994	163953	2363	71930	160513
韶关	791	911	9871	781	904	9871	775	780	9200	775	780	9200
河源	780	811	6953	760	800	6953	759	797	6909	759	797	6909
梅州	466	856	5163	466	856	5163	461	812	4792	461	812	4792
惠州	2390	15337	60870	2326	14258	60870	2052	9365	41119	1926	8925	36810
汕尾	7005	122631	365898	6443	122037	365898	6123	115974	332755	5794	115502	329991
东莞	427	16654	44232	427	16654	44232	416	16600	44022	416	16600	44022
中山	1232	7839	17974	1232	7839	17974	1194	7536	15440	1194	7536	15440
江门	4817	82733	201325	4674	82658	201325	4023	73063	166982	3815	69381	150341
佛山	1957	3606	18635	1838	3148	18635	1771	2499	15019	1771	2499	15019
阳江	5949	230986	438908	5856	230850	438908	4627	213253	390591	4211	211672	382337
湛江	17259	135098	356260	16036	133289	356260	15436	127193	330496	13017	120060	310645
茂名	4086	122781	230561	3913	122608	230561	3696	117987	218927	3523	116860	216866
肇庆	1487	2121	11029	1471	2108	11029	1438	1999	10211	1403	1369	10211
清远	1343	1656	13905	1333	1647	13905	1330	1602	13765	1330	1602	13765
潮州	2414	17195	66164	1945	16550	66164	1866	15829	63539	1034	11246	52858
揭阳	2314	26370	104284	2135	26288	104284	2093	25601	101313	2010	25598	101301
云浮	612	1435	6204	612	1435	6204	589	1341	5339	589	1341	5339

市别	机动渔船								
	生产渔船			辅助渔船					
	养殖渔船						捕捞辅助船		
	艘	总吨	千瓦	艘	总吨	千瓦	艘	总吨	千瓦
全省	5125	22788	22788	4771	76977	273066	4384	67910	195668
广州				212	3755	22565	175	2494	9501
深圳	93	260	2562	203	985	7092	185	393	4717
珠海	225	1813	8800	344	9453	23426	257	7296	15604
汕头	186	1064	3440	413	11086	32166	399	10087	22756
韶关				6	124	671			
河源				1	3	44			
梅州				5	44	371			
惠州	126	440	4309	274	4893	19751	259	4587	13876
汕尾	329	472	2764	320	6063	33143	306	5785	28008
东莞				11	54	210	3	54	210
中山				38	303	2534	29	223	897
江门	208	3682	16641	651	9595	34343	633	9128	28114
佛山				67	649	3616	57	438	1727
阳江	416	1581	8254	1229	17597	48317	1175	17026	42801
湛江	2419	7133	19851	600	6096	25764	569	4685	12324
茂名	173	1127	2061	217	4621	11634	212	4609	11569
肇庆	35	630		33	109	818	26	47	340
清远				3	45	140			
潮州	832	4583	10681	79	721	2625	43	427	1451
揭阳	83	3	12	42	687	2971	38	595	1549
云浮				23	94	865	18	36	224

11-12 续表 1

市别	机动渔船					
	辅助渔船					
	渔业执法船			其它		
	艘	总吨	千瓦	艘	总吨	千瓦
全省	201	5691	65827	186	3376	11571
广州	33	1101	12192	4	160	872
深圳	3	22	725	15	570	1650
珠海	3	16	764	84	2141	7058
汕头	14	999	9410			
韶关	6	124	671			
河源	1	3	44			
梅州	5	44	371			
惠州	15	306	5875			
汕尾	14	278	5135			
东莞	8					
中山	9	80	1637			
江门	15	332	5774	3	135	455
佛山	10	211	1889			
阳江	12	500	5214	42	71	302
湛江	29	1406	13380	2	5	60
茂名	5	12	65			
肇庆	7	62	478			
清远	3	45	140			
潮州				36	294	1174
揭阳	4	92	1422			
云浮	5	58	641			

市别	机动渔船按船长分								
	24 米以上			12-24 米			12 米以下		
	艘	总吨	千瓦	艘	总吨	千瓦	艘	总吨	千瓦
全省	2951	387829	844474	9900	399931	1004160	48472	173305	622540
广州	31	6198	20794	771	13718	54645	769	4366	22788
深圳	141	32081	76799	50	2007	3968	887	1218	18210
珠海	81	15929	29357	152	7598	18760	1915	4552	36073
汕头	204	26144	62925	1271	48537	104170	1241	8769	26499
韶关									
河源									
梅州									
惠州	17	1575	4143	117	6224	17129	1771	5949	35386
汕尾	828	58444	192631	900	43795	106858	4665	19654	65889
东莞	53	7366	17102	168	8639	20266	169	592	6123
中山	2	60	1637	215	512	3150	505	5923	9514
江门	193	40879	69031	1107	32080	89281	2356	7555	33819
佛山				2	25	56	6	56	155
阳江	822	153032	242639	1087	63369	150924	3924	14424	45178
湛江	212	16580	40410	1477	60367	161167	14113	55180	148431
茂名	93	18337	50580	688	84342	147491	2943	13781	31531
肇庆									
清远									
潮州	219	8501	26015	702	4758	26737	721	2994	9580
揭阳	48	1525	6276	873	22620	88932	891	1653	6539
云浮									

11-12 续表 2

市别	捕捞渔船按功率分					
	441 千瓦以上（600 马力以上）			45-440 千瓦 （61-559 马力）		
	艘	总吨	千瓦	艘	总吨	千瓦
全省	404	97939	242246	8881	601366	1352824
广州	19	4704	15003	538	11269	44385
深圳	75	23638	57615	73	9200	20013
珠海	24	5139	11072	140	8425	20851
汕头	14	736	2580	1074	63747	141646
韶关						
河源						
梅州						
惠州				120	5757	13065
汕尾	27	3563	16376	1492	92942	260239
东莞	11	1714	5361	270	14136	35558
中山				41	859	3309
江门	47	15010	31649	521	40562	77299
佛山						
阳江	58	16693	37192	1492	181714	318916
湛江	35	6445	14377	1160	58579	151644
茂名	93	20137	50580	643	82976	115800
肇庆						
清远						
潮州	1	160	441	428	5290	42687
揭阳				882	23363	92823
云浮						

市别	捕捞渔船按功率分			非机动渔船合计	
	44 千瓦以下 （60 马车以下）				
	艘	总吨	千瓦	艘	总吨
全省	42142	161547	516662	3522	8249
广州	1726	6323	26852	46	190
深圳	636	1112	11694		
珠海	1754	3985	23299	9	2859
汕头	1275	7447	16287	386	109
韶关	775	780	9200	10	7
河源	759	797	6909	20	11
梅州	461	812	4792		
惠州	1806	3168	23745	64	1079
汕尾	4275	18997	53376	562	594
东莞	135	750	3103		
中山	1153	6677	12131		
江门	3247	13809	41393	143	75
佛山	1771	2499	15019	119	458
阳江	2661	13265	26229	93	136
湛江	11822	55036	144624	1223	1809
茂名	2787	13747	50486	173	173
肇庆	1403	1369	10211	16	13
清远	1330	1602	13765	10	9
潮州	605	5796	9730	469	645
揭阳	1128	2235	8478	179	82
云浮	589	1341	5339		

11-12 续表3

市别	海洋渔业机动渔船								
				生产渔船					
							捕捞渔船		
	艘	总吨	千瓦	艘	总吨	千瓦	船	总吨	千瓦
全省	49318	937628	2328702	44921	862626	2073889	40045	841348	1995393
广州	1571	24282	98227	1397	20904	78708	1397	20904	78708
深圳	1080	35242	98977	877	34257	91885	784	33954	89322
珠海	2148	28079	84190	1813	18646	60841	1595	17021	52239
汕头	2716	83450	193594	2453	72881	163078	2313	71880	160056
韶关									
河源									
梅州									
惠州	1905	14679	56658	1636	8898	37549	1510	8669	33240
汕尾	6395	121991	365745	6075	115928	332819	5794	115502	330213
东莞	390	16597	43946	387	16543	43736	387	16543	43736
中山	722	6495	14301	684	6192	11767	684	6192	11767
江门	3570	79721	190423	2937	70362	156467	2729	66680	139826
佛山	8	81	211	8	81	211	8	81	211
阳江	5833	230825	438741	4604	213228	390424	4188	211647	382170
湛江	15802	132127	350008	15208	126630	329613	12805	119889	309773
茂名	3724	122008	229602	3507	117387	217968	3350	116281	215997
肇庆									
清远									
潮州	1642	16253	62332	1563	15532	59707	731	10949	49026
揭阳	1812	25798	101747	1772	25157	99116	1770	25156	99109
云浮									

市别	海洋渔业机动渔船								
	生产渔船			辅助渔船					
	养殖渔船						捕捞辅助船		
	艘	总吨	千瓦	艘	总吨	千瓦	艘	总吨	千瓦
全省	4876	21278	78496	4397	75002	254813	4083	67428	189715
广州				174	3378	19519	150	2371	8783
深圳	93	303	2563	203	985	7092	185	393	4717
珠海	218	1625	8602	335	9433	23349	248	7276	15527
汕头	140	1001	3022	263	10569	30516	249	9570	21106
韶关									
河源									
梅州									
惠州	126	229	4309	269	5781	19109	259	5518	13876
汕尾	281	426	2606	320	6063	32926	306	5785	27791
东莞				3	54	210	3	54	210
中山				38	303	2534	29	223	897
江门	208	3682	16641	633	9359	33956	617	8896	27899
佛山									
阳江	416	1581	8254	1229	17597	48317	1175	17026	42016
湛江	2403	6741	19840	594	5497	20395	569	4685	12324
茂名	157	1106	1971	217	4621	11634	212	4609	11569
肇庆									
清远									
潮州	832	4583	10681	79	721	2625	43	427	1451
揭阳	2	1	7	40	641	2631	38	595	1549
云浮									

11-12 续表 4

市别	海洋渔业机动渔船					
	辅助渔船					
	渔业执法船			其它		
	艘	总吨	千瓦	艘	总吨	千瓦
全 省	128	4198	53527	186	3376	11571
广 州	20	847	9864	4	160	872
深 圳	3	22	725	15	570	1650
珠 海	3	16	764	84	2141	7058
汕 头	14	999	9410			
韶 关						
河 源						
梅 州						
惠 州	10	263	5233			
汕 尾	14	278	5135			
东 莞						
中 山	9	80	1637			
江 门	13	328	5602	3	135	455
佛 山						
阳 江	12	500	5999	42	71	302
湛 江	23	807	8011	2	5	60
茂 名	5	12	65			
肇 庆						
清 远						
潮 州				36	294	1174
揭 阳	2	46	1082			
云 浮						

市别	海洋渔业捕捞渔船按作业类型分								
	拖网			围网			刺网		
	艘	总吨	千瓦	艘	总吨	千瓦	艘	总吨	千瓦
全 省	5409	367114	896961	1409	91062	158301	27204	308952	744860
广 州	22	3700	13646	4	474	1266	1160	13183	55413
深 圳	54	11399	28271	3	1051	720	636	2580	18633
珠 海	64	9494	21574	10	2007	2033	1313	4974	22341
汕 头	562	39063	82984	23	3227	6428	1445	26471	60477
韶 关									
河 源									
梅 州									
惠 州	17	1638	3642	76	2692	6744	1408	4238	22469
汕 尾	1584	81026	228372	312	3337	13324	3295	23634	61365
东 莞	116	9428	27011	20	948	3451	251	6167	13274
中 山	3	103	349				681	6089	11418
江 门	189	20163	41477	102	18444	28076	2376	27626	69225
佛 山									
阳 江	304	53496	100224	343	49883	80165	3410	105284	193287
湛 江	719	36654	103662	373	4685	10342	9278	49819	131439
茂 名	795	76318	140782	120	1601	2531	1297	33561	59030
肇 庆									
清 远									
潮 州	304	6512	29878	20	2553	2569	290	801	11077
揭 阳	676	18120	75089	3	160	652	364	4525	15412
云 浮									

11-12 续表 5

市 别	海洋渔业捕捞渔船按作业类型分								
	张网			钓业			其它		
	艘	总吨	千瓦	艘	总吨	千瓦	艘	总吨	千瓦
全 省	757	2338	9594	2102	44453	119918	3164	27429	65759
广 州	106			11	2591	5324	94	956	3059
深 圳				56	13881	31243	35	5043	10455
珠 海	36	102	573	50	60	3500	122	384	2218
汕 头	157	514	2937	80	2570	7007	46	35	223
韶 关									
河 源									
梅 州									
惠 州				8	32	290	1	69	95
汕 尾	73	131	532	304	5922	21411	226	1452	5209
东 莞									
中 山									
江 门							62	447	1048
佛 山							8	81	211
阳 江		1		118	2959	8266	13	24	228
湛 江	59	887	2520	293	9742	21814	2083	18102	39996
茂 名				1029	4565	13098	109	236	556
肇 庆									
清 远									
潮 州				81	789	4328	36	294	1174
揭 阳	326	703	3032	72	1342	3637	329	306	1287
云 浮									

市 别	海洋渔业机动渔船按船长分								
				24 米以上			12-24 米		
	艘	总吨	千瓦	艘	总吨	千瓦	艘	总吨	千瓦
全 省	49318	937628	2328702	2944	386651	840339	9580	398591	993534
广 州	1571	24282	98227	31	6198	20794	771	13718	54645
深 圳	1080	35242	98977	141	32081	76799	50	2007	3968
珠 海	2148	28079	84190	81	15929	29357	152	7598	18760
汕 头	2716	83450	193594	204	26144	62925	1271	48537	104170
韶 关									
河 源									
梅 州									
惠 州	1905	14679	56658	17	1575	4143	117	6224	17129
汕 尾	6395	121991	365745	828	58444	192631	900	43795	106858
东 莞	390	16597	43946	53	7366	17102	168	8639	20266
中 山	722	6495	14301	2	60	1637	215	512	3150
江 门	3570	79721	190423	193	40879	69031	1107	32080	89281
佛 山	8	81	211				2	25	56
阳 江	5833	230825	438741	822	153032	242639	1087	63369	150924
湛 江	15802	132127	350008	212	16580	40410	1477	60367	161167
茂 名	3724	122008	229602	93	18337	50580	688	84342	147491
肇 庆									
清 远									
潮 州	1642	16253	62332	219	8501	26015	702	4758	26737
揭 阳	1812	25798	101747	48	1525	6276	873	22620	88932
云 浮									

11-12 续表 6

市 别	海洋渔业机动渔船按船长分 12 米以下			海洋渔业捕捞渔船按功率分			441 千瓦以上（600 马力以上）		
	艘	总吨	千瓦	艘	总吨	千瓦	艘	总吨	千瓦
全 省	36876	146666	495715	40045	841348	1995393	404	98387	249247
广 州	769	4366	22788	1397	20904	78708	19	4704	20071
深 圳	887	1218	18210	784	33954	89322	75	23638	58695
珠 海	1915	4552	36073	1595	17021	52239	24	5139	11072
汕 头	1241	8769	26499	2313	71880	160056	14	736	2580
韶 关									
河 源									
梅 州									
惠 州	1771	5949	35386	1510	8669	33240			
汕 尾	4665	19654	65889	5794	115502	330213	27	3563	16376
东 莞	169	592	6123	387	16543	43736	11	1714	5214
中 山	505	5923	9514	684	6192	11767			
江 门	2356	7555	33819	2729	66680	139826	47	15010	31649
佛 山	6	56	155	8	81	211			
阳 江	3924	14424	45178	4188	211647	382170	58	16693	37192
湛 江	14113	55180	148431	12805	119889	309773	35	6445	14377
茂 名	2943	13781	31531	3350	116281	215997	93	20585	51580
肇 庆									
清 远									
潮 州	721	2994	9580	731	10949	49026	1	160	441
揭 阳	891	1653	6539	1770	25156	99109			

市 别	海洋渔业捕捞渔船按功率分 45-440 千瓦（61-559 马力）			44 千瓦以下（60 马车以下）			非机动渔船合计	
	艘	总吨	千瓦	艘	总吨	千瓦	艘	总吨
全 省	8807	601221	1347754	30834	141740	398392	3522	8249
广 州	537	11459	40495	841	4741	18142		
深 圳	73	9060	18933	636	1256	11694		
珠 海	147	8420	20772	1424	3462	20395	9	2859
汕 头	1074	63747	141646	1225	7397	15830	200	60
韶 关								
河 源								
梅 州								
惠 州	120	5757	13065	1390	2912	20175	2	930
汕 尾	1492	92942	260461	4275	18997	53376	562	594
东 莞	197	14243	35609	179	586	2913		
中 山	41	859	3309	643	5333	8458		
江 门	521	40562	77056	2161	11108	31121		
佛 山				8	81	211		
阳 江	1492	181714	318916	2638	13240	26062		
湛 江	1160	58579	151644	11610	54865	143752	824	1418
茂 名	643	85226	130338	2614	10470	34079	170	170
肇 庆								
清 远								
潮 州	428	5290	42687	302	5499	5898	469	645
揭 阳	882	23363	92823	888	1793	6286	14	7
云 浮								

11-13 各市渔业人口与从业人员

2015 年

地区或单位	渔业乡（个）	海洋渔业	渔业村（个）	海洋渔业	渔业户（个）	海洋渔业	渔业人口（人）	海洋渔业	传统渔民	海洋渔业
全 省	97	70	1022	626	525885	225537	2350775	1089806	1028552	723165
广 州	1	1	19	10	11666	3376	50549	9735	9940	7785
深 圳			7	1	391	321	1178	481	235	336
珠 海	5	5	26	18	21409	2244	99357	9931	21971	7221
汕 头	5	4	34	28	25936	18091	139424	88726	67314	57176
韶 关			1		18359		89668		30970	
河 源			19		5736		25585		5823	
梅 州			40		40740		107042		34461	
惠 州	3	3	30	21	9991	6328	63302	35508	30406	21150
汕 尾	32	20	183	85	41882	37345	198696	176493	150183	143335
东 莞			3	2	5461	623	18242	11935	7503	6098
中 山	8		81		9096		31439		4622	
江 门			54	34	29971	9332	122439	38457	61796	34717
佛 山			41		46039		173227		82288	
阳 江	5	5	93	89	33104	22321	165741	111710	81940	78955
湛 江	14	14	231	217	100981	80875	484346	379078	243790	224739
茂 名	9	9	62	59	38558	13021	196728	80128	59480	51267
肇 庆	6		12		14712		58436		15154	
清 远			17		5557		20175		4116	
潮 州	7	7	28	28	13893	13893	56231	56231	20503	20503
揭 阳	2	2	36	34	44488	17767	213939	91393	92257	69883
云 浮			5		7915		35031		3800	

地区或单位	渔业人口与从业人员									
	渔业从业人员	专业从业人员	女 性	兼业从业人员	女 性	临时从业人员	女 性	专业从业人员中		
								捕捞	养殖	其它
全 省	1275172	837113	138860	367473	67866	70586	22080	259147	514136	63830
广 州	31946	24604	4947	6345	5088	997	283	5190	19281	133
深 圳	1665	1422	256	223	3	20	2	1132	273	17
珠 海	63970	53571	21971	6868	1655	3531	434	4348	48057	1166
汕 头	61994	44448	3302	13936	2497	3610	1032	22743	18029	3676
韶 关	49161	23239	5412	23254	4938	2668	515	1697	21379	163
河 源	15162	12192	613	2756	557	214	195	1390	7584	3218
梅 州	54902	33939	7645	17565	2504	3398	908	1575	31521	843
惠 州	42093	22206	4389	14915	3779	4972	897	6799	14029	1378
汕 尾	68249	54623	4893	10423	2145	3203	661	35738	15331	3554
东 莞	6206	4382	778	1357	342	467	158	1466	2539	377
中 山	22209	16300	5220	3738	1155	2171	785	1259	13863	1178
江 门	81034	45678	7114	31728	7494	3628	1788	14293	23600	7785
佛 山	98490	86409	18377	10794	1683	1287	286	3254	80537	2618
阳 江	99235	70842	8395	23446	5386	4947	4290	35393	27995	7454
湛 江	270039	165857	26190	83089	15688	21093	7529	75536	81267	9054
茂 名	123836	74486	3463	43321	742	6029	531	22272	44313	7901
肇 庆	31710	26753	5546	2836	3280	2121	732	2974	23641	138
清 远	17028	9446	1975	6406	829	1176	215	1650	7760	36
潮 州	29669	17170	1233	11788	508	711	133	6263	10497	410
揭 阳	92383	38730	5192	50101	6460	3552	273	12933	13216	12581
云 浮	14191	10816	1949	2584	1133	791	433	1242	9424	150

11-13 续表

地区或单位	海洋渔业人口与从业人员									
	海洋渔业从业人员	专业从业人员	女 性	兼业从业人员	女 性	临时从业人员	女 性	专业从业人员中		
								捕捞	养殖	其它
全 省	518697	380607	51030	109283	26260	28807	12165	217765	123871	38971
广 州	5979	5047	2050	807	464	125	90	3205	1706	136
深 圳	667	659	19	8				635	7	17
珠 海	10106	8166	2458	1585	1095	355	355	2777	4606	783
汕 头	39443	31332	1342	7128	1000	983	641	22532	5731	3069
韶 关										
河 源										
梅 州										
惠 州	22285	12495	2709	5512	1526	4278	788	6254	5928	313
汕 尾	56539	47833	4550	5931	1529	2775	557	35461	9586	2786
东 莞	1179	1070	692	68	173	41	15	650	400	20
中 山										
江 门	26879	20015	1214	6210	536	654	426	11735	5495	2785
佛 山	16	16						16		
阳 江	66537	52368	7037	10798	4554	3371	2675	28710	17962	5696
湛 江	166360	124836	23191	31963	10229	9561	6076	67637	51173	6026
茂 名	46676	34813	401	6656	235	5207	489	20953	9389	4471
肇 庆										
清 远										
潮 州	24377	16366	1330	6554	422	1457	53	6293	9100	973
揭 阳	51654	25591	4037	26063	4497			10907	2788	11896
云 浮										

11-14 渔业灾情

2015 年

地区或单位	受灾养殖面积（公顷）	台风、洪涝	病害	干旱	污染	其它
全　省	73012.18	44533.83	11715.65	284	1104.7	15374
广　州	189	129	49		11	
深　圳	69	33	20			16
珠　海	912.1	592.1	320			
汕　头	1653.33	1433.33	140		55	25
韶　关	921.77	797.77	84	22	9	9
河　源	217	190	20		6	1
梅　州	2822	806	1888	26	80	22
惠　州	121.2	1.2	120			
汕　尾	5051	2047	657	160	360	1827
东　莞	499	453	20			26
中　山						
江　门	4124.9	1578.9	2048	12	90	396
佛　山	3499.7	3327	46		32.7	94
阳　江	16731.55	6384.55	103	6	8	10230
湛　江	21301.4	16795.75	3323.65	38	320	824
茂　名	1701	586	1115			
肇　庆	7897.43	5287.43	730			1880
清　远	374.8	333.8	34			7
潮　州	1086	600	329	20	122	15
揭　阳	2460	2460				
云　浮	1380	698	669		11	2

地区或单位	水产品损失（吨）	台风、洪涝	病害	干旱	污染	其它
全　省	191864	140959	33964	312	2151	14478
广　州	698	260	315		123	
深　圳						
珠　海	540	220	320			
汕　头	2240	1500	466		184	90
韶　关	1457	1329	99	13	10	6
河　源	577	499	65		9	4
梅　州	4986	1080	3675	27	143	61
惠　州	78	3	75			
汕　尾	4967	3328	752		550	337
东　莞	237	124	33			80
中　山						
江　门	8564	2909	5295		311	49
佛　山	21799	21454	138		28	179
阳　江	6012	5353	145	35	127	352
湛　江	69595	48303	19618	217	242	1215
茂　名	1463	658	805			
肇　庆	29224	19070	463		2	9689
清　远	1277	1185	22			70
潮　州	31510	27920	822	20	403	2345
揭　阳	3100	3100				
云　浮	3540	2664	856		19	1

11-14 续表 1

地区或单位	损毁渔业设施（台风、洪涝）					
	池塘（公顷）	网箱（箱）	围栏（千米）	沉船（艘）	船损（艘）	堤坝（米）
全　省	11912.26	9812	2999	268	997	373592
广　州						
深　圳		50				
珠　海	572				1	
汕　头						
韶　关	57	65				100
河　源	64					0
梅　州	337	180	1830			1339
惠　州	1.2					0
汕　尾	227	712	145		23	850
东　莞	26					
中　山						
江　门	130					
佛　山	8					
阳　江	808.17	956	6		107	1100
湛　江	6692.32	5460	1018	153	740	366597
茂　名	230	163			32	36
肇　庆	111.3				3	0
清　远	8.27					
潮　州	625	2214			91	2000
揭　阳	1827			115		
云　浮	188	12				1570

地区或单位	损毁渔业设施（台风、洪涝）						
	泵站（座）	涵闸（座）	码头（米）	护岸（米）	防波堤（米）	工厂化养殖（座）	苗种繁育场（个）
全　省	73	180	595	22247	8380	49	128
广　州							
深　圳							
珠　海							
汕　头							
韶　关		3					2
河　源							
梅　州		5			1000		
惠　州							
汕　尾			22		350	4	
东　莞							
中　山							
江　门					150		
佛　山							
阳　江			200	3190	1290		
湛　江	3	84	223	15836	2640		89
茂　名				121			
肇　庆							
清　远							
潮　州	70	88			2400		11
揭　阳			150	3100	550	45	25
云　浮							1

11-14　续表2

地区或单位	人员损失（台风、洪涝）（人）	失　踪	死　亡	重　伤	直接经济损失合计（万元）
全　省					353316.61
广　州					372.65
深　圳					102
珠　海					2744.2
汕　头					2762
韶　关					1671.7
河　源					444
梅　州					4412
惠　州					534.3
汕　尾					15828
东　莞					191.5
中　山					
江　门					35448.6
佛　山					34244.98
阳　江					11127.53
湛　江					153870.65
茂　名					6729
肇　庆					34130.8
清　远					2160.7
潮　州					23212
揭　阳					19515
云　浮					3815

地区或单位	水产品损失（万元）	台风、洪涝	病害	干旱	污染	其它
全　省	267398.88	199763.55	47544.48	923.5	3509.45	15657.9
广　州	372.65	210	130.8		31.85	
深　圳	73	45			28	
珠　海	2744.2	1244.2	1500			
汕　头	2462	1700	485		187	90
韶　关	1548.25	1399.25	121	13	11	4
河　源	443	383	52		6	2
梅　州	3636.8	1172	2269.2	29.5	119.1	47
惠　州	534.3	4.3	530			
汕　尾	11802	8090	1918		1120	674
东　莞	191.5	87.5	28			76
中　山						
江　门	35360.6	21345.6	11287	297	728	1703
佛　山	34242.48	33769.58	210		10	252.9
阳　江	5408.03	5022.55	76.48	38	125	146
湛　江	105506.57	77282.07	25279	521	549.5	1875
茂　名	3675	3241	434			
肇　庆	34063.8	24010.8	378			9675
清　远	2079.7	1901.7	38			140
潮　州	15400	11878	1951	25	574	972
揭　阳	4250	4250				
云　浮	3605	2727	857		20	1

11-14 续表 3

地区或单位	损毁渔业设施（台风、洪涝）（万元）	池塘	网箱	围栏	沉船	船损	堤坝
全　　省	85917.73	22200.68	14065	3262.6	1883	3209.5	13639.9
广　　州							
深　　圳	29						
珠　　海							
汕　　头	300						
韶　　关	123.45	90	3.9				9.8
河　　源	1	1					
梅　　州	775.2	550	64.6	36.6			30
惠　　州							
汕　　尾	4026	932	1501	2		105	469
东　　莞							
中　　山							
江　　门	88	30	30				
佛　　山	2.5	2.5					
阳　　江	5719.5	2272.5	1311	35	114	99	120
湛　　江	48364.08	13368.68	8727.5	3189	619	2009	12440.1
茂　　名	3054	1770	193			540	380
肇　　庆	67	65.5				1.5	
清　　远	81	77.5					
潮　　州	7812	1281	2228			455	132
揭　　阳	15265	1615			1150		
云　　浮	210	145	6				59

地区或单位	损毁渔业设施（台风、洪涝）（万元）							
	泵站	涵闸	码头	护岸	防波堤	工厂化养殖	苗种繁育场	其它
全　　省	153.6	775.5	2236	7486	6253	3900	5720.75	1132.2
广　　州								
深　　圳							29	
珠　　海								
汕　　头								300
韶　　关							8.75	10
河　　源								
梅　　州		7			40		18	29
惠　　州								
汕　　尾			17		700	300		
东　　莞								
中　　山								
江　　门					28			
佛　　山								
阳　　江			140	902	678			48
湛　　江	123.6	366.5	429	2783	1517		2466	325.7
茂　　名				171				
肇　　庆								
清　　远								3.5
潮　　州	30	401			540		2649	96
揭　　阳			1650	3630	2750	3600	550	320
云　　浮								

11-15 渔业经济总产值和增加值

2015 年

单位：万元

地区或单位	合计		一、渔业（水产品）		海洋捕捞		海水养殖	
	产值	增加值	产值	增加值	产值	增加值	产值	增加值
全　　省	25347350.66	8645308.1	11472808.35	4600827.24	1354482.87	824482.87	4163405.51	1893929.63
广　　州	1968302.62	1158174.34	778447.57	435090.13	66700	43600	140241.12	73809.5
深　　圳	126855.74	41155.07	99567.74	37627.07	95448.51	35972.78	2811.56	636.19
珠　　海	853095.99	255888.87	697906.99	199330.87	15338.59	7362.16	171871.2	26540.66
汕　　头	1045104.1	377458.12	506084.56	153701.12	183137.08	49207.58	223640.9	72559.54
韶　　关	84320.16	37684.79	81460.09	36642.52				
河　　源	45372.57	15142.73	44200.93	14580.85				
梅　　州	180048.23	78491.16	112115.69	49688.24				
惠　　州	277267.9	78864.84	238235.9	67051.41	38331	7150	96680	21291
汕　　尾	977713.99	166217.34	621104.99	108752.1	219712	23505	345627	75135.4
东　　莞	281996.53	76143.12	72265.54	5443.03	8332.61	588	4520.32	958.88
中　　山	819933.37	233037.28	489014.61	153087.47	3172	853.52	10039.7	3888.84
江　　门	1771530.2	638768.46	1282513.2	550190.49	154503	48916.86	226276	106874.99
佛　　山	2007659.09	148104.28	1143868.63	96548.37				
阳　　江	1854646.14	1061112.15	1436191.16	930198.04	492807.17	320314.63	801956.32	520745.55
湛　　江	4278001.77	2528926.39	1730642.55	899466.97	437368.06	200323.64	1105919.29	583558.53
茂　　名	1288736.26	654493	672280.26	326669.4	162480.86	54643.6	261528	164068.8
肇　　庆	487220.03	180972.54	427692.97	138633.54				
清　　远	155147.56	17411.64	155147.56	17411.64				
潮　　州	261029	111916	223454	102831	26541	13235	121960	58500
揭　　阳	264033.19	105491.78	195710.19	75982.78	53529.58	18810.1	38720.3	13463.35
云　　浮	218979	42955.8	118046	20001.8				

11-15　续表 1　　单位：万元

地区或单位	一、渔业（水产品）					
	淡水捕捞		淡水养殖		水产苗种	
	产值	增加值	产值	增加值	产值	增加值
全　省	164432.16	54432.16	5489294.62	1996789.38	301193.20	121193.2
广　州	30049.75	20883.87	513008.13	281706.59	28448.57	15090.17
深　圳			57.67	18.1	1250	1000
珠　海	2345.6	995	488460.6	157522.05	19891	6911
汕　头	4515	1541	93192.84	29997	1598.74	396
韶　关	3564.52	1955.33	74010.49	32535.61	3885.08	2151.58
河　源	2170.91	1032.22	39136.31	12164.85	2893.71	1383.78
梅　州	8042.74	4536.11	91856.04	36396.3	12216.91	8755.83
惠　州	828.9	418	87086	32313	15310	5879.41
汕　尾	2949	303	51713.99	9482.7	1103	326
东　莞	844.45	13.91	57976.06	3817.24	592.1	65
中　山	2583	487.3	460764.65	144121.81	12455.26	3736
江　门	17534.33	3869.79	884139.87	390528.85	60	
佛　山	12168.8	-12.58	1092041	94963.45	39658.83	1597.5
阳　江	10357.32	6760.58	110268.17	65612.07	20802.18	16765.21
湛　江	2772.52	1791.3	138813.63	88904.35	45769.05	24889.15
茂　名	3574	1931.4	220535	94659.6	24162.4	11366
肇　庆	5471.18	1951	409496.52	132880.51	12725.27	3802.03
清　远	3760.22	473.64	136253	15169.8	15134.34	1768.2
潮　州	4897	2030	50546	19441	19510	9625
揭　阳	5497.6	2482.49	87837.36	37236.5	10125.35	3990.34
云　浮	2267	988.8	109308	17318	6471	1695

地区或单位	二、渔业工业和建筑业					
	产值	增加值	水产品加工		渔业机具制造	
			产值	增加值	产值	增加值
全　省	3610304.11	1646448.33	2187279.73	953657.06	60855.57	24952.85
广　州	219803.05	135142.21	26220	6799		
深　圳	21288	3528	21288	3528		
珠　海	55548	19201	32743	11361	455	172
汕　头	303966	141975	298046	140097	4555	1400
韶　关						
河　源	70.38	46.26			70.38	46.26
梅　州	12207.36	7572.94	1699	1185.65	121	52.39
惠　州	12973	3938	6696	1954	635	273
汕　尾	173771	27850.4	152996	22440	13300	3141
东　莞	5220.4	541.9	1729.2	264.9	505	55
中　山	110726.6	12614.23	60933	7371.73		
江　门	384096	72054.58	111323	29000.28	7187	2060.17
佛　山	140158.46	27887.74	100054	25683.74		
阳　江	353025.77	107234.13	337104.98	102372.89	5980.29	1871.19
湛　江	1303342.85	827400.94	619525.31	386304.87	3548.9	2034.04
茂　名	338135	181122	306205	163451	15103	10225.8
肇　庆	49193.24	38088	47884.24	37137	217	156
清　远						
潮　州	21590	1080	21590	1080		
揭　阳	43621	19300	15018	9266	8418	3141
云　浮	28068	4871	26225	4360	760	325

单位：万元

地区或单位	二、渔业工业和建筑业			
	渔船渔机修造（产值）	渔船渔机修造（增加值）	渔用绳网制造（产值）	渔用绳网制造（增加值）
全　省	36028.35	14207.19	17971.52	6710.31
广　州				
深　圳				
珠　海	350	131	105	41
汕　头	2051	580	1339	409
韶　关				
河　源	61.86	43.65	8.52	2.61
梅　州	72	27.79	40	20.52
惠　州	550	233	84	38
汕　尾	6693	1543	5578	1282
东　莞	473	51	17	3.75
中　山				
江　门	3709	1030.08	1019	288.91
佛　山				
阳　江	4403.59	1390.08	1393	429.3
湛　江	2106.9	1166.19	1055	617.82
茂　名	10379	6027.4	3167	1947.4
肇　庆	30	20	175	128
清　远				
潮　州				
揭　阳	4427	1639	3991	1502
云　浮	722	325		

地区或单位	二、渔业工业和建筑业							
	渔用饲料		渔用药物		建筑		其它	
	产值	增加值	产值	增加值	产值	增加值	产值	增加值
全　省	1276808.35	635193.03	6196.63	2464.41	25027.87	22659.62	20635.96	7521.36
广　州	193583.05	128343.21						
深　圳								
珠　海	21800	7630	50	18	500	20		
汕　头	900	315					465	163
韶　关								
河　源								
梅　州	8123.61	5034.55	1509.52	1009.64	105.37	66.75	648.86	223.96
惠　州	142	61			5500	1650		
汕　尾	653	182	340	88	3575	823.4	2907	1176
东　莞	2421.8	222	4.4				560	
中　山	48955	4991	838.6	251.5				
江　门	262829	40527.68	1095	230	1636	236.45	26	
佛　山	38984.46	1978.26	1120	225.74				
阳　江	5186.9	1563.97			1849.5	554.85	2904.1	871.23
湛　江	678771.53	438094.76	869.11	561.53	442	285.57	186	120.17
茂　名	11451	5320.6			3216	1389.6	2160	735
肇　庆	763	552			247	183	82	60
清　远								
潮　州								
揭　阳	2244	377	370	80	6924	2289	10647	4147
云　浮					1033	161	50	25

地区或单位	三、渔业流通和服务业		水产流通		水产（仓储）运输		休闲渔业		其它	
	产值	增加值	产值	增加值	产值	增加值	产值	增加值	产值	增加值
全 省	10264238.2	1958032.53	9861800.91	1918181.39	80158.09	15583.08	253890.89	9364.58	68388.31	14903.48
广 州	970052	587942	969720	587842			332	100		
深 圳	6000		5000		1000					
珠 海	99641	37357	97900	36642			741	215	1000	500
汕 头	235053.54	81782	233148.54	81227	1285	435	450	75	170	45
韶 关	2860.07	1042.27	1985.82	552.87			724.1	369.4	150.15	120
河 源	1101.26	515.62	1070.26	495.07			31	20.55		
梅 州	55725.18	21229.98	52527.02	20035.98	245.25	66.22	1585	856.9	1367.91	270.88
惠 州	26059	7875.43	19809	5078.53	1197	495.9	3185	1860	1868	441
汕 尾	182838	29614.84	124771	20265.84	19010	4994	11146	1473	27911	2882
东 莞	204510.59	70158.19	196992.6	70122.08			5261.57	33.11	2256.42	3
中 山	220192.16	67335.58	217810.26	66794.73	1761.9	482.88	381	46.02	239	11.95
江 门	104921	16523.39	77171	10095.78	8263	2003.39	981	205.16	18506	4219.06
佛 山	723632	23668.17	687227	23053.05	34752	261.52	1653	353.6		
阳 江	65429.21	23679.98	60929.71	21898.58	1464.35	585.74	1579.32	613.33	1455.83	582.33
湛 江	1244016.37	802058.48	1238545.88	799181.88	3442.59	1862.43	1316.9	767.51	711	246.66
茂 名	278321	146701.6	272855	143162	3400	2030	2020	1482	46	27.6
肇 庆	10333.82	4251	8600.82	3076	985	704	356	200	392	271
清 远										
潮 州	15985	8005	15960	8005					25	
揭 阳	24702	10209	7249	2854	3230	1493	1954	624	12269	5238
云 浮	72865	18083	72528	17799	122	169	194	70	21	45

11-16 渔民家庭收支情况调查

单位：万元

地区或单位	一、全年总收入	(一)家庭经营收入	1.出售水产品	2.其他家庭经营	(二)工资性收入	1.渔业	2.其他行业
全　省	53571.23	45886.92	39162.98	6723.94	3355.57	2101.53	1254.04
广　州	9144.13	8403.14	6236.89	2166.25	444.26	317.25	127.01
深　圳	789.25	629.55	381.45	248.1	39.8	32	7.8
珠　海	1892.89	1132.26	1081.98	50.28	514.78	373	141.78
汕　头	715.97	600.67	582.57	18.1	60.7	22.6	38.1
韶　关	307.38	264.59	226.21	38.38	27.41	7.35	20.06
河　源	2086.18	1631.12	1496.75	134.37	128.34	92.45	35.89
梅　州	1466.42	1190.83	956.01	234.82	91.57	63.25	28.32
惠　州	3508.44	3117.45	2329	788.45	235.2	150.9	84.3
汕　尾	2934.36	2473.96	2383.56	90.4	400.5	353.5	47
东　莞	4756.34	3461	2860	601			
中　山	1234.1	1041.8	968.4	73.4	75	37.3	37.7
江　门	974.3	906.5	890	16.5	30	21	9
佛　山	9203.97	8480.24	8448.75	31.49	628.07	208.7	419.37
阳　江	1680.56	1361.42	1325.82	35.6	52.22	38.3	13.92
湛　江	1666.19	1563.62	1493.69	69.93	26.82	15.3	11.52
茂　名	4414.3	3529.1	3368.1	161	238.2	168.2	70
肇　庆	966.21	865.04	657.77	207.27	67.42	44.38	23.04
清　远	3348.73	2941.5	1446.44	1495.06	191.88	137.45	54.43
潮　州	780.7	727.1	723.1	4	21.3	14	7.3
揭　阳	625.51	588.03	524.49	63.54	20.2	0.4	19.8
云　浮	1075.3	978	782	196	61.9	4.2	57.7

地区或单位	一、全年总收入					
	(三)财产性收入	1.利息\股息\红利	2.租金收入	3.土地或水面转包收入	4.土地征用补偿	5.其他财产性收入
全　省	722.72	194.8	176.62	55.01	78.99	217.3
广　州	152.27	30.01	56.84	7.03	5.33	53.06
深　圳	49.1	12.3	14.8	16		6
珠　海	59.04	2	47.04		10	
汕　头	0.5	0.2				0.3
韶　关	2.52	1.53	0.71	0.26		0.02
河　源	66.12		13.26	9.92	25	17.94
梅　州	25.19	4.62	2.75	2.55	1.58	13.69
惠　州	88.3	14.2	15.4	7.6	29.5	21.6
汕　尾	15		9			6
东　莞	87.34	32.34				55
中　山	20	20				
江　门	6	5	1			
佛　山	81	65.1	12.52	0.2	0.58	2.6
阳　江						
湛　江	4.41					4.41
茂　名						
肇　庆	10.93		1.9		7	2.03
清　远	25.1	4.5		0.05		20.55
潮　州	9.1					9.1
揭　阳	1.4			1.4		
云　浮	19.4	3	1.4	10		5

地区或单位	一、全年总收入						
	(四)转移性收入	1.家庭非常住人口寄回或带回	2.亲友赠送	3.救济金\救灾款\抚恤金	4.生产补贴	5.其他转移性收入	(五)其他收入
全　省	2773.59	1019.43	268.61	89.2	679.22	717.13	832.43
广　州	80.74	0.4	57.04	0.5	14.8	8	63.72
深　圳	5.8	1	1		3.8		65
珠　海	120.81	1	0.96		118.85		66
汕　头	32		11.25		19.2	1.55	22.1
韶　关	4.36	0.55	0.22	3.23		0.36	8.5
河　源	222.97	136.67	15.46	32.76	24.38	13.7	37.63
梅　州	22.61	14.37	0.66	1.3	3.33	2.95	136.22
惠　州	58.54	0.32	0.2	12.9	9.12	36	8.95
汕　尾	20.7	17			3.7		24.2
东　莞	1007	800	154			53	201
中　山	5.3					5.3	92
江　门	22	3.1		18.9			9.8
佛　山	3.35	0.2		1.4	1.75		11.31
阳　江	266.92					266.92	
湛　江	64.84	5	5	2.5	38.54	13.8	6.5
茂　名	635			7	335	293	12
肇　庆	6.83	5.02		1.71	0.1		15.99
清　远	174.25	30	18.3	7	102.55	16.4	16
潮　州	5.2					5.2	18
揭　阳	8.37	4.8	0.52		2.1	0.95	7.51
云　浮	6		4		2		10

市别	二、全年总支出	(一)生产费用支出	1.家庭经营费用支出	(1)渔业生产支出	燃料及冰费用	雇工费用	饲料及苗种费用	其他生产支出
全省	43095.97	36556.94	34530.11	28607.65	5703.18	2639.73	17656.79	2607.95
广州	8328.86	7280.36	6980.79	4917.68	491.85	550.77	3390.72	484.34
深圳	488.8	376.3	341.6	239.1	44.5	85.4	92.5	16.7
珠海	1176.41	958.17	881.77	811.84	215.14	154.69	302.01	140
汕头	674.81	485.64	483.12	466.02	266.17	154.05	25.6	20.2
韶关	232.91	162.13	157.12	141.2	4.18	17.54	112.84	6.64
河源	1726.4	1272.81	1217.88	922.75	36.8	53.83	728.2	103.92
梅州	995.01	648.66	612.44	471.07	5.36	19.91	406.64	39.16
惠州	2908.36	2440.45	2283.95	1672.5	271.7	246.6	988.5	165.7
汕尾	2117.72	1682.3	1573.68	1401.6	583.7	384.8	242.6	190.5
东莞	1836	1636	1636	1566		89	900	577
中山	652.96	615.06	615.06	595.06	4.53	37.55	449.04	103.94
江门	837.44	749.23	719.91	712.81	500.61	31.68	162.42	18.1
佛山	8794.1	8003.15	7680.79	7600.96	138.04	157.68	6897.19	408.05
阳江	1385.69	1235.55	1190.84	1039.07	746.29	114.84	143.33	34.61
湛江	1459.27	1281.92	1197.69	1140.33	165.68	134.77	784.29	55.59
茂名	3926.7	3498	2826	2520	1971	202	273	74
肇庆	866.47	676.5	656.11	537.35	11.32	25.14	457.24	43.65
清远	2942.64	2273.67	2254.67	825.26	162.36	99.69	513.57	49.64
潮州	575.8	427.2	387.8	321.9	34.4	42.5	231.9	13.1
揭阳	452.42	297.84	293.79	265.45	28.35	32.99	170.7	33.41
云浮	717.2	556	539.1	439.7	21.2	4.3	384.5	29.7

11-16 续表 3 单位：万元

市别	二、全年总支出						
	(一)生产费用支出				(二)税费支出		(三)财产性支出
	1.家庭经营费用支出			2.购置生产性固定资产支出		渔业税费支出	
	(2)固定资产折旧支出	渔业固定资产折旧	(3)其他家庭经营费用支出				
全 省	1295.26	1036.03	4627.2	2026.83	175.02	127.52	236.64
广 州	134.81	114.53	1928.3	299.57	8.96	8.91	35.21
深 圳	18.1	17.9	84.4	34.7	6.2	5.9	
珠 海	33.17	29.17	36.76	76.4	9.88	8.88	
汕 头	4.6	4.6	12.5	2.52	7.08	6.58	2.4
韶 关	4.24	3.34	11.68	5.01	0.3	0.1	4.92
河 源	169.29	161.73	125.84	54.93	4.4	3.1	6.13
梅 州	40.13	38.6	101.24	36.22			15.02
惠 州	123.5	106.1	487.95	156.5	28.5	14.6	25
汕 尾	104.1	87.2	67.98	108.62	22.07	20.4	21
东 莞	70	55					
中 山	20	20					
江 门	7.1	6.8		29.32			2
佛 山	33.49	27.5	46.34	322.36	0.57		6.1
阳 江	106.96	22.82	44.81	44.71			
湛 江	42.04	39.04	15.32	84.23	8.04	7.97	0.61
茂 名	207	191	99	672	57	38	17
肇 庆	13.67	10.11	105.09	20.39	7.08	0.85	42.25
清 远	79.8	27.23	1349.61	19	1.5	1.22	23
潮 州	52.9	51.9	13	39.4	7.8	7.3	34
揭 阳	10.16	9.36	18.18	4.05	3.94	3.71	
云 浮	20.2	12.1	79.2	16.9	1.7		2

11-16 续表 4

单位：万元

市别	二、全年总支出				三、全年纯收入	
	(四)转移性支出	(五)生活支出	食物支出	(六)其他支出		渔业纯收入
全省	248.02	5220.46	3209.14	658.89	17795.84	11773.02
广州	1.3	802.2	391.99	200.83	2165.58	1547.38
深圳		91.7	64.5	14.6	225.6	161.3
珠海	1.25	190.3	161.9	16.81	1015.24	622.09
汕头	8.42	133.97	96.59	37.3	198.21	91.11
韶关	1.52	55.84	43.36	8.2	263.99	88.92
河源	59.39	354.72	193.29	28.95	827.29	486.78
梅州	1.65	278.88	195.69	50.8	852.98	512.59
惠州	29	365.1	310.55	20.31	1178.9	675.6
汕尾	84	259	172.6	49.35	1435.94	1225.74
东莞		200	70		1891	975
中山		37.9			619.04	390.64
江门		86.21	58.32		254.39	191.39
佛山	0.1	747.72	526.12	36.46	1847.73	1641.79
阳江		127.06	75.22	23.08	489.72	301.63
湛江		143.98	52.31	24.72	476.09	341.53
茂名	6	312.7	265	36	1536.71	786.8
肇庆	4.32	117.04	65.82	19.28	304.48	159.82
清远	29.07	584.2	241.36	31.2	1088.15	762.93
潮州	22	61.4	51.4	23.4	442.8	356
揭阳		134.54	90.2	16.1	217.9	149.68
云浮		136	82.92	21.5	464.1	304.3

市别	四、调查户数	养殖户	五、调查户家庭总人数	六、调查户家庭专业从业人员
全省	2531	1610	11123	5407
广州	212	145	888	400
深圳	30	7	133	38
珠海	155	113	618	275
汕头	30	12	158	54
韶关	37	31	175	91
河源	180	162	888	339
梅州	184	159	922	516
惠州	204	113	919	449
汕尾	132	33	652	164
东莞	218	138	762	348
中山	159	148	747	379
江门	30	20	162	89
佛山	352	183	959	814
阳江	53	30	282	181
湛江	52	29	305	116
茂名	120	70	648	271
肇庆	55	26	263	141
清远	190	88	923	410
潮州	48	28	249	107
揭阳	52	40	264	122
云浮	38	35	206	103

11-17 渔民收入调查数核定

2015 年

地区或单位	渔业人口（人）	渔业专业从业人员（人）	纯收入（万元）	渔业纯收入	人均纯收入（元/人）
全　　省	2280786	842323	2,917,518.38	1,683,701.08	13711.86
广　　州	50549	26404	144,343.68	75,397.15	28,555
深　　圳	853	1323	1,224.26	780.83	14,352
珠　　海	99375	63970	163,223.68	105,089.92	16,425
汕　　头	139424	44448	128,545.15	97,510.07	9,220
韶　　关	89668	23239	79,453.19	24,796.26	8,861
河　　源	25585	12193	20,769.52	14,792.22	8,118
梅　　州	79852	29619	63,693.68	31,830.85	7,976
惠　　州	63297	22186	60,110.05	32,330.36	9,497
汕　　尾	198696	54623	181,508.79	135,245.00	9,135
东　　莞	14669	3128	24,090.00	12,500.00	16,422
中　　山	31439	13103	38,766.00	23,140.00	12,331
江　　门	122439	45678	192,265.97	144,584.00	15,703
佛　　山	173227	86293	241,800.10	140,937.37	13,959
阳　　江	165735	70842	266,490.36	172,785.43	16,079
湛　　江	484346	165857	807,918.71	437,034.66	16,681
茂　　名	196987	74472	238,658.00	76,293.00	12,115
肇　　庆	58437	26699	62,202.76	29,821.35	10,644
清　　远	9210	2496	8,095.47	5,367.53	8,790
潮　　州	56231	29838	53,419.00	51,733.00	9,500
揭　　阳	185736	35096	92,205.01	39,778.08	4,964
云　　浮	35031	10816	48,735.00	31,954.00	13,912

十二、农　垦

各级领导和专家悉心关怀 为垦区事业出谋划策

2015 年 11 月 27 日，第六届广东现代农业博览会在琶洲会展中心开幕。广东农垦参展其种类、规模、档次为历届参展之最。垦区的雄鸥、勇士牌燕青绿茶、红江牌红江橙、燕塘牌优裔纯牛奶、名富牌番石榴、红杨桃、火龙果还荣获广东省名特优新农产品荣誉称号，在大会表彰。

广东农垦“引领广东现代农业”展区。

农业部副部长陈晓华（右一）、广东省委常委林少春（左一）等领导在省农垦集团公司董事长雷勇健陪同下参观展馆。

副省长邓海光（右二）视察农垦展位。

中国工程院院士、水稻专家袁隆平（右三）视察农垦展位。

2015 年 11 月 7 日至 10 日，第十三届中国国际农产品交易会在福州市召开。农业部党组副书记、副部长余欣荣，党组成员杨绍品视察广东农垦展位

2015 年 11 月 6-13 日，国家农业综合开发办公室主任卢贵敏一行 6 人在省农垦集团公司（总局）党组书记、董事长（局长）雷勇健等陪同下，到广东农垦在泰国和柬埔寨企业调研。

2015 年 3 月 6 日，省委副书记、省委农村工作领导小组组长马兴瑞在广东农垦与海南省委副书记李军率领的海南省农垦改革考察组举行座谈。省委副书记马兴瑞在粤琼农垦工作座谈会上强调要加强产业对接，实现优势互补。

以钉钉子精神推进精品工程　谋划垦区经济增长点

高起点高标准全力推进广前核心区科技园建设。

广垦铜锣湖新城项目举行动工仪式。

2015 年 9 月 17 日，广东省食品放心工程示范基地——燕塘乳业日产 600 吨乳品生产基地奠基仪式在广州开发区举行。项目建成后将成为华南地区最大的综合乳品厂，也是中国南方最具规模的食品放心工程示范基地和旗舰工厂之一。左图：领导为示范基地培土奠基；右图：燕塘乳乳业日产 600 吨乳品生产基地沙盘。

新时代生猪养殖基地项目及新华生猪养殖基地项目是广东省现代农业重点项目工程，预计年内可建成投产。左图：新时代二期生猪养殖基地育肥区全景；右图：新时代二期生猪养殖基地育肥。

实施“三联”战略　推进垦际融合发展

2015 年 12 月 18 日，首届呼伦贝尔产品节开幕式在佳鲜农庄粤垦路旗舰店盛大启动，旨在紧密联系佳鲜农庄营销平台与产地农垦之间的合作。

2015 年 11 月 26 日，甘肃农垦交流考察团到访广东农垦，双方就实施“三联”战略，在高原夏菜、特色水果生产经营的深度合作，实现产业对接方面进行了深入探讨。

2015 年 11 月 18 日，中国农垦乳业联盟成立大会在北京举行。中国农垦乳业联盟由国家农业部农垦局推动成立，创始成员包括广东燕塘、北京三元、上海光明、黑龙江完达山等国内知名乳企，是国家农垦实施“三联（联合、联盟、联营）战略、打造国际大粮商”的重要成果。

“走出去”和“引进来”双翼驱动

统筹利用国内国外两个市场、两种资源

2016 年 **8** 月 **29** 日，广东农垦与粤电集团签订农业光伏综合开发项目投资协议。“十三五”期间，粤电集团将利用广东垦区内 **8** 万亩土地，在 **27** 个农场规划建设 **2270MWp** 农业光伏项目，总投资约为 **190** 亿元。

2015 年 **12** 月 **16** 日，康美包全球总裁 **Rolf Stangl** 造访广东农垦，并出席燕塘乳业康美包设备合同签约仪式。

2015 年 **8** 月 **25** 日，在广东省农业科技创新联盟成立暨国家农业科技服务云（广东）平台启动大会上，广东省农垦总局与农业部对外经济合作中心、省农业厅签订了科技合作框架协议。三方将在国外现代农业生产和管理经验、农业技术国际交流合作、境外农业资源投资开发、相关技术人才培训、农业援外以及农业国际市场拓展等领域开展全方位、深层次的合作。

2015 年 **7** 月 **10** 日，广东农垦与中国空间技术研究院签订战略合作框架协议，广东农垦将在航天工程育种联合技术研发、航天农业产业化示范基地建设、航天体验馆和休闲旅游基地建设、航天农业品牌产品销售等多个领域与空间研究院展开深度合作。

品牌建设卓有成效

打造广东农垦靓丽名片

2016 年 **8** 月 **23** 日、**25** 日，央视《农广天地》栏目播出《从农田到餐桌——走进广东农垦》系列节目。全方位展示新华农场华煌茶叶生产基地华煌绿茶的生态种植、曙光猪场无公害生猪的规模化生产和智能化饲养、广前甘蔗种植基地甘蔗的安全生长及科学防病、防虫技术。

广垦橡胶集团“广垦橡胶”牌国产天然橡胶（**SCR WF**）成功通过上海期货交易所期货品牌认证。

新华农场“华煌”牌红茶在“寻找广东十大茶乡”活动中被评为“广东省十大名茶”称号。

农　垦

2015年，广东农垦各级认真贯彻党的十八大和十八届三中、四中、五中全会精神，深入学习贯彻习近平总书记系列重要讲话精神，按照中央和省委省政府的决策部署，认真落实《中共中央国务院关于进一步推进农垦改革发展的意见》。积极应对国内外经济持续下行、主产品价格持续下跌和遭受多次严重自然灾害袭击的不利影响，围绕“三个定位、两个率先”的战略目标，众志成城，攻坚克难，坚持深化改革，加快发展，较好地实现了稳增长、调结构、转方式、增效益、保民生、防风险的预期目标。

一、综合

2015年，广东农垦实现生产总值151.30亿元，比上年增长8.5%，其中：第一产业增加值48.87亿元，增长12.3%，对GDP增长的贡献率为45.2%；第二产业增加值62.38亿元，增长1.7%，对GDP增长的贡献率为8.8%；第三产业增加值40.05亿元，增长15.7%，对GDP增长的贡献率为46.0%；三次产业结构由上年的31.21∶43.97∶24.82变为32.30∶41.23∶26.47。人均农垦生产总值达39983元，增长8.9%。国有在岗职工年均纯收入46305元，增长10.6%，垦区居民人均纯收入21649元，增长8.0%。全年国有企业营业总收入达238亿元，增长13.5%，实现利润3.8亿元，增长5.4%。

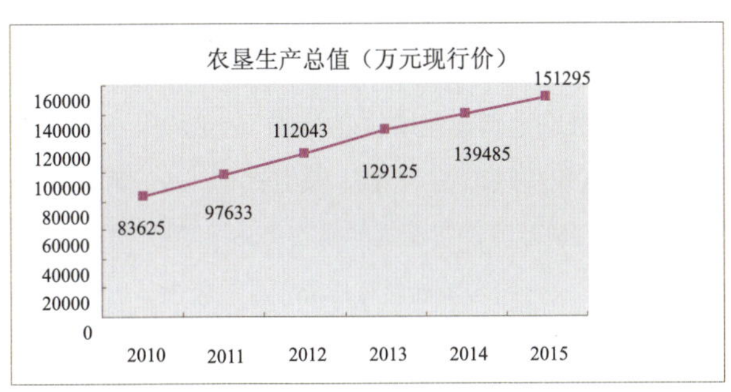

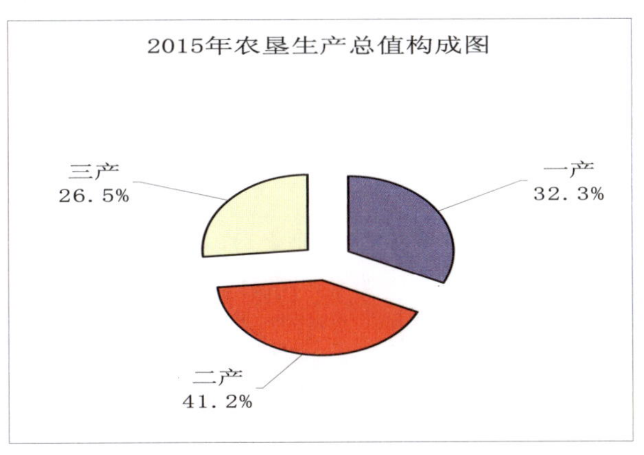

垦区经济和社会发展存在的主要困难和问题是：垦区产业发展的总体水平不高，经济总量仍然偏小，区域发展不平衡，抵御自然灾害能力薄弱，承担社会负担较重，部分单位生产经营仍较困难；经济下行压力大，垦区主产品橡胶、蔗糖等价格持续低迷；管理体制不顺、经营机制不活的问题依然存在，股权多元化改革刚刚起步，深化改革的任务依然繁重；产业链条还不完善，农产品精深加工、营销网络和品牌建设滞后，现代种业、物流配送、金融服务等产业仍处在起步阶段；人力资源与经济发展不相适应的矛盾突出，特别是市场营销、资本运营、企业管理以及适应国际化经营的复合型中高端人才更显不足。

二、农业

2015年，广东农垦实现第一产业增加值48.87亿元，增长12.3%，占生产总值的32.30%。农业总产值按现行价计算达91.31亿元，增长14.4%，农业商品产值为87.15亿元，农业商品率为95.4%。

2015年，实现农作物总播种面积4.17万公顷，负增长1.6%，其中：粮食播种面积0.86万公顷，负增长1.8%；糖蔗种植面积2.24万公顷，负增长3.7%；油料播种面积0.29万公顷，负增长1.1%；蔬菜播种面积0.66万公顷，增长5.2%。

垦区国内外橡胶年末实有面积5.46万公顷，其中：国内基地橡胶年末实有面积4.44万公顷，负增长1.9%，其中当年新定植、更新定植12923亩；油茶年末实有6973公顷，其中当年新种27330亩；水果年末实有面积3.27万公顷，增长2.3%；剑麻2123公顷，负增长9.5%；茶叶480公顷，负增长14.7%。

全年生猪饲养量175.09万头，增长2.4%，其中年末存栏65.45万头；牛年末存栏2.73万头，其中奶牛1.02万头；家禽饲养量1865.6万只，增长6.6%；全年水产养殖面积0.42万公顷。

全年粮食产量6.05万吨，增长3.2%；糖蔗产量168.61万吨，增长19.9%；油料产量0.81万吨，增长0.6%；蔬菜产量17.80万吨，增长15.2%；干胶产量17.87万吨（包含海外、海南和云南），增长4.3%；水果产量87.54万吨，增长32.4%；剑麻直纤维产量7929吨，增长29.1%；茶叶产量617吨，负增长20.8%。

全年肉类总产量11.92万吨，增长4.2%，其中猪肉产量9.17万吨，增长1.1%；禽肉产量2.39万吨，增长6.2%，禽蛋产3630吨，增长8.2%。全年水产品产量3.67万吨，增长1.2%，其中海水养殖1.14万吨，淡水养殖2.51万吨。鲜牛奶产量4.56万吨，增长20.3%。

全年农业固定资产投入8.80亿元，增长21.2%。年末农业机械总动力为 38.16 万千瓦，增长 3.9%。全年农用化肥施用量（折纯）6.17 万吨；农用塑料薄膜用量 870 吨；农药施用量 6148 吨；农场用电量 45432 万千瓦时；有效灌溉面积达 18263 公顷。

三、工业和建筑业

2015 年，实现第二产业增加值 62.37 亿元，增长 1.7%，占生产总值的 41.23%。

2015 年，垦区各类工业企业 539 家，其中：国有及非国有规模以上工业企业 107 家，全年实现工业增加值 55.49 亿元，增长 2.1%， 其中：国有及非国有规模以上工业增加值 49.50 亿元，占 89.2%。全年实现工业总产值按现行价计算（下同）为 184.62 亿元，增长 3.0%，其中：轻工业产值 166.21 亿元，占工业总产值的 90.0 %；重工业产值 18.41 亿元，占工业总产值的 10.0%：国有及非国有规模以上工业总产值 167.69 亿元，占工业总产值的 90.8%。工业产品销售率为 91.7%。全年实现工业利润是 16.20 亿元，应交税金 5.75 亿元。

2015 年垦区二十二大类工业产品中，产值排前十位的行业是：其它制造业 63.03 亿元，占 34.1%；食品加工业产值 47.83 亿元，占比重为 25.9%；食品制造业产值 29.81 亿元，占 16.1%；金属制品业 9.31 亿元，占 5.0%；塑料制品业 9.13 亿元，占 4.9%；家具制造业 5.33 亿元，占 2.9%；建筑材料业产值 4.02 亿元，占 2.2%；木材加工及竹藤、棕草制造业 2.64 亿元，占 1.4%；服装及其他纤维制品制造业 2.44 亿元，占 1.3%；纺织业 2.19 亿元，占 1.2%。这十大产业创产值 175.73 亿元，占工业总产值的 95.18%。

2015 年垦区工业主要产品产量及其增减情况：

产品名称	产量	比上年增减%
机制糖	364552 吨	-17.7
罐头	2264 吨	-33.8
酒精	8970 吨	-74.5
乳制品	122817 吨	12.4
食用油	472985 吨	1.5
有机复混肥	83058 吨	9.9
剑麻（绳、布、条）	5989 吨	-23.4
地毯	15.1 万平方米	-31.1
水泥	309376 吨	-22.8
家具	394.08 万件	11.3

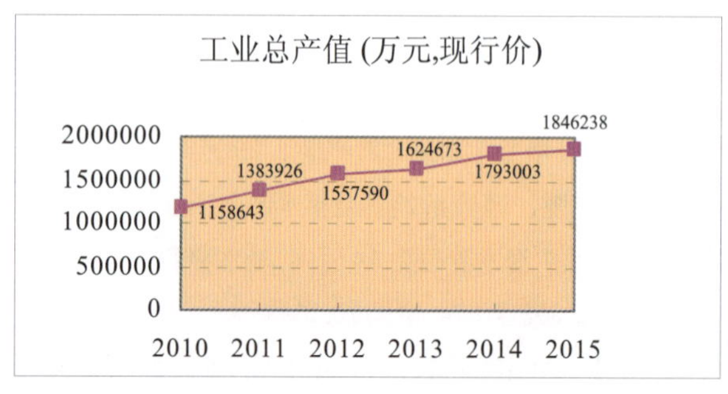

2015 年，全年完成建筑业产值 18.08 亿元，负增长 1.8%，房屋施工面积 79.49 万平方米，房屋竣工面积 65.51 万平方米。建筑业增加值达 6.89 亿元，负增长 1.4%，实现利润总额 15247 万元，应交税金 6782 万元。

四、固定资产投资

2015 年，全年全社会固定资产投资总额 27.43 亿元，增长 7.1%，其中国有固定资产投资完成 17.98 亿元，增长 16.4%，非国有投资完成 9.45 亿元，负增长 7.2%。在国有固定资产投资额中，基本建设投资 16.31 亿元，占 90.7%，更改措施投资 1.67 亿元，占 9.3%。

分三次产业看，第一产业投资 8.80 亿元，增长 21.2%。第二产业投资 6.08 亿元，负增长 6.7%。第三产业投资 12.55 亿元，增长 6.0%。主要投向两大主产业、六大支柱产业和公益民生工程。

五、交通运输业、批零贸易业、餐饮业、服务业、房地产业及出口商品

2015 年，全年完成交通运输业总产值 9.15 亿元，比上年增长 30.9%，全年盈利 9253 万元，应缴税金 3843 万元。全年完成交通运输业增加值 4.31 亿元，比上年增长 14.0%。现有载货汽车 1753 辆，载客汽车 1290 辆；全年货运量 659.46 万吨，货运周转量 31558 万吨公里；客运量 886.86 万人，旅客周转量 112837 万人公里。

2015 年，全年实现社会消费品零售额 19.04 亿元，增长 0.3%。年末批零贸易业、餐饮业、居民服务业营业单位总数达 4591 个，从业人员 18894 人，年末固定资产原值 24.99 亿元，营业用房 61.80 万平方米，销售和营业总额 195.35 亿元，增长 4.8%；利润总额 54053 万元，应交税金 27361 万元。

2015 年，垦区房地产开发企业 1 个，从业人员 79 人，年内销售商品房 4951 平方米，利润总额-584 万元，缴纳税金 669 万元。

2015 年，年末共有物业管理公司 12 个，物业管理人员达 828 人，年末实有可出租房屋面积 72.17 万平方米，已出租房屋面积 72.07 万平方米，出租率达 99.8%，物业管理公司营业或服务收入达 16414 万元，增长 16.3%，其中物业管理费收入 3898 万元，占总收入的 23.7%；出租写字楼及宿舍收入达 4481 万元，占总收入的 27.3%；出租厂房收入 5504 万元，占总收入的 33.5%。

2015 年，出口商品总金额达到 69.29 亿元，增长 10.4%。出口创汇金额 108071 万美元，增长 7.1%。其中：工业品出口达 65.27 亿元，占出口总额的 94.2%。

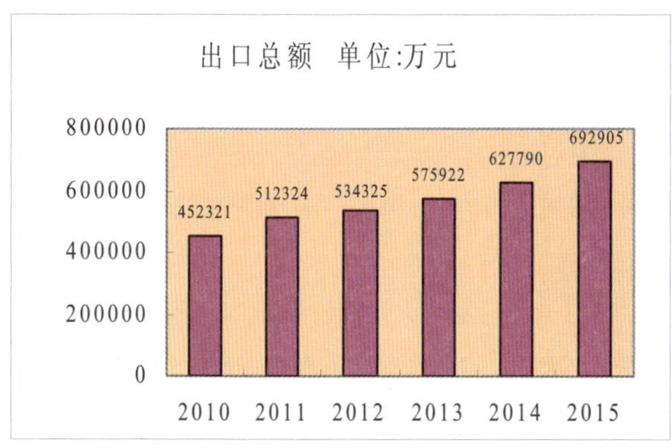

六、科技生产、土地

2015 年，垦区共有科研单位 50 家，其中省地级 5 家，共有科研从业人员 189 人。2015 年末垦区农技推广站 46 个，共投入科研经费 3048 万元。垦区农业综合机械化水平、农业科技贡献率和良种覆盖率分别达到 70%、69%和 100%。

科技试验与推广应用。一是推进主产业在机耕、机管、机收各生产环节上的机械化进程。据统计，全年主产业机械耕作推广面积达到 120 万亩次，其中甘蔗机管率达 76%。二是建设生态胶园，推广葛藤覆盖。新种植橡胶园中全部种植葛藤，中小苗劳均管理额度提高到 5000 株以上，部分岗位过万株。三是提升土壤有机质。通过增施有机肥、甘蔗叶和菠萝叶粉碎回田、种植绿肥、增施石灰等措施，推进垦区甘蔗园、橡胶园、麻园、油茶园的土壤改良。四是研究和推广生产节约化技术。橡胶生产技术和管理达到国际先进水平，实现籽苗全覆盖推广；低频高效割胶、胶杯凝固技术和白天割胶制度的试验推广，将人均割株提高到 3000 株以上；建立起标准化的油茶育苗基地，年供苗能力超过 300 万株，油茶劳均管理定额超过 8000 株。

标准化、品牌建设。一是垦区无公害农产品、有机食品、荣获部省名牌产品称号等均通过有效期复审，“燕塘牛奶”获得“广东百年老字号”称号，被评为“广州市民最喜爱的食品品牌”和“广东省著名商标”。二是推动丰收菠萝罐头、名富番石榴、华海蒸青绿茶三个追溯产品完善追溯制度和追溯系统建设。三是在广东现代农业博览会上，组织征集垦区剑麻、白砂糖、菠萝罐头、牛奶、番石榴、红江橙、蒸青绿茶、金萱红茶、华煌茶叶等四类共 12 个名优特色产品参展，集中展现广东农垦现代农业发展成果。

项目建设。一是农机补贴项目，落实 2015 年中央财政农机购置补贴资金 3000 万元，其中预算内 1780 万元，转移支付 1220 万元，项目实施单位 22 个。二是水利建设项目，2015 年度利建设项目共 3 类 40 个。其中小型农田水利建设项目资金 3210.19 万元，项目实施单位 23 个；小型农田水利设施建设补助资金项目资金计划安排 3500 万元，项目实施单位 7 个；中央水利建设基金项目资金计划安排 900 万元，项目实施单位 9 个（10 个项目）。

产学研合作取得新成果。参与组建广东省农业科技创新联盟，与中国热带农业科学院等科研院所合建广垦橡胶加工创新研发中心和广垦农产品质量安全检验检测中心等一批项目，提升了产学研合作水平。农工商学院发挥科技优势主动服务垦区产业发展，与农场合作在甘蔗高产栽培技术方面取得了较好成果。2015 年垦区获得地市级以上科技成果奖 6 项，其中国家级和省部级 4 项。

安全生产。2015 年，垦区全面落实以安全生产“一岗双责”为核心的安全生产责任制，全年各级签订的安全生产责任书达 2700 多份。全年发生各种生产安全事故及造成的直接经济损失均比上年有所下降，杜绝了重伤以上安全生产事故的发生，为实现“两个率先”、建设幸福垦区提供了安全保障。

一是全年垦区各种检查达 860 多次，其中由总局牵头组织的垦区全局性安全生产大检查 3 次。二是垦区各级认真落实企业安全生产主体责任，建立健全并严格执行各项安全生产管理制度，严格执行持证上岗和先培训后上岗制度，特种岗位持证上岗率达到 100%。三是开展安全生产标准化达标创建工作，目前垦区通过安全生产标准化认证达标的企业已达 13 家。四是开展安全社区建设工作，目前已有 10 家农场开展了安全社区建设工作。五是开展以“加强安全法治、保障安全生产”为主题的“安全生产月”活动。购买发放“安全生产月”宣传资料和用品 9000 多份，组织各种学习会、座谈会 80 多期，谈心对话活动 60 多次。六是在广州、湛江举办了 2 期注册安全主任培训班，参加培训人员 110 多人。10 月份组织 15 名重点单位的安全生产监管人员参加了全国农垦系统安全生产管理人员培训班。

2015 年，垦区年末土地总面积 228305 公顷，其中：已开垦利用地 215288 公顷，占 94.3%，内有耕地 37911

公顷。截至 2015 年底，垦区累计完成农场土地确权发证 20.71 万公顷(其中包含与国土证不相覆盖的 0.70 万公顷林权证)，已发证占应发证比率约达 97%，居全国农垦系统前列。结合地籍管理工作，强化垦区农场土地权益保护，2015 年组织清理收回历史被占土地 348.39 公顷，清理收回当年非法被占土地共 198.16 公顷，实现当年被占土地全部收回。国土信息化管理平台已经实现垦区农用地、农场建设用地、城区土地和物业全覆盖。。

七、教育和卫生

教育事业。推进了“一场一校”的并校提质工作，6 所中小学通过示范性学校验收；揭阳垦区 27 所中小学全部通过省教育强场（镇）验收。广东农工商职业技术学院成立多个特色产业学院，为产业集团和农场定向培养各类人才 100 多人。成立新型职业农工教育培训中心，培训新型职业农工 440 人。

2015 年末，垦区有各类学校 144 所，教职工 5049 人，在校学生 85137 人，当年毕业生 21920 人。其中：普通高等学校 1 所，在校学生 20312 人，当年新招生人数 6720 人，当年毕业生 6793 人；中专 1 所，在校学生 7095 人，当年毕业生 1906 人。技工学校 2 所，在校学生 3274 人，当年毕业生 1246 人。普通中学 43 所，在校学生 18392 人，当年毕业生 6016 人，小学 97 所，在校学生 36064 人，当年毕业生 5959 人；幼儿园 62 所，入园儿童 10218 人，当年毕业儿童 3275 人。

卫生事业。全年筹集资金 1.65 亿元，实施医院用房配套建设和医疗设备购置项目，提升了垦区职工医疗保障水平。垦区全年医疗收入达到 11.9 亿元，同比增长 12.2%，收入过亿元的医院有 4 家，分别为燕岭医院 1.54 亿元、省农垦中心医院 4.55 亿元、湛江农垦二院 1.75 亿元、茂名农垦医院 1.06 亿元。

2015 年末，垦区现有医疗单位 61 个，其中：省地级医院 4 个，场级医院 55 个，分场级 2 个，病床 5774 张，卫生技术人员 3965 人，其中：医生 1553 人。平均每个医生承担服务人口量为 244 人。

八、公路、小城镇和安居工程建设

2015 年，投入一事一议、公路建设、水库移民等项目资金 1.3 亿元，用于改善生产生活环境，农场面貌进一步改善，城镇化率达到 70%。基本实现职工安全饮水和生活垃圾、生活污水的无害化处理；以 6 个“美丽乡村”建设示范点为抓手，突出农垦特色，完成农场卫生净化、环境绿化、道路亮化等 800 多个工程建设；完成农场公路硬底化改造 80 公里，农场公路“队队通”建设进入扫尾阶段；水库移民危房改造项目的收尾工作加快，累计完成移民安居工程建设 19510 户、62937 人，基本完成目标任务。

九、人口、职工与垦区居民收入

2015 年全垦区年末总人口 37.84 万人，全年出生人口 3272 人，年内死亡人口 1994 人。

2015 年末垦区国有职工总数 4.86 万人，其中：国有在岗职工为 4.75 万人，内：长期职工为 4.27 万人。全年国有在岗职工纯收入合计 221171 万元，国有在岗职工年均纯收入 46305 元，增长 10.6%。

2015 年末从业人员 119553 人，其中：从事第一产业 53051 人，占从业人员总数的 44.4%；从事第二产业 30969 人，占从业人员总数的 25.9%；从事第三产业 35533 人，占从业人员总数的 29.7%。从业人员年平均收入 37514 元，增长 7.1%。

2015 年垦区居民人均纯收入 21649 元，增长 8.0%。

十、农综、农业产业化重点龙头企业和境外企业基本情况

2015 年，投入财政资金 2260 万元，实施一批农业综合开发项目；新建成 2.3 万亩高标准农田和 17 个小型农田水利设施，改良土壤 5 万亩。新增农机具 960 多台（套），主产业机械耕作推广面积 120 万亩（次）。

2015 年，完成龙头企业的年审工作，至 2015 年末，垦区共有 10 家省级以上龙头企业，其中 4 家为国家级龙头企业。

2015 年末，垦区境外企业达 21 家，并表单位境外企业从业人员 1737 人，境外企业全年总收入 33.65 亿元。

十一、财务状况

1、资产负债情况：由于畜牧、粮油等产业的迅速发展，垦区国有资产规模进一步扩大。2015 年末垦区资产总额为 316.6 亿元，比年初数增加 18.4 亿元，负债总额 172.7 亿元，比年初增加 12.2 亿元，资产负债率为 54.54%，与上年 53.86%略有上升，处于财务安全值的有效范围内。

2、所有者权益增减变动情况：2015 年末垦区所有者权益 143.9 亿元比年初增加 4.3 亿元，增加的主要原因：一是垦区实现盈利未分配利润增加 2.9 亿元；二是少数股东投入增加 1.5 亿元。

3、国有资本情况：2015 年末垦区国有资产总额 131.5 万元，比年初的 127.4 万元增加 4.1 万元。国有资产保值增值率在剔除了客观因素的影响后达 102.5%，与上年相比上升了 0.4 个百分点，国有资产实现了有效的保值增值。

4、资产运营效率及债务风险情况：2015 年垦区资产负债率为 54.54%，处于较低的水平，有效地控制了企业的债务风险；流动比率 123.77%，比上年下降 16.01 个百分点，短期偿债能力有所减弱；应收帐款周转率 16.58，垦区企业正常资金周转效率较高，资金运营情况较好；净资产利润率和总资产报酬率分别为 2.07%和 2.57%，企业资产的运营效率较好。

5、国有营业总收入、利润情况：2015 年垦区实现营业收入 238.3 亿元，同比增加 28.4 亿元，增幅达 13.54%。营业总收入增长的主要原因不断壮大支柱产业，整合优势资源，完善产业集团运营机制，产业规模为断扩大。实现利润总额 3.8 亿元，同比增盈 2137 万元，增幅 5.4%。；利润总额增长主要原因是积极消除国内外经济下行压力和自然灾害等不利因素的影响。

6、税金缴纳情况：2015 年垦区共实现各项税费 39535 万元，比上年减少 700 万元。

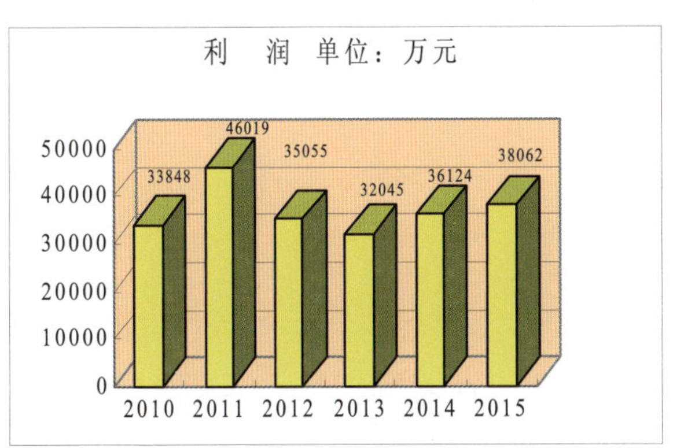

十二、非国有经济

2015 年，垦区实现非国有经济生产总值 72.61 亿元，增长 5.1%，占垦区经济总量的 48.0%。其中第一产业增加值 9.08 亿元，第二产业增加值 44.09 亿元，第三产业增加值 19.44 亿元，各产业占非国有经济总量的比重分别为 12.5%、60.7%、26.8%。非国有经营单位个数 5999 个，从业人员达 5.92 万人，其中第一产业 2.03 万人，第二产业 2.06 万人，第三产业 1.83 万人。从业人员总收入 23.33 亿元，从业人员年平均报酬 39371 元。全年共实现利税 30.06 亿元，增长 16.9%，其中：利润 23.98 亿元，增长 19.0%。

12-1 主要年份广东农垦统计指标

项　目	计量单位	1952	1957	1962	1965	1970	1975	1978	1980	1985	1990
土地总面积	公顷	121834	175813	233727	242948	255896	250964	251129	252294	238980	220026
农垦总人口	人	58729	29528	117527	158740	248600	295340	318060	318059	317136	347144
国有在岗职工人数	人	56662	21181	61066	77856	130255	151145	167555	168687	169606	167169
国有职工工资总额	万元	727	1094	2305	2671	4358	6441	8110	9926	16199	37206
工农业总产值(可比价)	万元	3540	5202	8754	19716	26258	42980	54586	59726	88141	152786
农业总产值(可比价)	万元	3540	4418	6530	13071	19233	30746	39387	44409	57194	82628
工业总产值(可比价)	万元		784	2224	6645	7025	12234	15199	15317	30947	70158
农垦社会总产值(现价)	万元							41176	45485	63405	162320
农垦生产总值(现价)	万元							20176	22424	31233	66348
利润总额	万元			75	1520	1734	3367	4684	3425	3582	3825
交纳税金	万元		19	121	828	1230	867	481	1002	2109	7449
国有固定资产原值	万元								66421	95570	125191
国有固定资产净值	万元								53340	70312	89256
出口商品总金额	万元		118	125	446	32	349	219	168	2172	10134
出口创汇金额	万美元								111	757	2073
农产品销售金额	万元	58	174	357	810	738	12374	19694	11666	26165	59015
干胶总产量(国内基地)	吨			1388	3426	7232	12361	16288	18501	24408	30241
剑麻纤维产量	吨		64	740	1337	3016	5695	7271	8900	10893	10538
干毛茶产量	吨			1	2	1	8	35	87	1431	3135
水果总产量	吨		785	677	1723	2426	791	1726	3450	16783	62134
年末林地面积	公顷	980	33099	30223	36297	39716	39972	39960	34136	32385	38077
鲜牛奶产量	吨		106	250	604	656	1469	1912	2355	3162	3423
肉类产量	吨		808	1561	1314	3239	2834	4012	7967	13033	15306
水产品产量	吨		9	96	134	85	135	227	227	791	2834
机制糖产量	吨		174	139	1729	13315	12252	15457	12603	39111	79506
水泥产量	吨						21023	39353	42602	120598	171189
固定资产投资额	万元	274	944	1666	2452	2467	4454	5882	5342	9596	8580

12-1 续表

项　　目	计量单位	1995	2000	2005	2010	2011	2012	2013	2014	2015
土地总面积	公顷	219038	217705	221793	226031	227053	22299	226878	228696	228305
农垦总人口	人	338837	352608	350249	375095	382056	371718	377214	379765	377975
国有在岗职工人数	人	123892	94996	59590	57211	57510	50806	49608	48575	47512
国有职工工资总额	万元	75000	65145	64852	101106	115318	126661	151177	204725	221171
工农业总产值(可比价)	万元	232930	322265							
农业总产值(可比价)	万元	99311	136071							
工业总产值(可比价)	万元	133619	186194							
农垦社会总产值(现价)	万元	432018	522935	750248	1938973	2317956	2621921	2945647	3218085	3475143
农垦生产总值(现价)	万元	176407	170647	323933	836254	976335	1120431	1291257	1394859	1512954
利润总额	万元	23521	-20713	14568	33848	46019	35055	32045	36124	38062
交纳税金	万元	15951	14279	15361	26613	31688	40933	32352	40234	30608
国有固定资产原值	万元	213315	469584	682053	772743	1323608	1383863	1426796	1520104	1583426
国有固定资产净值	万元	168452	336609	546608	580666	1115246	1151826	1182017	1241348	1272136
出口商品总金额	万元	31833	28123	78937	452321	512324	534325	575922	627790	692905
出口创汇金额	万美元	3825	3386	9915	69400	74371	86109	93532	100899	108071
农产品销售金额	万元	121698	132871	210751	367085	438004	518616	643816	622950	789697
干胶总产量(国内基地)	吨	27158	20034	21307	13383	13766	15382	16012	11968	12970
剑麻纤维产量	吨	16889	17873	14410	13610	13125	9103	8351	6140	7929
干毛茶产量	吨	2613	2320	1737	1092	1155	985	1021	779	617
水果总产量	吨	74575	143415	236156	401505	442195	508151	651313	661381	875421
年末林地面积	公顷	33680	24755	24635	23225	22737	23847	24788	25188	28001.9
鲜牛奶产量	吨	5062	3158	19711	26303	28641	40986	38234	37866	45618
肉类产量	吨	21736	37905	42117	64140	73482	85594	107649	114404	119212
水产品产量	吨	8129	15391	21755	30386	31306	34512	35262	36328	36746
水泥产量	吨	594066	432540	483468	520730	617356	516692	372192	401000	309376
固定资产投资额	万元	74160	30250	59761	202232	215582	220648	235703	256170	274278

12-2 广东农垦主要指标完成情况

2015年

指标名称	单位	总局合计		湛江局	茂名局	阳江局	揭阳局	汕尾局	广州总直单位
		完成数	增长%						
一、企业个数	**个**	**275**	**10**	**79**	**20**	**29**	**9**	**5**	**133**
其中:第一产业	个	145	9.8	37	16	21	9	5	57
第二产业	个	34	-15	16	1	2			15
第三产业	个	96	23.1	26	3	6			61
二、农垦总人口	**人**	**377975**	**-0.5**	**156455**	**96353**	**16422**	**48795**	**35185**	**24765**
其中:从业人数	人	119553	-0.7	36490	27247	4312	14577	14549	22378
内:国有在岗职工	人	47512	-2.2	24706	8636	2803	1263	2060	8044
离退休人员	人	84709	1.2	47897	24928	5630	2316	2173	1765
三、土地总面积	**公顷**	**228305**	**-0.2**	**115169.4**	**56464.7**	**35101.7**	**11960**	**9477.9**	**131.1**
其中:已开垦利用	公顷	215288	0.4	106430.4	54412.4	34765.5	11663	7885.3	131.1
内:耕地	公顷	37910.8	0.0	33143.1	631.5	1578.5	1087.3	1460.4	10
四、农业生产									
1、橡胶年末面积	公顷	44397.9	-1.9	7790.5	25429.8	8431.9	1684.2	1061.5	
橡胶年末株数	万株	1517.88	-5.6	265.17	832.37	290.81	80.41	49.12	
开割到达面积	公顷	18795.4	-20.6		12866.2	5869.6	59.6		
开割到达株数	万株	536.25	-19.2		410.81	122.49	2.95		
全年干胶总产	吨	178440	4.3		10291.7	2665	13.7		165470
其中:国内基地干胶总产	吨	12970.4	8.2		10291.7	2665	13.7		
单株年产干胶	公斤	2.6	30.0		2.7	2.4	0.5		
公顷年产干胶	公斤	730	44.3		772	608	230		
2、剑麻年末面积	公顷	2123	-9.5	1609			514		
纤维总产	吨	7929	29.1	3410			4519		
3、茶叶年末面积	公顷	479.6	-14.7	182	94	8	173	23	
茶叶总产	吨	617	-20.8	124	63	13	390	27	
4、水果年末面积	公顷	32695.4	2.3	21829	4892	1100	3641	1230	4
其中:柑桔橙	公顷	617.6	22.8	439	6	84	89		
内:红江橙	公顷	413	31.9	413					
菠萝	公顷	10436	-1.7	10174	39		115	108	
荔枝	公顷	6538.7	-1.8	1730	2393	382	1176	859	
龙眼	公顷	3323.7	-6.2	762	1448	401	577	136	
香(大)蕉	公顷	8720.5	11.2	8087	429	48	114	42	
水果总产量	吨	875421	32.4	794743	47527	2731	20941	9462	17
其中:柑桔橙	吨	7983	16.0	4584	183	1666	1550		
内:红江橙	吨	4500	28.2	4500					
菠萝	吨	422764	12.3	420676	40		232	1816	
荔枝	吨	48585	13.3	11124	21903	229	10096	5233	
龙眼	吨	19010	14.5	2703	9797	443	4659	1408	
香(大)蕉	吨	356287	77.5	341809	13147	125	614	592	
5、年末林地面积	公顷	28001.9	11.2	6738	10033	6520	2635	2076	
木材总产	M3	154066	-15.9	104767	37134	4560	13	7592	
6、粮食播种面积	公顷	8592.3	-1.8	2725	1182	582	1870	2233	

12-2 续表 1

指标名称	单位	总局合计		湛江局	茂名局	阳江局	揭阳局	汕尾局	广州总直单位
		完成数	增长%						
粮食总产量	吨	60510	3.2	20700	8659	4099	10551	16501	
其中:水稻播种面积	公顷	5238.4	-1.8	1569	593	194	999	1884	
水稻总产量	吨	36835	-1.5	11145	5027	1399	5501	13763	
7、糖蔗播种面积	公顷	22368.4	-3.7	21890	20	458			
糖蔗总产量	吨	1686146	19.9	1655762	1699	28685			
8、油料播种面积	公顷	2930.5	-1.2	1515	832	319	206	59	
油料总产量	吨	8044	0.6	4002	2490	982	436	134	
9、蔬菜种植面积	公顷	6577.7	5.2	3464	1329	218	701	865	
蔬菜产量(含菜用瓜)	吨	178000	15.2	105372	26012	3092	19964	23560	
10、猪全年饲养量	头	1750857	2.4	807243	598163	205764	72039	67648	
年末存栏量	头	654525	-1.5	298148	229176	69961	31063	26177	
11、牛年末存栏量	头	27233	3.4	10559	1574	1646	2552	924	9978
其中:奶牛	头	10173	7.0	192	3				9978
12、肉类总产量	吨	119212	4.2	56834	37392	10946	5337	8689	14
其中:猪肉	吨	91699	1.1	44739	29705	10118	3699	3438	
13、水产养殖面积	公顷	4140.7	1.9	873	457	1770	147	893	
水产品产量	吨	36746	1.2	5396	7904	17655	1059	4732	
14、农业机械总动力	千瓦	381556	3.9	158390	64437	71351	10946	33505	42927
五、工业生产									
1、工业企业个数*	个	544	0.7	181	163	16	59	65	60
2、工业产品产量									
其中:水泥	吨	309376	-22.8			309376			
机制糖	吨	364552	-17.7	364552					
罐头	吨	2264	-33.8	2264					
木片（绝干吨）	吨	45222	-1.2	40560	4210			452	
配合饲料	吨	3762	-1.6		3008			754	
酒精	吨	8970	-74.5	6371					2599
成品茶	吨	477	-26.4	117	30		302	28	
乳制品	吨	122817	12.4	665					122152

12-2 续表 2

指 标 名 称	单位	总局合计		湛江局	茂名局	阳江局	揭阳局	汕尾局	广州总直单位
		完成数	增长%						
模压复合家具	万件	357.8	12.4	356	1.8				
凉果	吨	7341	-11.2				6871		470
复混肥	吨	83058	9.9	53880	20851	8327			
砖	万块	46379	14.4	14788	14332	4900	9977	2382	
食用油	吨	472985	1.5	622	2000				470363
六、全部固定资产投资	**万元**	**274278**	**7.1**	**73817**	**67473**	**12170**	**14831**	**31904**	**74083**
1、第一产业	万元	88037	21.2	25094	31199	6157	6383	11240	7964
2、第二产业	万元	60781	-6.8	8406	5522	237	3895	12550	30171
3、第三产业	万元	125460	6.0	40317	30752	5776	4553	8114	35948
其中:国有固定资产投资	万元	179753	16.4	48302	44745	6243	6312	8528	65623
七、农垦生产总值	**万元**	**1512954**	**8.5**	**523311**	**232313**	**79252**	**46663**	**62347**	**569068**
1、第一产业增加值	万元	488695	12.3	274467	106593	51044	21798	18915	15878
2、第二产业增加值	万元	623741	1.7	117320	47058	10186	13121	30188	405868
工业	万元	554865	2.1	88812	22437	5101	8685	23962	405868
3、第三产业增加值	万元	400518	15.7	131524	78662	18022	11744	13244	147322
八、出口商品总金额	**万元**	**692905**	**10.4**	**10521**		**31978**		**46272**	**604134**
九、创汇金额	**万美元**	**108071**	**7.1**	**1638**		**4860**		**7200**	**94373**
十、全年利税总额	**万元**	**68670**	**-10.1**	**22790**	**1022**	**2901**	**192**	**289**	**41476**
其中:利润	万元	38062	5.4	13913	884	2455	180	287	20342
十一、按农垦人口计算									
1、人均农垦生产总值	元	39983	8.9	33301	24037	48517	9629	17628	232814
2、国有在岗职工年均收入	元	46305	10.6	40935	35152	34124	33025	34816	84807
3、农垦人口年均纯收入	元	21649	8.0	19913	19235	22200	13637	18722	62108
4、从业人员年平均纯收入	元	37514	7.1	37370	29445	33557	21535	29112	63423

12-3 广东农垦人口构成及自然增长

2015 年　　单位:人

指标名称	农垦总局	湛江局	茂名局	阳江局	揭阳局	汕尾局	广州直属单位
农垦总人口年平均人数	378398	157144	96648	16335	48459	35369	24443
农垦总人口年末人数	377975	156455	96353	16422	48795	35185	24765
其中:国有在岗职工总数	48578	25746	8636	2823	1263	2062	8048
国有离退休人员	84709	47897	24928	5630	2316	2173	1765
非国有经济劳动者	45623	6148	14636	1254	7472	3827	12286
外出谋业人员	60830	19376	20187	3105	12889	5273	
无业人员	6656	3842	2814				
家属小孩人数	110108	46603	25041	3539	19588	14710	627
国有单位其他从业人员	21471	6843	111	71	5267	7140	2039
全年出生人数	3272	1623	588	100	601	339	21
全年死亡人数	1994	1034	414	149	226	148	23
在农垦总人口中:农场总人口	338959	140387	94292	15758	48971	35113	4438
少数民族人口	8104	5091	2192	733			88
水库移民人口	102866	57482	38650	1255	1481	3998	

12-4 广东农垦土地资源与利用情况

2015 年　　单位:公顷

指 标 名 称	农垦总局	湛江局	茂名局	阳江局	揭阳局	汕尾局	广州直属单位
年末土地总面积	228304.5	115169	56464.7	35101.7	11959.7	9477.9	131.1
一、已开垦利用土地	**215288**	**106430**	**54412.4**	**34765.5**	**11663.3**	**7885.3**	**131.1**
（一）园地面积小计	81103.3	30792.9	32026.1	9642.5	6263.1	2378.7	
1.橡胶地	44388.6	7789.7	25429.8	8431.9	1684.2	1053	
2.热作地	2115.8	1547.8	54		514		
内：剑麻地	2003.3	1489.3			514		
3.茶园	479.6	182	93.5	8	173	23.1	
4.果园	28733.2	17890.4	4891.9	1086.6	3636.7	1227.6	
5.桑园	400	380	13	7			
6.南药地	13	13					
7.苗圃地	446.3	225	197.3	18	6		
8.其他园地	4526.8	2765	1346.6	91	249.2	75	
（二）耕地小计	37910.8	33143.1	631.5	1578.5	1087.3	1460.4	10
1.水田	3103.4	994	303.6	23	687	1095.8	
2.旱地	34807.4	32149.1	327.9	1555.5	400.3	364.6	10
内：水浇地	15159.4	14678.2	36.6	120	301	13.6	10
（三）林地小计	27632.7	6729.7	10033.3	6519.6	2634.7	1715.4	
（四）牧地小计	154.4	154.4					
（五）水域小计	6498.2	1820	508.4	2171.2	613	1385	0.6
其中:山塘、水库	1444.6	981	52.3	5	269.3	137	
鱼 塘	3816.3	761	455.8	1611.2	94.7	893	0.6
（六）工厂用地	1977.4	935.4	612.8	280.4	42.7	61	45.1
（七）居民点用地	12382	6298.2	4347.3	891.1	428	349.8	67.6
（八）交通用地	13426.3	10410.8	1968.6	606.6	277.7	162.6	
（九）外单位占用地	15472.9	11762.5	2660.4	709	5	336	
（十）长期作物淘汰地	4189.5	2153	553.9	1256.4	189.8	36.4	
其中：橡胶地	2247.6	670	360.2	1203.4		14	
（十一）其他已开垦利用地	14540.5	2230.4	1070.1	11110.2	122		7.8
二、已开垦未利用地	**2437.2**	**1374.1**	**574.5**	**232.3**	**154.2**	**102.1**	
三、未利用土地	**10579.3**	**7364.9**	**1477.8**	**103.9**	**142.2**	**1490.5**	
其中：1.荒山、荒地	3998	2560	210.3	1		1226.7	
内：可垦荒地	1227	1196	31				
其中：宜林地	143	143					
宜果地	71	71					
2.外单位占用地	3700.9	3377.9	323				
另：本单位已利用界外地	111.4	20	88			3.4	

12-5 广东农垦耕地变动情况

2015年　　单位:公顷

指 标 名 称	农垦总局	湛江局	茂名局	阳江局	揭阳局	汕尾局	广州直属单位
一、年初实有耕地面积	37920.7	33100	631.5	1631.5	1087.3	1460.4	10
二、当年增加耕地面积	177	177					
1.新开荒							
2.收复弃耕地							
3.还耕	177	177					
4.其他							
三、当年减少耕地面积	186.9	133.9		53			
1.国家基建占用	133.9	133.9					
2.本单位基建占用							
3.农业结构调整占地							
其中:退耕还园							
退耕还林							
4. 其他减少	53			53			
四、年末实有耕地面积	37910.8	33143.1	631.5	1578.5	1087.3	1460.4	10
五、当年粮食实际占用耕地	2824.8	426.3	325.6	461.5	724	887.4	

12-6 广东农垦橡胶生产情况

2015 年

指 标 名 称	计量单位	农垦总局	湛江局	茂名局	阳江局	揭阳局	汕尾局	广州直属单位
1.当年调整减少面积	公顷	1448.9	757.8	384.8	306.3			
其中：老残、低产树	公顷	641.5	500	124.3	17.2			
2.累计更新定植面积	公顷	12357.5	995.9	7752.2	3592.4	17		
其中：当年更新定植	公顷	303.1		282.2	20.9			
3.年末林段实有面积	公顷	44397.9	7790.5	25429.8	8431.9	1684.2	1061.5	
实有株数	万株	1517.88	265.17	832.37	290.81	80.41	49.12	
其中：当年新定植面积	公顷	558.4	170.1	301.6	86.7			
当年新定植株数	万株	27.81	8.65	14.87	4.29			
已开割面积	公顷	25645.1	4196.4	15288.8	6100.3	59.6		
已开割株数	万株	715.33	106.1	429.86	176.42	2.95		
4.未开割树本年平均增粗	cm	5	1.8	6.5	5.3	3.8	4.1	
5.年末苗圃存苗株数	万株	7.4		3	4.4			
其中：芽接苗	万株	2.3		2	0.3			
6.当年实际开割到达面积	公顷	18795.4		12866.2	5869.6	59.6		
其中：当年新开割面积	公顷	968.9		865.1	85.8	18		
7.当年平均开割面积	公顷	17779		13335.4	4384	59.6		
8.当年开割到达株数	万株	536.25		410.81	122.49	2.95		
其中：当年新开割株数	万株	41.37		36.36	4.14	0.87		
乙稀利刺激株数	万株	379.48		335.85	43.63			
9.当年平均开割株数	万株	494.68		383.75	110.93			
10.年内因灾实际停割株数	万株	123.07	80.71	15.99	26.37			
11.当年割胶株次数	万株/次	28109		22968	5141			
12.年平均割胶刀数	刀	57		60	46			
13.鲜胶水总产量	吨	42434		33516.3	8865	52.7		
14.年平均干胶含量	%	28		28	28	30		

12-6 续表

指 标 名 称	计量单位	农垦总局	湛江局	茂名局	阳江局	揭阳局	汕尾局	广州直属单位
15. 理论干胶产量	吨	11971		9462.2	2493	15.8		
16. 当年回收胶线（块）、胶泥	吨	3319.1		1546.1	1773			
17. 全年干胶总产量	吨	12970.4		10291.7	2665	13.7		
⑴烟胶片	吨							
⑵标准胶	吨	1500.7		1283.7	217			
⑶浓缩胶乳(实物量)	吨	15595.2		11999.5	3582	13.7		
按 60%折干胶	吨	10118.7		7951	2154	13.7		
⑷白绉片	吨							
⑸胶清片	吨	1351		1057	294			
⑹褐绉片	吨							
18. 公顷年产干胶	公斤	730		772	608	230		
19. 单株年产干胶	公斤	2.6		2.7	2.4	0.5		
20. 本年收购民营胶(折干胶)	吨	56434						56434
21. 未开割树总增粗	厘米	40301846	2892151	26343593	6102350	2929683	2034069	
22. 橡胶倒树原木产量	立方米	40158	26828	11653	1677			
23. 海外橡胶年末实有面积	公顷	10241						10241
24. 海外橡胶年末实有株数	万株	520.23						520.23
25. 海外橡胶当年新定植面积	公顷	393						393
26. 海外橡胶当年新定植株数	万株	19.93						19.93
27. 当年海外胶园干胶产量	吨	371						371
28. 当年海外加工厂收购加工干胶产量	吨	108665						108665

12-7 广东农垦热带作物、南药和蚕桑生产情况

2015年

指 标 名 称	计量单位	农垦总局	湛江局	茂名局	阳江局	揭阳局	汕尾局	广州直属单位
一、热带作物合计								
年末实有面积合计	公顷	2250	1668	68		514		
当年新种	公顷	337	337					
收获面积合计	公顷	1462	1052	66		344		
1、剑麻								
年末实有面积合计	公顷	2123	1609			514		
当年新种	公顷	288	288					
收获面积合计	公顷	1363	1019			344		
产品产量合计	吨	7929	3410			4519		
公顷产量	公斤	5817	3346			13137		
叶片产量合计	吨	84063	74021			10042		
公顷产量	公斤	61675	72641			29192		
2、胡椒								
年末实有面积合计	公顷	95	41	54				
当年新种	公顷							
收获面积合计	公顷	83	31	52				
产品产量合计	吨	237	166	71				
公顷产量	公斤	2855	5355	1365				
二、南药合计（面积）								
年末实有面积合计	公顷	13	13					
当年新种	公顷	3	3					
收获面积合计	公顷	5	5					
产品产量合计	吨	120	120					
公顷产量	公斤	26667	26667					
三、桑园								
年末实有面积合计	公顷	401	380	14	7			
当年新种	公顷	14	14					
收获面积合计	公顷	395	374	14	7			
产品产量合计	吨	13687	13138	419	130			
公顷产量	公斤	34651	35128	29929	18571			
附：1. 另乱纤维回收量	吨	675	675					
2. 蚕茧产量	吨	867	857	7	3			

12-8 广东农垦茶叶、水果生产情况

2015 年

指 标 名 称	计量单位	农垦总局	湛江局	茂名局	阳江局	揭阳局	汕尾局	广州直属单位
一、茶叶(干毛茶)								
年末实有面积合计	公顷	480	182	94	8	173	23	
当年新种	公顷	23	10	6	7			
收获面积合计	公顷	475	182	93	6	171	23	
产品产量合计	吨	617	124	63	13	390	27	
公顷产量	公斤	1299	681	677	2167	2281	1174	
二、水果合计								
年末实有面积合计	公顷	32695	21829	4892	1100	3641	1230	4
当年新种	公顷	5692	5665		13	11	3	
收获面积合计	公顷	25742	16104	4655	546	3227	1207	4
产品产量合计	吨	875421	794743	47527	2731	20941	9462	17
公顷产量	公斤	34007	49351	10210	5002	6489	7839	4250
1、柑桔橙								
年末实有面积合计	公顷	618	439	6	84	89		
当年新种	公顷	136	131			5		
收获面积合计	公顷	406	254	6	82	64		
产品产量合计	吨	7983	4584	183	1666	1550		
公顷产量	公斤	19663	18047	30500	20317	24219		
2、红江橙								
年末实有面积合计	公顷	413	413					
当年新种	公顷	109	109					
收获面积合计	公顷	251	251					
产品产量合计	吨	4500	4500					
公顷产量	公斤	17928	17928					
3、菠萝								
年末实有面积合计	公顷	10436	10174	39		115	108	
当年新种	公顷	3342	3339				3	
收获面积合计	公顷	6977	6770	38		85	85	
产品产量合计	吨	422764	420676	40		232	1816	
公顷产量	公斤	60594	62138	1053		2729	21365	
4、荔枝								
年末实有面积合计	公顷	6539	1730	2393	382	1176	859	
当年新种	公顷							
收获面积合计	公顷	5914	1578	2245	120	1113	859	
产品产量合计	吨	48585	11124	21903	229	10096	5233	
公顷产量	公斤	8215	7049	9756	1908	9071	6092	
5、龙眼								
年末实有面积合计	公顷	3324	762	1448	401	577	136	
当年新种	公顷							
收获面积合计	公顷	2799	542	1408	209	504	136	
产品产量合计	吨	19010	2703	9797	443	4659	1408	
公顷产量	公斤	6792	4987	6958	2120	9244	10353	

12-8 续表

指标名称	计量单位	农垦总局	湛江局	茂名局	阳江局	揭阳局	汕尾局	广州直属单位
6、芒果								
年末实有面积合计	公顷	76		29		47		
当年新种	公顷							
收获面积合计	公顷	76		29		47		
产品产量合计	吨	178		61		117		
公顷产量	公斤	2342		2103		2489		
7、香（大）蕉								
年末实有面积合计	公顷	8721	8087	429	48	114	42	
当年新种	公顷	2008	2008					
收获面积合计	公顷	7095	6474	419	47	112	42	
产品产量合计	吨	356287	341809	13147	125	614	592	
公顷产量	公斤	50217	52797	31377	2660	5482	14095	
8、青梅								
年末实有面积合计	公顷	755				755		
当年新种	公顷							
收获面积合计	公顷	696				696		
产品产量合计	吨	1060				1060		
公顷产量	公斤	1523				1523		
9、青橄榄								
年末实有面积合计	公顷	339		2		337		
当年新种	公顷							
收获面积合计	公顷	215		2		213		
产品产量合计	吨	839		18		821		
公顷产量	公斤	3902		9000		3854		
10、红杨桃								
年末实有面积合计	公顷	347	8	339				
当年新种	公顷							
收获面积合计	公顷	335	8	327				
产品产量合计	吨	1826	315	1511				
公顷产量	公斤	5451	39375	4621				
11、火龙果								
年末实有面积合计	公顷	358	349	5				
当年新种	公顷	157	157					
收获面积合计	公顷	252	245	3				
产品产量合计	吨	5976	5907	52				
公顷产量	公斤	23714	24110	17333				
12、番石榴								
年末实有面积合计	公顷	208	109	99				
当年新种	公顷							
收获面积合计	公顷	207	109	98				
产品产量合计	吨	3363	3110	253				
公顷产量	公斤	16246	28532	2582				
13、其他								
年末实有面积合计	公顷	975	171	102	186	431	85	
当年新种	公顷	50	31		13	6		
收获面积合计	公顷	771	125	80	88	393	85	
产品产量合计	吨	7550	4515	562	268	1792	413	
公顷产量	公斤	9792	36120	7025	3045	4560	4859	

12-9 广东农垦林业生产情况

2015 年

指 标 名 称	计量单位	农垦总局	湛江局	茂名局	阳江局	揭阳局	汕尾局	广州直属单位
一、林地合计	**公顷**	**28002**	**6738**	**10033**	**6520**	**2635**	**2076**	
1. 防护林	公顷	5591	1986	691	1403	965	547	
其中：桉树	公顷	2840	1945	2	447	447		
2. 用材林	公顷	9542	4358	605	3070	697	812	
其中：桉　树	公顷	5750	4155	5	663	183	744	
杉　木	公顷	495		152	208	135		
湿地松	公顷	2384	11	277	2071	26		
竹　子	公顷	360		50	24	218	68	
3. 经济林	公顷	10900		8137	2047		717	
其中：湿地松	公顷	1473		31	1442			
4. 薪炭林	公顷	319		53		266		
5. 其他林	公顷	1650	394	548		708		
林地合计中：桉树总面积	公顷	9995	6101	911	1110	629	1244	
其中：速生丰产面积	公顷	5424	3668	903	553		300	
当年造林育苗面积	公顷	1	1					
株数（万株）	万株	57	57					
年末实有造林育苗面积	公顷	51	1		50			
株数（万株）	万株	75	57		18			
二、木材产量合计	**立方米**	**154066**	**104767**	**37134**	**4560**	**13**	**7592**	
1. 原　　木	立方米	124615	79452	33336	4235		7592	
2. 小规格材	立方米	25389	25315		61	13		
3. 薪　　材	立方米	4062		3798	264			
合计中：杉木	**立方米**							
三、竹子产量	**万条**	**277**		**181**	**16**	**27**	**53**	
四、松脂产量	**吨**	**9**		**2**	**7**			
经济中：油茶种植面积	公顷	6973		6838	135			
油茶产量	吨	82		82				

12-10 广东农垦农作物播种面积和产量

2015 年

指 标 名 称	计量单位	农垦总局	湛江局	茂名局	阳江局	揭阳局	汕尾局	广州直属单位
农作物总播种面积	**公顷**	**41748**	**30153**	**3583**	**1768**	**2906**	**3338**	
一、粮食作物合计								
播种面积	公顷	8592	2725	1182	582	1870	2233	
总产量	吨	60510	20700	8659	4099	10551	16501	
公顷产量	公斤	7043	7596	7326	7043	5642	7390	
其中：夏收粮食								
播种面积	公顷	3313	828	301	203	790	1190	
总产量	吨	21478	6253	2326	1455	3857	7587	
公顷产量	公斤	6483	7548	7728	7157	4882	6373	
（一）谷物小计								
播种面积	公顷	6166	2115	692	214	1012	2133	
总产量	吨	41623	13707	5500	1570	5559	15287	
公顷产量	公斤	6750	6481	7948	7336	5493	7167	
1. 稻谷								
播种面积	公顷	5238	1569	593	194	999	1884	
总产量	吨	36835	11145	5027	1399	5501	13763	
公顷产量	公斤	7032	7103	8477	7215	5507	7305	
其中：早稻								
播种面积	公顷	2488	760	227	79	465	957	
总产量	吨	16449	5631	1358	590	2391	6479	
公顷产量	公斤	6611	7409	5982	7469	5142	6770	
2. 玉米								
播种面积	公顷	850	546	35	21		249	
总产量	吨	4483	2562	226	171		1524	
公顷产量	公斤	5274	4692	6457	8143		6120	
3. 其他谷物								
播种面积	公顷	77		64		13		
总产量	吨	305		247		58		
公顷产量	公斤	3961		3859		4462		
(二) 豆类合计								
播种面积	公顷	211	38	51	28	94		
总产量	吨	465	119	156	26	164		
公顷产量	公斤	2204	3132	3059	929	1745		
其中：1. 大豆								
播种面积	公顷	127	20	4	18	85		
总产量	吨	230	71	9	6	144		
公顷产量	公斤	1811	3550	2250	333	1694		
2. 杂豆								
播种面积	公顷	84	18	47	10	9		
总产量	吨	235	48	147	20	20		
公顷产量	公斤	2798	2667	3128	2000	2222		
(三) 薯类								
播种面积	公顷	2216	573	439	340	764	100	
总产量	吨	18422	6874	3003	2503	4828	1214	
公顷产量	公斤	8313	11997	6841	7362	6319	12140	
其中：番薯								
播种面积	公顷	2052	433	418	340	761	100	
总产量	吨	16232	4780	2925	2503	4810	1214	
公顷产量	公斤	7910	11039	6998	7362	6321	12140	
二、油料合计								
播种面积	公顷	2931	1515	832	319	206	59	
总产量	吨	8044	4002	2490	982	436	134	
公顷产量	公斤	2744	2642	2993	3078	2117	2271	

12-10　续表

	计量单位	农垦总局	湛江局	茂名局	阳江局	揭阳局	汕尾局	广州直属单位
其中：1.花生								
播种面积	公顷	2775	1402	829	309	176	59	
总产量	吨	7825	3877	2485	937	392	134	
公顷产量	公斤	2820	2765	2998	3032	2227	2271	
2.芝麻								
播种面积	公顷	112	112					
总产量	吨	125	125					
公顷产量	公斤	1116	1116					
三、麻类合计								
播种面积	公顷							
总产量	吨							
公顷产量	公斤							
四、糖料合计								
播种面积	公顷	22368	21890	20	458			
总产量	吨	1686146	1655762	1699	28685			
公顷产量	公斤	75382	75640	84950	62631			
其中：1.糖蔗								
播种面积	公顷	22355	21890	18	447			
总产量	吨	1686032	1655762	1620	28650			
公顷产量	公斤	75419	75639	90000	64094			
2.果蔗								
播种面积	公顷	13		2	11			
总产量	吨	114		79	35			
公顷产量	公斤	8769		39500	3182			
五、蔬菜、瓜类								
播种面积	公顷	6578	3464	1329	218	701	865	
总产量	吨	178000	105372	26012	3092	19964	23560	
公顷产量	公斤	27060	30419	19573	14183	28479	27237	
其中：1.蔬菜(含菜用瓜)								
播种面积	公顷	6148	3118	1253	210	701	865	
总产量	吨	163264	91823	25075	2842	19964	23560	
公顷产量	公斤	26556	29449	20012	13533	28479	27237	
2.果用瓜								
播种面积	公顷	430	346	76	8			
总产量	吨	14736	13549	937	250			
公顷产量	公斤	34262	39148	12329	31250			
六、其他农作物	**公顷**							
其中：1.青饲料								
播种面积	公顷	252	129	65	17	41		
总产量	吨	3423	1501	332	436	1154		
公顷产量	公斤	13578	11627	5108	25647	28146		
2.木薯								
播种面积	公顷	390	169	70	48	88	15	
总产量	吨	8481	3805	1900	1579	957	240	
公顷产量	公斤	21746	22514	27143	32896	10875	16000	
3.绿肥								
播种面积	公顷	358		65	127		166	
总产量	吨	3524		542	182		2800	
公顷产量	公斤	9844		8338	1433		16867	

12-11 广东农垦畜牧业生产情况

2015 年

指 标 名 称	计量单位	农垦总局	湛江局	茂名局	阳江局	揭阳局	汕尾局	广州直属单位
一、猪饲养头数	**头**	**1750857**	**807243**	**598163**	**205764**	**72039**	**67648**	
1. 年末存栏	头	654525	298148	229176	69961	31063	26177	
内：能繁殖母猪	头	96837	38907	35096	15220	4906	2708	
仔 猪	头	375202	119115	194509	39980	14692	6906	
2. 出栏肉猪	头	1096332	509095	368987	135803	40976	41471	
猪肉产量	吨	91699	44739	29705	10118	3699	3438	
全年繁殖仔猪	头	1603338	712829	529577	299591	30074	31267	
内：成 活	头	1462061	630123	514666	260831	28945	27496	
二、牛年末存栏	**头**	**27233**	**10559**	**1574**	**1646**	**2552**	**924**	**9978**
1. 黄 牛	头	12036	7162	822	1143	2075	834	
内：役 牛	头	8068	5889	183	400	1222	374	
能繁殖母牛	头	3113	1609	265	349	574	316	
仔 牛	头	2210	962	275	427	326	220	
2. 水 牛	头	5024	3205	749	503	477	90	
内：役 牛	头	3704	2772	270	316	326	20	
能繁殖母牛	头	1243	801	258	77	89	18	
仔 牛	头	863	423	221	127	76	16	
3. 奶 牛	头	10173	192	3				9978
内：能繁殖母牛	头	8695	91	3				8601
仔 牛	头	1415	38					1377
全年出售和自宰肉牛	头	3274	1290	77	436	802	73	596
牛肉产量	吨	514	197	33	54	206	10	14
全年鲜牛奶产量	吨	45618	315					45303
牛全年繁殖仔牛	头	3069	847		72	71	203	1876
三、羊年末存栏	**只**	**3581**	**2365**		**1216**			
出售宰杀只数	只	2792	2032		760			
羊肉产量	吨	80	62		18			
四、兔年末存栏只数	**只**	**16071**	**1416**	**14655**				
出售宰杀只数	只	30544	1883	28661				
兔肉产量	吨	105	7	98				
五、家禽饲养量	**万只**	**1865.6**	**781.78**	**420.35**	**50.97**	**96.5**	**516**	
1. 家禽年末存栏	万只	468.57	175.14	157.65	15.97	23.81	96	
其中：鸡	万只	352.29	136.01	119.68	10.47	6.13	80	
鸭	万只	98.58	31.22	31.83	2.03	17.5	16	
鹅	万只	8.56	0.77	4.14	3.47	0.18		
2. 家禽出栏只数	万只	1397.03	606.64	262.7	35	72.69	420	
其中：鸡	万只	1084.05	504.55	202.9	25.57	20.03	331	
鸭	万只	249.38	101.16	52.3	4.37	52.55	39	
鹅	万只	12.6	0.93	6.5	5.06	0.11		
禽肉产量	吨	23880	11675	4814	730	1420	5241	
其中：鸡	吨	17619.4	8766	3577.4	462	305	4509	
鸭	吨	5836.4	2806	1080.4	116	1102	732	
鹅	吨	401.6	102	144.5	152	3.1		
禽蛋产量	吨	3620	1214	1594	63	89	660	
六、肉类总产量	**吨**	**119212**	**56834**	**37392**	**10946**	**5337**	**8689**	**14**
内：其他肉产量	吨	2934	154	2742	26	12		
七、蜜蜂年末饲养	**箱**	**7447**	**1778**	**4962**	**172**	**535**		
蜂蜜产量	公斤	60605	11676	16706	3300	28923		

12-12 广东农垦水产业生产情况

2015年

指 标 名 称	计量单位	农垦总局	湛江局	茂名局	阳江局	揭阳局	汕尾局	广州直属单位
养殖合计	**公顷**	**4141**	**873**	**457**	**1770**	**147**	**893**	
	吨	36746	5396	7904	17655	1059	4732	
一、海水养殖	**公顷**	**1675**	**6**		**870**		**799**	
	吨	11424	35		7860		3529	
1.鱼 类	公顷	238			90		148	
	吨	1783			840		943	
2.虾蟹类	公顷	1437	6		780		651	
	吨	9641	35		7020		2586	
其中：对虾	公顷	782	6		540		236	
	吨	6422	35		5000		1387	
3.贝 类	公顷							
	吨							
4.其它	公顷							
	吨							
二、淡水养殖	**公顷**	**2466**	**867**	**457**	**900**	**147**	**94**	
	吨	25119	5312	7750	9795	1059	1203	
1.鱼 类	公顷	2091	863	455	531	147	94	
	吨	20701	5310	7749	5380	1059	1203	
2.虾蟹类	公顷	369			369			
	吨	4415			4415			
其中：对虾	公顷	369			369			
	吨	4415			4415			
3.贝 类	公顷							
	吨							
4.其它	公顷	6	4	2				
	吨	3	2	1				
三、海洋捕捞	**公顷**							
	吨							
四、淡水捕捞	**公顷**							
	吨	203	49	154				

12-13 广东农垦年末机械设备拥有量

2015 年

指 标 名 称	计量单位	农垦总局	湛江局	茂名局	阳江局	揭阳局	汕尾局	广州直属单位
一、农业机械总动力	**千瓦**	**381556**	**158390**	**64437**	**71351**	**10946**	**33505**	**42927**
1.柴油发动机动力	千瓦	222486	116756	31642	44578	5994	17434	6082
2.汽油发动机动力	千瓦	58941	24360	20609	6166	3058	4740	8
3.电动机动力	千瓦	91267	16662	7074	19022	1630	10042	36837
4.其他机械动力	千瓦	8862	612	5112	1585	264	1289	
（一）耕作机械	千瓦	74971	64809	4522	776	2486	2314	64
其中:大中型拖拉机	混合台	533	480	18	1	14	20	
	标准台	2553	2302	75	7	85	84	
大中型拖拉机	千瓦	27747	25027	831	73	939	877	
	台	3839	3216	315	34	124	144	6
小型及手扶机	千瓦	41483	35184	2623	703	1472	1437	64
大中型机引农具	部	1012	1008	2				2
(二)排灌机械	台	11755	2163	2053	6480	378	623	58
排灌机械	千瓦	91662	16076	9393	59230	1164	5381	418
其中：农用排灌柴油机	台	5909	942	706	3634	101	476	50
	千瓦	40630	7069	4358	23480	614	4715	394
农用排灌汽油机	台	3609	266	755	2460	71	57	
	千瓦	36691	1699	1520	32798	423	251	
农用排灌电动机	台	1552	955	458	33	8	90	8
	千瓦	10730	7308	2860	67	56	415	24
另：喷灌机械	套	338	94	231	6	7		
农用水泵	台	4025	1815	721	1136	131	218	4
(三)收获机械	千瓦	4808	2400	58	15	55	2236	44
其中：联合收割机	台	55	12	15		1	27	
	千瓦	3194	2400	15		55	724	
机动收割机	台	16		10			6	
	千瓦	130		10			120	

12-13 续表 1

指 标 名 称	计量单位	农垦总局	湛江局	茂名局	阳江局	揭阳局	汕尾局	广州直属单位
机动脱粒机	台	463		22	10		425	6
	千瓦	1444		33	15		1352	44
(四)农产品加工机械	千瓦	46422	6473	3890	661	613	746	34039
其中：橡胶初加工机械	部	1072	113	203	43	4		709
	千瓦	38270	1958	2100	458	80		33674
剑麻纤维加工机械	部	281	240		37	4		
	千瓦	3199	3052		147			
碾米机	部	137	30	56	3	33	10	5
	千瓦	2215	456	454	34	385	647	239
磨面(粉)机	部	55	12	13		14	16	
	千瓦	490	129	131		134	96	
榨油机	部	68	14	39	2	1		12
	千瓦	1492	147	1183	22	14		126
(五)农用运输机械	千瓦	77793	50095	16120	4268	2187	2167	2956
其中：载重汽车	辆	919	569	170	52	55	44	29
	千瓦	74124	49139	14687	3678	2169	1495	2956
	吨	7629	5679	905	321	176	475	73
机动运输船	艘	34		15			19	
	千瓦	1757		1395			362	
	吨	130		74			56	
(六)植保机械	部	14088	3288	4044	1791	1180	3784	1
	千瓦	28360	6962	11130	2585	2326	5354	3
其中：喷雾(粉)机	部	5430	2172	1587	460	1097	113	1
	千瓦	11628	3548	4614	1182	2171	110	3
(七)畜牧业机械	台	3920	361	821	13	91	1670	964
	千瓦	27874	3163	3762	164	1855	13532	5398
(八)林业机械	台	1224	11	1128	6		79	
	千瓦	1934	71	1776	12		75	
(九)渔业机动船	艘	7		1			6	
	千瓦	49		7			42	

12-13 续表 2

指 标 名 称	计量单位	农垦总局	湛江局	茂名局	阳江局	揭阳局	汕尾局	广州直属单位
(十)其他农业动力机械	台	3849	192	2551	1010	9	86	1
	千瓦	27683	8341	13779	3640	260	1658	5
其中：推土机	台	124	74	36	3		11	
	千瓦	6693	4410	1764	180		339	
二、固定动力设备	*							
1.柴油发电机组	台	2303	182	72	1433	5	527	84
	千瓦	90211	30273	3838	29827	312	3578	22383
2.汽油发电机组	台	541	11	25	8		497	
	千瓦	2536	145	75	800		1516	
3.汽轮发电机组	台	33	33					
	千瓦	152000	152000					
三、非农用汽车及拖拉机	*							
1.全部非农用汽车	辆	6588	1622	2192	171	133	853	1617
	千瓦	395880	96194	115347	10701	9473	51613	112552
其中：载重汽车	辆	1505	94	1108	20	79	133	71
	吨	12265	400	9507	130	359	1546	323
	千瓦	106019	7709	73737	1375	4790	10799	7609
2.大中型拖拉机	混合台	10	4					6
	标准台	72	20	22				30
	千瓦	2068	220	1518				330
3.小型及手扶机	台	222	118	68	2	31		3
	千瓦	2757	1390	936	40	361		30
全部非农用汽车中	*							
工具车	辆	619	173	188	22		28	208
	吨	1052.9	311.6	298.5	20.8		51	371
交通车	辆	1146	69	77	5	26	46	923
	座位	9510	1153	1314	45	697	778	5523
旅行车	辆	236	152	35	4	1		44
卧（轿）车	辆	2820	994	742	112	19	625	328
吉普车	辆	151	69	24	4	8	15	31
特殊用途车	辆	111	71	18	4		6	12

12-14 广东农垦农业机械、用电、水利、化肥情况

2015年

指 标 名 称	计量单位	农垦总局	湛江局	茂名局	阳江局	揭阳局	汕尾局	广州直属单位
一、农业机耕情况	*							
1.当年实际机耕面积	公顷	37263	34703	928	272	507	854	
其中：耕　　地	公顷	31172	29365	526		426	854	
胶　　园	公顷	3457	2848	337	192	81		
2.当年机械播种面积	公顷	2899	2884	15				
其中：机械插秧	公顷							
3.当年机械收割面积	公顷	3706	2748			123	835	
4.当年机械脱粒面积	公顷	2164	786		30	40	1308	
5.当年农作物中耕除草	公顷	13588	13553			35		
二、电气化情况	*							
1.水电站座数	座	10	4			5	1	
发电能力	千瓦	3423	2295			918	210	
2.高压输电线路	公里	647	520	24		44	49	10
3.全年用电量	万千瓦时	69605	40804	3858	2202	1139	2988	18614
其中：农场单位用电量	万千瓦时	45432	31702	3411	712	1117	2961	5529
三、农田水利情况	*							
1.有效灌溉面积	公顷	18263	15672	340	143	988	1109	10
其中：本年新增	公顷	113	13		100			
(1)机灌面积	公顷	4384	3966	109		299		10
内：喷灌	公顷	2222	2101	26		95		
(2)电灌面积	公顷	9784	9784					
内：喷灌	公顷	3689	3689					
(3)自流灌溉面积	公顷	4095	1922	231	143	689	1109	
2.旱涝保收农田面积	公顷	12063	11560	26		165	312	
3.机电井数量	眼	2411	1670	297	8		432	4
内：已配套	眼	2401	1660	297	8		432	4
4.现有山塘水库	宗	233	150	42	14	21	5	1
有效库容	万m^3	2246	1530	209	17	347	142	1
5.现有排灌站	座	47	32				15	
排灌能力	m^3/秒	15	5				10	
四、农用塑料簿膜使用量	**吨**	**870**	**734**	**53**		**23**	**60**	
其中：地膜使用量	吨	823	690	52		23	58	
地膜覆盖面积	公顷	17422	17087	119		38	178	
五、化学除草面积	**公顷**	**39265**	**22252**	**8087**	**3235**	**1721**	**3960**	**10**
六、橡胶白粉病防治面积	**公顷**	**30556**	**3329**	**20879**	**5246**	**386**	**717**	
七、农药施用量	**吨**	**6148**	**2614**	**2079**	**261**	**210**	**983**	**1**
其中：硫磺粉	吨	1213	57	929	199	25	3	
化学除草剂	吨	1684	845	230	50	73	485	1
八、沼气池	**个**	**361**	**260**	**31**	**70**			
	m^3	8017	4692	2545	780			
其中：当年新建	个	2		2				
	m^3	170		170				
九、农用化肥施用量(实物)	**吨**	**231976**	**177682**	**26077**	**370**	**12304**	**14753**	**790**
1.氮肥	吨	47580	30034	7674	108	3641	6021	102
2.磷肥	吨	106961	92609	8030	48	3430	2838	6
3.钾肥	吨	30112	21909	4662	38	1679	1821	3
4.复合肥	吨	47323	33130	5711	176	3554	4073	679
农用化肥施用量(折纯)	吨	61689	42216	8330	147	4138	6493	365
1.氮肥	吨	19688	11305	3087	45	1600	3564	87
2.磷肥	吨	13245	11113	1280	7	394	448	3
3.钾肥	吨	13777	10300	1785	19	885	786	2
4.复合肥	吨	14979	9498	2178	76	1259	1695	273
其中用于农作物(折纯)	吨	43017	36394	2876	60	2709	685	293
另：有机肥	吨	157781	111306	18969	7047	12593	3904	3962

12-15 广东农垦农业总价值（现行价）

2015 年　　单位:万元

指 标 名 称	农垦总局	湛江局	茂名局	阳江局	揭阳局	汕尾局	广州直属单位
农业总产值	**913121**	**545683**	**171632**	**87374**	**40537**	**36938**	**30957**
(一)按部门分组							
1. 农业产值	523568	436395	43935	7374	23158	9454	3252
其中：稻　谷	13242	3647	1822	530	3414	3829	
糖　蔗	70717	69257	195	1265			
茶　叶	2688	156	192	64	2141	135	
水　果	322213	285357	25484	1454	7181	2737	
剑　麻	7859	7307			552		
2. 林业产值	49861	6982	30349	5101	3768	873	2788
其中：橡胶综合产值	25391	551	17120	3356	1316	260	2788
3. 牧业产值	257174	96601	82824	26203	12268	14361	24917
其中：猪	172125	76027	63495	17939	9139	5525	
牛	31262	4740	236	741	450	178	24917
4. 渔业产值	82518	5705	14524	48696	1343	12250	

12-16 广东农垦农业商品产值（现行价）

2015 年　　单位:万元

指标名称	农垦总局	湛江局	茂名局	阳江局	揭阳局	汕尾局	广州直属单位
农业总产值	**871496**	**529074**	**163530**	**82704**	**31925**	**33306**	**30957**
(一)按部门分组							
1、农业产值	497541	423374	39477	5425	17095	8918	3252
其中：稻谷	9439	2911	1647	358	2816	1707	
糖蔗	69819	68451	191	1177			
茶叶	2031	153	185	64	1494	135	
水果	316270	282037	24479	1372	5836	2546	
剑麻	7774	7227			547		
2、林业产值	46509	6730	29263	4310	2572	846	2788
其中：橡胶综合产值	24389	501	16566	3116	1158	260	2788
3、牧业产值	248199	93336	80819	24413	11097	13617	24917
其中：猪	166589	74516	62686	17081	6970	5336	
牛	29053	2764	180	687	329	176	24917
4、渔业产值	79247	5634	13971	48556	1161	9925	

12-17 广东农垦农业商品产量

2015 年

指　标　名　称	计量单位	农垦总局	湛江局	茂名局	阳江局	揭阳局	汕尾局	广州直属单位
当年农产品销售收入总额	万元	789697	485435	140040	80113	30009	25632	28468
销售量：干　胶	吨	12782		10105	2306			371
内：浓缩胶乳(实物)	吨	15229		12261	2968			
剑麻纤维	吨	7736	7322			414		
粮食(不含大豆)	吨	45338	14039	4588	1894	9058	15759	
大　豆	吨	222	71	6	6	139		
油　料	吨	4585	2371	925	806	367	116	
糖　蔗	吨	1634911	1629741	1620	3550			
水　果	吨	878960	801647	45166	2675	20010	9462	
肉　类	吨	116562	54647	37170	10776	5290	8679	
其中：猪　肉	吨	91079	44187	29666	10118	3670	3438	
水产品	吨	35964	4939	7810	17485	998	4732	
其中：对　虾	吨	10837	35		9415		1387	
鲜牛奶	吨	45618	315					45303

12-18 广东农垦工业企业基本情况(合计)

2015 年

指 标 名 称	计量单位	农垦总局	湛江局	茂名局	阳江局	揭阳局	汕尾局	广州直属单位
一、企业单位个数	**个**	**544**	**181**	**163**	**16**	**59**	**65**	**60**
其中：亏损企业	个	28	18		1			9
停产企业	个	5	3					2
二、从业人员总数	**人**	**25195**	**6704**	**2611**	**352**	**1102**	**2955**	**11471**
其中：国有在岗职工	人	7526	4548	277	68		117	2516
国有在岗工程技术人员	人	829	635	18	5		12	159
三、全部从业人员平均人数	**人**	**24508**	**6057**	**2559**	**369**	**1094**	**2951**	**11478**
其中：国有在岗职工	人	7087	4080	274	68		117	2548
国有在岗工程技术人员	人	898	692	18	6		12	170
四、产品销售收入	**万元**	**1947656**	**271230**	**59198**	**13908**	**21488**	**70870**	**1510962**
1、产品销售成本	万元	1422648	258920	41163	11860	14721	54865	1041119
2、产品销售费用	万元	124349	5740	3628	403	2974	8847	102757
3、产品销售税金及附加	万元	45675	7092	3366	80	974	1942	32221
4、产品销售利润	万元	354984	-522	11041	1565	2819	5216	334865
五、管理费用	**万元**	**215690**	**17881**	**3192**	**1078**	**389**	**4187**	**188963**
六、财务费用	**万元**	**38790.2**	**12908**	**1580**	**110**	**264**	**39**	**23889.2**
其中：利息支出	万元	23951.2	9846	564	75	214		13252.2
七、利润总额	**万元**	**161987**	**6334**	**6857**	**1085**	**2217**	**8119**	**137375**
其中：盈利企业盈利额	万元	174701	13345	6857	1107	2217	8119	143056
亏损企业亏损额	万元	12714	7011		22			5681
八、全年纳税额	**万元**	**57488**	**10666**	**4215**	**562**	**885**	**2151**	**39009**
九、固定资产原值	**万元**	**515383**	**257956**	**30450**	**9930**	**13273**	**42073**	**161701**
其中：生产经营用	万元	448799	240322	26424	6232	5634	34186	136001
十、固定资产净值	**万元**	**291916**	**99523**	**15158**	**5763**	**11437**	**44073**	**115962**
十一、固定资产本年折旧	**万元**	**40973**	**28692**	**3292**	**528**	**639**	**242**	**7580**
十二、流动资金平均余额	**万元**	**586488**	**217995**	**16333**	**6069**	**562**	**7348**	**338181**
十三、平均资产总额	**万元**	**1490009**	**312771**	**28299**	**31112**	**8467**	**48277**	**1061083**
十四、工业总产值(现行价)	**万元**	**1846238**	**330343**	**61693**	**16311**	**22780**	**81367**	**1333744**
十五、工业销售产值(现行价)	**万元**	**1693325**	**299951**	**58282**	**15740**	**21646**	**71500**	**1226206**
十六、工业增加值(现行价)	**万元**	**554865**	**88812**	**22437**	**5101**	**8685**	**23962**	**405868**
十七、工业中间投入(现行价)	**万元**	**1291373**	**241531**	**39256**	**11210**	**14095**	**57405**	**927876**
十八、工业从业人员劳动报酬总额	**万元**	**116703**	**26556**	**8736**	**1305**	**4410**	**10694**	**65002**
其中:国有在岗职工劳动报酬	万元	38980	16241	1560	345		359	20475

12-19 广东农垦工业总产值（现行价）

2015年　　　　单位:万元

指 标 名 称	农垦总局	湛江局	茂名局	阳江局	揭阳局	汕尾局	广州直属单位
总　计	**1846238**	**330343**	**61693**	**16311**	**22780**	**81367**	**1333744**
其中：轻工业	1662081	278285	27976	2909	13946	9169	1329796
重工业	184157	52058	33717	13402	8834	72198	3948
一、按轻重工业划分							
1、轻工业	1662081	278285	27976	2909	13946	9169	1329796
(1)以农产品为原料	908767	264133	18309	2442	13102	8036	602745
(2)以非农产品为原料	753314	14152	9667	467	844	1133	727051
2、重工业	184157	52058	33717	13402	8834	72198	3948
(1)采掘业	21328	17323	3767	238			
(2)原料工业	34663	14081	5609	10714	4134	125	
(3)加工制造业	128166	20654	24341	2450	4700	72073	3948
二、按工业行业划分							
(一)、建筑材料及非金属矿采选业	21328	17323	3767	238			
其中：采石业	20982	17323	3659				
(二)、采盐业(海盐)							
(三)、食品加工业	478324	202021	5604		9359	5471	255869
1、粮食及饲料加工业	9951	128	1674		351	5471	2327
其中：饲料加工业	1460		1065		351	44	
2、食用植物油加工业	256466	1869	3394				251203
3、制糖业	199724	199724					
4、其他食品加工业	12183	300	536		9008		2339
(四)、食品制造业	298128	10097	135		254		287642
1、糕点、糖果制造业	975				125		850
2、乳制品制造业	123387	299					123088
3、罐头食品制造业	9798	9798					
4、蜜饯制造业							
5、其他食品制造业	163968		135		129		163704
(五)、饮料制造业	8739	668	2679	73	3102	2217	
1、白酒制造业	4459		2272			2187	
2、汽水制造业							
3、果菜汁饮料制造业							
4、固体饮料制造业							
5、其他软饮料制造业	220		220				
6、制茶业	4060	668	187	73	3102	30	

12-19 续表1 单位:万元

指 标 名 称	农垦总局	湛江局	茂名局	阳江局	揭阳局	汕尾局	广州直属单位
(六)、纺织业	21903	16199	131	111		13	5449
1、棉织业	25	25					
2、棉针织业							
3、其他麻纺织业	21878	16174	131	111		13	5449
(七)、服装及其他纤维制品制造业	24428	16519	89				7820
1、服装制造业	24428	16519	89				7820
2、制鞋业(纺织品为料)							
(八)、皮革、毛皮及其制品业	8769	3483	5166				120
其中:皮革制造业	8769	3483	5166				120
(九)、木材加工及竹藤、棕草制造业	26399	17272	5707	344	2766	310	
1、锯材加工业	7976	2256	5474		185	61	
2、胶合板制造业	2581				2581		
3、其他人造板制造业	8281	8146	135				
4、生产用木制品业	5757	5720	37				
5、日用木制品业	1555	1150	61	344			
6、竹藤棕草制品业	249					249	
(十)、家具制造业	53348	1140	4062	1914	387		45845
1、木制家具制造业	53348	1140	4062	1914	387		45845
2、竹藤家具制造业							
(十一)、造纸及纸制品业	7481	7136	345				
1、机制纸及纸制造业	19		19				
2、纸制品业	7462	7136	326				
(十二)、印刷业、记录媒介的复制	86					86	
(十三)、电力生产业	5111	3679			1368	64	
1、火力发电业	3505	3266			239		
2、水力发电业	1606	413			1129	64	
(十四)、化学工业	10527	5567	4148	812			
1、涂料及颜料制造业	1236		1236				
2、复混肥制造业	9291	5567	2912	812			
(十五)、医药制造业							
1、化学药品原药制造业							
2、中药材及中成药加工业							
(十六)、橡胶制品业	13729	2024	9893	387			1425
1、橡胶板、管带制品业	1425						1425

12-19 续表2 单位:万元

指标名称	农垦总局	湛江局	茂名局	阳江局	揭阳局	汕尾局	广州直属单位
2、橡胶靴鞋制造业	117			117			
3、日用橡胶制品业	6461	2024	4167	270			
4、其他橡胶制品业	5726		5726				
(十七)、塑料制品业	91264	5234					86030
1、塑料簿膜制造业							
2、塑料丝、绳及编织品业	5174	5174					
3、日用塑料杂品制品业	86090	60					86030
(十八)、建筑材料及其他非金属矿物制品业	40167	8943	10822	12352	4503	1963	1584
1、水泥制造业	10714			10714			
2、水泥预制构件制造业	5409				3825		1584
3、砖瓦制造业	20966	7807	10241	1470	232	1216	
4、石灰制造业	391				141	250	
5、建筑用石加工业	1724	922			305	497	
6、建筑、卫生陶瓷制造业							
7、建筑用玻璃制品业	963	214	581	168			
8、日用陶瓷制造业							
(十九)、金属制品业	93105	1310	1312		685	1133	88665
其中:铝型材制造业	92494	1310	701		685	1133	88665
不锈钢制造业	611		611				
(廿)、机械工业	6587	6144	149		164	130	
1、农、林、牧、渔业机械制造业	6144	6144					
2、农、林、牧、渔业机械修理业	443		149		164	130	
(廿一)、交通运输设备修理业	6556		2622		33	3789	112
其中:汽车修理业	6556		2622		33	3789	112
(廿二)、其他制造业	630259	5584	5062	80	159	66191	553183
1、工艺美术品制造业	1487	350	978		159		
2、日用杂品制造业	533671	1186	1805	80			530600
3、生产用其他产品工业	69128		2110			66191	827
4、生活用其他产品工业	25973	4048	169				21756

12-20 广东农垦工业产品产量

2015 年

指标名称	计量单位	农垦总局	湛江局	茂名局	阳江局	揭阳局	汕尾局	广州直属单位
碎石	立方米	1816205	1611560	204645				
花岗岩板材	平方米	3172					3172	
碾米	吨	19446		420		5080	11669	2277
食用油	吨	472985	622	2000				470363
凉果	吨	7341				6871		470
萝卜干	吨	18					18	
成品糖	吨	364552	364552					
酒精	吨	8970	6371					2599
乳制品	吨	122817	665					122152
水果罐头	吨	2264	2264					
雪糕	吨							
饮料酒	吨	3148		1069			2079	
其中：白酒	吨	2631		552			2079	
成品茶	吨	477	117	30		302	28	
其中：精制茶	吨	52	22	30				
配合饲料	吨	3762		3008			754	
服装加工	万件	1181.1	541.1					640
剑麻纱条	吨	2258	2258					
白棕绳	吨	843	843					
剑麻抛光布	吨	2787	2787					

12-20　续表 1

指　标　名　称	计量单位	农垦总局	湛江局	茂名局	阳江局	揭阳局	汕尾局	广州直属单位
剑麻抛光轮	吨	101			101			
剑麻地毯	万平方米	5.97	5.97					
水草地毯	万平方米	9.13	9.13					
皮鞋	万双	28.9	25.8	0.2	2.9			
锯材	立方米	70304	20390	24322		25000	592	
板方材	立方米	21840	21840					
胶合板	立方米	23555				23555		
纤维板	立方米	1502		1502				
碎粒板	立方米							
木地板	立方米							
木片(绝干吨)	吨	45222	40560	4210			452	
模压复合家具	万件	357.8	356	1.8				
模压复合家具	立方米	12830	12830					
模压复合家具	万元	6218	6218					
建筑元件	万平方米	2.4	2.4					
建筑元件	立方米	401	401					
运输货盘	万个	3.4	3.4					
模压复合板家具	万件	3	3					
模压复合板家具	万元	1376	1376					
木制家具	万件	33.28	1.9	15.9	15.48			
木制家具	万元	7138	1140	4084	1914			
藤制家具	万件							
藤制家具	万元							
浸渍纸	万平方米	485	485					
机制纸	吨	24		24				
纸板	万平方米	2299	2299					
纸板	吨	17636	17636					
纸箱	万平方米	2502	2372	130				
发电量	万 kw.h	18534.9	17384.9					
其中：火电	万 kw.h	16770	16520					
水电	万 kw.h	1764.9	864.9					
松香	吨							
松香水	吨							

12-20　续表 2

指　标　名　称	计量单位	农垦总局	湛江局	茂名局	阳江局	揭阳局	汕尾局	广州直属单位
翻新轮胎	条	43012		43012				
橡胶胶管	万标准米	6						6
异形胶管	吨	174						174
皮手套	万双	412		394	18			
手袋	万个							
尿醛胶	吨	109	109					
胶圈	吨							
胶丝	吨							
其他胶制品	吨	1363	1164	199				
塑料编织袋	吨	1823	1823					
塑料制品	吨	1208	1208					
水泥	吨	309376			309376			
砖	万块	46379	14788	14332	4900	9977	2382	
玻璃马赛克	万平方米	308		308				
铸钢水	吨	1288	1288					
铝型(板)材	吨	1649	788			41		820
橡胶初加工机械	台(套)	68	68					
剑麻纤维加工机械	套	58	58					
汽车大、中修	辆	4501				18	4031	452
拖拉机大修	台	2					2	
有机复混肥	吨	83058	53880	20851	8327			

12-21 广东农垦建筑业基本情况

2015年

指 标 名 称	计量单位	农垦总局	湛江局	茂名局	阳江局	揭阳局	汕尾局	广州直属单位
一、年末建筑业单位个数	**个**	**220**	**94**	**46**	**16**	**34**	**30**	
二、年末从业人员	**人**	**5774**	**1198**	**2837**	**231**	**941**	**567**	
其中：国有在岗职工人数	人	191	155		21		15	
三、从业人员年平均人数	**人**	**5934**	**1302**	**2948**	**230**	**904**	**550**	
其中：国有在岗职工人数	人	189	153		21		15	
四、从业人员劳动报酬	**万元**	**31104**	**13470**	**10758**	**1727**	**2961**	**2188**	
其中：国有在岗职工劳动报酬	万元	773	570		146		57	
五、固定资产原值	**万元**	**26408**	**11078**	**10154**	**3040**	**1136**	**1000**	
其中：生产经营用	万元	232	232					
六、自有机械设备总台数	**台**	**741**	**210**	**487**	**12**		**32**	
机械设备总功率	千瓦	34777	9391	24504	121		761	
七、全年承包单项工程个数	**个**	**3273**	**1717**	**1011**	**65**	**212**	**268**	
其中：本年新开工	个	342	292				50	
八、全年完成单项工程个数	**个**	**2919**	**1515**	**906**	**56**	**190**	**252**	
九、建筑业总产值(现行价)	**万元**	**180825**	**91281**	**56112**	**9568**	**13070**	**10794**	
1. 建筑工程产值	万元	151287	82811	42684	8004	8654	9134	
2. 安装工程产值	万元	22960	7045	9600	1564	3091	1660	
3. 房屋构筑物修理产值	万元	5670	1376	2969		1325		
4. 非标准设备制造产值	万元	908	49	859				
十、全年施工房屋面积	**平方米**	**794850**	**413511**	**239320**	**40793**	**50531**	**50695**	
全年竣工房屋面积	平方米	655061	357162	183743	37883	40631	35642	
全年完成土石方	立方米	70900	70900					
十一、全年纳税额	**万元**	**6782**	**2193**	**2986**	**405**	**364**	**834**	
十二、全年盈亏总额	**万元**	**15247**	**5549**	**5767**	**1346**	**849**	**1736**	

12-22 广东农垦交通运输业基本情况

2015 年

指标名称	计量单位	农垦总局	湛江局	茂名局	阳江局	揭阳局	汕尾局	广州直属单位
一、年末运输单位	**个**	**853**	**145**	**570**	**31**	**22**	**82**	**3**
二、年末从业人员	**人**	**4167**	**444**	**2122**	**63**	**295**	**234**	**1009**
其中：国有在岗职工人数	人	1087	61	17				1009
三、从业人员年平均人数	**人**	**4093**	**412**	**2062**	**63**	**279**	**232**	**1045**
其中：国有在岗职工人数	人	1129	67	17				1045
四、从业人员劳动报酬	**万元**	**21143**	**2592**	**7930**	**405**	**1024**	**953**	**8239**
其中：国有在岗职工劳动报酬	万元	8687	367	81				8239
五、固定资产原值	**万元**	**30695**	**5313**	**12309**	**467**	**1547**	**2110**	**8949**
六、公路运输营运汽车总计	**辆**	**3043**	**979**	**1036**	**66**	**99**	**123**	**740**
1. 载客汽车	辆	1290	241	255		24	30	740
载客量	客位	11246	1902	4373		640	631	3700
2. 载货汽车	辆	1753	738	781	66	75	93	
载货量	吨位	12620	6804	3952	350	337	1177	
七、机动运输船	**艘**	**40**	**24**	**3**			**13**	
载客量	客位	345	40	45			260	
净载重量	吨位	51	4	9			38	
总功率	千瓦	161	59	40			62	
八、客运量	**人**	**8868607**	**3394481**	**1122544**		**91617**	**192445**	**4067520**
旅客周转量	万人公里	112837	32328	11098		251	966	68194
货运量	吨	6594647	4787870	690704	189778	71712	854583	
货物周转量	万吨公里	31558	9655	12298	4023	387	5195	
九、运输业总产值(现行价)	**万元**	**91457**	**37628**	**33167**	**2193**	**1997**	**3176**	**13296**
1. 货运收入	万元	48196	19347	23597	2193	1189	1870	
2. 客运收入	万元	40737	18252	7625		592	972	13296
3. 货物装卸收入	万元	655	13	294		174	174	
4. 其他杂项收入	万元	1869	16	1651		42	160	
十、全年纳税额	**万元**	**3843**	**683**	**2533**	**37**	**168**	**222**	**200**
十一、全年盈亏总额	**万元**	**9253**	**2238**	**4899**	**514**	**383**	**608**	**611**

12-23 广东农垦批发零售贸易业基本情况

2015 年

指　标　名　称	计量单位	农垦总局	湛江局	茂名局	阳江局	揭阳局	汕尾局	广州直属单位
一、年末机构个数	**个**	**2611**	**953**	**329**	**177**	**183**	**358**	**611**
其中：营业单位及网点	个	2570	925	329	176	177	358	605
二、年末固定资产原值	**万元**	**156611**	**126042**	**6343**	**2627**	**1342**	**5526**	**14731**
三、年末营业用房	**平方米**	**198243**	**67239**	**26338**	**16922**	**6906**	**32107**	**48731**
四、年末从业人员	**人**	**8196**	**1405**	**1664**	**283**	**533**	**1172**	**3139**
其中：国有在岗职工人数	人	901	123		15			763
五、从业人员年平均人数	**人**	**8037**	**1445**	**1650**	**271**	**527**	**1159**	**2985**
其中：国有在岗职工人数	人	708	114		5			589
六、从业人员劳动报酬	**万元**	**40090**	**7263**	**6242**	**1005**	**2611**	**3413**	**19556**
其中：国有在岗职工劳动报酬	万元	5137	869		42			4226
七、商品购进总额	**万元**	**1677598**	**621083**	**45358**	**44263**	**9718**	**24557**	**932619**
八、商品销售总额或营业收入	**万元**	**1745585**	**663104**	**50796**	**47558**	**12687**	**39985**	**931455**
九、年末库存商品金额	**万元**	**87153**	**17208**	**7734**	**4392**	**1368**	**4727**	**51724**
十、总产值(现行价)	**万元**	**156011**	**57852**	**17756**	**15560**	**3863**	**15322**	**45658**
十一、全年纳税额	**万元**	**14354**	**5639**	**1880**	**1043**	**223**	**373**	**5196**
十二、全年盈亏总额	**万元**	**13881**	**4398**	**3945**	**2759**	**691**	**1304**	**784**
另：社会消费品零售额	万元	190383	52454	32749	5597	12151	15272	72160

12-24 广东农垦住宿和餐饮业基本情况

2015 年

指　标　名　称	计量单位	农垦总局	湛江局	茂名局	阳江局	揭阳局	汕尾局	广州直属单位
一、年末机构个数	**个**	**513**	**151**	**140**	**29**	**36**	**42**	**115**
其中：营业单位及网点	个	510	149	140	29	36	42	114
二、年末固定资产原值	**万元**	**38744**	**8600**	**4909**	**524**	**1449**	**707**	**22555**
三、年末营业用房	**平方米**	**146670**	**41125**	**24813**	**7420**	**4183**	**9022**	**60107**
四、年末从业人员	**人**	**3747**	**589**	**1374**	**64**	**214**	**139**	**1367**
其中：国有在岗职工人数	人	615	90	5				520
五、从业人员年平均人数	**人**	**3678**	**571**	**1362**	**62**	**210**	**116**	**1357**
其中：国有在岗职工人数	人	617	92	5				520
六、从业人员劳动报酬	**万元**	**15491**	**2625**	**3587**	**289**	**917**	**306**	**7767**
其中：国有在岗职工劳动报酬	万元	3447	278	13				3156
七、商品销售总额或营业收入	**万元**	**78564**	**15049**	**14732**	**3042**	**2465**	**1055**	**42221**
八、全年纳税额	**万元**	**5039**	**473**	**1405**	**87**	**118**	**102**	**2854**
九、全年盈亏总额	**万元**	**10994**	**2100**	**3381**	**674**	**481**	**542**	**3816**
另：餐厅座位数	座	24204	6554	5986	1132	1181	992	8359

12-25 广东农垦居民服务业和其他服务业基本情况

2015 年

指标名称	计量单位	农垦总局	湛江局	茂名局	阳江局	揭阳局	汕尾局	广州直属单位
一、年末机构个数	**个**	**1467**	**423**	**596**	**64**	**73**	**112**	**199**
其中：营业单位及网点	个	1458	417	596	64	70	112	199
二、年末固定资产原值	**万元**	**54519**	**12961**	**5239**	**1219**	**432**	**582**	**34086**
三、年末营业用房	**平方米**	**273100**	**18988**	**18695**	**15660**	**1846**	**6610**	**211301**
四、年末从业人员	**人**	**6951**	**1262**	**2105**	**114**	**230**	**501**	**2739**
其中：国有在岗职工人数	人	1555	248	11				1296
五、从业人员年平均人数	**人**	**6694**	**1000**	**2029**	**114**	**223**	**600**	**2728**
其中：国有在岗职工人数	人	1514	248	11				1255
六、从业人员劳动报酬	**万元**	**33147**	**5236**	**6723**	**359**	**686**	**1769**	**18374**
其中：国有在岗职工劳动报酬	万元	10455	1076	77				9302
七、商品销售总额或营业收入	**万元**	**129361**	**26495**	**21860**	**4101**	**1011**	**2910**	**72984**
八、全年纳税额	**万元**	**7968**	**677**	**1818**	**213**	**35**	**262**	**4963**
九、全年盈亏总额	**万元**	**29178**	**11048**	**3493**	**738**	**181**	**707**	**13011**
另：客房总数		1950	519	328	42	33	61	967
床位总数		3883	1161	547	70	58	112	1935
出租房地产收入		12569	32	126				12411

12-26 广东农垦外贸出口商品数量情况

2015年

指 标 名 称	计量单位	农垦总局	湛江局	茂名局	阳江局	揭阳局	汕尾局	广州直属单位
1. 剑麻纱条	吨							
2. 白棕绳	吨							
3. 剑麻地毯	万m²	0.8	0.8					
4. 水草地毯	万m²	3.8	3.8					
5. 抛光轮	吨							
6. 抛光轮布	万m²							
抛光轮布	吨							
7. 剑麻制品	万件	84						84
剑麻制品	吨							
8. 皂素	吨							
9. 茶叶	吨							
10. 罐头	吨							
其中：菠萝罐头	吨							
11. 菠萝浓缩汁	吨							
12. 米酒	吨							
13. 凉果	吨	430						430
14. 牛奶	吨							
15. 胶布鞋	万双							
16. 服装	万件	152						152
17. 毛衣	万打							
18. 草垫	万个							
19. 工艺品	万件							
20. 模压复合家具	万件	13.03	13.03					
21. 建筑元件	m²							
22. 运输货盘	万个	0.04	0.04					
23. 橡胶木地板	立方米							
24. 木片	绝干吨							
25. 剑麻纤维	吨							
26. 磨菇	吨							
27. 水果	吨							
28. 瘦肉型猪	头	43976	43976					
肉重	吨	4874	4874					
29. 对虾	吨	8600			8600			
30. 鳗鱼	吨	800			800			

12-27 广东农垦外贸出口商品金额情况

2015 年

指 标 名 称	计量单位	农垦总局	湛江局	茂名局	阳江局	揭阳局	汕尾局	广州直属单位
一、出口商品总金额	**人民币（万元）**	**692905**	**10521**		**31978**		**46272**	**604134**
其中：国有	人民币（万元）	95508	10186		31978			53344
工业品金额	人民币（万元）	652650	2244				46272	604134
二、出口创汇金额	**万美元**	**108071**	**1638**		**4860**		**7200**	**94373**
其中：国有	万美元	14988	1567		4860			8561
本单位收汇金额	万美元	103151	1637				7200	94314
三、出口商品	*							
1. 剑麻纱条	万元							
2. 白棕绳	万元							
3. 剑麻地毯	万元	51	51					
4. 水草地毯	万元	218	218					
5. 抛光轮	万元							
6. 抛光轮布	万元							
抛光轮布	万元							
7. 剑麻制品	万元	729						729
剑麻制品	万元							
8. 皂素	万元							
9. 茶叶	万元							
10. 罐头	万元							
其中：菠萝罐头	万元							
11. 菠萝浓缩汁	万元							
12. 米酒	万元							
13. 凉果	万元	380						380
14. 牛奶	万元							
15. 胶布鞋	万元							
16. 服装	万元	1973						1973
17. 毛衣	万元							
18. 草垫	万元							
19. 工艺品	万元							
20. 模压复合家具	万元	941	941					
21. 建筑元件	万元							
22. 运输货盘	万元	2	2					
23. 橡胶木地板	万元							
24. 木片	万元							
25. 剑麻纤维	万元							
26. 磨菇	万元							
27. 水果	万元							
28. 瘦肉型猪	万元	7942	7942					
肉重	万元							
29. 对虾	万元	18060			18060			
30. 鳗鱼	万元	6400			6400			

12-28 广东农垦固定资产投资完成情况

2015 年　　单位：万元

指 标 名 称	农垦总局	湛江局	茂名局	阳江局	揭阳局	汕尾局	广州直属单位
一、本年实际完成投资总额	**274278**	**73817**	**67473**	**12170**	**14831**	**31904**	**74083**
(一) 构成：1. 建安工程	187054	51816	48023	7676	11271	23303	44965
2. 设备工器具购置	49350	10947	7090	2160	1312	6630	21211
3. 商品房购置	807						807
4. 其他费用	37067	11054	12360	2334	2248	1971	7100
(二) 按工程用途和行业分							
1. 第一产业(农业)	88037	25094	31199	6157	6383	11240	7964
其中：橡胶	17980	2023	8473	960	645	616	5263
2. 第二产业	60781	8406	5522	237	3895	12550	30171
内：工业	49528	4790	1807	100	3442	9218	30171
3. 第三产业	125460	40317	30752	5776	4553	8114	35948
其中：交通运输业	6263	764	1678	49	811	206	2755
批发零售贸易餐饮业	3980	167	767	132	461	76	2377
社会服务业	14065	1370	810		139	304	11442
卫生福利业	8619	4878	1880	846			1015
文教广播电视业	5849	1194	990	149	239	300	2977
科学研究、技术服务业	828	517	69	53	189		
其他	85856	31427	24558	4547	2714	7228	15382
(三) 按资金来源分：							
1. 预算内基建拨款	58387	21106	23386	3273		655	9967
2. 国内银行贷款	10660	3639					7021
3. 利用外资	2035		2035				
4. 企事业单位自筹	101564	22273	17365	5283	2258	22904	31481
5. 其他资金	101632	26799	24687	3614	12573	8345	25614
二、当年新增固定资产	**208570**	**66094**	**45119**	**10601**	**3613**	**25198**	**57945**

12-29 广东农垦国有固定资产投资完成情况

2015 年　　　　　　　　　　单位：万元

指　标　名　称	农垦总局	湛江局	茂名局	阳江局	揭阳局	汕尾局	广州直属单位
一、本年实际完成投资总额	**179753**	**48302**	**44745**	**6243**	**6312**	**8528**	**65623**
（一）构成：1. 建安工程	121355	29546	29923	3857	5297	7767	44965
2. 设备工器具购置	33176	9152	6084	2080	305	674	14881
3. 商品房购置	807						807
4. 其他费用	24415	9604	8738	306	710	87	4970
（二）按工程用途和行业分							
1. 第一产业(农业)	77075	23473	29785	4179	4657	7017	7964
其中：橡胶	17980	2023	8473	960	645	616	5263
2. 第二产业	28576	5985	461	80	141		21909
内：工业	26225	4038	198	80			21909
3. 第三产业	74102	18844	14499	1984	1514	1511	35750
其中：交通运输业	3847	726	317	49			2755
批发零售贸易餐饮业	2530	80	167	64			2219
社会服务业	13110	1196	512				11402
卫生福利业	8619	4878	1880	846			1015
文教广播电视业	5849	1194	990	149	239	300	2977
科学研究、技术服务业	828	517	69	53	189		
其他	39319	10253	10564	823	1086	1211	15382
（三）按资金来源分：							
1. 预算内基建拨款	55911	19319	22862	3108		655	9967
2. 国内银行贷款	10597	3576					7021
3. 利用外资	2035		2035				
4. 企事业单位自筹	72569	22146	15397	1373	1677	5633	26343
5. 其他资金	38641	3261	4451	1762	4635	2240	22292
二、当年新增固定资产	**146528**	**46897**	**32614**	**5398**	**2184**	**4950**	**54485**

12-30 广东农垦国有资产投资基本建设完成情况

2015 年　　单位：万元

指 标 名 称	农垦总局	湛江局	茂名局	阳江局	揭阳局	汕尾局	广州直属单位
一、本年实际完成投资总额	**163113**	**40444**	**42750**	**6243**	**6312**	**8478**	**58886**
（一）构成：1. 建安工程	113543	24326	28168	3857	5297	7717	44178
2. 设备工器具购置	25324	7097	5844	2080	305	674	9324
3. 商品房购置	807						807
4. 其他费用	23439	9021	8738	306	710	87	4577
（二）按工程用途和行业分							
1. 第一产业(农业)	72439	21660	28305	4179	4657	7017	6621
其中：橡胶	16992	1804	8033	960	645	616	4934
2. 第二产业	24561	3619	461	80	141		20260
内：工业	23143	2605	198	80			20260
3. 第三产业	66113	15165	13984	1984	1514	1461	32005
其中：交通运输业	1561	388	317	49			807
批发零售贸易餐饮业	2520	80	167	64			2209
社会服务业	12612	882	512				11218
卫生福利业	7741	4446	1434	846			1015
文教广播电视业	4303	1136	990	149	239	300	1489
科学研究、技术服务业	728	417	69	53	189		
其他	36648	7816	10495	823	1086	1161	15267
(三)按资金来源分：							
1. 预算内基建拨款	51425	15995	22496	3108		655	9171
2. 国内银行贷款	9800	2779					7021
3. 利用外资	1866		1866				
4. 企事业单位自筹	61442	18429	13978	1373	1677	5583	20402
5. 其他资金	38580	3241	4410	1762	4635	2240	22292
二、当年新增固定资产	**129965**	**38471**	**31264**	**5398**	**2184**	**4900**	**47748**

12-31 广东农垦国有更改措施投资完成情况

2015 年　　单位：万元

指 标 名 称	农垦总局	湛江局	茂名局	阳江局	揭阳局	汕尾局	广州直属单位
一、本年实际完成投资总额	**16640**	**7858**	**1995**			**50**	**6737**
（一）构成：1. 建安工程	7812	5220	1755			50	787
2. 设备工器具购置	7852	2055	240				5557
3. 商品房购置							
4. 其他费用	976	583					393
（二）按工程用途和行业分							
1. 第一产业(农业)	4636	1813	1480				1343
其中：橡胶	988	219	440				329
2. 第二产业	4015	2366					1649
内：工业	3082	1433					1649
3. 第三产业	7989	3679	515			50	3745
其中：交通运输业	2286	338					1948
批发零售贸易餐饮业	10						10
社会服务业	498	314					184
卫生福利业	878	432	446				
文教广播电视业	1546	58					1488
科学研究、技术服务业	100	100					
其他	2671	2437	69			50	115
(三)按资金来源分：							
1. 预算内基建拨款	4486	3324	366				796
2. 国内银行贷款	797	797					
3. 利用外资	169		169				
4. 企事业单位自筹	11127	3717	1419			50	5941
5. 其他资金	61	20	41				
二、当年新增固定资产	**16563**	**8426**	**1350**			**50**	**6737**

12-32 广东农垦年末实有及当年建设房屋情况

2015年　　单位：平方米

指　标　名　称	农垦总局	湛江局	茂名局	阳江局	揭阳局	汕尾局	广州直属单位
总 计	**20122027**	**9839244**	**4291356**	**846139**	**1702210**	**1472141**	**1970937**
1. 厂房	1926688	1154432	154232	85111	38654	75634	418625
其中：胶厂	194895	9626	7650	12603		541	164475
2. 仓库	755796	490604	80876	43315	13587	35400	92014
3. 商饮服务业用房	525130	140640	65738	38017	10112	45815	224808
其中：营业用房	363628	127132	43433	12456	4677	27380	148550
4. 运输邮电及其他业务部门用房	24390	13956	7735		710	1799	190
5. 办公室	400752	219549	68889	35953	12100	18202	46059
6. 住宅	12739237	5793473	3116959	473423	1504040	1117962	733380
7. 文化教育用房	953384	342718	187745	45107	48464	37261	292089
其中：教学用房	555018	204862	116313	28443	42940	35306	127154
8. 科学研究用房	30453	13079	5666	1020		510	10178
9. 医疗用房	336358	174150	67042	15852	2395	3174	73745
10. 畜禽舍	1631348	940180	407664	44349	59887	136016	43252
11. 其他	798491	556463	128810	63992	12261	368	36597

12-33 广东农垦从业人员与收入

2015 年

指 标 名 称	计量单位	农垦总局	湛江局	茂名局	阳江局	揭阳局	汕尾局	广州直属单位
一、从业人员年末数	**人**	**119553**	**36490**	**27247**	**4312**	**14577**	**14549**	**22378**
其中:女性	人	52075	15230	11681	1674	5326	5568	12596
1. 国有在岗职工人数小计	人	47512	24706	8636	2803	1263	2060	8044
小计中：女性	人	19684	10812	3762	1033	610	640	2827
长期职工	人	42718	22253	7466	2201	1141	2060	7597
2. 其他从业人员	人	72041	11784	18611	1509	13314	12489	14334
二、从业人员年平均人数	**人**	**118011**	**37106**	**26986**	**4465**	**13942**	**13306**	**22206**
其中：国有在岗职工人数	人	47764	24867	8629	3002	1263	2041	7962
三、国有不在岗职工年末人数	**人**	**1066**	**1040**		**20**		**2**	**4**
其中：下岗职工	人	55	55					
内部退养职工	人	633	625		2		2	4
四、农垦人口纯收入合计	**万元**	**819205**	**312922**	**185906**	**36264**	**66085**	**66218**	**151810**
1. 国有在岗职工纯收入	万元	221171	101794	30333	10244	4171	7106	67523
其中：工资性收入	万元	173364	79943	22376	7751	3589	5214	54491
非工资性收入	万元	47807	21851	7957	2493	582	1892	13032
2. 其他从业人员纯收入	万元	221535	36871	49127	4739	25853	31630	73315
3. 国有不在岗职工全部收入	万元	6254	2863	3315	58		5	13
4. 国有离退休人员全部收入	万元	183455	102484	48654	12821	4404	4891	10201
5. 外地做工经营纯收入	万元	181820	68754	53576	8392	28512	22586	
6. 其它收入	万元	4970	156	901	10	3145		758
五、农垦人口年人均纯收入	**元**	**21649**	**19913**	**19235**	**22200**	**13637**	**18722**	**62108**
六、从业人员年平均收入	**元**	**37514**	**37370**	**29445**	**33557**	**21535**	**29112**	**63423**
七、国有在岗职工年平均收入	**元**	**46305**	**40935**	**35152**	**34124**	**33025**	**34816**	**84807**

12-34 广东农垦国有在岗职工按劳动岗位分类

2015 年　　　　单位：人

指标名称	农垦总局	湛江局	茂名局	阳江局	揭阳局	汕尾局	广州直属单位
国有在岗职工总计	**47512**	**24706**	**8636**	**2803**	**1263**	**2060**	**8044**
一、工人和学徒	**26527**	**14629**	**4749**	**1645**	**695**	**1408**	**3401**
1.橡胶工人	6186	1162	3251	1048	108	95	522
内：割胶工人	3949	620	2433	852	9		35
制胶工人	514			27			487
2.热作工人	951	867			84		
内：剑麻初加工工人	381	338			43		
3.茶叶工人	228	109	32	37	32	18	
4.水果工人	1828	1169	320		170	169	
5.农业工人	7363	6561	9	11	149	629	4
内：水稻工人	664	101			32	531	
甘蔗工人	6131	6127	4				
6.畜牧工人	1136	394	245	35	41	83	338
7.林业工人	614	58	525		27	4	
8.副业工人	55				41	14	
9.渔业工人	546	62		371	22	91	
10.水利、水电工人	145	87	15	3	21	17	2
11.工业工人	4440	2983	180	36		110	1131
其中：胶制品工人	177	25	85	18			49
茶叶加工工人	23		23				
剑麻加工工人	484	484					
制糖工人	1783	1783					
农机修造工人	34	27				7	
建材工人	102	73	21			8	
木材加工制造工人	225	225					
12.建筑工人	121	84		8		29	
13.交通运输工人	1217	182	40	19		14	962
其中：司机、助手	1139	134	36	5		2	962
14.机务及动力工人	235	144	7			7	77
15.其他工人	1462	767	125	77		128	365
16.学徒							
二、工程(农牧)技术人员	**1625**	**1270**	**52**	**42**	**22**	**18**	**221**
三、管理人员	**6736**	**2994**	**1614**	**529**	**251**	**187**	**1161**
四、服务人员	**12352**	**5768**	**2070**	**542**	**295**	**421**	**3256**
1.炊事人员	563	144	100	28	9	11	271
2.幼师、保育人员	311	200	78	19	8	6	
3.医院外的卫生人员	32	24	1		7		
4.电视、电影、广播人员	12	11	1				
5.社会性服务人员	10608	5038	1745	406	229	396	2794
内：大中专教师	604	200	24				380
中小学教师	2853	1484	608	209	203	284	65
医院医务人员	3749	2303	832	160	10	64	380
银行邮电人员	271	270			1		
商饮服务人员	1059	21				13	1025
政法公安保安人员	1152	691	227	34	12	11	177
6.其他服务人员	826	351	145	89	42	8	191
五、其他人员	**272**	**45**	**151**	**45**		**26**	**5**

12-35 广东农垦科研基本情况

2015 年

项　　目	计量单位	合计	农业技术推广站	1. 省地科研单位	农业技术推广站	1. 农场科研单位	农业技术推广站
一、科研单位个数	**个**	**50**	**46**	**5**	**2**	**45**	**44**
二、年未从业人员	**人**	**438**	**270**	**113**	**53**	**325**	**217**
1. 科技人员	人	189	123	77	29	112	94
内：中级	人	56	35	36	26	20	9
高级	人	20	8	9	3	11	5
2. 其他人员	人	244	142	36	24	208	118
三、科技经费	**万元**	**3048**	**1343**	**1439**	**884**	**1609**	**459**
1. 国家拨款	万元	1933	1129	1439	884	494	245
2. 主管部门自筹	万元	16	16			16	16
3. 单位自筹	万元	1099	198			1099	198
四、实验地面积	**平方米**	**4010**	**3194**	**73**	**10**	**3937**	**3184**

12-36 广东农垦卫生事业基本情况

2015 年

项　　目	医疗单位（个）	病床（张）	年未从业人员（人）	卫生技术人员	内：医生
合　计	61	5774	4843	3965	1553
1. 省、地局属	4	2358	2461	1977	695
其中：医院	4	2358	2461	1977	695
疗养院					
2. 场（厂）级属	55	3416	2369	1976	851
其中：医院	49	3412	2354	1961	845
3. 分场（区）属	2	*	13	12	7
4. 生产队属	*	*			

12-37 广东农垦各类学校基本情况

2015 年

指　标　名　称	个数	年未从业人员	专任教师	在校学生	当年新招生	当年毕业生（人）
合　计	144	5049	3670	85137	23497	21920
一、管理学院	**1**	**1014**	**380**	**20312**	**6720**	**6793**
二、中等专业学校	**1**	**171**	**138**	**7095**	**2050**	**1906**
其中：师范学校						
中专学校	1	171	138	7095	2050	1906
三、技工学校	**2**	**133**	**96**	**3274**	**1811**	**1246**
四、普通中学	**43**	**1479**	**1157**	**18392**	**5875**	**6016**
其中：高中	1	213	144	3214	858	750
五、职业学校						
六、小学	**97**	**2252**	**1899**	**36064**	**7041**	**5959**
另：幼儿园	62	590	407	10218	3871	3275

12-38 广东农垦生产总值完成情况表

2015 年　　　　　　　　　　　　　　　　　　　　单位：万元

项　　目	增加值合计（按当年价格算）	劳动者报酬	固定资产折旧	生产税净额	政府补贴	营业盈余	年末从业人员（人）	年末固定资产原值
合　　计	1512954	596625	122376	96143		697810	119553	1728158
第一产业(农业)	488695	240514	50109			198072	53051	703197
第二产业	623741	147807	44339	64270		367325	30969	541791
1. 工业	554865	116703	37820	57488		342854	25195	515383
2. 建筑业	68876	31104	6519	6782		24471	5774	26408
第三产业	400518	208304	27928	31873		132413	35533	483170
1. 交通运输、仓储业、邮电通讯业	43140	21143	5754	3843		12400	4167	30695
2. 批发、零售贸易	88185	40090	5448	14354		28293	8196	156611
3. 住宿及餐饮业	42421	15491	4241	5039		17650	3747	38744
4. 房地产业	1835	1336	30	669		-200	79	318
5. 居民服务业及其他社会服务业	90349	33147	5646	7968		43588	6951	54519
6. 卫生、社会保障和福利事业	2424	1712	578			134	334	8281
7. 教育	41700	39511	2013			176	4557	99750
8. 科研研究和综合技术服务业	50752	40859	3147			6746	5148	67283
9. 公共管理和社会组织	30337	14085	1071			15181	891	26958
10. 其他	9375	930				8445	1463	11

12-39 广东农垦各管理局生产总值按产业分类

2015 年　　　　单位：万元

指 标 名 称	农垦总局	湛江局	茂名局	阳江局	揭阳局	汕尾局	广州直属单位
合 计							
增加值合计（按当年价格计算）	1512954	523311	232313	79252	46663	62347	569068
其中：劳动者报酬	596625	243811	107207	19420	34392	37942	153853
固定资产折旧	122376	56286	35279	5227	3534	2291	19759
生产税净额	96143	20331	14837	2347	1793	3944	52891
另：政府补贴							
营业盈余	697810	202883	74990	52258	6944	18170	342565
年末从业人员（人）	119553	36490	27247	4312	14577	14549	22378
年末固定资产原值	1728158	1003291	190812	69085	32272	58795	373903
第一产业（农业）							
增加值合计（按当年价格计算）	488695	274467	106593	51044	21798	18915	15878
其中：劳动者报酬	240514	139187	50155	10990	18474	16618	5090
固定资产折旧	50109	23243	19211	3681	1494	320	2160
生产税净额							
另：政府补贴							
营业盈余	198072	112037	37227	36373	1830	1977	8628
年末从业人员（人）	53051	19110	12314	2657	9305	8525	1140
年末固定资产原值	703197	520733	98757	41837	10429	5431	26010

12-39 续表 单位：万元

指 标 名 称	农垦总局	湛江局	茂名局	阳江局	揭阳局	汕尾局	广州直属单位
第二产业							
增加值合计（按当年价格计算）	623741	117320	47058	10186	13121	30188	405868
其中：劳动者报酬	147807	40026	19494	3032	7371	12882	65002
固定资产折旧	44339	27818	5876	606	1220	1239	7580
生产税净额	64270	12859	7201	967	1249	2985	39009
另：政府补贴							
营业盈余	367325	36617	14487	5581	3281	13082	294277
年末从业人员（人）	30969	7902	5448	583	2043	3522	11471
年末固定资产原值	541791	269034	40604	12970	14409	43073	161701
第三产业							
增加值合计（按当年价格计算）	400518	131524	78662	18022	11744	13244	147322
其中：劳动者报酬	208304	64598	37558	5398	8547	8442	83761
固定资产折旧	27928	5225	10192	940	820	732	10019
生产税净额	31873	7472	7636	1380	544	959	13882
另：政府补贴							
营业盈余	132413	54229	23276	10304	1833	3111	39660
年末从业人员（人）	35533	9478	9485	1072	3229	2502	9767
年末固定资产原值	483170	213524	51451	14278	7434	10291	186192

12-40 广东农垦主要物资消费

2015 年

项　　目	计量单位	全年消费量
1. 钢材	吨	64629
2. 木材	立方米	67698
3. 水泥	吨	347452
4. 煤炭	吨	27733
5. 成品油	吨	58239
内：汽油	吨	23133
柴油	吨	33093
重油	吨	1547
6. 化肥	吨	240370
7. 电力	万千瓦时	66499
8. 纯碱	吨	11
9. 烧碱	吨	213
10. 聚乙、丙烯	吨	396
11. 铜材	吨	245
12. 铝材	吨	1210
13. 硫酸	吨	1691
14. 轮胎外胎	条	14519
15. 冰醋酸	吨	3
16. 电石	吨	

12-41 广东农垦房地产开发投资完成情况

2015 年

指 标 名 称	计量单位	合计	商品住宅	配套设施
一、房地产开发投资完成额	**万元**	**110495**	**110495**	**271**
其中：土地开发投资额	万元	103725	103725	
资金来源小计	万元	110495	110495	271
1. 国家预算内资金	万元			
2. 国内银行贷款	万元			
3. 股票	万元			
4. 债券	万元			
5. 利用外资	万元			
6. 自筹资金	万元	110495	110495	271
7. 其他资金	万元			
二、商品房屋建筑面积		*	*	
1. 施工面积	平方米	84756	84756	
内：本年新开工	平方米	79792	79792	
2. 竣工面积	平方米	45834	45834	
三、土地开发面积	**平方米**	**86377**	**86377**	
四、商品房屋销售建筑面积	**平方米**	**4951**	**4951**	**24**
五、商品房屋销售额	**万元**	**5147**	**5147**	**53**
六、房地产开发企业个数	**个**	**1**		
七、从业人员年末人数	**人**	**79**		
其中：国有在岗职工人数	人	79		
八、从业人员年平均人数	**人**	**78**		
其中：国有在岗职工人数	**人**	**78**		
九、全年从业人员劳动报酬	**万元**	**1336**		
其中：国有在岗职工劳动报酬	万元	1336		
十、企业利润总额	**万元**	**-584**		
十一、全年缴纳税金	**万元**	**669**		

12-42 广东农垦非国有经济基本情况表

2015 年

指 标 名 称	计量单位	合计	第一产业	第二产业	工业	第三产业
一、经营单位个数	**个**	**5999**	**58**	**656**	**447**	**5285**
1. 集体经济	个					
#股份合作制经济	个					
2. 个体经济	个					
3. 私营经济	个	5996	58	653	444	5285
4. 港澳台及外商经济	个	3		3	3	
二、从业人员	**人**	**59255**	**20316**	**20644**	**15771**	**18295**
1. 集体经济	人					
#股份合作制经济	人					
2. 个体、私营经济	人					
3. 私营经济	人	53560	20316	14949	10076	18295
4. 港澳台及外商经济	人	5695		5695	5695	
三、从业人员劳动报酬	**万元**	**233290**	**61778**	**93072**	**69966**	**78440**
1. 集体经济	万元					
#股份合作制经济	万元					
2. 个体经济	万元					
3. 私营经济	万元	200780	61778	60562	37456	78440
4. 港澳台及外商经济	万元	32510		32510	32510	
四、农垦生产总值	**万元**	**726059**	**90769**	**440870**	**387118**	**194420**
1. 集体经济	万元					
#股份合作制经济	万元					
2. 个体经济	万元					
3. 私营经济	万元	458909	90769	173720	119968	194420
4. 港澳台及外商经济	万元	267150		267150	267150	
五、当年固定资产投资额	**万元**	**94525**	**10962**	**32205**	**23303**	**51358**
1. 集体经济	万元					
#股份合作制经济	万元					
2. 个体经济	万元					
3. 私营经济	万元	87525	10962	25205	16303	51358
4. 港澳台及外商经济	万元	7000		7000	7000	
六、资产总额	**万元**	**356281**	**24973**	**183616**	**159823**	**147692**
1. 集体经济	万元					
#股份合作制经济	万元					
2. 个体经济	万元					
3. 私营经济	万元	293830	24973	121201	97408	147656
4. 港澳台及外商经济	万元	62451		62415	62415	36
七、固定资产原值	**万元**	**257512**	**41571**	**122480**	**105923**	**93461**
1. 集体经济	万元					
#股份合作制经济	万元					
2. 个体经济	万元					
3. 私营经济	万元	244442	41571	109410	92853	93461
4. 港澳台及外商经济	万元	13070		13070	13070	
八、税金	**万元**	**60875**	**57**	**39976**	**34092**	**20842**
#1. 集体经济	万元					
2. 港澳台及外商经济	万元	22280		22280	22280	
九、利润总额	**万元**	**239778**	**22793**	**163545**	**149341**	**53440**
#1. 集体经济	万元					
2. 港澳台及外商经济	万元	87785		87785	87785	

十三、农产品进出口贸易

13-1 农副产品出口分类值

单位：万美元

类　　别	1995	2000	2005	2010	2014	2015
活动物	21117	15908	9885	17534	23514	22803
肉及食用杂碎	5517	8104	12798	28007	31423	32940
水产品	54464	25862	53585	102449	154147	149026
乳品、蛋品、天然蜂蜜、其他	2526	3660	3660	4328	6964	7162
其他动物产品	8687	5100	3264	3866	9202	7433
树苗及花草	885	785	2638	2734	4493	4834
蔬菜	25156	11284	19896	29140	24334	24175
水果及坚果	13460	5406	11819	17832	23426	16874
咖啡、茶叶及调味香料	7842	6569	9460	12298	16705	15861
谷物	491	522	9	80	104	292
制粉工业产品	1571	3443	4528	10218	13205	11299
植物油籽及果实、种子、药材	24958	9852	11014	13086	14649	15746
虫胶、树胶、树脂	1034	841	1439	2732	6918	6214
编结植物材料、其他植物产品	2400	1608	1895	2301	4125	5529
动、植物油脂及蜡	28350	6515	4372	8684	14428	12583

注：本表资料按海关统计口径整理。

13-2 农副产品及其加工品海关进出口情况

单位：万美元

类　别	2014		2015	
	出口	进口	出口	进口
一、活动物、动物产品	**225250**	**296619**	**219363**	**266927**
1. 活动物	23514	5386	22803	2493
2. 肉及食用杂碎	31423	113221	32940	136795
3. 水产品	154147	65780	149026	69875
4. 乳品、蛋品、天然蜂蜜、其他	6964	104229	7162	50237
5. 其他动物产品	9202	8002	7433	7527
二、植物产品	**107959**	**809223**	**100825**	**803169**
1. 树苗及花草	4493	3343	4834	3224
2. 蔬菜	24334	3501	24175	4464
3. 水果及坚果	23426	231948	16874	258647
4. 咖啡、茶叶及调味香料	16705	7300	15861	5932
5. 谷物	104	164298	292	223965
6. 制粉工业产品	13205	19897	11299	19214
7. 植物油籽及果实、种子、药材	14649	368144	15746	278040
8. 虫胶、树胶、树脂	6918	3825	6214	3545
9. 编结植物材料、其他植物产品	4125	6967	5529	6139
三、动、植物油脂及蜡	**14428**	**84038**	**12583**	**139546**
动、植物油脂及蜡	14428	84038	12583	139546
四、食品、烟草及制品	**481402**	**394520**	**514103**	**489139**
1. 动物产品制品	167666	2702	155179	2330
2. 糖及糖食	62561	22092	63747	38969
3. 可可及可可制品	15360	12958	17338	15288
4. 粮食及乳制品、糕饼点心	48933	136106	51136	129302
5. 蔬菜、水果等植物制品	30107	15632	38929	18121
6. 杂项制品	48625	38526	51185	50348
7. 饮料、酒及醋	85731	85157	118143	138737
8. 食品的残渣、动物饲料	13613	65693	8499	69178
9. 烟草及烟草制品	8805	15652	9948	26865
五、其他	**849826**	**1115881**	**908043**	**1025976**
1. 木及木制品、木炭	149089	377620	171729	321964
2. 软木及软木制品	187	323	325	252
3. 草柳编结品	29258	452	31101	392
4. 木浆及其他纤维素浆、废碎纸板	67	316025	271	303028
5. 纸及纸板、纸浆、纸制品	431223	117029	475945	111390
6. 蚕丝	11622	3119	9896	3033
7. 羊毛、动物毛、毛纱线及制品	15109	21205	12805	24630
8. 棉花	213271	280108	205971	261287

13-3 主要农副产品外贸出口情况

单位：万美元

项 目	单位	1995		2000		2005	
		数 量	金 额	数 量	金 额	数量	金 额
活猪	万头	62	7526	46	5688	37	5216
活家禽	万只	4888	11532	4483	9224	2301	3243
鲜冻猪肉	吨	8172	1468	15950	2069	9551	1757
冻鸡	吨	7852	1468	22233	3261	7758	1106
水海产品	吨	149585	54464	187489	25850	229840	53451
# 活鱼	吨	61077	17723	66804	6458	48691	9626
冻鱼、冻鱼片	吨	14033	3963	34686	3943	79160	16484
鲜、冻对虾	吨	3838	2823	1108	690	15226	6010
冻虾仁	吨	5271	3282	2938	697	15110	7955
鲜蛋	万只	11253	478	60625	1225	36701	1458
谷物	吨	35131	1229	155932	3544	139410	4049
# 大米	吨	10368	423	4166	173	1629	59
蔬菜	吨	450274	27674	531889	13258	718676	22104
# 鲜蔬菜	吨	356418	11757	446956	6579	653695	11799
干食用菌	吨	6147	7396	8634	1595	6946	3807
干豆	吨	25212	1159	13373	394	31082	1115
鲜干果类	吨	121400	13028	178158	3927	351474	10948
# 桔橙	吨	49109	2166	43570	673	79242	2448
核桃仁	吨	1671	525	744	97	342	107
白果	吨	2220	998	1960	179	849	160
食用油籽	吨	27011	2046	14770	535	11333	634
# 花生、花生仁	吨	17856	1205	13012	389	2489	113
食用植物油	吨	171707	13481	92622	5257	43409	3710
烘焙花生	吨	5225	454	2565	239	1496	159
食糖	吨	205421	8051	23938	826	215575	6576
茶叶	吨	21974	2917	18853	3154	13795	3205
辣椒干	吨	4402	692	24427	701	5324	618
肠衣	吨	388	189	20	9	227	73
羽毛绒	吨	4703	6399	7490	3987	5267	1922
药材	吨	41665	17652	61377	6995	98868	8209
未硝整张毛皮	吨	65	231	37	83	1	2
# 水貂皮	吨	8	69	3534	552	1493	300
生丝	吨	1218	2608	1579	3414	1642	3762
兔毛	吨	388	753	444	634	77	234

13-3 续表 单位：万美元

项 目	单位	2010		2014		2015	
		数 量	金 额	数量	金 额	数量	金 额
活猪	万头	67	13178	70.00	18672.00		18663.63
活家禽	万只	622	2252	441.00	1581.00		1356.75
鲜冻猪肉	吨	21713	6837	14004.00	5938.90	12601.80	5366.20
冻鸡	吨	4194	950	3023.00	951.60	3089.02	1022.01
水海产品	吨	261658	102343	452255.00	298194.00	480740.93	280755.93
# 活鱼	吨	53374	14036	57691.00	24738.00	59154.78	23946.89
冻鱼、冻鱼片	吨	99202	32276	110389.00	44092.28	124308.27	45788.93
鲜、冻对虾	吨	22375	12776	5101.00	5054.16	3310.65	3460.64
冻虾仁	吨	33975	25147	30626.00	41441.52	22660.57	30236.32
鲜蛋	万只	21700	1541			13548.12	2395.28
谷物	吨	134932	6571	107532.00	7133.50	106117.26	6793.45
# 大米	吨	518	56	2153.00	102.97	4409.78	196.34
蔬菜	吨	769456	32929	654761.00	30255.00	639335.38	31281.18
# 鲜蔬菜	吨	719225	21762	607635.00	17987.07	585873.90	17680.21
干食用菌	吨	1495	1743	1358.00	2388.51	1344.90	2337.79
干豆	吨						
鲜干果类	吨	298975	17416	164158.00	23080.00	111988.57	16634.60
# 桔橙	吨	108248	6625	52482.00	7140.84	21448.77	2733.72
核桃仁	吨						
白果	吨						
食用油籽	吨	2415	230	1810.00	219.44	1527.89	215.85
# 花生、花生仁	吨	1142	112	478.00	43.40	388.13	41.84
食用植物油	吨	15322	2641	20022.00	4000.83	21670.32	3725.69
烘焙花生	吨	273	135	178.00	81.50	266.65	135.53
食糖	吨	63451	4237	41065.00	3206.04	67671.69	4017.56
茶叶	吨	6461	3845	5956.00	5749.17	5076.49	4073.23
辣椒干	吨	1872	580	581.00	114.45	1072.76	264.91
肠衣	吨	573	1360	520.00	1061.58	744.33	1450.98
羽毛绒	吨	3459	995	3029.00	6655.00	3801.56	4672.82
药材	吨	112291	11429	15353.00	16283.34	22333.08	15663.07
未硝整张毛皮	吨						
# 水貂皮	吨						
生丝	吨	1378	5423	661.00	3387.85	643.64	2959.55
兔毛	吨						

13-4 农、林、牧、渔利用外资情况

年 份	签订合同数（宗）	合同利用外资（万美元）	实际利用外资（万美元）	年 份	签订合同数（宗）	合同利用外资（万美元）	实际利用外资（万美元）
1979	50	1997	514	1996	149	30464	16365
1980	59	5120	3471	1997	116	19766	19358
1981	45	5593	610	1998	121	11212	17243
1982	79	4217	946	1999	104	20232	20983
1983	48	2661	1198	2000	94	10600	14451
1984	250	8806	814	2001	104	22655	17937
1985	168	7901	2464	2005	166	23113	7720
1986	69	8681	6537	2006	192	28609	11539
1987	88	8590	4544	2007	336	48282	18295
1988	131	14668	8318	2008	211	39901	20832
1989	66	5156	6062	2009	95	28735	23922
1990	76	4128	3785	2010	84	27770	14327
1991	97	8372	2290	2011	118	73110	15871
1992	248	30462	4475	2012	127	66417	15264
1993	494	46597	6746	2013	121	53841	15143
1994	257	37439	9889	2014	150	76376	16888
1995	206	33419	10654	2015	74	64924	7880

13-5 农、林、牧、渔实际利用外资情况

（按引进方式分）

单位：万美元

项 目	1995	2000	2005	2010	2011	2012	2013	2014	2015
合 计	10654	14451	7720	14327	15871	15264	15143	16888	7880
1. 外国政府贷款									
2. 国际金融组织贷款	1582								
3. 出口信贷									
4. 外国银行商业贷款									
5. 对外发行债券、股票									
6. 合资经营企业	1583	1917	565	2180	1287	1867	2864	3241	379
7. 合作经营企业	3944	4703	348	1253	796	473	284	1253	164
8. 外资（独资）企业	2849	7831	6807	10894	13788	12709	11995	12394	7337
9. 外商投资股份制企业						215			
10. 国际租赁									
11. 补偿贸易	696								
12. 加工装配									

注：1. 本表数字有调整，以前年份出版有出入者，以此为准。

2. 2004 年“实际利用外资”统计口径调整，与以前年份不可比。

3. 2004 年起数据不包括“水利业”。

13-6 各市农、林、牧、渔利用外资情况

市别	2015签订合同数（宗）	2015合同利用外资（万美元）	实际利用外资（万美元）							
			2000	2005	2010	2011	2011	2013	2014	2015
合计	74	64924	14451	7720	14327	15871	15264	15143	16888	7880
广州	6	21381	2219	222	373	784	357	601	147	232
深圳	7	1627	145	146			150	65	392	
珠海	5	1042	545	560	189	166	3	42		37
汕头	1	8	142	-	18	22			10	
佛山	1	870	687	118	60	25	2	6	3	37
韶关	3	882	1142	187	2105	526	2160	1504	3753	204
河源		3038	911	1120	519	1614	1268	1903	2263	1531
梅州	10	10315	1196	334	689	1410	2138	1002	1026	1199
惠州	12	11544	2388	1516	1975	692	2974	445	626	45
汕尾	1	573	94	528	242	140	243	147	30	94
东莞	2	311		314	62	559	318	357	2890	38
中山	2	1019	22	149		115	1	32	61	
江门	6	575	713	334	245	94	214	90	229	237
阳江	5	-1716	184	230	2933	5537	1150	5945	2123	131
湛江	1	170	392	187	26		585	257	310	130
茂名	7	1058	261	220	126	780	103			82
肇庆	3	5722	1746	944	3695	1160	2600	2418	1999	3700

十四、农村经济收入分配与效益

14-1 农村集体经济基本情况

2015 年　　　　单位：个、万元

项　　目	数　量	项　　目	数　量
农村集体经济组织和生产要素情况			
1. 汇总镇级经济联合总社数	966	其中：(1)从事家庭经营	1847
2. 汇总村级经济联合社数	23009	其中：从事第一产业	1150
3. 汇总组级经济合作社数	217167	(2)外出务工劳动力	1288
4. 汇总农户数(万户)	1443	其中：常年外出务工劳动	1022
(1)纯农户	876	①乡外县内	392
(2)农业兼业户	257	②县外省内	551
(3)非农业兼业户	127	③省外	79
(4)非农户	183	7. 村组集体资产总额	47996932
5. 汇总人口数(万人)	6041	(1)村级集体资产	32193266
6. 汇总劳动力(万个)	6365	(2)组级集体资产	15803666

14-2 村组集体经济组织资产负债情况

2015 年　　　　单位：万元

项目	金额	项目	金额
一、流动资产合计	**19157296**	**一、流动负债合计**	**13345535**
1、货币资金	11727514	1、短期借款	1180532
2、短期投资	1012433	2、应付款项	11776074
3、应收款项	6259526	3、应付工资	156901
4、存货	157822	4、应付福利费	232029
二、农业资产合计	**83020**	**二、长期负债合计**	**2046563**
1、牲畜（禽）资产	15083	1、长期借款及应付款	1989465
2、林木资产	67937	2、一事一议资金	57098
三、长期资产合计	**28756616**	**三、所有者权益合计**	**32604834**
1、长期投资	2820490	1、实收资本金	9834839
2、固定资产合计	23042961	2、公积公益金	21709717
其中:当年新购建的	944934	3、未分配收益	1060278
（1）固定资产原值	26360778	**四、负债及所有者权益合计**	**47996932**
（2）减：累计折旧	7097896	**五、附报:**	
（3）固定资产净值	19262882	1、经营性固定资产原值	10985763
（4）固定资产清理	107313	2、负债合计	15392098
（5）在建工程	3672766	其中：(1)经营性负债	3441354
3、其他资产	2893165	(2)兴办公益事业负债	556992
四、资产总计	**47996932**	3、当年新增负债	316299

14-3 村组集体经济组织收益分配情况

2015 年 单位：万元

项　　目	金　额	项　　目	金　额
一、总收入	**7818741**	**六、可分配收益**	**5454892**
1、经营收入	3147072	**七、各项分配**	**4519416**
2、发包及上交收入	2810685	1、提取公积金、公益金	592558
3、投资收益	205045	2、提取应付福利费	815047
4、补助收入	491131	3、外来投资分利	28485
5、其他收入	1164808	4、农户分配	2803193
二、总支出	**3002587**	5、其他分配	280134
1、经营支出	1135423	**八、年末未分配收益**	**935476**
2、管理费用	1146719	**九、附报指标**	
其中：①干部报酬	299681	1、汇入本表村数	20680
②报刊费	13426	2、当年无收益的村	6768
3、其他支出	720445	3、有集体经营收益的村	13912
三、本年收益	**4816153**	(1)集体经营收益在 5 万元以下的村	5372
四、年初未分配收益	**563297**	(2)集体经营收益在 5—10 万元的村	2966
五、其他转入	**75441**	(3)集体经营收益在 10 万元以上的村	5574

14-4 村级集体经济组织资产负债情况

2015 年 单位：万元、个

项　　目	金　额	项　　目	金　额
一、流动资产合计	**11736191**	**一、流动负债合计**	**9187551**
1、货币资金	6533137	1、短期借款	1011085
2、短期投资	723428	2、应付款项	8059342
3、应收款项	4335561	3、应付工资	112566
4、存货	144065	4、应付福利费	4558
二、农业资产合计	**40131**	**二、长期负债合计**	**1757124**
1、牲畜（禽）资产	6335	1、长期借款及应付款	1709538
2、林木资产	33795	2、一事一议资金	47586
三、长期资产合计	**20416944**	**三、所有者权益合计**	**21248591**
1、长期投资	2156434	1、实收资本金	5913059
2、固定资产合计	16410073	2、公积公益金	14800958
其中:当年新购建的	754845	3、未分配收益	534574
（1）固定资产原值	18269257	**四、负债及所有者权益合计**	**32193266**
（2）减：累计折旧	4624475	**五、附报:**	
（3）固定资产净值	13644782	1、经营性固定资产原值	7317906
（4）固定资产清理	59693	2、负债合计	10944675
（5）在建工程	2705598	其中：（1）经营性负债	2563770
3、其他资产	1850437	（2）兴办公益事业负债	467468
四、资产总计	**32193266**	3、当年新增负债	269379

14-5 村级集体经济组织收益分配情况

2015 年　　单位：万元

项　目	金　额	项　目	金　额
一、总收入	**4474884**	**六、可分配收益**	**2640760**
1.经营收入	1831354	**七、各项分配**	**1952069**
2.发包及上交收入	1416396	1.提取公积金、公益金	317599
3.投资收益	130902	2.提取应付福利费	559540
4.补助收入	439865	3.外来投资分利	19857
5.其他收入	656366	4.农户分配	1055073
二、总支出	**2172282**	5.其他分配	236340
1.经营支出	773745	**八、年末未分配收益**	**452351**
2.管理费用	871731	**九、附报指标**	
其中：①干部报酬	242398	1.汇入本表村数	20680
②报刊费	11946	2.当年无收益的村	6768
3.其他支出	526806	3.有集体经营收益的村	13912
三、本年收益	**2302602**	(1)集体经营收益在 5 万元以下的村	5372
四、年初未分配收益	**280134**	(2)集体经营收益在 5—10 万元的村	2966
五、其他转入	**58024**	(3)集体经营收益在 10 万元以上的村	5574

14-6 组级集体经济组织资产负债情况

2015 年　　单位：万元、个

项　目	金　额	项　目	金　额
一、流动资产合计	**7421105**	**一、流动负债合计**	**4157984**
1、货币资金	5194377	1、短期借款	169447
2、短期投资	289005	2、应付款项	3716732
3、应收款项	1923965	3、应付工资	44334
4、存货	13757	4、应付福利费	227471
二、农业资产合计	**42889**	**二、长期负债合计**	**289440**
1、牲畜（禽）资产	8748	1、长期借款及应付款	279927
2、林木资产	34142	2、一事一议资金	9512
三、长期资产合计	**8339672**	**三、所有者权益合计**	**11356243**
1、长期投资	664055	1、实收资本金	3921780
2、固定资产合计	6632888	2、公积公益金	6908759
其中:当年新购建的	190089	3、未分配收益	525704
（1）固定资产原值	8091521	**四、负债及所有者权益合计**	**15803666**
（2）减：累计折旧	2473421	**五、附报:**	
（3）固定资产净值	5618100	1、经营性固定资产原值	3667857
（4）固定资产清理	47620	2、负债合计	4447424
（5）在建工程	967168	其中：（1）经营性负债	877584
3、其他资产	1042729	（2）兴办公益事业负债	89524
四、资产总计	**15803666**	3、当年新增负债	46921

14-7 组级集体经济组织收益分配情况

2015 年　　单位：万元

项　　目	金　额	项　　目	金　额
一、总收入	**3343857**	**六、可分配收益**	**2814132**
1.经营收入	1315717	**七、各项分配**	**2331007**
2.发包及上交收入	1394289	1.提取公积金、公益金	274959
3.投资收益	74143	2.提取应付福利费	255507
4.补助收入	51266	3.外来投资分利	8628
5.其他收入	508442	4.农户分配	1748119
二、总支出	**830306**	5.其他分配	43794
1.经营支出	361678	**八、年末未分配收益**	**483125**
2.管理费用	274988	**九、附报指标**	
其中：①干部报酬	57284	1. 汇入本表村数	
②报刊费	1480	2. 当年无收益的村	
3.其他支出	193640	3. 有集体经营收益的村	
三、本年收益	**2513551**	(1)集体经营收益在 5 万元以下的村	
四、年初未分配收益	**283163**	(2)集体经营收益在 5—10 万元的村	
五、其他转入	**17417**	(3)集体经营收益在 10 万元以上的村	

14-8 各市农村经济基本情况

2015年　　单位：个、万元

市别	汇总村级经济联合社数	汇总组级经济合作社数	汇总农户数(万户)	纯农户数(万户)	农业兼业户数(万户)	非农业兼业户数(万户)	非农户数(万户)	汇总人口数(万人)	汇总劳动力(万个)	从事家庭经营
合计	23009	217167	1443	876	257	127	183	6041	6365	1847
广州	1296	11013	105	54	10	7	35	322	210	99
珠海	136	196	6	4	1	1	1	24	15	9
汕头	1171		86	39	20	11	15	405	215	140
佛山	604	4193	67	25	11	6	25	214	137	42
韶关	1207	13660	54	43	7	2	2	220	127	71
河源	1271	21065	65	32	16	11	7	303	162	77
梅州	2050	31835	96	55	20	13	8	434	231	117
惠州	1067	9968	56	38	8	5	4	244	126	75
汕尾	802	3607	50	31	8	3	7	251	117	65
东莞	567	2315	27	2	3	4	18	93	70	38
中山	280	1743	29	9	4	4	12	106	71	32
江门	1073	12341	74	55	12	4	3	262	164	93
阳江	707	9223	60	44	8	3	5	222	133	62
湛江	1559	11955	133	98	22	6	7	617	337	220
茂名	2032	30314	146	86	35	17	8	625	3336	172
肇庆	1442	19972	87	66	13	5	4	350	207	120
清远	1098	19632	82	60	11	7	5	346	197	112
潮州	923	238	48	18	16	7	7	210	111	67
揭阳	2834		111	76	21	7	7	541	261	162
云浮	890	13897	61	41	11	5	4	250	139	74

市别	从事第一产业	外出务工劳动力	常年外出务工劳动力	乡外县内	县外省内	省外	村组集体资产总额(万元)	村级集体资产	组级集体资产
合计	1150	1288	1022	392	551	79	47996932	32193266	15803666
广州	48	72	46	32	11	3	13754930	8512752	5242178
珠海	7	5	4	3	1		282433	244913	37520
汕头	70	68	54	27	20	6	1456864	1441086	15779
佛山	25	38	26	19	5	2	7586362	3511775	4074587
韶关	51	49	42	12	27	3	212068	200512	11556
河源	48	80	69	15	51	4	119492	117637	1855
梅州	77	103	86	22	59	5	241119	241119	
惠州	38	51	37	23	13	1	927709	506338	421371
汕尾	50	48	36	11	23	2	135887	114652	21235
东莞	6	32	28	22	5	1	14759541	10506547	4252994
中山	14	30	21	16	4	1	3445341	3151233	294108
江门	62	60	47	28	15	4	1356771	793817	562954
阳江	48	60	46	16	28	2	187690	179202	8487
湛江	149	116	90	29	51	10	396146	202550	193597
茂名	119	133	109	27	68	14	173122	151145	21977
肇庆	83	80	69	18	47	4	691065	290370	400695
清远	83	84	68	21	43	4	298822	179327	119494
潮州	34	36	29	13	13	3	637676	614928	22747
揭阳	83	84	60	22	33	5	1116479	1116479	
云浮	55	61	56	16	35	5	217416	116883	100533

14-9 各市村级集体经济组织资产负债情况

2015 年

单位：万元

市别	一、流动资产合计	1. 货币资金	2. 短期投资	3. 应收款项	4. 存货	二、农业资产合计
合计	11736191	6533137	723428	4335561	144065	40131
广州	4135910	2763153	167202	1173327	32228	3114
珠海	110757	55559	2953	51897	348	2
汕头	565245	299410	5785	256466	3585	1422
佛山	1804789	779213	16502	1007411	1663	257
韶关	65981	46819	10484	8678	1	480
河源	15916	11620	493	3538	265	807
梅州	79521	65014	3995	9988	524	1544
惠州	95632	40682	2112	50737	2101	7441
汕尾	25713	19776	92	5845		1060
东莞	2648163	1138197	435445	980579	93942	1831
中山	886347	442314	38037	401426	4569	1221
江门	354943	223296	4190	127338	120	511
阳江	85263	62368	33	21382	1480	600
湛江	49475	30669	7063	11660	82	3011
茂名	58784	44195	479	14004	107	228
肇庆	81018	63641	2940	14003	434	7207
清远	49796	31965	1261	16455	115	2430
潮州	254146	174464	19291	60342	49	1387
揭阳	338274	215730	2469	117956	2118	1162
云浮	30516	25051	2603	2528	334	4413

市别	二、农业资产合计		三、长期资产合计	1. 长期投资	2. 固定资产合计	
	1. 牲畜（禽）资产	2. 林木资产				当年新购建的
合计	6335	33795	20416944	2156434	16410073	754845
广州	42	3072	4373728	509719	3722160	76318
珠海		2	134154	10737	122199	110
汕头	3	1419	874419	64835	803589	55627
佛山		257	1706728	142362	1149893	6843
韶关	51	429	134051	15303	118604	555
河源		807	100913	11038	87986	555
梅州	143	1402	160053	22385	134903	3437
惠州	3579	3862	403265	13252	383786	6443
汕尾	125	935	87878	323	86895	2713
东莞		1831	7856553	1013049	6080457	509380
中山		1221	2263665	260591	1565549	49258
江门		511	438362	27080	402723	10525
阳江	68	532	93339	4787	77913	932
湛江	608	2403	150064	10956	133293	4539
茂名	3	225	92133	2101	77847	1902
肇庆	538	6669	202145	7434	190969	3059
清远	27	2403	127101	16363	107934	2226
潮州	107	1280	359395	13351	338136	8828
揭阳	985	177	777043	6957	748475	10837
云浮	56	4358	81954	3810	76762	758

14-9 续表 1

单位：万元

市别	三、长期资产合计						四、资产总计
	2. 固定资产合计					3. 其他资产	
	(1)固定资产原值	(2)减：累计折旧	(3)固定资产净值	(4)固定资产清理	(5)在建工程		
合计	18269257	4624475	13644782	59693	2705598	1850437	32193266
广州	3725879	943510	2782369	3486	936305	141849	8512752
珠海	115182	7810	107372	582	14244	1218	244913
汕头	631858	15679	616179	1378	186032	5994	1441086
佛山	1331251	330393	1000858	1943	147093	414473	3511775
韶关	118295	3967	114329	672	3604	143	200512
河源	72024	3558	68465	16033	3488	1889	117637
梅州	113573	1720	111853	13445	9605	2765	241119
惠州	336752	33378	303374	3661	76751	6226	506338
汕尾	88941	4702	84239	224	2433	660	114652
东莞	7918951	2644047	5274904	-1084	806637	763047	10506547
中山	1871278	542810	1328468	101	236981	437525	3151233
江门	362524	29129	333395	326	69002	8560	793817
阳江	73285	777	72508	823	4582	10639	179202
湛江	136839	19847	116991	618	15684	5814	202550
茂名	67482	978	66504	205	11138	12185	151145
肇庆	197403	15876	181527	102	9341	3742	290370
清远	107134	5844	101290	152	6493	2804	179327
潮州	274642	4933	269709	9702	58724	7909	614928
揭阳	648420	11798	636622	6308	105544	21611	1116479
云浮	77546	3719	73827	1018	1917	1382	116883

市别	一、流动负债合计	1. 短期借款	2. 应付款项	3. 应付工资	4. 应付福利费
合计	9187551	1011085	8059342	112566	4558
广州	3779767	127268	3655666	30998	-34165
珠海	75442	4127	65211	1801	4304
汕头	454089	53053	400248	12670	-11883
佛山	1480634	129815	1315390	2450	32978
韶关	51286	930	48074	692	1590
河源	12963	1829	11102	62	-30
梅州	31729	1139	29702	402	486
惠州	67535	5785	58325	2869	556
汕尾	13018	1570	9809	1213	425
东莞	1580180	490897	1043050	46233	
中山	740409	128509	615394	1218	-4712
江门	311203	26072	274118	1667	9345
阳江	74979	4796	69040	1024	119
湛江	46933	8763	33700	1696	2774
茂名	41832	5076	36514	622	-381
肇庆	43131	1964	40309	689	170
清远	31537	835	28675	1200	828
潮州	171209	6482	160117	3533	1076
揭阳	158228	11318	144902	1465	543
云浮	21447	857	19996	61	533

14-9 续表 2 单位：万元

市别	二、长期负债合计	1.长期借款及应付款	2.一事一议资金	三、所有者权益合计	1.实收资本金	2.公积公益金	3.未分配收益
合计	1757124	1709538	47586	21248591	5913059	14800958	534574
广州	572766	571794	972	4160219	782597	3232305	145317
珠海	6626	6614	12	162845	52531	101346	8968
汕头	49169	41556	7613	937827	280570	629147	28110
佛山	112884	108473	4411	1918257	676018	1140347	101892
韶关	5159	5029	130	144068	65069	62660	16339
河源	13089	12555	533	91585	43371	21081	27133
梅州	14539	11113	3426	194851	86028	71388	37434
惠州	25495	23924	1571	413308	152731	239949	20629
汕尾	8239	7439	799	93396	30619	45715	17062
东莞	434758	434758		8491609	2618904	5872705	
中山	317315	317133	182	2093509	479506	1586313	27691
江门	67905	60088	7817	414708	66939	315915	31854
阳江	7354	6250	1103	96870	20391	56801	19678
湛江	22145	21205	940	133472	70188	72458	-9174
茂名	13912	11793	2119	95401	62728	17982	14691
肇庆	10236	5930	4306	237003	71862	129040	36101
清远	9705	5899	3806	138085	72918	43563	21604
潮州	29333	25023	4310	414386	125755	290907	-2276
揭阳	28576	26116	2460	929675	90560	855268	-16154
云浮	7919	6844	1074	87518	63773	16067	7678

市别	四、负债及所有者权益合计	1.经营性固定资产原值	2.负债合计	(1)经营性负债	(2)兴办公益事业负债	3.当年新增负债
合计	32193266	7317906	10944675	2563770	467468	269379
广州	8512752	1241615	4352533	513718	20243	94916
珠海	244913	29679	82069	1574	768	
汕头	1441086	43930	503258	127078	90502	49234
佛山	3511775	212189	1593518	241004	6369	5417
韶关	200512	471	56485	459	327	-64
河源	117637	131	26051	1133	10553	318
梅州	241119	5470	46268	981	6872	1514
惠州	506338	43927	93030	23999	11594	6541
汕尾	114652	14	21256	135	149	
东莞	10506547	4805213	2014938	1507610	195582	85326
中山	3151233	827798	1057724	84340	15100	8456
江门	793817	22636	378547	12321	1136	4515
阳江	179202	1326	82333	76	625	67
湛江	202550	685	69078	4470	31569	958
茂名	151145	10593	55744	8151	18186	127
肇庆	290370	9488	53368	3062	2846	113
清远	179327	5835	41242	578	2166	2188
潮州	614928	39198	200542	2732	19800	2501
揭阳	1116479	16097	186804	29385	31806	7230
云浮	116883	1610	29365	963	1273	21

14-10 各市组级集体经济组织资产负债情况

2015年　　单位：万元

市别	一、流动资产合计	1.货币资金	2.短期投资	3.应收款项	4.存货	二、农业资产合计
合　计	7421105	5194377	289005	1923965	13757	42889
广　州	2763697	2122941	93853	546550	353	1673
珠　海	25770	21023	3400	1326	20	
汕　头	8434	5627		2801	6	
佛　山	2220966	1468866	52349	699549	201	328
韶　关	2980	2088	194	698		229
河　源	460	415	30	15		
梅　州						
惠　州	96141	56146	2848	35523	1624	7449
汕　尾	5353	4540		811	2	
东　莞	1520702	941190	119356	450020	10136	240
中　山	141319	86461	777	54027	54	
江　门	365699	253290	9551	102749	110	89
阳　江	686	517	3	166		260
湛　江	51696	43303	552	6758	1083	16423
茂　名	13120	12326		795		
肇　庆	139917	121000	2039	16873	5	5654
清　远	40350	36674	714	2959	4	1655
潮　州	6515	2454	2960	1000	101	8
揭　阳						
云　浮	17299	15516	379	1346	58	8881

市别	二、农业资产合计		三、长期资产合计	1.长期投资	2.固定资产合计	
	1.牲畜（禽）资产	2.林木资产				当年新购建的
合　计	8748	34142	8339672	664055	6632888	190089
广　州	962	711	2476808	242343	2171648	29091
珠　海			11750	2170	8474	3
汕　头			7344	1535	5406	
佛　山		328	1853293	64899	1142437	41016
韶　关	40	189	8347	1044	7279	
河　源			1395	10	1385	
梅　州						
惠　州	1985	5464	317781	16924	297933	5096
汕　尾			15882	3	15879	
东　莞		240	2732052	308196	2141485	106805
中　山			152789	4352	129457	630
江　门		89	197165	5240	181306	2463
阳　江	13	247	7542	728	6792	150
湛　江	3238	13186	125477	2078	120885	2429
茂　名			8857	300	8491	31
肇　庆	592	5062	255124	11551	229458	634
清　远	118	1537	77489	1777	75530	330
潮　州		8	16224	141	16016	11
揭　阳						
云　浮	1801	7080	74353	763	73027	1403

市别	三、长期资产合计						四、资产总计
	2. 固定资产合计					3. 其他资产	
	(1)固定资产原值	(2)减：累计折旧	(3)固定资产净值	(4)固定资产清理	(5)在建工程		
合计	8091521	2473421	5618100	47620	967168	1042729	15803666
广州	2232796	450655	1782141	19138	370369	62817	5242178
珠海	4538	178	4360	23	4092	1106	37520
汕头	6257	1043	5214	186	6	404	15779
佛山	1175918	329363	846555	7256	288625	645957	4074587
韶关	7110	14	7096	160	23	24	11556
河源	1513	128	1385				1855
梅州							
惠州	261425	16775	244650	17996	35287	2924	421371
汕尾	15854	124	15730		149		21235
东莞	3512714	1573885	1938828	-1106	203764	282370	4252994
中山	143146	31280	111865	1972	15620	18980	294108
江门	167881	9640	158241	171	22895	10619	562954
阳江	5542	291	5251	1066	475	21	8487
湛江	137286	23772	113514	467	6903	2515	193597
茂名	6311	490	5821	-4	2674	66	21977
肇庆	248373	33523	214851	91	14516	14115	400695
清远	75515	361	75154		376	181	119494
潮州	16430	573	15857		159	67	22747
揭阳							
云浮	72912	1326	71586	205	1236	562	100533

市别	一、流动负债合计	1. 短期借款	2. 应付款项	3. 应付工资	4. 应付福利费
合计	4157984	169447	3716732	44334	227471
广州	1812196	52982	1669957	26772	62485
珠海	11071	100	10957	6	8
汕头	7417	259	7560	-15	-388
佛山	1330158	8514	1172148	1751	147745
韶关	1966	43	2165	45	-287
河源	22		19		3
梅州					
惠州	45205	4568	32591	1423	6623
汕尾	1284	157	1090	29	8
东莞	554538	77157	466490	10891	
中山	92639	17623	75160	625	-769
江门	181030	1527	170894	503	8106
阳江	875	5	872	-2	
湛江	20101	4111	14337	839	814
茂名	380	201	178	1	
肇庆	91555	2142	86226	1102	2084
清远	3374	37	2524	268	545
潮州	2339	19	2105	19	196
揭阳					
云浮	1834		1458	78	298

14-10 续表 2　　　　单位：万元

市别	二、长期负债合计	1. 长期借款及应付款	2. 一事一议资金	三、所有者权益合计	1. 实收资本金	2. 公积公益金	3. 未分配收益
合计	289440	279927	9512	11356243	3921780	6908759	525704
广州	102002	101797	205	3327980	745088	2254236	328656
珠海	876	876		25573	2768	22862	-57
汕头	185	185		8177	3455	4064	658
佛山	30120	28393	1727	2714309	988573	1629889	95847
韶关	2439	2416	23	7151	4143	2021	987
河源				1833	1385	421	27
梅州							
惠州	27526	26926	600	348640	145758	199327	3555
汕尾	239	23	216	19712	5712	12362	1638
东莞	83585	83585		3614871	1646012	1968859	
中山	8307	8124	183	193162	25414	186332	-18584
江门	11436	8493	2943	370488	48398	281716	40374
阳江	203	203		7409	4808	1265	1336
湛江	12399	10514	1885	161097	93036	40934	27127
茂名	50	39	11	21547	9517	6324	5706
肇庆	3477	3316	161	305663	90834	192496	22332
清远	2220	850	1371	113900	23202	82891	7807
潮州	170	170		20239	5571	13439	1229
揭阳							
云浮	4208	4019	188	94492	78105	9320	7066

市别	四、负债及所有者权益合计	1. 经营性固定资产原值	2. 负债合计	(1)经营性负债	(2)兴办公益事业负债	3. 当年新增负债
合计	15803666	3667857	4447424	877584	89524	46921
广州	5242178	433851	1914198	162207	4704	13889
珠海	37520	89	11947	139		
汕头	15779	86	7602			1429
佛山	4074587	201804	1360278	163704	7152	3087
韶关	11556		4405	112	136	-279
河源	1855		22			
梅州				2	3	
惠州	421371	79414	72731	15598	1820	1523
汕尾	21235		1523			
东莞	4252994	2879912	638123	519118	59503	23950
中山	294108	43568	100946	5006	20	323
江门	562954	1293	192405	6095	1694	31
阳江	8487		1078		12	3
湛江	193597	2011	32499	254	13237	1974
茂名	21977	369	430	700	483	22
肇庆	400695	11517	95032	4118	605	540
清远	119494	5533	5594	392	139	427
潮州	22747	8410	2509	139		3
揭阳						
云浮	100533		6041		17	

14-11 各市村级集体经济组织收益分配情况

2015 年 单位：万元

市别	一、总收入	1. 经营收入	2. 发包及上交收入	3. 投资收益	4. 补助收入	5. 其他收入	二、总支出	1. 经营支出
合计	4474884	1831354	1416396	130902	439865	656366	2172282	773745
广州	1109781	646547	272296	20156	27520	143262	515508	179410
珠海	39385	11587	19707	77	5931	2083	15242	2948
汕头	107002	36663	30470	2304	19639	17925	77696	12962
佛山	631030	217014	284231	10322	29688	89775	247142	75016
韶关	49150	12297	8923	4667	9393	13869	42231	9704
河源	37903	6663	1107	3453	13563	13118	33551	3856
梅州	83007	1848	4936	3420	40328	32475	67366	673
惠州	124759	52374	32830	3781	19995	15778	85064	35859
汕尾	39597	1867	3761	543	13043	20382	25685	1111
东莞	1250530	372551	542498	65528	118625	151328	515059	312896
中山	460952	340619	64512	2481	19919	33421	209963	85709
江门	118379	40172	47044	1883	12004	17276	60283	7109
阳江	19184	1900	3509	424	6315	7036	14837	603
湛江	54572	25221	9622	5535	7909	6284	29241	9498
茂名	18820	1651	3654	502	8588	4424	14164	1514
肇庆	67193	10007	22520	1773	17864	15029	44479	5741
清远	40529	6984	4691	1982	15127	11745	32947	2381
潮州	81602	12659	28253	898	21689	18103	41088	7037
揭阳	117210	26744	28732	1015	25131	35589	83111	18055
云浮	24301	5985	3101	158	7594	7463	17624	1664

市别	2. 管理费用	①干部报酬	②报刊费	3. 其他支出	三、本年收益	四、年初未分配收益	五、其他转入	六、可分配收益
合计	871731	242398	11946	526806	2302602	280134	58024	2640760
广州	262134	41648	568	73964	594273	69711	-7832	656152
珠海	8647	3223	47	3648	24142	3974	821	28937
汕头	40729	18140	446	24005	29306	26002	44466	99774
佛山	98957	21207	1286	73169	383888	57062	355	441304
韶关	16188	6292	115	16339	6919	13436	1003	21358
河源	9232	2477	101	20462	4352	7159	23	11534
梅州	19762	6200	320	46931	15641	25274	62	40977
惠州	27628	9087	661	21577	39695	39176	1224	80095
汕尾	11879	5774	177	12695	13912	2122	66	16100
东莞	145770	49218	4295	56393	735471			735471
中山	69961	13347	798	54293	250989	4603	5108	260700
江门	37194	14988	552	15980	58096	23035	1285	82415
阳江	9177	4633	159	5057	4347	4361	7	8716
湛江	11854	4384	365	7889	25330	-4193	312	21449
茂名	7680	3005	361	4970	4656	2190	44	6890
肇庆	21953	8237	206	16786	22713	18839	270	41823
清远	16189	6127	157	14376	7582	13010	921	21513
潮州	20334	10817	327	13716	40514	-7988	4808	37334
揭阳	29134	10700	874	35922	34100	-24932	5224	14392
云浮	7327	2895	129	8633	6677	7292	-143	13827

单位：万元

市别	七、各项分配	1. 提取公积金、公益金	2. 提取应付福利费	3. 外来投资分利	4. 农户分配	5. 其他分配	八、年末未分配收益
合计	2188409	317599	559540	19857	1055073	236340	452351
广州	539720	41401	112398	4475	343876	37570	116432
珠海	23173	2568	2650		17603	353	5764
汕头	67596	17020	34964	15	14645	952	32179
佛山	336936	48973	118458	1315	107117	61073	104368
韶关	6818	827	1929	10	3048	1003	14539
河源	4229	608	812		110	2700	7306
梅州	5124	1414	1691		896	1123	35853
惠州	33287	4542	7805	1398	16946	2596	46808
汕尾	1720	985	468	54	203	12	14379
东莞	735471	153108	159779	233	303726	118625	
中山	230972	17651	49722	11081	151843	676	29728
江门	51838	3747	26640	1	22873	-1423	30578
阳江	1109	652	108		290	59	7607
湛江	6922	2314	393	111	3005	1099	14527
茂名	39008	244	155	62	37424	1123	-32118
肇庆	12745	2476	2845	325	6027	1072	29078
清远	9297	991	1099	493	2948	3766	12216
潮州	35809	6010	13838	69	15484	408	1525
揭阳	41549	10505	23098		5350	2595	-27157
云浮	5086	1563	688	216	1661	958	8740

市别	九、附报指标					
	1.汇入本表村数(差1802个)	(1)当年无经营收益的村	(2)当年有经营收益的村(15648)	①5万元以下的村(9247)	②5-10万元的村	③10万元以上的村
合计	20680	6768	13912	5372	2966	5574
广州	1295	365	930	107	87	736
珠海	122	5	117	2	4	111
汕头	874	503	371	60	41	270
佛山	536	62	474	13	20	441
韶关	1120	338	782	338	236	208
河源	1264	155	1109	729	260	120
梅州	2051	753	1298	488	433	377
惠州	887	180	707	255	183	269
汕尾	810	559	251	138	49	64
东莞	556	10	546	1	0	545
中山	240	14	226	1	0	225
江门	1058	274	784	173	151	460
阳江	707	476	231	133	51	47
湛江	1562	459	1103	576	350	177
茂名	1821	877	944	595	257	92
肇庆	1390	461	929	365	201	363
清远	1104	451	653	381	120	152
潮州	922	251	671	188	124	359
揭阳	1471	422	1049	368	261	420
云浮	890	153	737	461	138	138

14-12 各市组级集体经济组织收益分配情况

2015 年　　　　　　单位：万元

市别	一、总收入	1. 经营收入	2. 发包及上交收入	3. 投资收益	4. 补助收入	5. 其他收入	二、总支出	1. 经营支出
合计	3343857	1315717	1394289	74143	51266	508442	830306	361678
广州	1042816	568946	238511	12813	14521	208025	245242	65680
珠海	6930	951	2317	194	334	3135	1808	293
汕头	2183	1505	226		170	282	986	266
佛山	1002285	355075	522840	9214	19906	95250	136495	41864
韶关	702	21	226	19	83	353	475	2
河源	2955	472	575	115	371	1422	2138	130
梅州								
惠州	141199	76432	45465	4530	4353	10419	89893	55450
汕尾	348		228		103	17	222	
东莞	672709	204159	339285	34327		94938	212523	164331
中山	98507	36001	51799	1536	1279	7890	16278	4746
江门	130143	10163	89522	835	1977	27647	41819	3132
阳江	1309	248	279	35	517	230	1140	93
湛江	58901	24313	12286	5689	2252	14362	23433	10131
茂名	757	3	157		245	352	466	57
肇庆	131934	30284	71675	4509	1247	24220	33708	12819
清远	31310	3556	9203	235	3326	14988	14904	1826
潮州	3221	12	2887	11	9	301	692	105
揭阳								
云浮	15647	3576	6806	83	572	4609	8085	754

市别	2. 管理费用	其中：①干部报酬	②报刊费	3. 其他支出	三、本年收益	四、年初未分配收益	五、其他转入	六、可分配收益
合计	274988	57284	1480	193640	2513551	283163	17417	2814132
广州	119400	18243	28	60162	797574	179574	5428	982576
珠海	615	129	1	899	5123	7387	1566	14075
汕头	634	92	3	85	1198		41	1239
佛山	56357	13060	283	38274	865790	13508	10591	889889
韶关	369	214	2	105	227	-358		-131
河源	776	424	19	1232	818	137	29	984
梅州								
惠州	18954	3722	350	15489	51306	24935	1302	77543
汕尾	205	185	1	17	125	258	5	388
东莞	33792	11312	500	14400	460186			460186
中山	6377	1053	82	5155	82229	-10901	-195	71133
江门	12403	2793	96	26285	88324	32176	867	121366
阳江	479	137	0	568	170	187		357
湛江	7881	1635	41	5421	35468	12581	-2705	45344
茂名	290	146	13	120	292	3		295
肇庆	10932	2658	31	9958	98226	9183	56	107465
清远	3479	814	22	9599	16406	7089	71	23566
潮州	516	259	3	71	2529	675	10	3214
揭阳								
云浮	1530	408	4	5802	7561	6729	352	14642

14-12 续表

单位：万元

市别	七、各项分配	1.提取公积金、公益金	2.提取应付福利费	3.外来投资分利	4.农户分配	5.其他分配	八、年末未分配收益
合计	2331007	274959	255507	8628	1748119	43794	483125
广州	704552	52209	49846	4055	576663	21779	278024
珠海	14018	93	71		13854		57
汕头	1029	210	505		314		210
佛山	835359	120322	104076	487	597855	12619	54530
韶关	82	6	2		74		-213
河源	572	102	56	49	220	145	412
梅州	5					5	-5
惠州	38464	7405	4966	2031	21094	2968	39079
汕尾	97		21		76		291
东莞	460186	79017	66740		314429		
中山	75099	1925	10418	1519	60753	484	-3967
江门	83061	6083	11997	113	63962	905	38305
阳江	160	31	22		27	80	197
湛江	14149	2468	1748	326	8809	797	31195
茂名	249	2	1			246	46
肇庆	83769	3268	3922	48	75283	1249	23695
清远	12601	816	238		9654	1892	10965
潮州	2518	78	537		1903		696
揭阳							
云浮	5037	923	341		3150	624	9605

14-13 农村经济主要比例关系和效益指标

项　　目	2000	2005	2010	2014	2015
投入产出率（%）					
农林牧渔业	41.2	41.1	39.1	38.1	37.9
农业	31.6	30.1	30.2	30.2	30.2
林业	24.7	25.8	25.5	25.5	25.5
牧业	54.6	55.1	54.7	54.6	54.6
渔业	41.4	43.0	40.2	40.2	40.2
农林牧渔服务业		69.9	58.7	58.7	58.7
产出率					
园地（元/亩）	914	1258	2206	3363	3542
淡水养殖水面(元/亩)	3643	4965	6930	9782	9875
生猪出栏率（%）	146	162	156	166	172

14-14 农副产品人均拥有量

单位：公斤/人

年份	粮食		花生	糖蔗	蔬菜	水果	肉类			水产品
		稻谷						猪肉	家禽	
1978	298.08	262.35	6.94	164.97		5.81				12.93
1980	321.73	291.51	9.56	159.68		5.57				12.12
1985	283.68	257.14	10.09	323.82		20.56				19.49
1990	303.60	270.09	9.28	335.17	156.38	52.60				33.25
1993	249.79	218.60	10.12	245.79	207.73	61.70				41.66
1994	250.53	216.08	9.60	210.53	225.65	60.51				47.33
1995	267.55	230.55	10.38	218.43	250.98	61.43				52.57
1996	276.57	237.84	10.68	203.58	270.43	55.74	36.54	23.49	12.67	57.74
1997	282.77	240.01	10.65	234.25	284.58	59.59	39.30	25.18	13.59	74.53
1998	266.70	239.01	9.82	228.88	282.63	64.14	41.78	26.60	14.61	78.46
1999	268.59	226.18	10.17	169.04	289.04	86.40	43.28	28.00	14.52	79.91
2000	246.30	206.59	10.50	153.76	295.36	86.98	43.27	27.59	14.87	80.17
2001	228.57	191.37	10.59	142.51	314.28	78.43	44.05	28.24	14.99	80.95
2002	195.10	163.46	9.88	149.39	319.31	91.87	44.92	28.78	14.53	82.56
2003	193.59	162.68	10.50	123.97	334.59	93.49	46.42	30.14	14.51	84.38
2004	179.03	144.66	9.85	121.17	327.70	101.47	46.81	31.02	14.04	86.47
2005	176.58	141.40	9.60	119.75	328.63	105.28	48.65	32.44	14.39	88.01
2006	154.36	126.22	9.51	127.43	295.77	111.01	47.47	31.24	14.72	81.86
2007	157.51	128.25	9.40	134.49	288.31	116.56	47.29	28.86	16.84	81.45
2008	150.41	121.36	9.74	130.55	294.11	118.96	49.83	30.72	17.69	82.25
2009	157.12	126.48	10.00	133.41	306.86	126.93	51.04	31.33	18.23	84.01
2010	154.49	124.46	10.22	133.11	319.03	132.46	51.76	32.32	17.95	85.55
2011	157.57	127.00	10.52	139.25	330.08	139.52	50.33	31.37	17.40	88.24
2012	161.69	130.45	11.06	148.14	345.39	148.11	51.32	32.00	17.77	91.42
2013	150.23	119.30	11.40	155.12	358.98	156.26	49.69	31.71	16.33	93.17
2014	152.74	122.84	11.74	147.28	368.49	161.87	48.32	31.80	14.84	94.13
2015	150.76	120.82	12.10	138.86	381.73	168.72	47.09	30.43	14.96	95.16

注：1. 表中2006、2007年数据为第二次全国农业普查后调整数。

2. 表中数据均按户籍人口计算。

14-15 主要农副产品产量与最高年份比较

指　标	2015	建国以来最高年		
		年　份	产　量	2015 为建国以来最高年份%
粮食总产量　(万吨)	1358.13	1997	1966.75	69.05
#稻谷	1088.42	1998	1688.53	64.46
早稻	524.97	1983	862.25	60.88
晚稻	563.45	1998	866.51	65.03
薯类	167.73	1998	238.28	70.39
经济作物　(万吨)				
甘蔗	1452.85	1992	2376.62	61.13
#糖蔗	1250.93	1992	2271.06	55.08
油料作物	110.34	2014	105.48	104.60
#花生	109.04	2014	104.31	104.54
烟叶	5.57	1992	8.62	64.62
其他作物				
#蔬菜　(万吨)	3438.78	2014	3274.75	105.01
水果　(万吨)	1519.89	2014	1438.49	105.66
水产品　(万吨)	857.23	2014	836.50	102.48
生猪年末存栏量　(万头)	2135.85	2009	2392.28	89.28
生猪出栏头数　(万头)	3663.44	2014	3790.78	96.64
猪肉产量　(万吨)	274.15	2014	282.64	97.00
家禽年末存栏　(亿只)	3.25	2010	3.84	84.64
出售和自宰的家禽(亿只)	9.74	2010	11.37	85.66
禽肉产量　(万吨)	134.80	2012	153.46	87.84

注：1. 1998 年起水产品产量按新标准计算。
　　2. 1998 年起主要农产品产量采用抽样调查数，其他年份均为全面统计数。
　　3. 2004 年起粮食产量含大豆。

十五、农村居民收入与消费

简要说明

一、2013 年国家统计局实行城乡住户一体化调查改革，将过去城镇与农村分别开展的调查体系，按照统一指标、统一方法、统一标准、统一调查、统一程序的原则，整合为城乡一体化住户调查新体系。由于新旧调查体系在调查范围和对象、城乡划分标准、样本抽选方法、计算和汇总方式、指标名称和口径等都发生了变化，新旧口径指标数据衔接困难。

二、旧调查体系的农村居民纯收入指标在新的调查体系中统一为城乡可比的可支配收入，旧调查体系中的城乡经营性收入、财产性收入与转移性收入在新的调查体系中统一为经营净收入、财产净收入与转移净收入。

三、2013 年起为新口径数据；15-1 表、15-2 表、15-4 表 2013 年以前的收入数据为旧调查体系的人均纯收入。

农村居民收入与消费

一、农村居民收入保持稳步增长

据国家统计局广东调查总队资料显示：2015 年广东农村常住居民人均可支配收入 13360.4 元，同比名义增速和实际增速分别为 9.1%和 7.7%，分别比上年增速回落 1.5 和 0.6 个百分点。

（一）工资性收入保持稳步增长。年初以来广东农村劳动力就业状况基本稳定，尤其是随着县域经济的不断发展，本地务工人数较快增长。据农民工监测调查资料显示，广东农村从业劳动力中在本地（乡镇地域内）务工人数同比增长 6.9%。同时，在各地最低工资标准和工资增长指导线提高，以及用工结构性短缺等因素共同推动下，本地和外出务工劳动力月均工资水平均有明显上涨。就业稳定、工资水平提高为工资性收入增长提供了有力支撑。全年人均工资性收入 6724.0 元，增长 8.1%，对可支配收入增长的贡献率达到 45.2%，拉动收入增长 4.1 个百分点，继续占据收入构成的主导地位。

（二）经营净收入较快增长。全年人均经营净收入 3590.1 元，增长 9.7%，对可支配收入增长的贡献率达到 28.5%，拉动收入增长 2.6 个百分点。其中人均第一产业经营净收入 2280.0 元，增长 6.7%，占经营净收入的比重为 63.5%，占全部可支配收入的比重为 17.1%。第一产业增长主要来自种植业和牧业。2015 年以来广东主要农作物生产条件稳定，各类作物平稳增长，粮食、蔬菜、水果等主要农产品量足价稳，带动收入明显增长。数据显示，人均种植业净收入 1535.1 元，增长 6.8%。畜牧业方面，5 月份以来生猪价格持续上涨，同时家禽业扶持政策亦带动鸡肉、禽蛋等畜产品价格逐步回升，为增加经营净收入带来积极影响。全年人均牧业净收入 387.3 元，增长 11.7%。

在农业经营收入平稳增长的同时，得益于新型农村经营业态发展，小微企业优惠政策不断深化等因素，第二、三产业的收入保持较快增长势头。调查显示，全年人均第二、三产业经营净收入 1310.1 元，增长 15.4%，占经营净收入的比重为 36.5%，占全部可支配收入的比重为 9.8%。其中来自批发零售业的收入 611.2 元，增长 12.8%。

（三）财产和转移净收入快速增长。政府各类政策性补贴力度加大助推转移净收入较快增长。全年人均转移净收入 2709.3 元，增长 10.3%。其中农村外出从业人员寄带回收入 1707.2 元，增长 15.4%。此外，随着农村产权制度改革和土地流转提速，以利息、红利、出租房屋、土地流转、农机出租为主要形式的财产净收入快速增长。全年人均财产净收入 337.0 元，增长 14.0%，在各类收入中增速最快。其中，人均红利收入 243.4 元，增长 21.0%；人均转让承包土地经营权收入 28.1 元，增长 15.5%。

表 3　2015 年广东农村常住居民收入增长情况

指 标 名 称	单位	2015 年	2014 年	增加	增幅(%)
可支配收入	元	13360.4	12245.6	1114.9	9.1
一、工资性收入	元	6724.0	6220.3	503.7	8.1
二、经营净收入	元	3590.1	3272.4	317.8	9.7
三、财产净收入	元	337.0	295.5	41.5	14.0
四、转移净收入	元	2709.3	2457.3	252.0	10.3

（四）收入货币化程度提高。随着农村经济市场化程度加深，农村居民收入结构持续改善，收入货币化程度提高。2015 年人均现金可支配收入 12391.7 元，增长 9.9%，快于可支配收入增速 0.8 个百分点，现金可支配收入占比由上年的 92.1 %提高到 92.7%；人均实物可支配收入 968.7 元，增长 0.4%，实物可支配收入占比由上年的 7.9%下降到 7.3%。收入货币化程度提高，使农村居民购买力不断增强。

（五）城乡收入差距进一步缩小。2015 年广东农村居民人均可支配收入名义增速和实际增速分别快于城镇居民 1.0 和 1.3 个百分点。这使城乡居民收入比（以农村为 1）由上年的 2.625 缩小至 2.601，延续了近年来城乡收入差距缩小的趋势，收入分配格局得到进一步改善。

二、农村居民消费质量提高

（一）2015 年广东农村常住居民人均生活消费支出 11103.0 元，同比增长 10.6%，增速快于城镇居民 1.9 个百分点。在八大类消费支出中，食品烟酒、衣着、居住支出增速最快，分别达到 13.7%、11.9%、11.4%（见表 6）。消费结构中食品烟酒、居住、交通通信支出占消费的比重最大，分别为 40.6%、22.5%和 10.5%。随着消费观念的逐步改变以及消费品市场升级换代步伐加快，一些新领域、新项目的消费逐步改变着农村居民的生活方式：

1. 消费需求不断丰富。农村居民在饮食上更加注重营养，膳食结构更趋合理，消费质量不断提高。其中，营养丰富的肉、禽、蛋、奶类及水产品的消费增长较快，增速分别为 12.9%、16.0%、14.2%、6.0%和 15.1%；人均在外饮食支出增长23.9%。此外，农村居民衣着消费水平不断提高，更加注重个人品位。衣着消费正在从低档、制作、耐用型向高档、成衣的城市化转变。数据显示，全年衣着支出中购买服装鞋类人均353.3元，增长13.0%，占衣着支出的比重高达96.2%。

2.拓展型消费与日俱增。随着新农村建设步伐加快，农村居民消费层次提升，交通通讯、文化娱乐等拓展型消费需求不断释放。全年人均交通和通信支出1160.4元，增长8.6%；人均文化娱乐消费支出276.7元，增长14.6%。调查显示，年末家用汽车每百户拥有量为10.7辆，大幅增长42.7%；移动电话每百户拥有量为267.2部，增长7.6%，其中接入互联网的94.9部，增长27.6%；家用计算机每百户拥有量为33.9台，增长11.6%。

表6　2015年广东农村常住居民生活消费支出情况

指标名称	单位	2015年	2014年	增加	增幅(%)
生活消费支出	元	11103.0	10043.2	1059.8	10.6
（一）食品烟酒	元	4511.3	3968.9	542.4	13.7
（二）衣着	元	367.1	328.2	39.0	11.9
（三）居住	元	2494.8	2238.8	256.0	11.4
（四）生活用品及服务	元	654.6	599.7	55.0	9.2
（五）交通通信	元	1160.4	1068.7	91.8	8.6
（六）教育文化娱乐	元	952.4	918.2	34.2	3.7
（七）医疗保健	元	723.1	686.9	36.2	5.3
（八）其他用品和服务	元	239.1	233.8	5.3	2.3

15-1 农村常住居民收入与消费（1978-2015 年）

年份	人均可支配收入（元）	增长速度 名义增长（上年为100）	实际增长（上年为100）	实际增长（1978年为100）	人均生活消费支出（元）	增长速度（%） 名义增长（上年为100）	实际增长（上年为100）	实际增长（1978年为100）	恩格尔系数(%)
1978	193.25	7.9		100.0	184.89	-2.6		100.0	61.7
1979	222.72	15.2	13.6	113.6	205.18	11.0	10.1	110.1	59.9
1980	274.37	23.2	19.4	135.6	222.22	8.3	3.9	114.4	60.4
1981	325.37	18.6	11.4	151.1	266.05	19.7	12.1	128.2	59.3
1982	381.79	17.3	12.7	170.3	312.44	17.4	16.2	149.0	58.4
1983	395.92	3.7	7.0	182.2	328.76	5.2	6.3	158.4	60.3
1984	425.34	7.4	7.2	195.3	346.19	5.3	5.0	166.3	59.3
1985	495.31	16.5	9.8	214.5	388.00	12.1	5.7	175.8	60.4
1986	546.43	10.3	7.6	230.8	454.06	17.0	11.1	195.3	58.8
1987	662.24	21.2	11.1	256.4	545.25	20.1	9.5	213.9	57.3
1988	808.70	22.1	2.7	263.3	684.67	25.6	3.2	220.7	55.2
1989	955.02	18.1	2.0	268.6	870.59	27.2	7.3	236.8	53.7
1990	1043.03	9.2	1.6	272.9	932.63	7.1	-0.3	236.1	57.7
1991	1143.06	9.6	9.4	298.5	942.40	1.1	1.2	238.9	57.4
1992	1307.65	14.4	10.4	329.6	1060.29	12.5	8.8	259.9	54.0
1993	1674.78	28.1	6.1	349.7	1391.01	31.2	6.8	277.6	52.8
1994	2181.52	30.3	3.8	363.0	1882.00	35.3	3.6	287.6	55.6
1995	2699.24	23.7	6.5	386.6	2255.01	19.8	5.3	302.9	54.5
1996	3183.46	17.9	7.6	415.9	2584.16	14.6	6.9	323.8	51.6
1997	3467.69	8.9	4.2	433.4	2617.65	1.3	0.3	324.7	52.3
1998	3527.14	1.7	3.4	448.2	2683.18	2.5	3.8	337.1	51.1
1999	3628.93	2.9	6.2	475.9	2645.94	-1.4	1.7	342.8	50.7
2000	3654.48	0.7	0.9	480.2	2646.02	…	…	342.9	49.8
2001	3769.79	3.2	3.5	497.0	2703.36	2.2	2.5	351.4	49.9
2002	3911.91	3.8	5.1	522.4	2825.01	4.5	6.0	372.5	47.6
2003	4054.58	3.6	3.4	540.1	2927.35	3.6	3.4	385.2	47.9
2004	4365.87	7.7	4.0	561.8	3240.78	10.7	6.7	411.0	48.8
2005	4690.49	7.4	4.5	587.0	3707.73	14.4	11.4	457.9	48.3
2006	5079.78	8.3	6.4	624.6	3885.97	4.8	3.2	472.6	48.6
2007	5624.04	10.7	6.5	665.5	4202.32	8.1	4.5	493.8	49.7
2008	6399.77	13.8	7.6	715.8	4872.96	15.9	9.6	541.3	49.0
2009	6906.93	7.9	10.7	792.4	5019.81	3.0	5.3	570.0	48.3
2010	7890.25	14.2	10.3	874.0	5515.58	9.9	6.5	607.1	47.7
2011	9371.73	18.8	11.9	978.0	6725.55	21.9	15.5	701.2	49.1
2012	10542.84	12.5	9.3	1069.0	7458.56	10.9	7.8	755.9	49.1
2013	11067.79	10.7	7.8	1152.4	8937.76	11.9	9.0	823.9	42.1
2014	12245.56	10.6	8.3	1248.0	10043.21	12.4	10.1	907.1	39.5
2015	13360.44	9.1	7.7	1344.1	11103.00	10.6	9.2	990.4	40.6

15-2 历年农村常住居民家庭基本情况

（1949—2015年）

年份	平均每户常住人口（人）	人均可支配收入（元）	人均生活消费支出（元）	农村居民家庭恩格尔系数（%）	农村年末人均生活住房面积（平方米）
1949	4.67	55.62	67.85	73.4	
1950					
1952	4.65	85.32	78.76	67.7	
1957	4.63	108.19	96.61	68.0	
1962		142.60	114.08		
1965		107.73	99.11		
1970					
1975	6.38	143.83	151.42	63.3	
1978	5.99	193.25	184.89	61.7	8.73
1979	6.01	222.72	205.18	59.9	9.10
1980	6.18	274.37	222.22	60.4	10.51
1981	6.22	325.37	266.05	59.3	11.67
1982	6.12	381.79	312.44	58.4	11.39
1983	6.02	395.92	328.76	60.3	12.85
1984	5.99	425.34	346.19	59.3	14.42
1985	5.95	495.31	388.00	60.4	14.87
1986	5.91	546.43	454.06	58.8	15.58
1987	5.87	662.24	545.25	57.3	15.78
1988	5.79	808.70	684.67	55.2	16.39
1989	5.69	955.02	870.59	53.7	17.11
1990	5.65	1043.03	932.63	57.7	17.39
1991	5.51	1143.06	942.40	57.4	18.03
1992	5.49	1307.65	1060.29	54.0	18.77
1993	5.39	1674.78	1391.01	52.8	20.56
1994	5.38	2181.52	1882.00	55.6	20.51
1995	5.36	2699.24	2255.01	54.5	20.83
1996	5.25	3183.43	2584.16	51.6	22.32
1997	5.17	3467.69	2617.65	52.3	23.78
1998	5.15	3527.14	2683.18	51.1	24.83
1999	5.08	3628.93	2645.94	50.7	25.94
2000	5.15	3654.48	2646.02	49.8	22.42
2001	5.10	3769.79	2703.36	49.9	23.39
2002	5.08	3911.91	2825.01	47.6	24.07
2003	5.04	4054.58	2927.35	47.9	24.79
2004	5.01	4365.87	3240.78	48.8	25.48
2005	5.00	4690.49	3707.73	48.3	25.71
2006	4.98	5079.78	3885.97	48.6	26.60
2007	5.00	5624.04	4202.32	49.7	27.24
2008	5.00	6399.77	4872.96	49.0	27.89
2009	4.99	6906.93	5019.81	48.3	28.70
2010	4.95	7890.25	5515.58	47.7	30.06
2011	4.84	9371.73	6725.55	49.1	30.73
2012	4.82	10542.84	7458.56	49.1	31.67
2013	3.71	11067.79	8937.76	42.1	34.92
2014	3.54	12245.56	10043.21	39.5	39.32
2015	3.60	13360.10	11103.00	40.6	42.14

15-3 农村常住居民家庭平均每百户主要耐用物品年末拥有量

年　份	摩托车（辆）	生活用汽车（辆）	固定电话（台）	移动电话（台）	洗衣机（台）	电冰箱（台）	空调机（台）	电视机（台）	计算机（台）
1980								1.38	
1981								2.89	
1982								4.73	
1983								5.23	
1984					0.06	0.06		8.00	
1985	0.34				0.17	0.03		9.98	
1986	0.52				0.45	0.24		15.00	
1987	0.97				1.53	0.23		22.78	
1988	1.12				2.46	0.45		31.43	
1989	1.71				3.57	0.83		42.74	
1990	1.84		1.20		4.26	1.17		50.31	
1991	2.11				4.84	1.13		57.19	
1992	4.04				5.54	2.17		66.76	
1993	8.19		3.83		10.56	5.08		76.12	
1994	12.34		6.49		12.58	6.73		81.13	
1995	15.73		9.40		14.88	7.90	0.65	86.20	
1996	22.50		14.34		17.89	9.34	0.51	88.20	
1997	26.56		20.94		18.91	9.92	0.66	92.85	
1998	34.02		26.09		20.27	11.02	1.29	99.38	
1999	40.74		32.03		22.07	11.88	1.48	105.16	
2000	54.18	0.35	40.82	14.49	25.00	15.12	3.05	102.42	1.95
2001	59.02	0.94	49.30	24.88	26.56	16.17	3.28	104.72	4.96
2002	64.49	0.51	59.22	38.79	28.24	18.32	4.73	106.41	6.99
2003	71.41	0.70	70.20	55.82	28.28	18.95	7.07	109.22	5.04
2004	77.07	0.86	78.01	79.30	29.02	20.35	9.30	108.83	6.33
2005	86.88	0.94	82.38	116.41	29.49	24.73	18.13	112.19	9.26
2006	89.73	2.15	85.78	132.58	31.88	27.54	20.27	114.14	10.23
2007	94.34	1.91	83.67	149.53	34.77	31.68	24.49	115.74	12.46
2008	97.81	2.03	85.16	162.81	37.07	34.88	27.77	116.48	14.26
2009	101.56	2.70	82.15	184.38	40.55	41.33	30.98	118.40	16.21
2010	107.11	3.98	82.38	203.83	45.78	49.10	36.17	120.63	19.53
2011	107.90	5.86	68.58	241.97	50.84	60.94	50.58	117.90	29.52
2012	108.16	6.60	69.29	244.48	55.16	66.39	55.29	118.94	31.68
2013	101.20	8.97	54.12	236.45	52.45	66.10	45.04	113.24	27.23
2014	108.06	7.48	60.49	248.41	54.43	68.36	46.67	114.28	30.40
2015	116.95	10.67	55.31	267.18	64.82	78.29	62.15	117.22	33.93

15-4 主要年份农村常住居民家庭生活基本情况

项目	单位	2000年	2005年	2010年	2014年	2015年
人均可支配收入	**元**	**3654.48**	**4690.49**	**7890.25**	**12245.56**	**13360.44**
工资性收入	元	1362.16	2562.39	4799.52	6220.34	6724.01
经营净收入	元	2002.93	1731.97	2203.74	3272.39	3590.14
财产净收入	元	73.68	167.25	401.15	295.53	337.01
转移净收入	元	215.71	228.88	485.85	2457.30	2709.27
平均每人消费支出	**元**	**2646.02**	**3707.73**	**5515.58**	**10043.21**	**11103.03**
食品	元	1317.48	1789.42	2630.05	3968.92	4511.34
衣着	元	104.21	143.50	215.51	328.15	367.13
居住	元	378.86	530.30	986.7	2238.82	2494.84
家庭设备用品及服务	元	125.65	152.12	235.01	599.65	654.65
医疗保健	元	100.31	203.85	307.43	686.95	723.15
交通通讯	元	205.52	411.64	637.08	1068.68	1160.44
文教娱乐用品及服务	元	313.46	360.73	326.53	918.22	952.41
其他商品和服务	元	100.53	116.17	177.27	233.82	239.09
平均每人年末住房面积	**平方米**	**22.42**	**25.71**	**29.23**	**39.32**	**42.14**
平均每百户拥有耐用品						
热水器	台	20.94	38.67	57.89	69.36	77.71
彩色电视机	台	73.20	103.91	119.26	114.28	117.22
空调	台	3.05	18.13	36.17	46.67	62.15
洗衣机	台	25.00	29.49	45.78	54.43	64.82
摩托车	辆	54.18	86.88	107.11	108.06	116.95
电冰箱	台	15.12	24.73	49.10	68.36	78.29
固定电话	部	40.82	82.38	82.38	60.49	55.31
移动电话	部	14.49	116.41	203.83	248.41	267.18
计算机	台	1.95	9.26	19.53	30.40	33.93

15-5 农村居民消费价格分类指数

（上年=100）

项目	2005 年	2010 年	2014 年	2015 年
居民消费价格总指数	**102.7**	**103.2**	**102.1**	**101.3**
非食品价格指数	101.6	101.9	101.2	99.9
服务项目价格指数	102.4	101.2	102.6	101.6
工业品价格指数		102.2	100.3	98.7
扣除食品和能源价格指数		100.9	101.5	101.1
扣除鲜菜鲜果总指数	102.5	102.6	101.7	101.1
消费品价格指数	102.8	103.7	101.9	101.2
食品	**104.6**	**105.7**	**103.6**	**103.5**
粮食	101.1	107.7	102.8	100.9
#大米	100.5	109.9	102.0	101.0
粮食制品	103.4	102.1	103.6	101.2
淀粉及制品	100.1	104.2	101.3	100.3
干豆类及豆制品	103.9	112.7	106.2	104.0
油脂	100.3	107.1	95.8	98.8
肉禽及其制品	106.0	101.4	101.4	106.1
食用畜肉及副产品	103.8	101.3	99.4	105.9
禽	111.2	102.8	106.7	108.3
加工肉禽	106.1	99.9	101.3	103.3
蛋	104.0	106.7	107.8	98.5
水产品	110.7	104.8	106.3	104.4
菜	110.7	121.3	102.1	104.6
鲜菜	112.5	122.8	101.6	104.9
干菜及菜制品	99.0	110.6	104.3	105.3
薯类		124.2	106.4	99.3
调味品	100.4	100.7	103.1	101.9
糖	104.3	110.3	100.9	103.4
#食糖	109.6	128.0	97.7	103.1
糖果	102.5	101.7	101.7	102.1
茶及饮料	100.5	100.6	101.3	101.3
茶叶	101.4	100.6	101.7	102.3
饮料	99.9	100.7	101.1	100.6
干鲜瓜果	97.1	109.6	118.5	104.2
糕点饼干面包	101.6	102.4	100.4	100.3
液体乳及乳制品	99.7	102.0	103.7	100.3
在外用膳食品	102.9	102.9	103.7	100.9
其他食品		100.6	100.8	100.6
烟酒及用品	**102.0**	**102.1**	**100.7**	**101.8**
烟草	101.6	102.9	102.1	102.8
酒	102.8	101.1	99.0	100.6
衣着	**100.4**	**98.1**	**101.7**	**102.1**
服装	100.7	98.0	101.9	102.2
男式服装	99.4	97.6	101.8	101.9
女式服装	101.0	97.3	101.8	102.7
儿童服装	102.4	101.0	102.1	101.7
衣着材料	100.2	102.4	100.1	101.3
鞋袜帽	99.9	97.5	101.1	102.2
衣着加工服务费	100.4	98.1	102.6	100.7

项目	2005年	2010年	2014年	2015年
家庭设备用品及维修服务	**100.4**	**100.4**	**101.2**	**101.5**
耐用消费品	100.4	98.8	100.8	100.6
家具	101.6	101.0	102.6	102.1
家庭设备	99.4	97.3	99.6	99.5
室内装饰品	101.6	100.7	99.3	100.0
床上用品	98.8	100.7	99.8	100.6
家庭日用杂品	100.7	100.3	100.7	100.7
家庭服务及加工维修服务	100.4	104.6	104.8	106.1
医疗保健和个人用品	**100.0**	**103.6**	**101.2**	**101.5**
医疗保健	99.9	104.6	101.0	102.0
医疗器具及用品	101.6	102.2	99.9	100.4
中药材及中成药	99.0	114.1	101.0	101.0
西药	99.6	102.0	101.0	104.3
保健器具及用品	99.8	101.5	101.1	101.1
医疗保健服务	100.9	100.6	101.1	101.0
个人用品及服务	100.3	101.5	101.7	100.5
化妆美容用品	99.6	99.6	100.7	100.6
清洁类化妆品	99.3	100.4	100.7	100.5
个人饰品	101.8	107.0	96.4	95.3
个人服务	100.7	100.7	106.5	103.7
交通和通信	**98.6**	**99.9**	**99.9**	**98.6**
交通	100.3	102.2	100.4	98.0
交通工具	95.1	98.4	99.7	99.2
车用燃料及零配件	109.7	111.1	98.6	85.9
#汽油	115.1	114.9	98.0	82.2
柴油	114.0	114.5	98.0	78.2
车辆使用及维修费	100.0	100.8	101.9	101.7
市区公共交通费	103.6	105.4	101.9	107.2
城市间交通费	99.2	101.5	102.1	102.6
通信	96.8	97.1	99.1	99.3
通信工具	87.4	87.7	94.8	95.4
通信服务	100.0	99.8	99.9	100.0
娱乐教育文化用品及服务	**102.2**	**100.1**	**101.9**	**101.3**
文娱用耐用消费品及服务	95.7	95.8	98.0	98.4
教育	104.5	101.5	103.2	101.5
教材及参考书	102.1	101.9	100.4	100.2
教育服务	105.1	101.2	104.1	101.9
文化娱乐类	100.3	100.4	100.9	103.4
文化娱乐用品	99.2	100.3	100.3	100.4
书报杂志	102.0	100.9	101.6	110.8
文娱费	100.1	100.1	101.0	100.9
旅游	102.2	102.2	103.7	102.2
居住	**104.4**	**105.2**	**101.6**	**98.0**
建房及装修材料	101.2	102.5	101.8	99.7
住房租金	100.1	101.7	103.1	101.5
自有住房	102.9	101.6	102.8	100.9
水、电、燃料	108.1	109.9	99.6	92.7

15-6 2015年各市农村常住居民人均可支配收入和生活消费支出

市　　别	人均可支配收入（元/人）	人均生活消费支出（元/人）
广　　州	19323.10	14086.50
深　　圳	-	-
珠　　海	20510.20	16045.90
汕　　头	12454.80	10798.30
佛　　山	22063.20	15050.30
韶　　关	11606.50	9656.60
河　　源	10803.20	8939.60
梅　　州	11799.40	9923.30
惠　　州	15829.60	11975.20
汕　　尾	11290.20	8930.50
东　　莞	24224.90	19888.60
中　　山	24405.10	16595.50
江　　门	13817.00	10323.70
阳　　江	12543.20	10410.80
湛　　江	12405.40	9180.00
茂　　名	13224.00	10645.30
肇　　庆	13982.40	8934.70
清　　远	11681.50	9942.30
潮　　州	11458.50	9888.70
揭　　阳	11332.60	9541.80
云　　浮	12007.50	9089.70
按经济区域分		
# 珠 三 角	17296.40	12578.10
东　　翼	11607.60	9770.20
西　　翼	12749.00	9928.80
山　　区	11577.20	9550.60

注：　深圳因完全城市化，无相关数据。

15-7 各县（市）区农村常住居民人均可支配收入

2015年　　单位：元/人

县（市、区）别	人均可支配收入	县（市、区）别	人均可支配收入
广州市		始兴县	12951.10
荔湾区		仁化县	13965.30
海珠区		翁源县	12464.70
天河区		乳源县	13287.50
白云区	21155.20	新丰县	11821.40
黄埔区		乐昌市	14783.40
番禺区	29587.70	南雄市	14423.80
花都区	20106.10	**河源市**	
南沙区	24601.10	源城区	16398.50
萝岗区	28850.70	紫金县	
增城区	18991.40	龙川县	
从化区	16343.90	连平县	11233.50
珠海市		和平县	10939.80
香州区		东源县	12691.40
斗门区	22867.80	**梅州市**	
金湾区	22297.90	梅江区	16935.90
港　区	25522.30	梅县区	15881.20
汕头市		大埔县	11800.70
龙湖区	17165.20	丰顺县	10676.70
金平区	16624.50	五华县	9766.50
濠江区	13762.00	平远县	13660.30
潮阳区	13915.20	蕉岭县	13586.80
潮南区		兴宁市	14795.00
澄海区	15636.80	**惠州市**	
南澳县	9680.50	惠城区	19620.90
佛山市		惠阳区	19609.50
禅城区		博罗县	16515.20
南海区	26588.20	惠东县	16722.50
顺德区	27495.50	龙门县	15935.30
三水区	22151.60	大亚湾区	18417.20
高明区	18991.50	仲恺区	22333.60
韶关市		**汕尾市**	
武江区	17172.70	城　区	12099.70
浈江区	16352.30	海丰县	12879.20
曲江区	15803.80	陆河县	9157.50

15-7　续表1

县（市、区）别	人均可支配收入	县（市、区）别	人均可支配收入
陆 丰 市	11862.00	鼎 湖 区	19171.00
江 门 市		广 宁 县	
蓬 江 区	18614.60	怀 集 县	15093.40
江 海 区		封 开 县	
新 会 区	16427.00	德 庆 县	16575.60
台 山 市	14656.30	高 要 市	17713.00
开 平 市	15657.80	四 会 市	18820.30
鹤 山 市	13847.00	大 旺 区	
恩 平 市	11041.20	**清 远 市**	
阳 江 市		清 城 区	16264.20
江 城 区	14939.80	佛 冈 县	12728.80
海 陵 区		阳 山 县	12384.90
阳 西 县	13707.60	连 山 县	10417.80
阳 东 县	14327.30	连 南 县	10798.90
阳 春 市	12868.50	清 新 区	12656.60
湛 江 市		英 德 市	13067.20
赤 坎 区	17312.30	连 州 市	10415.70
霞 山 区	12847.00	**潮 州 市**	
坡 头 区	15626.20	湘 桥 区	13248.80
麻 章 区		枫 溪 区	
东 海 岛		潮 安 区	
遂 溪 县	12271.70	饶 平 县	11934.80
徐 闻 县	14807.90	**揭 阳 市**	
廉 江 市	13582.00	榕 城 区	12972.60
雷 州 市	10643.80	揭 东 区	16180.80
吴 川 市	17178.30	揭 西 县	8657.50
茂 名 市		惠 来 县	11497.30
茂 南 区	14792.40	普 宁 市	14536.50
茂 港 区		**云 浮 市**	
电 白 区	14378.90	云 城 区	13038.20
高 州 市	14343.80	新 兴 县	14087.30
化 州 市	15555.90	郁 南 县	12362.30
信 宜 市	13854.10	云 安 区	
肇 庆 市		罗 定 市	13097.80
端 州 区			

注：城乡住户调查一体化改革后，针对城乡范围的划分标准发生了变化，部分原属于农村范围的地区改革后划归到城镇。部分市辖区全部属城镇范围，没有农村常住居民的数据。部分县区因数据仍在核实中，暂无农村常住居民的数据。

十六、农村科技与教育

16-1 农业科研和技术开发机构基本情况

项　　目	单位	2000 年	2005 年	2010 年	2011 年
一、机构与人员					
机构数	个	94	73	74	74
职工人数	人	6179	4577	4737	4680
从事科技活动人员	人	3149	2731	3040	3026
科学家工程师	人	1532	1369		
其他科技人员	人	902			
辅助人员	人				
高级职称	人	492	564	706	679
中级职称	人	806	742	829	825
初级职称	人	918	689		
其他	人		736	1505	1522
二、经费收入与支出					
经费收入总额	万元	80061	56023	113262	111675
政府拨款	万元	27640	36105	87151	83770
事业收入	万元	3693	5734		
贷款	万元	5638	155		
其他	万元	37091	14029	26111	27905
经费支出总额	万元	75919	52078	106554	104660
劳务费	万元	16301	15999	24313	10192
科研业务费	万元	21007	22399	56449	71917
管理费	万元	3794			
资产购建支出	万元	8523	6002		
生产性支出	万元	19865	7571	12406	11275
其他支出	万元	6430	107	13386	11276
三、课题活动与产出					
科技活动课题数	个	980	1046	1406	1302
当年开题	个	290	407		
当年完成	个	492	403		
课题投入人员	人年	2002	2168	2526	2425
# 科学家工程师	人年	1202	1200		
课题投入经费	万元	13033	12890	27494	31371
科学论文合计	篇	1043	973	1353	1183
# 国外发表	篇	16	21	70	104
科技著作合计	种	53	50	29	28
四、科学仪器设备合计	**万元**	9500	11660		
90 年代	万元	7432	7000		
80 年代	万元	1354	3899		
70 年代	万元	375	584		

16－1　续表

项　　目	单位	2012 年	2013 年	2014 年	2015 年
一、机构与人员					
机构数	个	71	77	74	76
职工人数	人	4654	5269	4969	4983
从事科技活动人员	人	3101	3541	3438	3502
科学家工程师	人				
其他科技人员	人				
辅助人员	人				
高级职称	人	750	899	957	1012
中级职称	人	840	1021	1050	1056
初级职称	人				
其他	人	1511	1621	1431	1434
二、经费收入与支出					
经费收入总额	万元	122042	160079	153145	205404.7
政府拨款	万元	91091	119740	114807	157170.4
事业收入	万元				
贷款	万元				
其他	万元	30951	40339	38338	48234.3
经费支出总额	万元	127249	151912	149259	184867.5
劳务费	万元	15621	14755	15649	17634.3
科研业务费	万元	82288	93845	91489	117576.2
管理费	万元				
资产购建支出	万元				
生产性支出	万元	12186	14528	14762	15114.8
其他支出	万元	17154	28784	27359	34542.2
三、课题活动与产出					
科技活动课题数	个	1376	1508	1392	1688
当年开题	个				
当年完成	个				
课题投入人员	人年	2541	2933	2657	2631
# 科学家工程师	人年				
课题投入经费	万元	35841	38924	37564	50350.6
科学论文合计	篇	1224	1482	1505	1519
# 国外发表	篇	88	229	317	339
科技著作合计	种	19	36	38	41
四、科学仪器设备合计	**万元**				
90 年代	万元				
80 年代	万元				
70 年代	万元				

16-2 各市农村科普活动开展情况

分市	2015年					
	农村专业技术协会		农村科普示范基地（个）	科普示范街道(乡镇)（个）	科普示范社区(村)（个）	科普示范(户)（个）
	个数	会员数（人）				
全省	1,359	128,443	837	220	1,265	21,565
广州	49	4692	188	71	75	542
深圳					104	123
珠海	1	135		5	12	80
汕头	45	2869	77	7	142	633
佛山	14	1632	8	4	55	102
韶关	59	5093	5	6	19	3103
河源	99	15168	37	12	31	150
梅州	60	3296	50		19	140
惠州	29	1848	79		76	1075
汕尾	32	797	18	18	42	340
东莞	12	1639			163	
中山	17	1350	7		14	
江门	336	18245	35	24	20	6214
阳江	33	9428	29	10	97	820
湛江	138	7411	49	21	88	3489
茂名	52	24370	91	13	132	2300
肇庆	119	10841	60	11	60	273
清远	209	15724	80	18	98	1524
潮州	12	960	12		13	130
揭阳	17	515	5		3	400
云浮	26	2430	7		2	127

十七、分区域主要经济指标

17-1 主要农作物播种面积

2015 年　　单位：公顷

项　　目	珠江三角洲九市	东翼	西翼	山区五市
农作物总播种面积	1365871	572384	1333317	1513146
一、粮食作物总计	**644702**	**347067**	**681599**	**832471**
按品种分				
稻谷	496120	226303	511988	652889
早稻	240614	112458	229655	306674
晚稻	255506	113846	282333	346215
小麦		7	889	11
旱粮	67975	12253	51414	71184
薯类	70921	102854	106983	70482
大豆	9686	5650	10325	37905
二、经 济 作 物	**165260**	**31013**	**312354**	**234366**
甘蔗	13845	866	135471	12177
糖蔗	3524	265	131246	6463
油 料 作 物	70567	23921	131436	149654
花生	70413	22626	130271	142601
麻类	16	25	40	28
烟叶	1638	3	1511	19373
木薯	19037	3125	21281	38750
药材	3706	1145	9925	7592
其他经济作物	56451	1927	12690	6793
三、其 他 作 物	**555909**	**194304**	**339364**	**446308**
蔬菜	510519	183300	321486	366675

17-2 主要农作物总产量

2015 年　　　　单位：吨

项　　目	珠江三角洲九市	东翼	西翼	山区五市
一、粮食作物总计	**3383495**	**2056323**	**3599660**	**4541853**
按品种分				
稻谷	2741880	1361347	2887393	3893580
早稻	1348600	694174	1374855	1832071
晚稻	1393280	667173	1512538	2061509
小麦		20	2925	55
旱粮	311963	59939	216446	261874
薯类	303332	622202	467905	283870
大豆	26320	12815	24991	102474
二、经 济 作 物				
甘蔗	1415485	68834	11999669	1044554
糖蔗	302195	23333	11670764	513038
油 料 作 物	194351	61180	408389	439435
花生	194107	59459	406269	430572
麻类	31	82	111	58
烟叶	4251	15	4732	46706
木薯	362337	85091	497422	734804
三、其 他 作 物				
蔬菜	12620871	5662873	7439253	8664824

17-3 茶叶、桑叶、水果面积及产量

2015 年　　单位：公顷、吨

项　　目	珠江三角洲九市	东翼	西翼	山区五市
一、茶叶年末实有面积	**3512**	**15098**	**2372**	**28398**
茶叶总产量	6698	33551	7043	32052
二、桑地年末实有面积	**677**		**15374**	**18114**
桑叶总产量	18140		668672	448566
三、水果年末实有面积	**253171**	**149705**	**422140**	**311605**
水果总产量	3328407	1360677	6558890	3950923
柑桔橙年末实有面积	95680	9023	26914	127805
柑桔橙总产量	1745888	176023	399193	1714869
香（大）蕉年末实有面积	27921	10007	82978	10232
香（大）蕉总产量	760221	230991	3352194	173342
菠萝年末实有面积	1090	5311	26864	462
菠萝总产量	13553	81069	868777	5181
荔枝年末实有面积	69831	40209	141707	22147
荔枝总产量	227377	226943	741897	84277
龙眼年末实有面积	24257	13367	74446	13087
龙眼总产量	148634	89812	494853	92685

17-4 畜牧头数及肉类产量

2015 年

项　　目	珠江三角洲九市	东翼	西翼	山区五市
一、黄、水牛年末存栏头数（头）	**406904**	**198816**	**1111542**	**653052**
二、奶牛年末存栏头数（头）	**35026**	**3927**	**4233**	**9904**
奶类产量（吨）	91565	7525	8316	22077
三、山羊年末存栏只数（只）	**77196**	**39068**	**126812**	**171902**
四、生猪年末存栏头数（头）	**7075470**	**2213034**	**6327058**	**5742987**
能繁殖母猪	768994	172965	742009	559821
肉猪出栏头数	12744855	3857848	11117636	8914048
五、肉类产量（吨）	**1485553**	**481298**	**1196625**	**1078982**
猪肉	950314	288927	840740	661519
牛肉	10220	11917	28818	18777
羊肉	2200	1000	2395	3486
禽肉	506907	163204	309893	367967
兔肉	2367	283	1495	4853
其他肉	13545	15967	13284	22380
六、禽蛋产量（吨）	**119993**	**59158**	**90519**	**68691**

17-5 珠江三角洲九市林业主要经济指标

项　　目	计算单位	2015年	2014年	2015年比2014年增长（%）	2015年占全省比重（%）
一、森林资源					
林业用地面积	千公顷	2778.4	2780.1	-0.06	25.35
有林地面积	千公顷	2570.9	2558.1	0.50	25.83
活立木总蓄积量	万立方米	14768.6	14110.3	4.67	26.08
森林覆盖率	%	51.5	51.49	0.02	
二、林业产业总产值（当年价）	**万元**	**55422884**	**49695529**	**11.52**	**77.51**
第一产业产值	万元	3975485	3863420	2.90	48.16
第二产业产值	万元	40810505	37436137	9.01	84.53
第三产业产值	万元	10636894	8395972	26.69	71.08
三、营林生产					
造林面积	公顷	8808	21213	-58.48	7.44
迹地更新面积	公顷	25118	21489	16.89	31.00
低产林改造面积	公顷	21673	13531	60.17	28.20
育苗面积（本年新育）	公顷		92	-100.00	
中幼龄林抚育面积	公顷	123653			20.41
四、主要林产品产量					
油桐籽	吨	591	566	4.42	7.88
油茶籽	吨	4066	4158	-2.21	2.72
松脂	吨	97636	96515	1.16	41.53
五、森工主要产品产量					
1、木材	万立方米	334.5	300.07	11.47	41.87
原木	万立方米	306.85	271.99	12.82	43.06
薪材	万立方米	27.65	28.08	-1.53	32.03
2、竹材	万根	4947.67	4483.21	10.36	38.80
毛竹	万根	1370.47	1384.08	-0.98	33.48
篙竹	万根	3577.2	3099.13	15.43	41.30
3、松香类产品	吨	87526	66223	32.17	56.03
六、林业系统职工人数	**人**	**10628**	**8443**	**25.88**	**38.10**
林业系统职工工资总额	万元	80141	46019	74.15	49.30
七、自年初累计完成投资	**万元**	**400102**	**277813**	**44.02**	**41.37**
其中：生态建设与保护	万元	231310	165738	39.56	35.56
林业支撑与保障	万元	49642	38121	30.22	54.49
林业产业发展	万元	7275	7527	-3.35	28.07

17-6 山区五市林业主要经济指标

项　　目	计算单位	2015 年	2014 年	2015 年比 2014 年增长（%）	2015 年占全省比重（%）
一、森林资源					
林业用地面积	千公顷	5777.9	5780.6	-0.05	52.72
有林地面积	千公顷	5146.3	5109.5	0.72	51.70
活立木总蓄积量	万立方米	32036.8	30203.7	6.07	56.57
森林覆盖率	%	73.5	73.06	0.60	
二、林业产业总产值（当年价）	**万元**	**6743167**	**6733953**	**0.14**	**9.43**
第一产业产值	万元	8253893	2265052	264.40	29.58
第二产业产值	万元	48281531	2120667	2176.71	3.74
第三产业产值	万元	14965034	2348234	537.29	16.70
三、营林生产					
造林面积	公顷	77270	85321	-9.44	65.23
迹地更新面积	公顷	28661	28891	-0.80	35.38
低产林改造面积	公顷	39315	24254	62.10	51.16
育苗面积（本年新育）	公顷		531	-100.00	
中幼龄林抚育面积	公顷	2525			
四、主要林产品产量					
油桐籽	吨	6693	6940	-3.56	89.24
油茶籽	吨	142121	77915	82.41	95.14
松脂	吨	100817	76582	31.65	42.88
五、森工主要产品产量					
1、木材	万立方米	350.69	344.26	1.87	43.90
原木	万立方米	308.38	305.34	1.00	43.28
薪材	万立方米	42.31	38.92	8.71	49.02
2、竹材	万根	1997.21	4573.01	-56.33	15.66
毛竹	万根	1288.89	3808.82	-66.16	31.48
篙竹	万根	708.32	764.2	-7.31	8.18
3、松香类产品	吨	47668	48584	-1.89	34.05
六、林业系统职工人数	**人**	**10033**	**10652**	**-5.81**	**35.96**
林业系统职工工资总额	万元	53592	46364	15.59	32.97
七、自年初累计完成投资	**万元**	**409670**	**270969**	**51.19**	**42.36**
其中：生态建设与保护	万元	302078	188207	60.50	46.16
林业支撑与保障	万元	34702	15245	127.63	33.17
林业产业发展	万元	15476	18223	-15.07	59.71

17-7 东西两翼林业主要经济指标

2015 年

项　　目	计算单位	合计	东翼	西翼	东西两翼占全省比重（%）
一、森林资源					
林业用地面积	千公顷	2118.8	820.3	1298.5	19.33
有林地面积	千公顷	1990.1	747.5	1242.6	20.00
活立木总蓄积量	万立方米	10564	2473.6	8090.4	18.65
森林覆盖率	%	49.83	53.65	47.84	
二、林业产业总产值（当年价）	**万元**	**9334407**	**2448379**	**6886028**	**13.06**
第一产业产值	万元	1837259	459821	1377438	22.26
第二产业产值	万元	5667426	1251638	4415788	11.74
第三产业产值	万元	1829722	736920	1092802	12.23
三、营林生产					
造林面积	公顷	32385	27717	4668	27.34
迹地更新面积	公顷	27358	70	27288	33.62
低产林改造面积	公顷	15858	2117	13741	20.64
育苗面积（本年新育）	公顷				
中幼龄林抚育面积	公顷	161568	61611	99957	27.98
四、主要林产品产量					
油桐籽	吨	216	6	210	2.88
油茶籽	吨	3187	588	2599	2.13
松脂	吨	36656	552	36104	15.59
五、森工主要产品产量					
1、木材	万立方米	113.65	13.21	100.44	14.23
原木	万立方米	97.3	10.41	86.89	13.66
薪材	万立方米	16.36	2.8	13.56	18.95
2、竹材	万根	5808.82	541.09	5267.73	45.55
毛竹	万根	1434.48	335.08	1099.4	35.04
篙竹	万根	4374.35	206.01	4168.34	50.51
3、松香类产品	吨	4813		4813	3.44
六、林业系统职工人数	**人**	**7236**	**2749**	**4487**	**25.94**
林业系统职工工资总额	万元	28820	10470	18350	17.73
七、自年初累计完成投资	**万元**	**157457**	**65946**	**91511**	**16.28**
其中：生态建设与保护	万元	119661	53905	65756	18.28
林业支撑与保障	万元	12904	3549	9355	12.34
林业产业发展	万元	3167	503	2664	12.22

17-8 珠江三角洲九市渔业现状概况

项　　目	单位	2015 年	2014 年	2015 年比 2014 年增长 (%)	2015 年全省	2015 年占全省比重 (%)
渔业乡	个	23	22	4.55%	97	23.71%
渔业村	个	273	275	-0.73%	1022	26.71%
渔业人口	个	618169	625688	-1.20%	2350775	26.30%
水产品产量	吨	4476387	4378873	2.23%	8439171	53.04%
其中：海洋捕捞	吨	978136	989844	-1.18%	1550196	63.10%
海水养殖	吨	2153222	2090555	3.00%	2996372	71.86%
淡水捕捞	吨	51475	49720	3.53%	124282	41.42%
淡水养殖	吨	1819045	1758015	3.47%	3768321	48.27%
水产品产值	亿元	387.62	340.63	13.79%	1125.85	34.43%
其中：海洋捕捞	亿元	87.13	81.29	7.19%	204.49	42.61%
海水养殖	亿元	77.47	70.54	9.82%	359.85	21.53%
淡水捕捞	亿元	3.91	3.87	0.96%	12.68	30.85%
淡水养殖	亿元	277.03	278.7	-0.60%	519.43	53.33%
水产养殖总面积	公顷	165560.07	166660	-0.66%	555678.94	29.79%
其中：海水养殖	公顷	91794.8	90973	0.90%	192361.07	47.72%
淡水养殖	公顷	79829	79514	0.40%	363317.87	21.97%

17-9 山区五市渔业现状概况

项　　目	单位	2015 年	2014 年	2015 年比 2014 年增长 (%)	2015 年全省	2015 年占全省比重 (%)
渔业人口	个	277501	273663	1.40%	2350775	11.80%
水产品产量	吨	468838	457993	2.37%	8439171	5.56%
水产品产值	亿元	51.10	50.11	1.97%	1125.85	4.54%
淡水养殖面积	公顷	68530	68479	0.07%	363318	18.86%
产量	吨	450824	440282	2.39%	3768321	11.96%
其中：池塘面积	公顷	41865	41755	0.26%	270791	15.46%
产量	吨	360961	350622	2.95%	3434919	10.51%
单产	千克/公顷					
山塘面积	公顷					
产量	吨					
水库面积	公顷	24496	24471	0.10%	79604	30.77%
产量	吨	78129	75492	3.49%	245319	31.85%

17-10 东翼地区渔业现状概况

项　　目	单位	2015年	2014年	2015年比2014年增长(%)	2015年全省	2015年占全省比重(%)
渔业乡	个	46	42	9.52%	97	47.42%
渔业村	个	281	272	3.31%	1022	27.50%
渔业人口	个	608290	602363	0.98%	2350775	25.88%
水产品产量	吨	1440255	1403206	2.64%	8439171	17.07%
其中：海洋捕捞	吨	499155	504050	-0.97%	1550196	32.20%
海水养殖	吨	668027	631524	5.78%	2996372	22.29%
淡水捕捞	吨	13937	13887	0.36%	124282	11.21%
淡水养殖	吨	259136	253745	2.12%	3768321	6.88%
水产品产值	亿元	153.57	144.45	6.31%	1125.85	13.64%
其中：海洋捕捞	亿元	48.06	45.13	6.50%	204.49	23.50%
海水养殖	亿元	72.23	66.62	8.42%	359.85	20.07%
淡水捕捞	亿元	1.85	1.79	3.36%	12.68	14.62%
淡水养殖	亿元	28.19	27.82	1.34%	519.43	5.43%
水产养殖总面积	公顷	67915.27	67853	0.09%	555678.94	12.22%
其中：海水养殖	公顷	41499	41337	0.39%	192361.07	21.57%
淡水养殖	公顷	26416.27	26516	-0.38%	363317.87	7.27%

17-11 西翼地区渔业现状概况

项　　目	单位	2015年	2014年	2015年比2014年增长(%)	2015年全省	2015年占全省比重(%)
渔业乡	个	28	28	0.00%	97	28.87%
渔业村	个	386	397	-2.77%	1022	37.77%
渔业人口	个	846815	850719	-0.46%	2350775	36.02%
水产品产量	吨	3326926	3244701	2.53%	8439171	39.42%
其中：海洋捕捞	吨	839902	836782	0.37%	1550196	54.18%
海水养殖	吨	1915427	1859509	3.01%	2996372	63.92%
淡水捕捞	吨	18520	18287	1.27%	124282	14.90%
淡水养殖	吨	553077	530123	4.33%	3768321	14.68%
水产品产值	亿元	398.17	354.65	12.27%	1125.85	35.37%
其中：海洋捕捞	亿元	118.25	96.79	22.17%	204.49	57.83%
海水养殖	亿元	222.37	202.13	10.02%	359.85	61.80%
淡水捕捞	亿元	1.66	0.74	123.07%	12.68	13.08%
淡水养殖	亿元	46.82	44.5	5.22%	519.43	9.01%
水产养殖总面积	公顷	175310.3	174113	0.69%	555678.94	31.55%
其中：海水养殖	公顷	104619.8	103789	0.80%	192361.07	54.39%
淡水养殖	公顷	70690.5	70324	0.52%	363317.87	19.46%